丛书序言

三十余年来,我国一直在朝着市场化改革方向变革,并且初步建成了社会主义市场经济体制。处在这种大背景下,我国的研究生培养模式也在不断变革,以寻求与市场经济相适应的培养模式。

作为这种改革和探索的一部分,自 2004 年起,我院按照国际化、规范化和本土化相结合的要求,对研究生培养模式进行了较大幅度的改革。其中一个重要内容,就是更新和调整了课程体系与教学内容。

在已进行研究生教学改革实践的基础上,我院于 2006 年 6 月启动了研究生教材建设计划,以便进一步规范课程体系和内容,进一步提高研究生教学质量。为此,我院组织了研究生统开课程教材的编撰工作。第一批开始撰写的是四本教材,即《数理经济学》、《高级计量经济学导论》、《高级宏观经济学》与《高级微观经济学》。

在教材的编写过程中,我们总结和吸收了研究生教学实践中的经验,并通过与国内外学者的学习和交流,参考国内外的相关书籍,以及聘请国外长期担任这些课程教学的专家审阅书稿,从而使这一系列教材成为适合我国国情的现代经济学教材。这一系列教材不仅适用于厦门大学的经济学研究生,而且也可以作为其他院校研究生的教学或参考用书。我们希望,这一系列教材能对我院乃至我国的研究生教学质量的提高,起到重要的作用。

厦门大学经济学院

2009 年 8 月

前言

计量经济学自从其诞生之日起，就以惊人的速度发展。从目前来看，计量经济学和微观经济学与宏观经济学一起构成了我国高等院校经济管理类本科生和研究生必修的三门经济学核心理论课程，它已经成为现代经济学和管理学教育必不可少的一部分，其理论研究和实际应用在我国经济学界受到越来越广泛的关注。近年来，为了适应我国高等院校相关专业开设计量经济学课程的需要，国内编写出版了不少关于介绍计量经济学理论知识和方法应用方面的书籍，同时也引入了来自国外的有关原著或翻译著作。那么，为什么我们还要专门编著这本教材呢？这是因为计量经济学已经是一门比较成熟的学科，其内容相当广泛，而且需要接受计量经济学知识的学生层次不同，本科、硕士和博士研究生有各自的专业特点，对于具备初级或中级计量经济学知识的学生而言，充分运用数学方法，深入体现统计思想，在学习、应用及研究计量经济学的过程中就显得尤为重要。这样就需要一本系统介绍融合数学和统计学的计量经济学理论和方法应用方面的教材。为了能更好地解决这些问题，我们在厦门大学经济学院硕士和博士研究生中开设了高级计量经济学，在与国内外学者学习交流的基础上，经过四年的教学实践，我们组织编写了适用于高等院校经济管理类各专业本科高年级及硕士和博士研究生的《高级计量经济学导论》教材。

本书的编写本着“以经济理论为基础，以应用数学为方法，以统计推断为思想，以社会实践为目标”的原则，深入浅出地介绍了计量经济学的理论和方法。全书分为三部分：第一部分也就是第1章绪论，阐明了计量经济学的基本概况，介绍了有关统计学和矩阵代数的基本理论知识；第二部分介绍高级经典计量经济学，包括第2章至第6章的内容，具体有线性回归模型、线性回归模型的扩展及经典假设分析、分布滞后与动态模型、联立方程等；第三部分介绍现代计量经济学方法，包括第7章至第9章的内容，具体有时间序列分析、面板数据分析、离散和限制因变量模型等。在本书的编写过程中，我们根据经济管理人员应用计量经济学方法的实际要求，突出以下特点：

第一，把握本质内容，体现“少而精”原则。本书大胆吸收了国内外优秀教材特点和相关论文的分析思维，用较少的篇幅介绍了高级经典计量经济学和现代计量经济学的基本理论和方法应用，尽量保持计量经济理论和方法的严谨性，体现计量经济分析实质。

第二，注重软件应用，实现计量计算。根据计量经济学的性质和特点，本书在案例分析中，大部分采用 SAS、EViews、Gauss 等软件来实现，并将软件的应用和案例分析有机结合，不仅能使得学生在实践运用中了解软件的操作方法，而且还使学生对计量经济分析的意义有深入的体会。

第三，加强理论培养，完成实践教学。根据实际介绍的计量经济学理论和方法，我们将实践教学环节分为两类：一类是针对实际问题的案例分析，重点培养学生结合计量分析方法独立解决实际问题的能力；另一类是继续巩固和加强计量经济理论和方法，包括基本概念和基本思路训练的习题。

为了提高学生的学习兴趣和学习效率，考虑到不同的使用对象和教学特点，对部分内容可根据实际情况进行选讲。

本书第 1、2、3、4 章由厦门大学朱建平教授撰写，第 6、8、9 章由厦门大学胡朝霞副教授撰写，第 5、7 章由厦门大学王艺明副教授撰写。厦门大学博士研究生王桂明、曲爱丽和方匡南为本书部分章节资料的收集和录入，以及部分案例的撰写做了大量的工作。最后由朱建平教授进行加工总纂、修改定稿。

本书在撰写过程中，参考了国内外相关文献资料，书后列出了主要参考文献，谨向原作者致以诚挚的谢意！同时，感谢美国波特兰大学林光平教授，他认真地审阅了本书，并对全书的构架及部分内容的完善提出了实质性的建议；感谢北京大学出版社贾米娜编辑和朱启兵编辑为本书组稿、编辑做的大量工作；感谢厦门大学经济学院李文溥教授的鼓励和帮助；感谢厦门大学经济学院张馨教授的关心，确保了本书的顺利出版；感谢厦门大学研究生院，其构建的研究生优质课程建设平台，对本书的撰写工作给予了大力支持和帮助。撰写一本好的教材并不容易，尽管我们努力想奉献给读者一本令人满意的书，但仍然存有满足不了读者要求的地方，书中难免还有疏漏或错误之处，恳请读者多提宝贵意见，以便今后进一步修订与完善。

朱建平

2009 年 1 月于厦门

目录

第 1 章 绪论 …… 1
§1.1 计量经济学概述 …… 1
§1.2 统计基本理论 …… 8
§1.3 矩阵代数基本知识 …… 31
本章思考与练习 …… 40
第 2 章 线性回归模型 …… 42
§2.1 线性模型的参数估计 …… 42
§2.2 线性模型的检验 …… 53
§2.3 预测 …… 62
§2.4 实证分析 …… 66
本章思考与练习 …… 69
第 3 章 线性回归模型扩展 …… 73
§3.1 非线性模型基础 …… 73
§3.2 虚拟变量回归 …… 86
§3.3 变量标准化回归 …… 94
§3.4 实证分析 …… 96
本章思考与练习 …… 102
第 4 章 线性回归经典假设的分析 …… 105
§4.1 多重共线性 …… 105
§4.2 异方差性 …… 112
§4.3 序列相关性 …… 124
§4.4 实证分析 …… 136
本章思考与练习 …… 144
第 5 章 分布滞后与动态模型 …… 148
§5.1 分布滞后模型 …… 148
§5.2 无穷分布滞后模型 …… 155
§5.3 序列相关动态模型的估计与检验 …… 157
§5.4 自回归分布滞后模型 …… 161
§5.5 实证案例 …… 163
本章思考与练习 …… 164

第6章 联立方程模型 …… 166
§6.1 联立方程模型的基本概念 …… 166
§6.2 识别问题 …… 175
§6.3 联立方程模型的估计 …… 181
§6.4 实证分析 …… 183
本章思考与练习 …… 188

第7章 时间序列分析 …… 191
§7.1 平稳性、ARIMA模型与向量自回归 …… 191
§7.2 单位根、趋势平稳、差分平稳与协整 …… 197
§7.3 自回归条件异方差 …… 205
§7.4 实证分析 …… 208
本章思考与练习 …… 212

第8章 面板数据分析 …… 217
§8.1 面板数据模型的基本分类 …… 217
§8.2 固定效应模型 …… 219
§8.3 随机效应模型 …… 225
§8.4 实证分析 …… 231
本章思考与练习 …… 241

第9章 离散和限制因变量模型 …… 243
§9.1 二元选择模型 …… 244
§9.2 多元选择模型 …… 248
§9.3 计数数据模型 …… 253
§9.4 限制因变量模型 …… 254
§9.5 实证分析 …… 258
本章思考与练习 …… 273

附录 常用统计表 …… 275
参考文献 …… 291

第1章 绪 论

§1.1 计量经济学概述

1.1.1 计量经济学释义

一、计量经济学发展历史考察

从发展的角度看计量经济学,它既是一部计量经济理论发展史,又是一部应用计量经济发展史。因为计量经济学的发展时刻离不开应用,它在应用中诞生,在应用中成熟、独立,又在应用中不断地扩充自身的方法、内容和领域,从而改变了原有单一学科发展的思路,形成了现代计量经济学的分析思路和方法,充分地体现出了计量经济学旺盛的生命力。为了进一步审视计量经济学的性质,我们有必要对计量经济学的发展历史进行考察。

计量经济学的发展可分为四个时期:(1)20世纪20年代中至20世纪40年代末,为经典计量经济学的产生与形成阶段;(2)20世纪50年代初至20世纪70年代中,为经典计量经济学的发展阶段;(3)20世纪70年代末至20世纪90年代中,为现代计量经济学的形成阶段;(4)20世纪90年代末至今,为现代计量经济学的发展阶段。

1. 经典计量经济学的产生与形成阶段

在20世纪之前,面对错综复杂的经济现象,经济工作者主要是使用头脑直接对材料进行归纳、综合和推理。19世纪欧洲主要国家先后进入资本主义社会。工业化大生产的出现,经济活动规模的不断扩大,需要人们对经济问题做出更精确、深入的分析、解释与判断。这就为计量经济学的诞生形成了社会基础。

到20世纪初,数学、统计学理论日趋完善为计量经济学的出现奠定了理论基础。17世纪 Newton-Leibniz 提出微积分,19世纪初(1809年)德国数学家 Gauss 提出最小二乘法,1821年提出正态分布理论。19世纪末英国统计学家 Galton 提出"回归"概念。20世纪20年代 Fisher, R. 和 Neyman J. D. 分别提出抽样分布和假设检验理论。至此,数理统计的理论框架基本形成。这时,人们自然想到要用这些知识解释、分析、研究经济问题,从而诞生了计量经济学。

"计量经济学"一词首先由挪威经济学家 Frisch 仿照生物计量学(Biometrics)一词于1926年提出。1930年由Frisch、Tinbergen和Fisher等人发起在美国成立了国际计量经济学会。1933年1月开始出版《计量经济学》杂志(*Econometrica*)。目前它仍是计量经济学界最权威的杂志。

20世纪30年代,计量经济学的研究对象主要是个别生产者、消费者、家庭、厂商等。基本上属于微观分析范畴。第二次世界大战后,计算机的发展与应用对计量经济学的研究起了巨大的推动作用。从20世纪40年代起,计量经济学研究从微观向局部地区扩大,以至整个社会的宏观经济体系,处理总体形态的数据,如国民消费、国民收入、投资、失业问题等。但模型基本上属于单一方程形式。

2. 经典计量经济学的发展阶段

1950年以Koopman发表论文"动态经济模型的统计推断"和Koopman-Hood发表论文"线性联立经济关系的估计"为标志,计量经济学理论进入联立方程模型时代。

计量经济学研究经历了从简单到复杂、从单一方程到联立方程的变化过程。进入20世纪50年代,人们开始用联立方程模型描述一个国家整体的宏观经济活动。比较著名的是Klein于1950年构建的美国经济波动模型(1921—1941)和1955年构建的美国宏观经济模型(1928—1950)。联立方程模型的应用是经济计量学发展的一个重要里程碑。

进入20世纪70年代西方国家致力于更大规模的宏观模型研究,从着眼于国内发展到着眼于国际的大型经济计量模型,研究国际经济波动的影响、国际经济发展战略可能引起的各种后果,以及制定评价长期的经济政策。20世纪70年代是联立方程模型发展最辉煌的时代。最著名的联立方程模型是"连接计划"(Link Project)。截止到1987年,已包括78个国家2万个方程。这一时期最有代表性的学者是Klein, L. R. 教授。他于1980年获得诺贝尔经济学奖。

3. 现代计量经济学形成阶段

因为20世纪70年代以前的建模技术都是以"经济时间序列平稳"这一前提设计的,而战后多数国家的宏观经济变量均呈非平稳特征,所以在利用联立方程模型对非平稳经济变量进行预测时常常失败。从20世纪70年代开始,宏观经济变量的非平稳性问题以及虚假回归问题越来越引起人们的注意。因为这些问题的存在会直接影响经济计量模型参数估计的准确性。

Granger与Newbold于1974年首先提出虚假回归问题,引起了计量经济学界的注意。

Box与Jenkins 1976年出版了《时间序列分析:预测与控制》(*Time Series Analysis: Forecasting and Control*)一书。时间序列模型有别于回归模型,是一种全新的建模方法，它依靠变量本身的外推机制建立模型。由于时间序列模型妥善地解决了变量的非平稳性问题，从而为在经济领域应用时间序列模型提供了理论依据，也为现代计量经济学方法的研究奠定了理论基础。现代计量经济学方法以概率结构和参数都未知或者不稳定的问题为研究对象。

此时，计量经济理论和应用研究面临一些亟待解决的问题，即如何检验经济变量的非平稳性；如何把时间序列模型引入经济计量分析领域；如何进一步修改传统的经济计量模型。

Dickey 和 Fuller 1979 年首先提出检验时间序列非平稳性（单位根）的 DF 检验法，之后又提出 ADF 检验法。Phillips 和 Perron 1988 年提出 Z 检验法。这是一种非参数检验方法。

Sargan 1964 年提出误差修正模型概念。当初是用于研究商品库存量问题。Hendry 和 Anderson（1977）和 Davidson（1978）的论文进一步完善了这种模型，并尝试用这种模型解决非平稳变量的建模问题。Hendry 还提出了动态回归理论。1980 年 Sims 提出向量自回归模型（VAR）。这是一种用一组内生变量作动态结构估计的联立模型。这种模型的特点是不以经济理论为基础，然而预测能力很强。以上成果为协整理论的提出奠定了基础。

现代计量经济学发展的标志性成果之一，是 1987 年 Engle 和 Granger 发表的论文"协整与误差修正，描述、估计与检验"（Co-integration and Error Correction: Representation, Estimation, and Testing）。该论文正式提出协整概念，从而把计量经济学理论的研究又推向一个新阶段。Granger 定理证明若干个一阶非平稳变量间若存在协整关系，那么这些变量一定存在误差修正模型表达式。反之亦成立。1988—1992 年 Johansen 连续发表了四篇关于向量自回归模型中检验协整向量，并建立向量误差修正模型（VEC）的文章，进一步丰富了协整理论。

协整理论之所以引起经济计量学界的广泛兴趣与极大关注，是因为协整理论为当代经济学的发展提供了一种理论结合实际的强有力工具，也标志着现代计量经济分析方法的真正形成。

另外，对经典计量经济学方法论反思的同时，推动了非参数分析方法的产生和发展，拓宽了现代计量经济学理论研究和应用的领域。在这方面的研究，促使人们开始考虑脱离预先设定参数模型的计量经济分析，着眼于非参数分析方法和半参数分析方法的研究。实际上，非参数分析和非参数统计有很大的关系，其实质是对概率分布比较弱的设定，非参数分析的关键主要是一些非参数的估计方法。

4. 现代计量经济学的发展阶段

最近十多年是经济计量学快速发展的时期。不仅在非平稳经济时间序列的研究上取得了长足进展,而且在对特殊研究对象和特殊应用问题等方面,现代计量经济学研究也取得了显著的成绩。

在计量经济分析中利用的数据类型有了本质性的变化,从截面数据、时间序列数据发展到了面板数据。只用时间序列数据或截面数据进行计量经济分析,其数据都是一维的信息载体,信息的容量比较有限。而利用面板数据可以增加模型的自由度,降低解释变量之间的多重共线性程度,从而可能获得更精确的参数估计值。此外,面板数据可以进行更复杂的行为假设,并且能控制缺失或不可观测变量的影响,也为计量经济分析方法的深入研究开拓了广阔的空间。例如,在区域科学模型的计量分析中,处理空间引起的特殊性的一系列方法就涉及近年来计量经济学研究热点之一的空间计量经济分析方法。这里我们可以充分地体会到,理论的进展、数据的可用和计算机本身的发展给现代计量经济的发展注入了新的活力。

现代信息技术和互联网的发展,使得截面数据的统计调查有了更大的可能,并使得成本得以降低,促使了微观计量、离散选择和受限变量等问题的研究。此外,行为经济学的发展也使得微观计量分析受到了更大的重视。2000 年诺贝尔经济学奖得主 Heckman 和 McFadden,就是在微观计量经济分析方面研究的开创和奠基者。

从应用的角度看,针对不同领域的现代计量经济分析方法,体现出了不同的特点,针对不同领域的专门计量经济学,如宏观计量经济分析和金融计量经济分析等,都有了很大的发展,这与计算机技术的迅猛发展和计量软件的广泛应用有着密切的关系。同时,也充分体现出了科学的融合将会进一步促进现代计量经济学的发展。

二、计量经济学的性质

我们通过对计量经济学发展历史的考察,对计量经济学的性质有了更明朗化的认识。随着时代的变迁、社会的发展,对计量经济学的概念又有了更深层次的理解。

计量经济学会的创始人 Fisher(1933)在《计量经济学》期刊的创刊号中指出:"计量经济学会的目标是促进各界实现对经济问题定性与定量研究和实证与定量研究的统一,促使计量经济学能像自然科学那样,使用严谨的思考方式从事研究。但是,经济学的定量研究方法多种多样,每种方法单独使用都有缺陷,需要与计量经济学相结合。因此,计量经济学绝不是经济统计学,也不能等同于一般的经济理论,尽管这些理论中有相当一部分具有数量特征;同时,计量经济学也不是数学在经济学中的应用。实践证明,统计学、经济理论、数学这三个要素是真正理解现代经济生活中数量关系的必要条件,而不是充分条件。只有三个要素互相融合，才能发挥各自的威力，才构成了计量经济学。”

1954 年 Samuelson 和 Koopmans 等著名经济学家在计量经济学家评审委员会的报告中认为：“计量经济学可定义为，根据理论和观测的事实，运用合理的推理方法使之联系起来同时推导，对实际经济现象进行数量分析。”

《美国现代经济词典》认为：“计量经济学是用数学语言来表达经济理论，以便通过统计方法来论述这些理论的一门经济学分支。”

尽管这些对计量经济学概念的表述各不相同，但可以看出，计量经济学不是对经济学的一般量度，它与经济理论、统计学和数学都有密切的关系。实际上，计量经济学的概念可以概括为：“计量经济学是以经济理论和经济数据为基础，运用数学方法，利用统计思想，对社会经济现象进行数量关系和规律性分析，以及对经济理论进行验证的一门经济学科。”

这里我们应该注意到，计量经济学所研究的主体是经济现象及其发展变化的规律，从本质上讲，它是一门经济学科。在计量经济分析过程中时刻体现着利用统计的思维来寻找社会经济现象的发展规律，这样，计量经济学当然会应用大量的数学方法，但数学在这里只是工具，而不是研究的主体。

计量经济学的研究目的是要把实际经验的内容纳入经济理论，确定表现各种经济关系的经济参数，从而验证经济理论，预测经济发展趋势，为制定经济政策提供科学的依据。计量经济学不仅要寻求经济计量分析的方法，而且要对实际经济问题加以研究，以找出解决研究目的的理论和方法。从理论方面，计量经济学研究的是如何建立合适的方法去测定由计量经济模型所确定的经济关系；从应用方面，计量经济学是运用理论计量经济学提供的工具，研究经济学中某些特定领域的经济数量问题。两方面的结合形成了计量经济学的研究对象。

1.1.2 计量经济学的功能

目前，计量经济学不仅自身得到了迅速的发展，而且也在现代经济分析中起着重要的作用，发挥着计量经济学应有的功能。宏观经济学、微观经济学和计量经济学一起构成了现代经济学教学的三大基本课程，从现代经济学研究的一般思路中，可以充分地体现出计量经济学在现代经济学中的地位。

第一，收集数据和总结经验特征事实。经验特征事实一般从观察到的经济数据中提炼出来。比如，微观经济学中著名的恩格尔曲线就是一个经验特征事实，它刻画出家庭生活用品支出占总收入的比例随着家庭总收入的上升而递减的事实；宏观经济学中一个著名的经验特征事实是菲利普斯曲线，它描述一个经济的失业率和通货膨胀率之间的负相关关系。经验特征事实是经济学研究的出发点,比如,时间序列计量经济学中的单位根和协整理论,就是基于 Nelson 和 Plossor(1982)在实证研究中发现大多数宏观经济时间序列都是单位根过程这一经验特征事实而发展起来的。

第二,建立经济理论或模型。找到经验特征事实以后,建立经济理论或模型,以解释这些经验特征事实。这一阶段的关键是建立合适的经济数学模型。

第三,实证检验。这一步的工作需要把经济理论或模型转化为可用数据检验的计量经济模型。经济理论或模型通常只指出经济变量之间的因果关系和数量关系,没有给出确切的函数形式。在从经济数学模型到计量经济模型的转化过程中,需要对函数形式作出假设,然后利用观测到的数据,估计未知参数值,并进一步验证计量经济模型的设定是否正确。

第四,模型应用。计量经济模型通过实证检验后,可用来检验经济理论或经济假说的正确性,预测未来经济的变动趋势以及提供政策建议。

可以看出,对经济理论进行数学建模和对经济现象进行实证分析已成为现代经济学的两个基本分析方法。事实上,现代经济学可以看做是,具有比较严密的理论基础和分析方法体现,由适合不同研究对象、研究目的的大量经济理论和经济计量模型构成的庞大的学科体系。

1.1.3 计算机在计量经济分析中的应用

从计量经济学产生和发展的历史我们可以看到,在计量经济分析的过程中,对计量经济学的昌盛发展起决定性作用的工具就是高速的计算工具——计算机。由于计量经济学以建立经济计量模型为主要手段,那么在计量经济分析和组织教学过程中,广泛应用计算机就显得尤为重要。

首先,应在计量经济学教学中大力加强通用计量应用软件的教学。在国外比较流行的统计应用软件有 SAS、SPSS、EViews、Gauss、Mathematica、S-Plus、Minitab、Excel 等,这些软件在计量经济分析方面各有特色,可以根据实际有重点地选择应用软件。例如,SPSS 具有非常强的统计分析功能,适合于为计量分析做事前处理,比如多元变量降维,即数据收集、整合、假设检验等工作;但 SPSS 做回归分析的能力不是十分全面和方便。Excel 是常用的数据收集软件,它普及率高,一般人都用过,使用方便,数据收集只需要填写表格即可,有些数据下载就是用 Excel 文档保存的;至于数据分析与回归,Excel 只能做比较简单的,稍微复杂一点的就要自己编写程序。EViews 是专门的计量经济学软件,专用于回归分析,如广义最小二乘法、间接最小二乘法、两阶段和三阶段最小二乘法、面板数据回归分析、时间序列模型调整等操作。Gauss 数学和统计系统是一个易于使用的基于强有力的 Gauss 矩阵语言的数据分析系统，其操作简单、快速且具弹性，包括广泛的转换、统计、数学及矩阵函数，它是计量经济学编程计算的非常有效和强大的工具。因此，加强计量经济学应用软件的教学十分重要。

其次，应把掌握一种算法语言和一定的数据库知识或网络知识作为对经济管理类专业学生计算机知识应用的基本要求。应注重于应用，根据经济管理类专业的课程特点，处理好计量经济分析应用软件课程教学与计量经济学方法课程教学间的关系，尽可能把它们有机地结合起来。这样不仅能突出有关计量经济分析方法课程的应用特色，更好地理解其原理、基本思想及适用条件，而且能使学生通过课程的反复学习，熟练掌握计量经济分析软件的使用。

这里我们应该清楚地认识到，现代计量经济学的数学计算和统计分析比较复杂，如果不借助于计算机，许多问题根本无法解决。在计量经济学的教学中，加强计算机的应用教学就显得尤为重要。因此，本书在案例分析中，大部分采用 SAS、EViews、Gauss 等软件来实现，这样不仅能体现计量经济学方法的理论价值，而且能更好地显示出其应用价值。

针对实际问题，根据经济理论，建立计量经济模型后，计算机计量经济学分析的基本过程为：

（1）根据已确立的指标体系，组织数据。数据的组织实际上就是数据库的建立。数据组织有两步：第一步是编码，即用数字代表分类数据（有时也可以是区间数据或比率数据）。第二步是给变量赋值，即设置变量并根据研究结果给予其数字代码。

（2）根据计量经济分析的需要，录入数据。数据的录入就是将编码数据输入计算机，即输入已经建立的数据库结构，形成数据库。数据录入的关键是保证录入的正确性。录入错误主要有认读错误和按键错误。在数据录入后还应进行检验，检验可采取计算机核对和人工核对两种方法。

（3）根据计量经济学理论，分析数据。首先根据研究目的和需要确定计量经济分析方法，然后确定与选定的计量经济分析方法相应的运行程序，既可以用计算机存储的分析程序，也可以用其他的数据分析软件包中的程序。

（4）根据实际分析的需要，输出分析结果。经过计量经济分析，计算结果可用计算机打印出来，输出的形式有列表、图形等。

§1.2 统计基本理论

1.2.1 随机变量及其分布

一、随机变量

随机现象中，有很大一部分问题与数值发生关系，例如，在产品检验问题中，我们关心的是抽样中出现的废品数；在车间供电问题中，我们关心的是某时刻正在工作的车床数；在电话问题中，我们关心的是某段时间中的话务量，它与呼叫的次数及每次呼叫占用交换设备的时间长短有关。此外如测量时的误差、气体分子运动的速度、信号接收机所收到的信号（用电压表示或数字表示）的大小，也都与数值有关。为了更好地描述这一问题，最直接明了的方法就是用数量与结果对应。例如，买彩票时，用 0 表示“未中奖”，用 1 表示“中一等奖”，2 表示“中二等奖”，3 表示“中三等奖”。将每个结果对应于一个数，也就等价于在样本空间 Ω 上定义了一个“函数”，对于试验的每一个结果 ω，都可以用一个实数 $X(\omega)$ 来表示。这个量就称为随机变量（Random Variable）。

我们对随机变量所关心的，不但要知道它取什么数值，而且要知道它取这些数值的概率。这样，了解随机现象的规律就变成了解随机变量的所有可能取值及随机变量取值的概率。而这两个特征就可以通过随机变量分布来表现出来。

二、离散型随机变量分布

从随机变量可能出现的结果来看，随机变量至少有两种不同的类型：一种是随机变量 X 所可能取的值为有限个或至多可列个，能够一一列举出来，这种类型的随机变量称为离散型随机变量。在日常生活中经常碰到离散型随机变量，例如废品数、电话呼叫数、人口调查等。其随机变量分布就称为离散型随机变量分布。

如果随机变量 X 的取值可以一一列出，记为 $x_1, x_2, \cdots$，而相对于 x_i 所取的概率为 p_i，即 $p_i = P(X = x_i)$，$\{p(x_i), i = 1,2,3,\cdots\}$ 称为随机变量 X 的概率分布，它应满足下面的关系：

$$p_i \geqslant 0, \quad i = 1,2,3,\cdots \tag{1.1}$$

$$\sum_{i=1}^{\infty} p_i = 1 \tag{1.2}$$

则当 x_i 和 p_i 已知时，这两组值就完全描述了随机变量的规律，此时把如下的表示方法称为该随机变量的分布列：

$$\begin{bmatrix} x_1 & x_2 & \cdots \\ p_1 & p_2 & \cdots \end{bmatrix} \tag{1.3}$$

对于集合$\{x_i, i=1,2,\cdots\}$中任何一个子集A,事件"X在A中取值"即"$X\in A$"的概率为

$$P(X \in A) = \sum_{x_i \in A} p_i \tag{1.4}$$

三、连续型随机变量的概率密度

与离散型随机变量有所不同,一些随机变量X的取值不可列。例如测量误差、分子运动速度、候车时的等待时间、降水量、风速、洪峰值等皆是。考虑市场上对于某种商品的需求量就不可能具体地一一列出,只能列出大概的范围,如[2 000,5 000]。这时用来描述随机变量的还是样本点ω的函数,严格写应是$X(\omega)$,其中$\omega\in\Omega$。但是这个随机变量可能取某个区间$[c,d]$或$(-\infty,+\infty)$的一切取值。

定义 1.1 对于随机变量X,如果存在一个非负可积函数$f(x)$, $-\infty<X<+\infty$,使对于任意两个实数a、$b(a<b)$,都有$P(a\leqslant X\leqslant b)=\int_a^b f(x)\mathrm{d}x$,则称$X$为连续型随机变量,$f(x)$就称为随机变量$X$的密度函数,满足性质:

(1) $f(x)\geqslant 0,\quad x\in(-\infty,+\infty)$ (1.5)

(2) $\int_{-\infty}^{+\infty} f(x)\mathrm{d}x = 1$ (1.6)

四、一般场合的分布函数

但是,除了前面得到的离散型和连续型的随机变量外,还存在其他类型的随机变量,就不能用离散型随机变量的分布列或者连续型随机变量的密度函数来描述,于是引入分布函数的概念。这是概率论中重要的研究工具,可以用于描述包括离散型和连续型在内的一切类型的随机变量。

定义 1.2 设X是一个随机变量,$f(x)$是它的分布密度函数,则称函数

$$F(x) = P\{X \leqslant x\} = \int_{-\infty}^{x} f(t)\mathrm{d}t, \quad -\infty < x < +\infty \tag{1.7}$$

为随机变量X的分布函数。

根据定义,$F(x)$具有如下性质:

(1) $P\{a<X\leqslant b\}=F(b)-F(a)$

$P\{X>a\}=1-P\{X\leqslant a\}=1-F(a)$ (1.8)

针对连续型的随机变量有$P\{X=a\}=0$

(2) $0\leqslant F(x)\leqslant 1,\quad -\infty<x<+\infty$

(3) $F(x)$是关于x的单调非减函数

(4) $F(-\infty)=\lim\limits_{x\to-\infty}F(x)=0$

$F(+\infty)=\lim\limits_{x\to+\infty}F(x)=1$ (1.9)

(5) 左连续性：　　$F(x-0)=F(x)$

(6) $F'(x)=f(x),\quad -\infty<x<+\infty$　　(1.10)

五、多元随机变量分布

在许多经济或其他学科的问题中，仅仅考虑一个变量是不够的。例如，一项投资组合就至少包含两个投资变量。下面提出多元随机变量的一些基本概念。

定义 1.3　设 $\boldsymbol{X}=(X_1,X_2,\cdots,X_n)$ 是 n 维随机变量向量，$(x_1,x_2,\cdots,x_n)$ 是 n 维实空间上的点，则事件 $\{X_1\leqslant x_1,X_2\leqslant x_2,\cdots,X_n\leqslant x_n\}$ 的概率为

$$F(x_1,x_2,\cdots,x_n)=P(X_1\leqslant x_1,X_2\leqslant x_2,\cdots,X_n\leqslant x_n)\tag{1.11}$$

称为随机变量 $\boldsymbol{X}=(X_1,X_2,\cdots,X_n)$ 的联合分布函数。

从随机变量的联合分布函数可以引出随机变量边际分布的概念。

定义 1.4　设 $\boldsymbol{X}=(X_1,X_2,\cdots,X_n)$ 的联合分布函数为 $F(x_1,x_2,\cdots,x_n)$，令

$$\begin{aligned}F_{1,2,\cdots,k}(x_1,x_2,\cdots,x_k)&=F(x_1,x_2,\cdots,x_k,\infty,\cdots,\infty)\\&=\lim_{x_{k+1},\cdots,x_n}F(x_1,x_2,\cdots,x_k,\cdots,x_n)\\&\quad(1\leqslant k\leqslant n)\end{aligned}\tag{1.12}$$

称 $F_{1,2,\cdots,k}(x_1,x_2,\cdots,x_k)$ 为 $\boldsymbol{X}=(X_1,X_2,\cdots,X_k)$ 的边际分布。

在计量经济分析中，因为经济关系有顺序性和因果性，因此考虑一组随机变量中一部分变量的概率分布，或者是部分随机变量给定情况下其他随机变量的概率分布，有非常重要的意义。这可以引入条件分布和独立性的概念。

定义 1.5　设 X 为随机变量，事件 B 满足 $P(B)>0$，则称

$$F(X\mid B)=P(X\leqslant x\mid B)\tag{1.13}$$

为在事件 B 发生的条件下 X 的条件分布函数，简称为条件分布。

这里应该说明的是，如果上述条件分布函数中的事件 B 为另一个随机变量 Y 取某个特定值 y，那么上述条件分布函数为

$$\begin{aligned}F(x\mid B)&=F(x\mid Y=y)\\&=F(X=x\mid Y=y)\\&=P(X\leqslant x\mid Y=y)\end{aligned}$$

这就是一个随机变量以另一个随机变量取特定值为条件的条件概率。

定义 1.6　如果 $(X_1,X_2,\cdots,X_n)$ 的联合分布函数等于所有一维边际分布函数的乘积，即

$$F(x_1,x_2,\cdots,x_n)=F_1(x_1)\cdots F_n(x_n)\tag{1.14}$$

则称 $X_1,X_2,\cdots,X_n$ 是相互独立的。

六、随机变量的数字特征

一个随机变量的分布包括了关于这个随机变量的全部信息，是对此随机变

量最完整的刻画。但它并没有使我们对随机变量有一种概括性的认识。在很多情况下,为了突出随机变量在某个侧面的重点,我们常用由这个随机变量的分布所决定的一些常数对此随机变量给出简单明了的特征刻画,这些常数被称为随机变量的“数字特征”。随机变量的数字特征是指能集中反映随机变量概率分布基本特点的数字。

(一)数学期望

定义 1.7 设离散型随机变量 X 的分布为

$$\begin{bmatrix} x_1 & x_2 & \cdots & x_n & \cdots \\ p_1 & p_2 & \cdots & p_n & \cdots \end{bmatrix}$$

若级数 $\sum_{i=1}^{\infty} x_i p_i$ 绝对收敛,则将其称为 X 的数学期望,简称为期望或均值,记为 $E(X)$。

定义 1.8 设连续型随机变量 X 的密度函数为 $f(x)$,当积分 $\int_{-\infty}^{+\infty} xp(x)\mathrm{d}x$ 绝对收敛时,就称它为 X 的数学期望(或均值),记作 $E(X)$,即

$$E(X) = \int_{-\infty}^{+\infty} xp(x)\mathrm{d}x \tag{1.15}$$

根据定义,数学期望的基本性质如下:

设如下各变量的数学期望存在,c 为常数,可以得到关于数学期望的性质:

(1) $E(c) = c$ (1.16)

(2) $E(cX) = cE(X)$ (1.17)

(3) $E(X+Y) = E(X) + E(Y)$ (1.18)

(4) 若 $X_1, X_2, \cdots, X_n$ 相互独立,则

$$E(X_1, X_2, \cdots, X_n) = E(X_1)E(X_2)\cdots E(X_n) \tag{1.19}$$

(二)方差

方差这个概念描述的是随机变量的取值相对于它的期望的平均偏离程度。

定义 1.9 设随机变量 X 的数学期望为 $E(X)$,称 $E[X-E(X)]^2$ 为 X 的方差,记作 $\mathrm{Var}(X)$,即

$$\mathrm{Var}(X) = E[X - E(X)]^2 \tag{1.20}$$

称 $\sqrt{\mathrm{Var}(X)}$ 为 X 的标准差(或标准偏差)。

根据期望的性质及方差的概念,可以得到方差的几个基本性质:

(1) $\mathrm{Var}(c) = 0$, 其中 c 为常数 (1.21)

(2) $\mathrm{Var}(cX) = c^2 D(X)$ (1.22)

(3) $\mathrm{Var}(X+c) = D(X)$ (1.23)

(4) $\mathrm{Var}(X)=E[X-E(X)]^2=E(X^2)-[E(X)]^2$ (1.24)

(5) n 个独立随机变量平均值的方差等于各个变量方差平均值的 $1/n$，即

$$\mathrm{Var}\left(\frac{1}{n}\sum_{i=1}^{n}X_i\right)=\frac{1}{n^2}\sum_{i=1}^{n}\mathrm{Var}(X_i)=\frac{1}{n}\left(\frac{1}{n}\sum_{i=1}^{n}\mathrm{Var}(X_i)\right) \tag{1.25}$$

(三) 条件期望与条件方差

条件期望和条件方差的概念在计量经济分析的参数估计与预测等方面都很有用，是利用已有的信息提高预测准确性的重要工具。

定义 1.10 设 $F(X|B)$ 是随机变量 X 对事件 B 的条件分布函数，则当下面的积分绝对收敛时，称

$$E(X|B)=\int_{-\infty}^{+\infty}x\mathrm{d}F(x|B) \tag{1.26}$$

为 X 对事件 B 的条件期望。

定义 1.11 设 X 和 Y，以 X 为条件的 Y 的条件方差为

$$\begin{aligned}\mathrm{Var}(Y|X)&=E\{[Y-E(Y|X)]^2|X\}\\&=E(Y^2|X)-[E(Y|X)]^2\end{aligned} \tag{1.27}$$

根据条件期望和条件方差的概念，可以得到一些基本性质：

(1) 对任意的随机函数 $c(X)$，有

$$E[c(X)|X]=c(X) \tag{1.28}$$

(2) 对随机函数 $a(X)$ 和 $b(X)$，有

$$E\{[a(X)Y+b(X)]|X\}=a(X)E(Y|X)+b(X) \tag{1.29}$$

(3) 对任意的随机变量 X 和 Y，有

$$E[E(Y|X)]=E(Y) \tag{1.30}$$

(4) 对任意的随机变量 X、Y 和 Z，有

$$E(Y|X)=E[E(Y|X,Z)|X] \tag{1.31}$$

(5) 如果随机变量 X 和 Y 是独立的，则

$$E(Y|X)=E(Y) \tag{1.32}$$

反之则不然。

(6) 如果随机变量 X 和 Y 是独立的，则

$$\mathrm{Var}(Y|X)=\mathrm{Var}(Y) \tag{1.33}$$

(四) 高阶矩

定义 1.12 设 X 为随机变量，当 $r\geqslant 0$，如果 X^r 和 $(X-E(X))^r$ 的期望存在，则称

$$\nu_r=E(X^r) \tag{1.34}$$

为 r 阶的原点矩；称

$$\mu_r = E(X - E(X))^r \tag{1.35}$$

为 r 阶的中心矩。

这里我们应该注意到,可以用高阶矩构造一些有用的特定统计量。对于随机变量 X,定义 $E(X^3)/(\text{Var}(X))^{\frac{3}{2}}$ 为 X 的偏度;定义 $E(X^4)/(\text{Var}(X))^2$ 为 X 的峰度。

(五)协方差与相关系数

两个或多个随机变量的相关性是概率论和数理统计的重要概念,对随机变量相关性的分析,也就是相关分析,在经济问题中有重要的应用。

1. 协方差

定义 1.13 设两个随机变量 X 和 Y 的期望和方差都存在,则称

$$\begin{aligned}\text{Cov}(X,Y) &= E[X - E(X)][Y - E(Y)] \\ &= E(XY) - E(X)\cdot E(Y)\end{aligned} \tag{1.36}$$

为 X 和 Y 的协方差。

下面是协方差的一些性质(假设下面各随机变量的协方差存在,且为常数)

(1) $\text{Cov}(X,Y)$ 与 X 和 Y 的顺序无关,即 $\text{Cov}(X,Y)=\text{Cov}(Y,X)$

(2) 若 X 和 Y 独立,则 $\text{Cov}(X,Y)=0$

(3) $\text{Cov}(X,c)=0$

(4) $\text{Cov}(X\pm Y)=\text{Cov}(X)\pm\text{Cov}(Y)$

(5) $\text{Cov}(aX+b,cY+d)=ac\,\text{Cov}(X,Y)$

(6) $\text{Cov}(X_1+X_2,Y)=\text{Cov}(X_1,Y)+\text{Cov}(X_2,Y)$

2. 相关系数

定义 1.14 设随机变量 X 和 Y 的方差都存在,且都不为 0,则称

$$\rho_{XY} = \frac{\text{Cov}(X,Y)}{\sqrt{\text{Var}(X)}\sqrt{\text{Var}(Y)}} = \frac{E[X-E(X)][Y-E(Y)]}{\sqrt{\text{Var}(X)}\sqrt{\text{Var}(Y)}} \tag{1.37}$$

为 X 和 Y 的相关系数。

同样我们可以列出相关系数的一些性质:

(1) $-1\leqslant\rho_{XY}\leqslant 1$

(2) $|\rho_{XY}|=\pm 1$ 的充要条件是 $P(Y=aX+b)=1$,a、b 为常数。

3. 偏相关系数

设有 X_1、X_2 和 X_3 是三个相互之间都有关系的随机变量,X_1 包含 X_2 和 X_3 的影响,X_2 包含 X_1 和 X_3 的影响,X_3 包含 X_1 和 X_2 的影响。在这种情况下,X_1 和 X_2 的相关系数反映的其实不是 X_1 和 X_2 之间的真正关系,因为 X_1 和 X_2 的水平受到 X_3 的影响。衡量 X_1 和 X_2 之间的真正关系的方法是设法先把 X_3 的影响从 X_1 和 X_2 中去掉后,再计算两个"净值"的相关系数。这样得到的相关系数我们称为偏相关系数。偏相关系数是反映两个随机变量之间实际关系的更好的指

标,在描述计量经济模型方面有重要的作用。

计算偏相关系数要用到第2章的回归分析。首先把 X_1 和 X_2 分别对 X_3 进行回归,然后用各自的回归残差计算相关系数,因为这种回归残差就是 X_1 和 X_2 分别去掉 X_3 影响以后的净值,用它计算相关系数确实符合相关系数的定义。如果用 $\rho_{12.3}$ 表示 X_1 和 X_2 相对于 X_3 的偏相关系数,$\hat{\varepsilon}_{1i}$ 和 $\hat{\varepsilon}_{2i}$ 分别表示上述两个回归的残差序列,则

$$\rho_{12.3} = \rho_{\hat{\varepsilon}_{1i}\hat{\varepsilon}_{2i}} = \frac{\sum(\hat{\varepsilon}_{1i} - \bar{\hat{\varepsilon}}_1)(\hat{\varepsilon}_{2i} - \bar{\hat{\varepsilon}}_2)}{\sqrt{\sum(\hat{\varepsilon}_{1i} - \bar{\hat{\varepsilon}}_1)^2 \sum(\hat{\varepsilon}_{2i} - \bar{\hat{\varepsilon}}_2)^2}} \tag{1.38}$$

七、常见的几种分布

随机变量的概率分布也有很多类型,但常见的概率分布是有限的,最常见的连续型分布有正态分布、t 分布、χ^2 分布和 F 分布。熟悉这些分布对于判别随机变量的分布类型,利用概率分布进行检验都是非常重要的。

(一) 正态分布

正态分布是连续型分布中十分重要的一个,它在概率论与数理统计乃至计量经济分析与应用中,都占有特别重要的地位。下面我们就来看看它的定义。

定义 1.15 若随机变量 X 的密度函数为

$$f(x) = \frac{1}{\sqrt{2\pi}\sigma} e^{-\frac{(x-\mu)^2}{2\sigma^2}}, \quad -\infty < x < \infty \tag{1.39}$$

其中 $\sigma>0$,μ 与 σ 均为常数,称随机变量 X 服从参数为 μ、σ^2 的正态分布(Normal Distribution),简记为 $N(\mu,\sigma^2)$。

如果随机变量 $X \sim N(\mu,\sigma^2)$,则其期望和方差分别为 $E(X)=\mu$ 和 $\mathrm{Var}(X)=\sigma^2$。正态分布的图形(图1.1)具有如下特点:

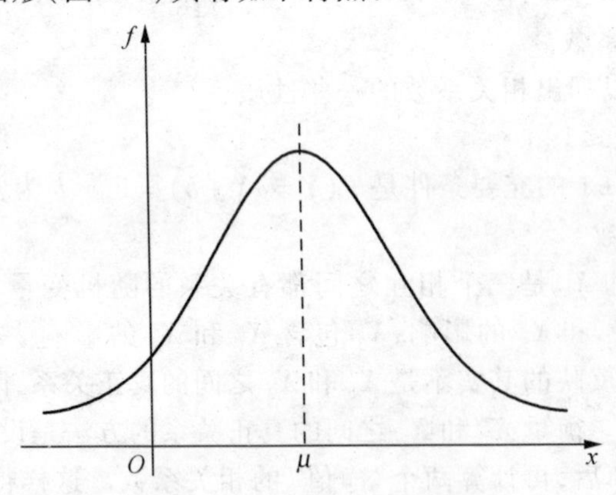

图 1.1 不同方差的正态分布

（1）正态曲线的图形是关于 $x=\mu$ 的对称钟形曲线，且峰值在 $x=\mu$ 处。

（2）正态分布的两个参数均值 μ 和标准差 σ 一旦确定，正态分布的具体形式也就唯一确定，不同参数取值的正态分布构成一个完整的正态分布族。

（3）正态分布的均值 μ 可以是实数轴上的任意数值，它决定正态曲线的具体位置，标准差 σ 相同而均值不同的正态曲线在坐标轴上体现为水平位置。

（4）正态分布的标准差 σ 为大于零的实数，它决定正态曲线的"陡峭"或"扁平"程度。σ 越大，正态曲线越扁平；σ 越小，正态曲线越陡峭。

（5）当 X 的取值向横轴左右两端无限延伸时，正态曲线的左右尾端也无限渐近横轴，但理论上永远不会与之相交。

（6）与其他连续型随机变量相同，正态随机变量在特定区间上的取值概率由正态曲线下的面积给出，而且其曲线下的总面积等于1。

特别地，当 $\mu=0,\sigma=1$ 时，分布称为标准正态分布，记为 $N(0,1)$，相应的密度函数和分布函数分别记为 $\varphi(x)$ 和 $\Phi(x)$。

$$\varphi(x)=\frac{1}{\sqrt{2\pi}}e^{-\frac{x^2}{2}},\quad -\infty<x<\infty \tag{1.40}$$

$$\Phi(x)=\frac{1}{\sqrt{2\pi}}\int_{-\infty}^{x}e^{-\frac{y^2}{2}}dy,\quad -\infty<x<\infty \tag{1.41}$$

服从标准正态分布的随机变量在某一区间上取值的概率可以通过书后所附的标准正态分布概率表查得。

有了标准正态分布后，就可以将任意一个服从一般正态分布的随机变量 $X\sim N(\mu,\sigma^2)$ 转化成标准正态分布 $N(0,1)$，转换公式为

$$Z=\frac{X-\mu}{\sigma} \tag{1.42}$$

Z 是一个标准正态分布的随机变量，即 $Z\sim N(0,1)$。

一般地，对于服从标准正态分布的随机变量 Z，其变量在任何一个区间上的概率可以表示为

$$P(a\leqslant Z\leqslant b)=\Phi(b)-\Phi(a) \tag{1.43}$$

$$P(|Z|\leqslant a)=2\Phi(a)-1 \tag{1.44}$$

对于负的 z，可以由下式得到：

$$\Phi(-z)=1-\Phi(z) \tag{1.45}$$

同样，对于服从一般正态分布的随机变量 X，取值在某一个区间上的概率都可以通过标准正态分布求得。

$$P(a\leqslant X\leqslant b)=\Phi\left(\frac{b-\mu}{\sigma}\right)-\Phi\left(\frac{a-\mu}{\sigma}\right) \tag{1.46}$$

$$P(X \leqslant b) = \Phi\left(\frac{x-\mu}{\sigma}\right) \tag{1.47}$$

（二）χ^2 分布

定义 1.16　设 $X_1, X_2, \cdots, X_n$ 是相互独立且服从标准正态分布的随机变量，则称随机变量 $\chi^2 = \sum_{i=1}^{n} X_i^2$ 所服从的分布为自由度为 n 的 χ^2 分布，并记为 $\chi^2(n)$。

（三）t 分布

定义 1.17　设随机变量 X 服从标准正态分布，随机变量 Y 服从自由度为 n 的 χ^2 分布且它们相互独立，则随机变量 $T = \frac{X}{\sqrt{Y/n}}$ 所服从的分布称为自由度为 n 的 t 分布，并记为 $t(n)$。

可以证明，当自由度 n 充分大时，它的分布密度曲线与正态分布密度曲线很近似。一般当 $n \geqslant 30$ 时，t 分布与标准正态分布的差别已非常小，可用标准正态分布来代替它。

（四）F 分布

定义 1.18　设随机变量 X 和 Y 分别服从自由度是 m 和 n 的 χ^2 分布且相互独立，则称随机变量 $F = \frac{X/m}{Y/n}$ 所服从的分布为自由度为 (m,n) 的 F 分布，并记为 $F(m,n)$。

八、随机变量的极限理论

在实际中，随机现象往往是大量随机因素综合反映的结果，计量经济分析方法中经常涉及大量随机变量之和等复杂的随机现象。对于研究大量随机变量之和的概率分布，属于概率分布极限理论的内容，包括一系列大数定律和中心极限定理。

（一）随机变量的收敛性

随机变量序列的收敛性与一般变量不同，是概率、概率分布或分布特征的收敛等。不同的收敛性定义将导致不同的极限定理。这里我们介绍几个有关随机变量收敛性的定义。

定义 1.19（分布函数弱收敛）　对于分布函数序列 $\{F_n(x)\}$，如果存在函数 $F(x)$，使得

$$\lim_{n \to \infty} F_n(x) = F(x) \tag{1.48}$$

在 $F(x)$ 的每个连续点上都成立，则称 $\{F_n(x)\}$ 弱收敛于 $F(x)$。

定义 1.20（依分布收敛）　设随机变量序列 $\{X_n\}$ 的分布函数序列为 $\{F_n(x)\}$，随机变量 X 的分布函数为 $F(x)$，如果 $\{F_n(x)\}$ 弱收敛于 $F(x)$，则称 $\{X_n\}$ 依分

布收敛于 X。

定义 1.21（依概率收敛）　对随机变量序列 $\{X_n\}$ 和随机变量 X，如果

$$\lim_{n\to\infty} P\{|X_n - X| < \varepsilon\} = 1 \tag{1.49}$$

对任意的 $\varepsilon > 0$ 成立，则称 $\{X_n\}$ 依概率收敛于 X。有时也称 $\{X_n\}$ 的概率极限为 X，并记为 $P\lim\limits_{n\to\infty} X_n = X$。

（二）大数定律

（1）伯努利（Bernoulli）大数定律

设 n_A 是 n 次独立重复试验中事件 A 发生的次数，p 是每次试验中 A 发生的概率，那么对于任意的 $\varepsilon > 0$，有

$$\lim_{n\to\infty} P\left(\left|\frac{n_A}{n} - p\right| < \varepsilon\right) = 1 \tag{1.50}$$

（2）切比雪夫（Chebyshev）大数定律

设随机变量序列 $X_1, X_2, \cdots, X_n, \cdots$ 相互独立（即任意给定 $n > 1, X_1, X_2, \cdots, X_n$ 相互独立），且具有相同的数学期望和方差

$$E(X_k) = \mu, \quad \mathrm{Var}(X_k) = \sigma^2, \quad k = 1, 2, \cdots$$

那么对于任意的 $\varepsilon > 0$，有

$$\lim_{n\to\infty} P\left(\left|\frac{1}{n}\sum_{k=1}^{n} X_k - \mu\right| < \varepsilon\right) = 1 \tag{1.51}$$

可以看出伯努利大数定律其实是切比雪夫大数定律的特例，从切比雪夫大数定律来看，我们可以说，大量的独立随机因素对总体的影响在进行平均后于总体平均数那里稳定下来，它反映了随机因素综合作用的结果，这就是大数定律的意义。

（三）中心极限定理

设随机变量 $X_1, X_2, \cdots, X_n, \cdots$ 相互独立，且服从同一分布，该分布存在有限的期望和方差 $E(X_i) = \mu, \mathrm{Var}(X_i) = \sigma^2 (i = 1, 2, \cdots)$。令 $Y_n = \left(\sum\limits_{k=1}^{n} X_k - n\mu\right) / \sqrt{n}\sigma$，则

$$\lim_{n\to\infty} P(Y_n < x) = \frac{1}{\sqrt{2\pi}}\int_{-\infty}^{x} e^{-\frac{t^2}{2}} dt \tag{1.52}$$

也就是说，当 n 趋于无穷大时，Y_n 的分布趋向于标准正态分布 $N(0,1)$。

关于中心极限定理的两个推论：

（1）均值 $\bar{X} = \dfrac{\sum\limits_{k=1}^{n} X_k}{n} = Y_n \dfrac{\sigma}{\sqrt{n}} + \mu$ 的分布近似于正态分布 $N\left(\mu, \dfrac{\sigma^2}{n}\right)$。

(2) n 项和 $\sum_{k=1}^{n} X_k = \sqrt{n}\sigma Y_n + n\mu$ 的分布近似于正态分布 $N(n\mu, n\sigma^2)$。

从上述定理可以得出结论:对于独立同分布的随机变量 $X_1, X_2, \cdots, X_n$,无论其服从何种分布,只要它的期望与方差存在,当 n 充分大时,平均数 $\bar{X}$ 就近似服从正态分布 $N(\mu, \sigma^2/n)$。

1.2.2 统计推断理论

统计学的重要内容之一是统计推断,它包括参数估计和假设检验等。在计量经济学理论中,回归分析就是根据样本推断总体的情况,属于一种统计推断。

一、统计量与抽样分布

抽样的目的是利用样本估计或推断总体的各种性质。那么估计量就应该是样本的函数,而且这个函数本身不能含有总体的未知参数。

定义 1.22 设 $X_1, X_2, \cdots, X_n$ 是来自总体 X 的样本,$h(r_1, r_2, \cdots, r_n)$ 是一个不含总体分布的未知参数的函数,那么随机变量 $h(X_1, X_2, \cdots, X_n)$ 就称为(样本)统计量,其概率分布就称为抽样分布。

在计量经济分析中,常用的统计量有:

(1) k 阶样本原点矩

$$A_k = \frac{1}{n}\sum_{i=1}^{n} X_i^k$$

特别地,当 $k=1$ 时,k 阶样本原点矩就是样本均值(平均数)

$$\bar{X} = \frac{1}{n}\sum_{i=1}^{n} X_i \tag{1.53}$$

(2) 样本方差与标准差

$$S^2 = \frac{1}{n-1}\sum_{i=1}^{n}(X_i - \bar{X})^2, \quad S = \sqrt{S^2} \tag{1.54}$$

(3) k 阶样本中心矩

$$m_k = \frac{1}{n}\sum_{i=1}^{n}(X_i - \bar{X})^k \tag{1.55}$$

我们知道抽样分布就是统计量的概率分布,有一个我们已经知道的结果是假如总体 $X \sim N(\mu, \sigma^2)$,那么样本均值 $\bar{X} \sim N(\mu, \sigma^2/n)$。在假设总体服从正态分布的条件下,我们还有更多的重要统计量的抽样分布的结果。

设总体 $X \sim N(\mu, \sigma^2)$,$X_1, X_2, \cdots, X_n$ 是来自 X 的简单随机样本,

$$\bar{X} = (1/n)\sum_{i=1}^{n} X_i, \quad S^2 = [1/(n-1)]\sum_{i=1}^{n}(X_i - \bar{X})^2$$

那么

(1) $\bar{X}$ 和 S^2 相互独立；

(2) $\bar{X} \sim N(\mu, \sigma^2/n)$ 或 $\dfrac{\bar{X}-\mu}{\sigma/\sqrt{n}} \sim N(0,1)$；

(3) $(n-1)S^2/\sigma^2 \sim \chi^2(n-1)$（自由度为 $n-1$ 的 χ^2 分布）；

(4) $\dfrac{\bar{X}-\mu}{S/\sqrt{n}} \sim t(n-1)$（自由度为 $n-1$ 的 t 分布）。

这里我们应该注意到，这些结果在统计推断中有重要应用，遗憾的是这些结论要求总体服从正态分布。然而，幸运的是，当这个条件不满足时，只要样本量充分大，同时符合中心极限定理的要求，那么根据中心极限定理，我们仍有 $\bar{X} \sim N(\mu, \sigma^2/n)$ 或 $\dfrac{\bar{X}-\mu}{\sigma/\sqrt{n}} \sim N(0,1)$ 近似成立。

二、参数的点估计

设总体随机变量 X 的分布函数形式为已知，但它的一个和多个参数未知，若从总体中抽取一组样本 $x_1, x_2, \cdots, x_n$，用该组数据来估计总体的参数，称为参数的点估计。

点估计的方法很多，在计量经济分析中常用的方法有矩估计法、最大似然估计法、最小二乘法等，我们这里主要介绍这些方法的基本原理。

（一）矩估计法

对总体参数进行估计，最容易想到的方法就是矩估计法，它是用样本的矩去估计总体的矩，从而获得有关参数的估计量。

在统计学中，矩是指以期望为基础而定义的数字特征。例如数学期望、方差、协方差等。矩可以分为原点矩和中心矩两种。

根据高阶矩的定义，我们知道，设 X 为随机变量，对任意正整数 k，随机变量 X 的 k 阶原点矩为

$$\nu_k = E(X^k) \tag{1.56}$$

当 $k=1$ 时

$$\nu_1 = E(X) = \mu$$

可见一阶原点矩为随机变量 X 的数学期望。

随机变量 X 的 k 阶中心矩为

$$\mu_k = E[X - E(X)]^k \tag{1.57}$$

显然，当 $k=2$ 时，

$$\mu_2 = E[X - E(X)]^2 = \sigma^2$$

可见二阶中心矩为随机变量 X 的方差。

一般情形，如果随机变量 X 包含 k 个未知参数 $\theta_1, \cdots, \theta_k$，其分布函数记为

$F(x,\theta_1,\cdots,\theta_k)$。假设 X 的 k 阶原点矩存在,即

$$\nu_r = \nu_r(\theta_1,\cdots,\theta_k) = \int_{-\infty}^{+\infty} x^r \mathrm{d}F(x,\theta_1,\cdots,\theta_k), \quad r = 1,\cdots,k$$

针对总体一组样本 $x_1,x_2,\cdots,x_n$ 而言,就可以作出 k 个样本矩 $\hat{\nu}_k$,即

$$\hat{\nu}_r = \frac{1}{n}\sum_{i=1}^{n} x_i^r, \quad r = 1,\cdots,k$$

将这些样本矩代入各个总体矩方程,把其中的参数换成估计量 $\hat{\theta}_1,\cdots,\hat{\theta}_k$,得到方程组

$$\hat{\nu}_r = \hat{\nu}_r(\hat{\theta}_1,\cdots,\hat{\theta}_k), \quad r = 1,\cdots,k$$

解出其中的 $\hat{\theta}_1,\cdots,\hat{\theta}_k$,就得到 $\theta_1,\cdots,\theta_k$ 的估计量

$$\begin{aligned}\hat{\theta}_1 &= \hat{\theta}_1(x_1,\cdots,x_n)\\ &\vdots\\ \hat{\theta}_k &= \hat{\theta}_k(x_1,\cdots,x_n)\end{aligned}$$

矩估计法简便、直观,比较常用。但是也有其局限性:首先,它要求总体的 k 阶原点矩存在,若不存在则无法估计;其次,矩估计法不能充分地利用估计时已掌握的有关总体分布形式的信息。

(二)最大似然估计法

最大似然估计法的基本原理是:随机变量分布参数水平虽然未知,但在数据生成过程中起着重要的作用,不同的参数水平生成特定数据集的可能性不同,因此可以根据生成样本的可能性大小估计参数水平。

最大似然估计的核心是确定似然函数。设描述总体的随机变量 X 的概率密度函数为 $f(x,\theta_1,\cdots,\theta_k)$,其中 $\theta_1,\cdots,\theta_k$ 都是总体的未知参数。从总体中抽取一组样本 $x_1,x_2,\cdots,x_n$,这里注意到,对一维随机变量进行 n 次测量得到的 n 个测量值可以看成是对 n 维独立的随机向量进行一次测量得到的 n 个测量值。那么 n 维随机向量的联合概率密度为

$$\prod_{i=1}^{n} f(x_i,\theta_1,\cdots,\theta_k)$$

这个联合概率密度反映了生成这组数据的可能性大小,是未知参数 $\theta_1,\cdots,\theta_k$ 的函数,称为似然函数,记为

$$L(\theta_1,\cdots,\theta_k) = \prod_{i=1}^{n} f(x_i,\theta_1,\cdots,\theta_k) \tag{1.58}$$

对于给定的 $x_1,x_2,\cdots,x_n$,使似然函数(1.58)式达到最大的 $\theta_1,\cdots,\theta_k$ 的估计值 $\hat{\theta}_1,\cdots,\hat{\theta}_k$,就称为 $\theta_1,\cdots,\theta_k$ 的“最大似然估计”。

这里需要强调的是,似然函数的形式通常比较复杂,直接求解最大值问题比较困难。为此常利用自然对数函数的有关性质,即单调性和对数变换不改变最大值的性质。先用自然对数对似然函数作变换,得到对数似然函数 $\ln L(\theta_1,\cdots,\theta_k)$,再对对数似然函数求最大值。

(三) 最小二乘法

最小二乘法是估计随机变量参数最基本的方法,也是计量经济分析中应用最早、最广泛的参数估计方法。最小二乘法的基本原理是根据随机变量理论值与观测值的离差平方和最小来估计参数。

设 ε 是 K 各变量 $X_1,\cdots,X_K$ 的函数,含有 m 个参数 $a_1,\cdots,a_m$,即

$$\varepsilon = f(a_1,\cdots,a_m;X_1,\cdots,X_K) \tag{1.59}$$

如果 $\hat{a}_1,\cdots,\hat{a}_m$ 是 $a_1,\cdots,a_m$ 的估计量,那么

$$\hat{\varepsilon} = f(\hat{a}_1,\cdots,\hat{a}_m;X_1,\cdots,X_K) \tag{1.60}$$

就是 ε 的近似,称为理论方程。设 ε 和 $X_1,\cdots,X_K$ 观测值为 $(X_{1i},\cdots,X_{Ki}),i=1,\cdots,n$,将其代入(1.60)式就得到了 ε 的一组理论值,即

$$\hat{\varepsilon}_i = f(\hat{a}_1,\cdots,\hat{a}_m;X_{1i},\cdots,X_{Ki}),\quad i = 1,\cdots,n$$

这样,理论值和实际观测值之间的偏差 $\varepsilon_i - \hat{\varepsilon}_i,i=1,\cdots,n$ 的总体情况,在很大程度上反映的就是参数估计的好坏。如果有一组参数估计水平,能够使得 ε 理论值和实际观测值之间的偏差平方和,即

$$Q = \sum_{i=1}^{n}(\varepsilon_i - \hat{\varepsilon}_i)^2 = \sum_{i=1}^{n}[\varepsilon_i - f(\hat{a}_1,\cdots,\hat{a}_m;X_{1i},\cdots,X_{Ki})]^2 \tag{1.61}$$

得到最小值,就是参数较好的估计,称为最小二乘估计。

最小二乘法在计量经济分析中会经常使用,关于找参数最小二乘估计量的过程将在第2章详细介绍。

三、估计量的优良标准

前面介绍了总体参数的估计方法。对于同一参数,用不同的方法来估计,可能得到不同的估计量。但究竟采用哪种方法为好呢?这就涉及用什么标准来评价估计量的问题。判别点估计优良性的关键是:线性性、无偏性、有效性和一致性。

(一) 线性性

参数估计量的一个重要性质就是线性性,所谓线性性就是参数估计量是随机变量观测值的线性组合。具有线性性的参数估计量也称为线性估计。例如,最大似然估计和矩估计中,正态分布的数学期望 μ 的估计,就是随机变量观测值的线性组合,其估计量为线性估计。

线性性之所以重要,就是因为参数估计量可以表示为随机变量观测值的线性组合,意味着估计量与随机变量有相同类型的概率分布。这是考察估计量性质,并利用它们的分布特征进行统计推断的重要依据。

(二) 无偏性

若要求估计量 $\hat{\theta}$ 的数学期望等于待估计参数的真值,即

$$E(\hat{\theta}) = \theta \tag{1.62}$$

则称 $\hat{\theta}$ 为 θ 的满足无偏性准则的估计量。

例如,样本均值 $\bar{x}$ 是总体均值 μ 的一个无偏估计量。但样本方差 $s_n^2 = \frac{1}{n}\sum_{i=1}^{n}(x_i - \bar{x})^2$ 不是总体方差的无偏估计量。

事实上,因为 $X_1, X_2, \cdots, X_n$ 表示 n 次观测结果的 n 个独立随机变量,且这 n 个独立随机变量是来自同一总体,因而有相同的分布律,从而有相同的期望值和均方差,那么

$$E(\bar{x}) = E\left(\frac{1}{n}\sum_{i=1}^{n} x_i\right) = \frac{1}{n}\sum_{i=1}^{n} E(x_i) = \frac{1}{n} nE(x) = \mu$$

所以样本均值 $\bar{x}$ 是总体均值 μ 的一个无偏估计量。

又因为

$$\begin{aligned}
E(s_n^2) &= E\left[\frac{1}{n}\left(\sum_{i=1}^{n}(x_i - \bar{x})^2\right]\right. \\
&= \frac{1}{n}\left\{\sum_{i=1}^{n} E(x_i - \mu) - (\bar{x} - \mu)]^2\right\} \\
&= \frac{1}{n}\left\{\sum_{i=1}^{n} E(x_i - \mu)^2 - nE(\bar{x} - \mu)^2\right\} \\
&= \frac{1}{n}\left\{n\sigma^2 - n\left(\frac{\sigma^2}{n}\right)\right\} \\
&= \frac{n-1}{n}\sigma^2 \neq \sigma^2
\end{aligned}$$

所以 s_n^2 不是 σ^2 的无偏估计量。通常我们用

$$s_{n-1}^2 = \frac{1}{n-1}\sum_{i=1}^{n}(x_i - \bar{x})^2$$

来计算样本方差,这是因为

$$E(s_{n-1}^2) = E\left[\frac{1}{n-1}\sum_{i=1}^{n}(x_i - \bar{x})^2\right]$$

$$= \frac{1}{n-1}\left\{n\sigma^2 - n\left(\frac{\sigma^2}{n}\right)\right\}$$

$$= \sigma^2$$

即 s_{n-1}^2 是 σ^2 的无偏估计量。

这个性质是通过估计量推断参数真实值的重要基础。同时具有线性性和无偏性的参数估计量称为线性无偏估计量。线性无偏估计是参数估计中比较重要的一部分,在统计推断方面起着重要的作用。

(三) 有效性

无偏性只考虑估计值的平均结果是否等于待估参数的真值,而不考虑每个估计值与待估参数真值之间偏差的大小和分布程度。我们在解决实际问题时,不仅希望估计是无偏的,更希望这些估计值的偏差尽可能地小。通常我们用偏差的平方的期望值来衡量估计量偏差的大小,称之为均方误差,并记为

$$\mathrm{MSE}(\hat{\theta}) = E(\hat{\theta} - \theta)^2 \tag{1.63}$$

若 $\hat{\theta}$ 为 θ 的无偏估计量,其均方误差等于其方差

$$\mathrm{MSE}(\hat{\theta}) = \mathrm{Var}(\hat{\theta})$$

设 $\hat{\theta}_1$、$\hat{\theta}_2$ 为 θ 的两个无偏估计量,若 $\hat{\theta}_1$ 的方差小于 $\hat{\theta}_2$ 的方差,即

$$\mathrm{Var}(\hat{\theta}_1) < \mathrm{Var}(\hat{\theta}_2) \tag{1.64}$$

则称 $\hat{\theta}_1$ 是较 $\hat{\theta}_2$ 有效的估计量。

这里我们需要注意的是,仅仅满足有效性不一定是好的估计量,只有同时满足线性性、无偏性和有效性的估计量才是最有价值的,这时的参数估计量称为最小方差线性无偏估计,或称为“最优线性无偏估计”(Best Linear Unbiased Estimate, BLUE)。

(四) 一致性

设 $\hat{\theta}(x_1, x_2, \cdots, x_n)$ 为未知参数 θ 的估计量,当 $n \to \infty$ 时,要求 $\hat{\theta}$ 按概率收敛于 θ,即

$$\lim_{n\to\infty} P(|\hat{\theta} - \theta| < \varepsilon) = 1 \quad (\varepsilon \text{ 为任意小正数}) \tag{1.65}$$

则称 $\hat{\theta}$ 为 θ 的满足一致性标准要求的估计量。

一致性标准说明:当样本单位数(或样本容量)n 越来越大时,估计量 $\hat{\theta}$ 接近于被估计量 θ 的概率为 1。

样本平均数 $\bar{x}$ 作为总体数学期望 μ 的一个估计量就满足一致性准则要求。

这里应该注意到,一致性准则要求是从极限性质来说的,这个性质只对于样

本容量较大时才起作用。

四、区间估计

上面介绍的点估计,有优点但也有缺陷。点估计最大的优点就在于它能够提供总体参数的具体估计值,可以作为行动决策的数量依据,并且这种方法也很简单。但任何事情都有两面性,这种简单的参数估计方法存在三个方面的局限性:一是这种估计方法似乎与样本容量的大小没有关系;二是点估计得到的估计值不是对就是错,但由于总体参数的未知性,我们永远不知它到底是对的还是错的,即我们不可能得到它的误差情况;三是由于第二方面的局限性,我们无从得到这种估计的可靠程度。这三个方面的情况却是我们对参数进行估计时非常想了解的。因此,必须有一种新的方法,它能够克服点估计的缺陷,这种方法就是区间估计。

所谓区间估计,就是估计总体参数的区间范围,并要求给出区间估计成立的概率值。设 $\hat{\theta}_1$ 和 $\hat{\theta}_2$ 是两个统计量($\hat{\theta}_1 < \hat{\theta}_2$),分别作为总体参数 θ 区间估计的下限和上限,则要求:

$$P(\hat{\theta}_1 \leqslant \theta \leqslant \hat{\theta}_2) = 1 - \alpha \tag{1.66}$$

式中 $1-\alpha(0<\alpha<1)$ 是区间估计的置信水平或置信度,其取值大小由实际问题确定,通常人们取99%、95%和90%,$[\hat{\theta}_1, \hat{\theta}_2]$ 是置信水平(度)为 $1-\alpha$ 的 θ 的置信区间。区间估计的特点是,给出总体参数的一个估计区间,总体参数恰好在这个区间内的概率不要求达到1,可放低要求,减去一个小概率,即达到 $1-\alpha$ 就行了。

置信区间表达了区间估计的准确性(或精确性),置信水平(度)表达了区间估计的可靠性,它是区间估计的可靠概率。例如 $1-\alpha=0.99$ 或99%,是说所估计的置信区间平均每100次中有99次会包含总体参数。

当然,这里我们应该注意,在进行区间估计时,必须同时考虑置信度和置信区间两个方面,即置信度定得愈大(即估计的可靠性愈大),则置信区间相应也愈大(即估计准确性愈小),所以,可靠性和准确性要结合具体问题、具体要求来全面考虑。

五、假设检验

在计量经济分析中,假设检验理论起着举足轻重的作用,它可以验证变量关系的显著性、模型的合理性以及经济理论的适用性等。这里我们将对假设检验的基本理论进行简单介绍。

(一)假设检验的基本思想

假设检验的基本思想为:第一,对所考察总体的分布形式或总体的某些未知参数做出某些假设,称之为原假设。第二,根据检验对象构造合适的检验统计量,并通过数理统计分析确定在原假设成立的条件下该检验统计量的抽样分布。第三,在给定的显著性水平下,根据抽样分布得出原假设成立时的临界值,由临界值构造拒绝域和接受域。第四,由所抽取的样本资料计算样本统计量的取值,并将其与临界值进行比较,从而对所提出的原假设做出接受还是拒绝的统计判断。假设检验就是利用样本中所蕴涵的信息对事先假设的总体情况做出推断。假设检验不是毫无根据的,而是在一定的统计概率下支持这种判断。

假设检验所遵循的推断依据是统计中的"小概率原理":小概率事件在一次试验中几乎是不会发生的。通常概率要多大才能算得上是小概率呢?假设检验中把这个小概率称为显著性水平 α,其取值的大小与我们能否做出正确判断有着相当大的关系。然而,α 的取值并没有固定的标准,只能根据实际需要来确定。一般地,α 取 0.05(5%),对于一些比较严格的情况,它可以取 0.01 或者更小。α 越小,所做出的拒绝原假设的判断的说服力就越强,当然,不管 α 多么小,也不能代表小概率事件没有发生的可能,这也正是假设检验与数学上"反证法"的不同之处。所以,对于拒绝或者接受,都只是统计意义上的,并不是完全意义上的。

事先建立假设,是假设检验中关键的一项工作。它包括原假设和备选假设两部分。原假设是建立在假定原来总体没有发生变化的基础之上的,也就是总体参数没有显著变化。备选假设是原假设的对立,是在否认原假设之后所要接受的内容,通常这是我们真正感兴趣的一个判断。

假设检验按照所检验内容的不同,可以分为参数检验和非参数检验。对已知总体分布的某个未知参数进行检验,称为参数检验;对总体的分布形式进行检验,则称为非参数检验。在计量经济分析中,两方面内容的检验都会遇到。

根据上面假设检验的基本思想,给出假设检验的步骤:

第一,首先根据实际应用问题确定合适的原假设 H_0 和备选假设 H_1;

第二,确定检验统计量,通过数理统计分析确定该统计量的抽样分布;

第三,给定检验的显著性水平 α。在原假设成立的条件下,结合备选假设的定义,由检验统计量的抽样分布情况求出相应的临界值,该临界值为原假设的接受域与拒绝域的分界值;

第四,由样本资料计算检验统计量的值,并将其与临界值进行比较,对接受或拒绝原假设做出判断。

从检验程序我们可以看出,统计量的取值范围可以分为接受域和拒绝域两个区域。拒绝域就是统计量取值的小概率区域。按照拒绝域是安排在检验统计量的抽样分布的某一侧还是两侧,可以将检验分为单侧检验和双侧检验。单侧检验中,又可以根据拒绝域是在右侧还是在左侧而分为右侧检验和左侧检验。

(二) p 值检验与两类错误

p 值检验的原理:建立原假设后,在假定原假设成立的情况下,参照备选假设,可以计算出检验统计量超过或者小于(还要依照分布的不同、单侧检验、双侧检验的差异而定)由样本所计算出的检验统计量的数值的概率,这便是 p 值;而后将此 p 值与事先给出的显著性水平 α 进行比较,如果 p 值小于 α,也就是说,原假设对应的为小概率事件,根据上述的"小概率原理",我们就可以否定原假设,而接受对应的备选假设。如果 p 值大于 α,我们就不能否定原假设。

在假设检验中,对假设的检验判断是依据样本实际资料所计算的统计量的值与临界值的比较来做出的。由于样本的随机性、样本信息的分散性等原因,这种合理的假设检验,总是无法让我们百分之百地肯定所做出结论的正确性。也就是说,我们有可能会做出错误的判断,这种风险是客观存在的。

实际上,依据真实总体情况,我们应该接受原假设 H_0,但根据样本信息,却做出拒绝 H_0 的错误结论,称这种错误为"弃真"错误;此外,我们也可能犯这样的错误:实际的总体情况是应该拒绝原假设,而我们却接受了它,称此为"纳伪"错误。

通常记 β 为犯"纳伪"错误的可能性大小。由于两类错误是一对矛盾,在其他条件不变的情况下,减少犯"弃真"错误的可能性(α),势必增大犯"纳伪"错误的可能性(β),也就是说,β 的大小和显著性水平 α 的大小成相反方向变化。

(三) 检验功效

由于 β 为犯"纳伪"错误的可能性大小,或者说 β 表示出现接受不真实的原假设的结论的概率,那么 $1-\beta$ 就是指出现拒绝不真实的原假设的概率。若 $1-\beta$ 的数值越接近于1,表明不真实的原假设几乎都能够被拒绝。诚然,如果 $1-\beta$ 的数值接近于0,表明犯"纳伪"错误的可能性很大。因此,$1-\beta$ 可以用来表明所做假设检验工作好坏的一个指标,我们称之为检验功效。它的数值表明我们做出正确决策的概率为 $1-\beta$。

一个好的检验法则总是希望犯两类错误的可能性 α 与 β 都很小,但是这在一般场合下是很难实现的。要使得 α 小,必然导致 β 大;若要使 β 小,必导致 α 增大。

在实际检验中,一般首先控制犯"弃真"错误的概率,也就是事先给出的显著性水平 α 的数值尽量地小,在其他条件不变的情况下,增加犯"纳伪"错误的可能性,即 β 增大,从而使得检验功效($1-\beta$)减弱。在此情况下,如何增强检验功效?唯一的解决办法只有增大样本容量,这样既能保证满足取得较小的 α,又能满足取得较小的 β 值,一举两得。然而实际上样本容量的取得是有限制的,只能根据实际来确定。

1.2.3 随机过程及其平稳性

计量经济分析普遍使用的时间序列数据可以看成是由随机过程生成的,是特定随机过程的“实现”。因此计量经济分析与随机过程理论有非常密切的关系。这里我们介绍一些随机过程的相关知识。

一、随机过程及其概率分布

(一)随机过程的定义

随机过程就是一系列具有顺序性和内在联系的随机变量的集合。例如,一个银行一天中各个小时吸收的存款数都是随机变量,如果把各个时间整点的存款累计数作为整体联系起来看,就形成了一个有序的随机变量集合,这就是一个随机过程。同样,一个国家的GDP或者人口数量、一个地区引进外资的数量等,在不同时点的水平也都构成随机过程。

定义1.23 随机过程即随机变量族$\{X(t),t\in T\}$,其中T是给定的实数集,对应每个$t\in T$的$X(t)$是随机变量。

随机过程的特点很大程度上取决于T,注意在其他随机过程中T不一定是时间集合。

一般地,当T是可数集时,$\{X(t),t\in T\}$称为“离散型随机过程”;当T是连续集合时,$\{X(t),t\in T\}$称为“连续型随机过程”;当T是整数集合时,$\{X(t),t=0,\pm1,\pm2,\cdots\}$称为“随机序列”。当进一步明确参数$t$代表时间,$T$代表时间集合时,则随机序列也称为“时间序列”。时间序列是以离散时间为T集合的离散型随机过程,时间序列数据则是这种随机过程的“一条轨迹”,或称“一个实现”。

(二)随机过程的分布特征

随机过程的性质也由概率分布反映。随机过程是有结构性的许多随机变量的集合,其概率分布与单个随机变量的概率分布肯定不同。由于随机过程包含的随机变量常常非常多,因此用所有随机变量的联合分布表示也有困难。一般由其有限维分布函数族反映随机过程的分布特征和性质。

定义1.24 设$\{X(t),t\in T\}$是一个随机过程。对任意正整数n,以及任意的$t_1,t_2,\cdots,t_n\in T$,随机变量$X(t_1),X(t_2),\cdots,X(t_n)$的联合分布函数为

$$F_{t_1,\cdots,t_n}(x_1,\cdots,x_n)=P(X(t_1)\leqslant x_1,\cdots,X(t_n)\leqslant x_n) \tag{1.67}$$

则称(1.67)式为随机过程$\{X(t),t\in T\}$的一个有限维分布函数族。

有限维分布函数族能够完整地刻画随机过程,但与随机变量的分布函数一样,常常并不容易处理。为此,同样可以借鉴单个随机变量的方法,用均值、方差

等数字特征刻画随机过程的主要特征。由于随机过程是随参数 t 变化的随机变量集合,因此随机过程的均值、方差等也与参数 t 有关,是 t 的函数。

(1) 均值函数。对每个 $t \in T$,随机变量 $X(t)$ 的数学期望(均值)为

$$m(t) = E(X(t)) = \int_{-\infty}^{\infty} x \mathrm{d}F_t(x) \tag{1.68}$$

称为随机过程的均值函数。(1.68)式中 $F_t(x)$ 是 $X(t)$ 的分布函数。

(2) 协方差和方差函数。对任意的 $s,t \in T$,则

$$R(s,t) = E[(X(s) - m(s))(X(t) - m(t))] \tag{1.69}$$

称为随机过程的协方差函数。(1.69)式中 $m(t)$ 是均值函数。由于求协方差的随机变量是同一个指标对应不同参数的水平,因此这种协方差函数也常称为自协方差函数。

特别地,当 $s = t$ 时,称

$$R(t,t) = E(X(t) - m(t))^2 \tag{1.70}$$

为随机过程的"方差函数"。

二、随机过程的平稳性

(一) 随机过程平稳性的概念

随机过程在时间序列计量经济分析中最重要的一种性质是平稳性,一般直接称为时间序列或时间序列数据的平稳性。

随机过程有严平稳和弱平稳两种平稳性,它们有内在联系,但不一定存在包含关系,只有在特定情况下才是一致的。

1. 严平稳

定义 1.25 如果一个随机过程 $\{Y_t, t = 0, \pm 1, \pm 2, \cdots\}$ 在任意时点概率分布的特性不受时间原点改变的影响,则称该随机过程是严平稳的。

严平稳的条件是:任意 m 个时刻 $t_1, t_2, \cdots, t_m$ 的观测值 $Y_{t_1}, Y_{t_2}, \cdots, Y_{t_m}$ 的联合概率分布,与时刻 $t_1 + k, t_2 + k, \cdots, t_m + k$ 的观测值 $Y_{t_1+k}, Y_{t_2+k}, \cdots, Y_{t_m+k}$ 的联合概率分布相同,即

$$P(Y_{t_1}, Y_{t_2}, \cdots, Y_{t_m}) = P(Y_{t_1+k}, Y_{t_2+k}, \cdots, Y_{t_m+k})$$

严平稳性隐含任意时刻随机变量的概率分布相同,任意两个或多个时刻随机变量的联合分布、相关性最多只与时间间隔有关,而与时间本身无关。进一步意味着当各个时点随机变量存在有限均值和方差时都是相同的常数,即 $E(Y_t) = \mu$ 和 $\mathrm{Var}(Y_t) = E(Y_t - \mu)^2 = \sigma^2$ 都是与 t 无关的常数,而当两个随机变量存在有限协方差时,协方差只与两个随机变量的时间间隔有关,而与时间本身无关,即 $\mathrm{Cov}(Y_t, Y_{t+k}) = E[(Y_t - \mu)(Y_{t+k} - \mu)] = r_k$ 与 t 无关(可能为0)。对各个可能存在的高阶矩也有相同的要求。

2. 弱平稳

严平稳性的要求是相当高的,不仅比较难满足,而且现实应用中也很难验证。现实应用中采用的常常是另一种相对较弱的,只要求前二阶矩稳定和不随时间变化的弱平稳性定义。

定义 1.26 如果一个随机过程$\{Y_t, t=0, \pm1, \pm2, \cdots\}$满足下列三个要求:

(1) $E(Y_t)=\mu$(μ为常数,与t无关);

(2) $\mathrm{Var}(Y_t)=E(Y_t-\mu)^2=\sigma^2$($\sigma^2$为常数,与$t$无关);

(3) $\mathrm{Cov}(Y_t, Y_{t+k})=E[(Y_t-\mu)(Y_{t+k}-\mu)]=r_k$(与$t$无关,可能为0)。

则称为弱平稳的或协方差平稳的。

严平稳性一般情况下强于弱平稳性。但严平稳也并不一定隐含弱平稳,因为严平稳过程各随机变量的一阶、二阶矩并不一定存在。

因为只有平稳随机过程才有稳定的趋势(期望)、波动性(方差)和横向联系(协方差),因此以稳定的均值、方差和相互关系为基础的统计推断,都以随机过程、时间序列过程的平稳性为基础。统计推断是计量经济分析的核心,因此时间序列的平稳性正是时间序列数据计量经济分析模型的基础和隐含假设。由于计量经济分析对随机过程平稳性的要求主要是前二阶矩不变意义上的,而且弱平稳概念使用比较方便,因此计量经济学分析中更重要的是弱平稳性,今后谈到平稳性时通常指的就是弱平稳性。

(二) 几个常见的平稳和非平稳随机过程

为了增加对随机过程平稳性的感性认识,这里介绍几个常见的平稳和非平稳随机过程的例子。

1. 白噪声过程

最常见和重要的平稳随机过程之一是白噪声过程和白噪声序列(White Noise Time Series)。

定义 1.27 若一个随机过程$\{\varepsilon_t, t\in(-\infty, +\infty)\}$满足:(1) $E(\varepsilon_t)=0$; (2) $\mathrm{Var}(\varepsilon_t)=\sigma^2$; (3) $\mathrm{Cov}(\varepsilon_t, \varepsilon_{t-s})=0$,那么,这个随机过程称为一个白噪声过程或白噪声序列。

把白噪声过程满足的要求与随机过程平稳性的定义进行对照,不难看出白噪声过程完全满足弱平稳随机过程的定义,因此是平稳的。

白噪声序列在计量经济分析中有很多应用。经典回归模型的误差项就常假设为白噪声。白噪声序列也是构成各种平稳、非平稳时间序列模型的基础,因此也是时间序列分析的重要基础。

2. 独立同分布过程

另一种重要的基本平稳随机序列是独立同分布(Independent Identity Distribution Series)。

定义 1.28 如果一个随机过程$\{Y_t, t=0, \pm 1, \pm 2, \cdots\}$满足各个时点的$Y_t$是相互独立,而且服从完全相同分布的随机变量,则称该随机过程为一个独立同分布过程或独立同分布序列。

因为独立同分布过程各个时点随机变量的联合分布一定满足

$$F_{t_1+s,\cdots,t_m+s}(Y_1,\cdots,Y_m) = F_0(Y_1)\cdot F_0(Y_2)\cdots F_0(Y_m)$$

因此独立同分布过程满足严平稳性的定义,属于严平稳过程。如果Y_t的一阶、二阶矩都存在,那么同分布性保证所有时点Y_t的一阶、二阶矩相同,即$E(Y_t)=\mu$和$\text{Var}(Y_t)=E(Y_t-\mu)^2=\sigma^2$都是与$t$无关的常数,独立性保证$\text{Cov}(Y_t,Y_s)=0$对任意$t\neq s$都成立,因此$Y_t$必然也是弱平稳的。

独立同分布随机过程在统计和计量经济分析中也有着非常重要的作用。白噪声序列与独立同分布序列的关系:如果白噪声序列是正态序列,也一定是独立同分布序列。

3. 随机游走和单位根过程

非平稳随机过程的典型例子是随机游走过程(Random Walk Process)和单位根过程(Unit Roots Process)。随机游走和单位根序列的经济问题是金融市场数据中常见的类型。

定义 1.29 若一个随机过程$\{Y_t, t=0, \pm 1, \pm 2, \cdots\}$满足

$$Y_t = Y_{t-1} + \varepsilon_t$$

式中,ε_t是白噪声序列,那么称该随机过程为一个随机游走过程。

因为在给定Y_{t-1}的前提下,Y_t的条件期望

$$E(Y_t \mid Y_{t-1}) = Y_{t-1}$$

不是与t无关的常数,而且因为

$$\begin{aligned} Y_t &= \varepsilon_t + Y_{t-1} = \varepsilon_t + \varepsilon_{t-1} + Y_{t-2} \\ &= \varepsilon_t + \varepsilon_{t-1} + \cdots + Y_0 = Y_0 + \sum_{i=1}^{t} \varepsilon_i \end{aligned}$$

所以Y_t的方差

$$\text{Var}(Y_t) = t\sigma_\varepsilon^2$$

也不是与t无关的常数,因此随机游走过程不符合平稳性的定义,是非平稳的随机过程。

定义 1.30 如果随机过程中随机变量满足关系式

$$Y_t = \eta + Y_{t-1} + \varepsilon_t$$

或

$$\Delta Y_t = \eta + \varepsilon_t$$

其中，ε_t 仍然是服从白噪声过程的修正项，η 是常数。则称该随机过程为一个单位根过程，因为模型除修正项以外的 Y_t 的一阶线性差分方程的特征方程根为1。

上述单位根过程只是单位根过程的基本形式，单位根过程还可以扩展到包含时间趋势项等的多种情况。随机游走过程是单位根过程 $\eta=0$ 时的特例。单位根过程是随机游走过程与一个常数之和，因为随机游走过程是非平稳的，因此单位根过程必然也是非平稳的。

随机游走过程和单位根过程在计量经济分析中有重要作用，时间序列平稳性检验与单位根过程有密切的关系。

（三）平稳性的检验

因为数据的平稳性有重要意义，因此必须判断数据的平稳性。时间序列数据只是随机过程的一次实现，而非反复多次实现，无法按照平稳随机过程的定义检验它们的平稳性。一般用数据图形、自相关图和单位根检验等间接方法判断。前两种方法根据的是平稳随机过程的一般特征和定义，后一种方法是考虑到大多数非平稳经济时间序列属于单位根过程，因此可以通过单位根过程检验时间序列平稳性。单位根检验需要线性回归分析基础，将在后面的第7章中介绍。

§1.3 矩阵代数基本知识

矩阵和行列式是研究现代计量经济学的重要工具，这里针对本书的需要，对有关矩阵代数的基本知识作回顾性的介绍，其中有些内容是过去教学计划中没有涉及的。

1.3.1 向量矩阵的定义及运算

一、向量矩阵的定义

定义1.31 将 $n\times p$ 个实数 $a_{11},a_{12},\cdots,a_{1p},a_{21},a_{22},\cdots,a_{2p},\cdots,a_{n1},a_{n2},\cdots,a_{np}$ 排成如下形式的矩形数表，记为 $\boldsymbol{A}$

$$\boldsymbol{A}=\begin{bmatrix} a_{11} & a_{12} & \cdots & a_{1p} \\ a_{21} & a_{22} & \cdots & a_{2p} \\ \vdots & \vdots & & \vdots \\ a_{n1} & a_{n2} & \cdots & a_{np} \end{bmatrix}$$

则称 $\boldsymbol{A}$ 为 $n\times p$ 阶矩阵，一般记为 $\boldsymbol{A}=(a_{ij})_{n\times p}$，称 a_{ij} 为矩阵 $\boldsymbol{A}$ 的元素。当 $n=p$ 时，称 $\boldsymbol{A}$ 为 n 阶方阵；若 $p=1$，$\boldsymbol{A}$ 只有一列，称其为 n 维列向量，记为

$$\begin{bmatrix} a_{11} \\ a_{21} \\ \vdots \\ a_{n1} \end{bmatrix}$$

若 $n=1$，$\boldsymbol{A}$ 只有一行，称其为 p 维行向量，记为

$$(a_{11}, a_{12}, \cdots, a_{1p})$$

当 $\boldsymbol{A}$ 为 n 阶方阵，称 $a_{11}, a_{22}, \cdots, a_{nn}$ 为 $\boldsymbol{A}$ 的对角线元素，其他元素称为非对角元素。若方阵 $\boldsymbol{A}$ 的非对角元素全为 0，称 $\boldsymbol{A}$ 为对角阵，记为

$$\boldsymbol{A} = \begin{bmatrix} a_{11} & & & \\ & a_{22} & & \\ & & \ddots & \\ & & & a_{nn} \end{bmatrix} = \mathrm{diag}(a_{11}, a_{22}, \cdots, a_{nn})$$

进一步，若 $a_{11} = a_{22} = \cdots = a_{nn} = 1$，称 $\boldsymbol{A}$ 为 n 阶单位阵，记为 $\boldsymbol{I}_n$ 或 $\boldsymbol{A} = \boldsymbol{I}$。

定义 1.32 如果将 $n \times p$ 阶矩阵 $\boldsymbol{A}$ 的行与列彼此交换，得到的新矩阵是 $p \times n$ 的矩阵，记为

$$\boldsymbol{A}' = \begin{bmatrix} a_{11} & a_{21} & \cdots & a_{n1} \\ a_{12} & a_{22} & \cdots & a_{n2} \\ \vdots & \vdots & & \vdots \\ a_{1p} & a_{2p} & \cdots & a_{np} \end{bmatrix}$$

称其为矩阵 $\boldsymbol{A}$ 的转置矩阵。

定义 1.33 若 $\boldsymbol{A}$ 是方阵，且 $\boldsymbol{A}' = \boldsymbol{A}$，则称 $\boldsymbol{A}$ 为对称阵；若方阵 $\boldsymbol{A} = (a_{ij})_{n \times n}$，当对一切 $i < j$，元素 $a_{ij} = 0$，则称

$$\boldsymbol{A} = \begin{bmatrix} a_{11} & & & \\ a_{21} & a_{22} & & \\ \vdots & \vdots & \ddots & \\ a_{n1} & a_{n2} & \cdots & a_{nn} \end{bmatrix}$$

为下三角阵；若 $\boldsymbol{A}'$ 为下三角阵，则称 $\boldsymbol{A}$ 为上三角阵。

二、矩阵的运算

1. 对 $\boldsymbol{A} = (a_{ij})_{n \times p}$ 与 $\boldsymbol{B} = (b_{ij})_{n \times p}$ 的和定义为：

$$\boldsymbol{A} + \boldsymbol{B} = (a_{ij} + b_{ij})_{n \times p}$$

2. 若 c 为一常数，它与 $n \times p$ 阶矩阵 $\boldsymbol{A}$ 的积定义为：

$$c\boldsymbol{A} = (ca_{ij})_{n \times p}$$

3. 若 $\boldsymbol{A}=(a_{ik})_{p\times q},\boldsymbol{B}=(b_{kj})_{q\times n}$,则 $\boldsymbol{A}$ 与 $\boldsymbol{B}$ 的积定义为:

$$\boldsymbol{AB}=\left(\sum_{k=1}^{q}a_{ik}b_{kj}\right)_{p\times n}$$

根据上述矩阵加法、数乘与乘的运算,容易验证下面的运算规律:

1. 加法满足结合律和交换律

$$(\boldsymbol{A}+\boldsymbol{B})+\boldsymbol{C}=\boldsymbol{A}+(\boldsymbol{B}+\boldsymbol{C})$$
$$\boldsymbol{A}+\boldsymbol{B}=\boldsymbol{B}+\boldsymbol{A}$$

2. 乘法满足结合律

$$(\alpha\beta)\boldsymbol{A}=\alpha(\beta\boldsymbol{A}),\quad \alpha(\boldsymbol{AB})=(\alpha\boldsymbol{A})\boldsymbol{B}=\boldsymbol{A}(\alpha\boldsymbol{B})$$
$$\boldsymbol{A}(\boldsymbol{BC})=(\boldsymbol{AB})\boldsymbol{C}$$

3. 乘法和加法满足分配律

$$\alpha(\boldsymbol{A}+\boldsymbol{B})=\alpha\boldsymbol{A}+\alpha\boldsymbol{B},\quad (\alpha+\beta)\boldsymbol{A}=\alpha\boldsymbol{A}+\beta\boldsymbol{A}$$
$$\boldsymbol{A}(\boldsymbol{B}+\boldsymbol{C})=\boldsymbol{AB}+\boldsymbol{AC},\quad (\boldsymbol{A}+\boldsymbol{B})\boldsymbol{C}=\boldsymbol{AC}+\boldsymbol{BC}$$

4. 对转置运算规律

$$(\boldsymbol{A}+\boldsymbol{B})'=\boldsymbol{A}'+\boldsymbol{B}',\quad (a\boldsymbol{A})'=(a\boldsymbol{A}')$$
$$(\boldsymbol{AB})'=\boldsymbol{B}'\boldsymbol{A}',\quad (\boldsymbol{A}')'=\boldsymbol{A}$$

另外,若 $\boldsymbol{A}=(a_{ij})_{n\times n}$ 满足 $\boldsymbol{A}'\boldsymbol{A}=\boldsymbol{A}\boldsymbol{A}'=\boldsymbol{I}$,则称 $\boldsymbol{A}$ 为正交阵。

1.3.2 矩阵的性质

一、矩阵分块

对于任意一个 $n\times p$ 阶矩阵 $\boldsymbol{A}$,可以用纵线和横线按某种需要将它们划分成若干块低阶的矩阵,也可以看做是以所分成的子块为元素的矩阵,称为分块矩阵,即:

$$\boldsymbol{A}=\begin{bmatrix}a_{11} & a_{12} & \cdots & a_{1p}\\ a_{21} & a_{22} & \cdots & a_{2p}\\ \vdots & \vdots & & \vdots\\ a_{n1} & a_{n2} & \cdots & a_{np}\end{bmatrix}$$

写成

$$\boldsymbol{A}=\begin{bmatrix}\boldsymbol{A}_{11} & \boldsymbol{A}_{12}\\ \boldsymbol{A}_{21} & \boldsymbol{A}_{22}\end{bmatrix}$$

其中 $\boldsymbol{A}_{11}=(a_{ij})_{n_1\times p_1},\boldsymbol{A}_{12}=(a_{ij})_{n_1\times p_2},\boldsymbol{A}_{21}=(a_{ij})_{n_2\times p_1},\boldsymbol{A}_{22}=(a_{ij})_{n_2\times p_2}$,且 $n_1+n_2=n,p_1+p_2=p$。

分块矩阵也满足平常矩阵的加法、乘法等运算规律。不难证明:

$$A' = \begin{bmatrix} A_{11}' & A_{12}' \\ A_{21}' & A_{22}' \end{bmatrix}$$

二、方阵行列式的性质

一个 n 阶方阵 $A = (a_{ij})_{n \times n}$ 中的元素组成的行列式，称为方阵 A 的行列式，记为 $|A|$ 或 $\det A$。它有以下我们熟知的性质：

1. 若 A 的某行（或列）为零，则 $|A| = 0$；

2. $|A| = |A'|$；

3. 将 A 的某行（或列）乘以数 c 所得的矩阵的行列式等于 $c|A|$；

4. 若 A 是一个 n 阶方阵，c 为一常数，则 $|cA| = c^n|A|$；

5. 若 A 的两行（或列）相同，则 $|A| = 0$；

6. 若将 A 的两行（两列）互换所得矩阵的行列式等于 $-|A|$；

7. 若将 A 的某一行（或列）乘上一个常数后加到另一行相应的元素上，所得的矩阵的行列式不变，仍等于 $|A|$；

8. 若 A 和 B 均为 n 阶方阵，则 $|AB| = |A||B|$；

9. 若 A 为上三角矩阵或下三角矩阵或对角矩阵，则 $|A| = \prod_{i=1}^{n} a_{ii}$；

10. $|AA'| \geqslant 0$；

11. 若 A 和 B 都是方阵，则

$$\begin{vmatrix} A & C \\ 0 & B \end{vmatrix} = \begin{vmatrix} A & 0 \\ C & B \end{vmatrix} = |A||B|$$

12. 若 A 和 B 分别是 $n \times p$ 和 $p \times n$ 阶矩阵，则

$$|I_n + AB| = |I_p + BA|$$

三、逆矩阵

设 A 为 n 阶方阵，若 $|A| \neq 0$，则称 A 是非退化阵或称非奇异阵，若 $|A| = 0$，则称 A 是退化阵或称奇异阵。

若 A 是 n 阶非退化阵，则存在唯一的矩阵 B，使得 $AB = BA = I_n$，B 称为 A 的逆矩阵，记为 $B = A^{-1}$。逆矩阵的基本性质如下：

1. $AA^{-1} = A^{-1}A = I$

2. $(A')^{-1} = (A^{-1})'$

3. 若 A 和 B 均为 n 阶非退化阵，则

$$(AB)^{-1} = B^{-1}A^{-1}$$

4. 设 A 为 n 阶非退化阵，b 和 a 为 n 维列向量，则方程：

$$Ab = a$$

的解为

$$\boldsymbol{b}=\boldsymbol{A}^{-1}\boldsymbol{a}$$

5. $|\boldsymbol{A}^{-1}|=|\boldsymbol{A}|^{-1}$

6. 若 $\boldsymbol{A}$ 是正交阵,则

$$\boldsymbol{A}^{-1}=\boldsymbol{A}'$$

7. 若 $\boldsymbol{A}$ 是对角阵,$\boldsymbol{A}=\mathrm{diag}(a_{11},a_{22},\cdots,a_{nn})$ 且 $a_{ij}\neq 0,i=1,\cdots,p$,则

$$\boldsymbol{A}^{-1}=\mathrm{diag}(a_{11}^{-1},a_{22}^{-1},\cdots,a_{nn}^{-1})$$

8. 若 $\boldsymbol{A}$ 和 $\boldsymbol{B}$ 为非退化阵,则

$$\begin{bmatrix}\boldsymbol{A} & \boldsymbol{C}\\ \boldsymbol{0} & \boldsymbol{B}\end{bmatrix}^{-1}=\begin{bmatrix}\boldsymbol{A}^{-1} & -\boldsymbol{A}^{-1}\boldsymbol{C}\boldsymbol{B}^{-1}\\ \boldsymbol{0} & \boldsymbol{B}^{-1}\end{bmatrix}$$

$$\begin{bmatrix}\boldsymbol{A} & \boldsymbol{0}\\ \boldsymbol{C} & \boldsymbol{B}\end{bmatrix}^{-1}=\begin{bmatrix}\boldsymbol{A}^{-1} & \boldsymbol{0}\\ -\boldsymbol{B}^{-1}\boldsymbol{C}\boldsymbol{A}^{-1} & \boldsymbol{B}^{-1}\end{bmatrix}$$

9. 设方阵 $\boldsymbol{A}$ 的行列式 $|\boldsymbol{A}|$ 分块为

$$|\boldsymbol{A}|=\begin{vmatrix}\boldsymbol{A}_{11} & \boldsymbol{A}_{12}\\ \boldsymbol{A}_{21} & \boldsymbol{A}_{22}\end{vmatrix}$$

若 $\boldsymbol{A}_{11}$ 和 $\boldsymbol{A}_{22}$ 是方阵且为非退化阵,则

$$|\boldsymbol{A}|=|\boldsymbol{A}_{11}||\boldsymbol{A}_{22}-\boldsymbol{A}_{21}\boldsymbol{A}_{11}^{-1}\boldsymbol{A}_{12}|=|\boldsymbol{A}_{22}||\boldsymbol{A}_{11}-\boldsymbol{A}_{12}\boldsymbol{A}_{22}^{-1}\boldsymbol{A}_{21}|$$

四、矩阵的秩

设 $\boldsymbol{A}$ 为 $n\times p$ 阶矩阵,若存在它的一个 r 阶子方阵的行列式不为零,而 $\boldsymbol{A}$ 的一切 $(r+1)$ 阶子方阵的行列式均为零,则称 $\boldsymbol{A}$ 的秩为 r,记作 $\mathrm{rk}(\boldsymbol{A})=r$。它有如下基本性质:

1. $\mathrm{rk}(\boldsymbol{A})=0$,当且仅当 $\boldsymbol{A}=\boldsymbol{0}$;
2. 若 $\boldsymbol{A}$ 为 $n\times p$ 阶矩阵,则 $0\leqslant\mathrm{rk}(\boldsymbol{A})\leqslant\min(n,p)$;
3. $\mathrm{rk}(\boldsymbol{A})=\mathrm{rk}(\boldsymbol{A}')$;
4. $\mathrm{rk}(\boldsymbol{AB})\leqslant\min(\mathrm{rk}(\boldsymbol{A}),\mathrm{rk}(\boldsymbol{B}))$;
5. $\mathrm{rk}(\boldsymbol{A}+\boldsymbol{B})\leqslant\mathrm{rk}(\boldsymbol{A})+\mathrm{rk}(\boldsymbol{B})$;
6. 若 $\boldsymbol{A}$ 和 $\boldsymbol{C}$ 为非退化阵,则 $\mathrm{rk}(\boldsymbol{ABC})=\mathrm{rk}(\boldsymbol{B})$。

1.3.3 特征向量及二次型

一、特征根和特征向量

设 $\boldsymbol{A}$ 为 p 阶方阵,则方程 $|\boldsymbol{A}-\lambda\boldsymbol{I}_p|=0$ 是 λ 的 p 次多项式,由多项式理论知道该方程必有 p 个根(可以有重根),记为 $\lambda_1,\lambda_2\cdots,\lambda_p$,称为 $\boldsymbol{A}$ 的特征根或称特征值。

若存在一个 p 维向量 $\boldsymbol{u}_i$,使得 $(\boldsymbol{A}-\lambda_i\boldsymbol{I}_p)\boldsymbol{u}_i=0$,则称 $\boldsymbol{u}_i$ 为对应于 λ_i 的 $\boldsymbol{A}$ 的特征向量。特征根有如下性质:

1. 若 $\boldsymbol{A}$ 为实数阵，则 $\boldsymbol{A}$ 的特征根全为实数，故可按大小次序排列成 $\lambda_1 \geqslant \lambda_2 \geqslant \cdots \geqslant \lambda_p$，若 $\lambda_i \neq \lambda_j$，则相应的特征向量 $\boldsymbol{u}_i$ 与 $\boldsymbol{u}_j$ 必正交。

2. $\boldsymbol{A}$ 和 $\boldsymbol{A}'$ 有相同的特征根。

3. 若 $\boldsymbol{A}$ 与 $\boldsymbol{B}$ 分别是 $p \times q$ 与 $q \times p$ 阶阵，则 $\boldsymbol{AB}$ 与 $\boldsymbol{BA}$ 有相同的非零特征根。

实际上，因为

$$\begin{bmatrix} \boldsymbol{I}_p & -\boldsymbol{A} \\ \boldsymbol{0} & \lambda \boldsymbol{I}_q \end{bmatrix} \begin{bmatrix} \lambda \boldsymbol{I}_p & \boldsymbol{A} \\ \boldsymbol{B} & \boldsymbol{I}_q \end{bmatrix} = \begin{bmatrix} \lambda \boldsymbol{I}_p - \boldsymbol{AB} & \boldsymbol{0} \\ \lambda \boldsymbol{B} & \lambda \boldsymbol{I}_q \end{bmatrix} \tag{1.71}$$

$$\begin{bmatrix} \boldsymbol{I}_p & \boldsymbol{0} \\ -\boldsymbol{B} & \lambda \boldsymbol{I}_q \end{bmatrix} \begin{bmatrix} \lambda \boldsymbol{I}_p & \boldsymbol{A} \\ \boldsymbol{B} & \boldsymbol{I}_q \end{bmatrix} = \begin{bmatrix} \lambda \boldsymbol{I}_p & \boldsymbol{A} \\ \boldsymbol{0} & \lambda \boldsymbol{I}_q - \boldsymbol{BA} \end{bmatrix} \tag{1.72}$$

所以

$$\begin{vmatrix} \lambda \boldsymbol{I}_p - \boldsymbol{AB} & \boldsymbol{0} \\ \lambda \boldsymbol{B} & \lambda \boldsymbol{I}_q \end{vmatrix} = \begin{vmatrix} \lambda \boldsymbol{I}_p & \boldsymbol{A} \\ \boldsymbol{0} & \lambda \boldsymbol{I}_q - \boldsymbol{BA} \end{vmatrix}$$

即

$$\lambda^q \mid \lambda \boldsymbol{I}_p - \boldsymbol{AB} \mid = \lambda^p \mid \lambda \boldsymbol{I}_q - \boldsymbol{BA} \mid \tag{1.73}$$

那么，两个关于 λ 的方程 $|\lambda \boldsymbol{I}_p - \boldsymbol{AB}| = 0$ 和 $|\lambda \boldsymbol{I}_q - \boldsymbol{BA}| = 0$ 有着完全相同的非零特征根（若有重根，则它们的重数也相同），从而 $\boldsymbol{AB}$ 和 $\boldsymbol{BA}$ 有相同的非零特征根。

4. 若 $\boldsymbol{A}$ 为三角阵（上三角或下三角），则 $\boldsymbol{A}$ 的特征根为其对角元素。

5. 若 $\lambda_1, \lambda_2 \cdots, \lambda_p$ 是 $\boldsymbol{A}$ 的特征根，$\boldsymbol{A}$ 可逆，则 $\boldsymbol{A}^{-1}$ 的特征根为 $\lambda_1^{-1}, \lambda_2^{-1}, \cdots, \lambda_p^{-1}$。

6. 若 $\boldsymbol{A}$ 为 p 阶的对称阵，则存在正交矩阵 $\boldsymbol{T}$ 及对角矩阵 $\boldsymbol{\Lambda} = \mathrm{diag}(\lambda_1, \cdots, \lambda_p)$，使得

$$\boldsymbol{A} = \boldsymbol{T\Lambda T}' \tag{1.74}$$

实际上，将(1.74)式两边右乘 $\boldsymbol{T}$，得

$$\boldsymbol{AT} = \boldsymbol{T\Lambda}$$

将 $\boldsymbol{T}$ 按列向量分块，并记为 $\boldsymbol{T} = (\boldsymbol{u}_1, \boldsymbol{u}_2, \cdots, \boldsymbol{u}_p)$，于是有

$$\boldsymbol{A}(\boldsymbol{u}_1, \boldsymbol{u}_2, \cdots, \boldsymbol{u}_p) = (\boldsymbol{u}_1, \boldsymbol{u}_2, \cdots, \boldsymbol{u}_p) \begin{bmatrix} \lambda_1 & & 0 \\ & \ddots & \\ 0 & & \lambda_p \end{bmatrix}$$

即

$$(\boldsymbol{Au}_1, \boldsymbol{Au}_2, \cdots, \boldsymbol{Au}_p) = (\lambda_1 \boldsymbol{u}_1, \lambda_2 \boldsymbol{u}_2, \cdots, \lambda_p \boldsymbol{u}_p)$$

那么

$$\boldsymbol{Au}_i = \lambda_i \boldsymbol{u}_i, \quad i = 1, 2, \cdots, p \tag{1.75}$$

在此,(1.75)式表明 $\lambda_1,\lambda_2,\cdots\lambda_p$ 是 $\boldsymbol{A}$ 的 p 个特征根,而 $\boldsymbol{u}_1,\boldsymbol{u}_2,\cdots,\boldsymbol{u}_p$ 为相应的特征向量。

这样矩阵 $\boldsymbol{A}$ 可以作如下分解:

$$\boldsymbol{A} = \boldsymbol{T\Lambda T'}$$

$$= (\boldsymbol{u}_1,\boldsymbol{u}_2,\cdots,\boldsymbol{u}_p)\begin{bmatrix}\lambda_1 & & 0\\ & \ddots & \\ 0 & & \lambda_p\end{bmatrix}\begin{bmatrix}\boldsymbol{u}_1'\\ \vdots\\ \boldsymbol{u}_p'\end{bmatrix}$$

$$= \sum_{i=1}^{p}\lambda_i\boldsymbol{u}_i\boldsymbol{u}_i'$$

称之为 $\boldsymbol{A}$ 的谱分解。

二、矩阵的迹

若 $\boldsymbol{A}$ 是 p 阶方阵,它的对角元素之和称为 $\boldsymbol{A}$ 的迹,记为 $\mathrm{tr}(\boldsymbol{A}) = \sum_{i=1}^{p} a_{ii}$。方阵的迹具有下述基本性质:

1. 若 $\boldsymbol{A}$ 是 p 阶方阵,它的特征根为 $\lambda_1,\lambda_2\cdots,\lambda_p$,则 $\mathrm{tr}(\boldsymbol{A}) = \sum_{i=1}^{p}\lambda_i$;
2. $\mathrm{tr}(\boldsymbol{AB}) = \mathrm{tr}(\boldsymbol{BA})$;
3. $\mathrm{tr}(\boldsymbol{A}) = \mathrm{tr}(\boldsymbol{A}')$
4. $\mathrm{tr}(\boldsymbol{A}+\boldsymbol{B}) = \mathrm{tr}(\boldsymbol{A}) + \mathrm{tr}(\boldsymbol{B})$
5. $\mathrm{tr}(\alpha\boldsymbol{A}) = \alpha\mathrm{tr}(\boldsymbol{A})$

三、二次型与正定阵

称表达式

$$Q = \sum_{i=1}^{p}\sum_{j=1}^{p} a_{ij}x_ix_j$$

为二次型,其中 $a_{ij} = a_{ji}$ 是实常数;$x_1,x_2,\cdots,x_p$ 是 p 个实变量。

若 $\boldsymbol{A} = (a_{ij})_{p\times p}$ 为对称阵,$\boldsymbol{X} = (x_1,\cdots,x_p)'$,则

$$Q = \sum_{i=1}^{p}\sum_{j=1}^{p} a_{ij}x_ix_j = \boldsymbol{X'AX}$$

若方阵 $\boldsymbol{A}$ 对一切 $\boldsymbol{X}\neq 0$,都有 $\boldsymbol{X'AX} > 0$,则称 $\boldsymbol{A}$ 与其相应的二次型是正定的,记为 $\boldsymbol{A} > 0$;若对一切 $\boldsymbol{X}\neq 0$,都有 $\boldsymbol{X'AX}\geqslant 0$,则称 $\boldsymbol{A}$ 与其相应的二次型是非负定的,记为 $\boldsymbol{A}\geqslant 0$。

记 $\boldsymbol{A}\geqslant\boldsymbol{B}$,表示 $\boldsymbol{A}-\boldsymbol{B}\geqslant 0$;记 $\boldsymbol{A}>\boldsymbol{B}$,表示 $\boldsymbol{A}-\boldsymbol{B}>0$。

正定阵和非负定阵有如下性质:

1. 一个对称阵是正(非负)定的当且仅当它的特征根为正(非负);

2. 若 $\boldsymbol{A}>0$，则 $\boldsymbol{A}^{-1}>0$；

3. 若 $\boldsymbol{A}>0$，则 $c\boldsymbol{A}>0$，其中 c 为正数；

4. 若 $\boldsymbol{A}\geqslant 0$，因它是对称阵，则必存在一个正交阵 $\boldsymbol{T}$，使

$$\boldsymbol{T}'\boldsymbol{A}\boldsymbol{T} = \mathrm{diag}(\lambda_1,\lambda_2,\cdots,\lambda_p) = \boldsymbol{\Lambda}$$

其中 $\lambda_1,\cdots,\lambda_p$ 为 $\boldsymbol{A}$ 的特征根，$\boldsymbol{T}$ 的列向量为相应的特征向量。

5. 若 $\boldsymbol{A}\geqslant 0(>0)$，则存在 $\boldsymbol{A}^{\frac{1}{2}}\geqslant 0(>0)$，使得 $\boldsymbol{A}=\boldsymbol{A}^{\frac{1}{2}}\boldsymbol{A}^{\frac{1}{2}}$，称 $\boldsymbol{A}^{\frac{1}{2}}$ 为 $\boldsymbol{A}$ 的平方根。

实际上，因为 $\boldsymbol{A}$ 是对称阵，所以存在正交矩阵 $\boldsymbol{T}$ 和对角矩阵 $\boldsymbol{\Lambda}=\mathrm{diag}(\lambda_1,\lambda_2,\cdots,\lambda_p)$ 使得 $\boldsymbol{A}=\boldsymbol{T}\boldsymbol{\Lambda}\boldsymbol{T}'$。有 $\boldsymbol{A}\geqslant 0(>0)$ 可知 $\lambda_i\geqslant 0(>0)$，$i=1,\cdots,p$。令 $\boldsymbol{\Lambda}^{\frac{1}{2}}=\mathrm{diag}(\sqrt{\lambda_1},\sqrt{\lambda_2},\cdots,\sqrt{\lambda_p})$，$\boldsymbol{A}^{\frac{1}{2}}=\boldsymbol{T}'\boldsymbol{\Lambda}^{\frac{1}{2}}\boldsymbol{T}$，则有

$$\boldsymbol{A} = \boldsymbol{T}\boldsymbol{\Lambda}^{\frac{1}{2}}\boldsymbol{\Lambda}^{\frac{1}{2}}\boldsymbol{T}' = \boldsymbol{T}\boldsymbol{\Lambda}^{\frac{1}{2}}\boldsymbol{T}'\boldsymbol{T}\boldsymbol{\Lambda}^{\frac{1}{2}}\boldsymbol{T}' = \boldsymbol{A}^{\frac{1}{2}}\boldsymbol{A}^{\frac{1}{2}}$$

由于 $\boldsymbol{A}^{\frac{1}{2}}$ 的特征根 $\sqrt{\lambda_i}\geqslant 0(>0)$，$i=1,\cdots,p$，所以 $\boldsymbol{A}^{\frac{1}{2}}\geqslant(>0)$。

1.3.4 矩阵的微商及克罗内克积

一、矩阵的微商

设 $\boldsymbol{x}=(x_1,\cdots,x_p)'$ 为实向量，$y=f(\boldsymbol{x})$ 为 $\boldsymbol{x}$ 的实函数，则 $f(\boldsymbol{x})$ 关于 $\boldsymbol{x}$ 的微商定义为

$$\frac{\partial f(\boldsymbol{x})}{\partial \boldsymbol{x}} = \begin{bmatrix} \dfrac{\partial f}{\partial x_1} \\ \vdots \\ \dfrac{\partial f}{\partial x_p} \end{bmatrix}$$

若

$$\boldsymbol{X} = \begin{bmatrix} x_{11} & \cdots & x_{1p} \\ \vdots & & \vdots \\ x_{n1} & \cdots & x_{np} \end{bmatrix}$$

则定义

$$\frac{\partial f(\boldsymbol{X})}{\partial \boldsymbol{X}} \triangleq \begin{bmatrix} \dfrac{\partial f}{\partial x_{11}} & \cdots & \dfrac{\partial f}{\partial x_{1p}} \\ \vdots & & \vdots \\ \dfrac{\partial f}{\partial x_{n1}} & \cdots & \dfrac{\partial f}{\partial x_{np}} \end{bmatrix}$$

由上述定义不难推出以下公式：

1. 若 $\boldsymbol{x}=(x_1,\cdots,x_p)'$, $\boldsymbol{A}=(a_1,\cdots a_p)'$,则

$$\frac{\partial(\boldsymbol{x}'\boldsymbol{A})}{\partial\boldsymbol{x}}=\boldsymbol{A}$$

2. 若 $\boldsymbol{x}=(x_1,\cdots,x_p)'$,则

$$\frac{\partial(\boldsymbol{x}'\boldsymbol{x})}{\partial\boldsymbol{x}}=2\boldsymbol{x}$$

3. 若 $\boldsymbol{x}=(x_1,\cdots,x_p)',\boldsymbol{B}=(b_{ij})_{p\times p}$对称阵,则

$$\frac{\partial(\boldsymbol{x}'\boldsymbol{B}\boldsymbol{x})}{\partial\boldsymbol{x}}=2\boldsymbol{B}\boldsymbol{x}$$

4. 若 $y=\mathrm{tr}(\boldsymbol{X}'\boldsymbol{A}\boldsymbol{X})$,式中 $\boldsymbol{X}$ 为 $n\times p$ 阶阵,$\boldsymbol{A}$ 为 $n\times n$ 阶阵,则

$$\frac{\partial\mathrm{tr}(\boldsymbol{X}'\boldsymbol{A}\boldsymbol{X})}{\partial\boldsymbol{X}}=(\boldsymbol{A}+\boldsymbol{A}')\boldsymbol{X}$$

若 $\boldsymbol{A}$ 为对称阵,则

$$\frac{\partial\mathrm{tr}(\boldsymbol{X}'\boldsymbol{A}\boldsymbol{X})}{\partial\boldsymbol{X}}=2\boldsymbol{A}\boldsymbol{X}$$

二、克罗内克积

定义 1.34 设 $\boldsymbol{A}=(a_{ij})_{m\times n},\boldsymbol{B}=(b_{ij})_{p\times q}$,则称如下的分块矩阵

$$\boldsymbol{A}\otimes\boldsymbol{B}=\begin{bmatrix}a_{11}\boldsymbol{B} & a_{12}\boldsymbol{B} & \cdots & a_{1n}\boldsymbol{B}\\ a_{21}\boldsymbol{B} & a_{22}\boldsymbol{B} & \cdots & a_{2n}\boldsymbol{B}\\ \vdots & \vdots & & \vdots\\ a_{m1}\boldsymbol{B} & a_{m2}\boldsymbol{B} & \cdots & a_{mn}\boldsymbol{B}\end{bmatrix}$$

为 $\boldsymbol{A}$ 的克罗内克(Kronecker)积,或称 $\boldsymbol{A}$ 与 $\boldsymbol{B}$ 的直积,或张量积,简记为 $\boldsymbol{A}\otimes\boldsymbol{B}=(a_{ij}\boldsymbol{B})_{m\times n}$,即 $\boldsymbol{A}\otimes\boldsymbol{B}$ 是一个 $m\times n$ 块的分块矩阵,最后是一个 $mp\times nq$ 阶的矩阵。

不难验证,矩阵的克罗内克积满足以下的运算律:

1. $k(\boldsymbol{A}\otimes\boldsymbol{B})=k\boldsymbol{A}\otimes\boldsymbol{B}=\boldsymbol{A}\otimes k\boldsymbol{B}$, $k\in c$
2. 分配律 $(\boldsymbol{A}+\boldsymbol{B})\otimes\boldsymbol{C}=\boldsymbol{A}\otimes\boldsymbol{C}+\boldsymbol{B}\otimes\boldsymbol{C}$
3. 结合律 $(\boldsymbol{A}\otimes\boldsymbol{B})\otimes\boldsymbol{C}=\boldsymbol{A}\otimes(\boldsymbol{B}\otimes\boldsymbol{C})$

下面介绍克罗内克积的几个重要性质。

1. 设 $\boldsymbol{A}=(a_{ij})_{m\times n},\boldsymbol{B}=(b_{ij})_{s\times r},\boldsymbol{C}=(c_{ij})_{n\times p},\boldsymbol{D}=(d_{ij})_{r\times l}$,则

$$(\boldsymbol{A}\otimes\boldsymbol{B})(\boldsymbol{C}\otimes\boldsymbol{D})=\boldsymbol{A}\boldsymbol{C}\otimes\boldsymbol{B}\boldsymbol{D}$$

2. 设 $\boldsymbol{A}=(a_{ij})_{m\times n},\boldsymbol{B}=(b_{ij})_{p\times q}$,则

$$(\boldsymbol{A}\otimes\boldsymbol{B})'=\boldsymbol{A}'\otimes\boldsymbol{B}'$$

3. 设 $\boldsymbol{A}$、$\boldsymbol{B}$ 分别为 m 阶和 n 阶可逆矩阵,则 $\boldsymbol{A}\otimes\boldsymbol{B}$ 也是可逆矩阵,且

$$(\boldsymbol{A}\otimes\boldsymbol{B})^{-1}=\boldsymbol{A}^{-1}\otimes\boldsymbol{B}^{-1}$$

4. 设$\boldsymbol{A}$、$\boldsymbol{B}$分别为m阶和n阶可逆矩阵，则

$$\mathrm{rank}(\boldsymbol{A}\otimes\boldsymbol{B})=\mathrm{rank}(\boldsymbol{A})\mathrm{rank}(\boldsymbol{B})$$

本章思考与练习

1.1 从发展的角度，怎样理解计量经济学既是一部计量经济理论发展史又是一部应用计量经济发展史？

1.2 怎样理解计量经济学的性质和功能？

1.3 某市居民家庭人均年收入服从$\bar{X}=4\,000$元，$\sigma=1\,200$元的正态分布，求该市居民家庭人均年收入：(1) 在5000—7000元之间的概率；(2) 超过8000元的概率；(3) 低于3000元的概率。

1.4 据统计70岁的老人在5年内正常死亡的概率为0.98，因事故死亡的概率为0.02。保险公司开办老人事故死亡保险，参加者需交纳保险费100元。若5年内因事故死亡，公司要赔偿a元。应如何测算出a，才能使公司可期望获益；若有1000人投保，公司可期望总获益多少？

1.5 假设$X_1,X_2,\cdots,X_n$是来自总体X的简单随机样本，已知

$$E(X^k)=\alpha_k,\quad k=1,2,3,4$$

证明当n充分大时，随机变量$Z_n=\frac{1}{n}\sum_{i=1}^{n}X_i^2$近似服从正态分布。

1.6 中心极限定理在计量经济分析中有什么作用和价值？

1.7 设$X_1,X_2,\cdots,X_9$是来自正态总体X的简单随机样本，而

$$Y_1=\frac{1}{6}(X_1+X_2+\cdots+X_6),\quad Y_2=\frac{1}{3}(X_7+X_8+X_9)$$

$$S^2=\frac{1}{2}\sum_{i=7}^{9}(X_i-Y_2)^2,\quad Z=\frac{\sqrt{2}(Y_1-Y_2)}{S}$$

证明统计量Z服从自由度为2的t分布。

1.8 设X服从均值为μ和方差为σ^2的正态分布，寻求一个服从自由度为1的χ^2分布函数。

1.9 简述参数估计量线性性、无偏性、有效性和一致性的含义和主要价值。

1.10 设$X_1,X_2,\cdots,X_n$是来自均值为μ和方差为σ^2的正态分布的简单随机样本，试求均值μ和方差σ^2的最大似然估计量。

1.11 举出现实经济中离散型随机过程和连续型随机过程的实例。

1.12 讨论两个白噪声序列的线性组合的平稳性。

1.13 设 p 阶方阵 $\boldsymbol{A}=\begin{bmatrix}1 & \rho & \cdots & \rho \\ \rho & 1 & \cdots & \rho \\ \vdots & \vdots & & \vdots \\ \rho & \rho & \cdots & 1\end{bmatrix}$,试证

(1) $|\boldsymbol{A}|=(1-\rho)^{p-1}[1+(\rho-1)\rho]$;

(2) $\boldsymbol{A}$ 是退化矩阵,当且仅当 $\rho=1$ 或 $\rho=-1/(\rho-1)$;

(3) $\boldsymbol{A}$ 的 p 个特征值中,有 $p-1$ 个特征值为 $1-\rho$,另一个特征值为 $1+(p-1)\rho$。

1.14 将二次型 $\sum_{i=1}^{n}(x_i-\bar{x})^2$ 表示成 $\boldsymbol{X}'\boldsymbol{A}\boldsymbol{X}$,其中 $\boldsymbol{X}=(x_1,\cdots,x_p)'$,$\boldsymbol{A}$ 为对称矩阵。

(1) 试求出 $\boldsymbol{A}$。

(2) $\boldsymbol{A}$ 是否为正定矩阵或非负定矩阵。

(3) 试求 $\boldsymbol{A}$ 的秩。

第2章

线性回归模型

§2.1 线性模型的参数估计

2.1.1 模型假定及最小二乘估计

一、模型及模型的假定

线性模型的一般形式是

$$Y_i = \beta_1 + \beta_2 X_{2i} + \beta_3 X_{3i} + \cdots + \beta_k X_{ki} + \varepsilon_i, \quad i = 1,2,\cdots,n \tag{2.1}$$

其中,Y_i 为被解释变量(因变量),$X_{2i},X_{3i},\cdots,X_{ki}$为解释变量(自变量),$\varepsilon_i$ 是随机误差项,$\beta_j,j=1,2,\cdots,k$ 为模型参数。

对经济问题的实际意义:Y_i 与 $X_{2i},X_{3i},\cdots,X_{ki}$存在线性关系,$X_{2i},X_{3i},\cdots,X_{ki}$是 Y_i 的重要解释变量。由于模型是现实问题的一种简化,以及数据收集和测量时产生 ε_i,因此 ε_i 代表众多影响 Y_i 变化的微小因素,称为干扰项。计量经济学中的多种估计、检验、预测等分析方法,是针对不同性质的扰动项引入的。

这里应该注意到,由于 ε_i 的影响使 Y_i 变化偏离了 $E(Y_i|X_{2i},X_{3i},\cdots,X_{ki}) = \beta_1+\beta_2X_{2i}+\beta_3X_{3i}+\cdots+\beta_kX_{ki}$决定的 $k-1$ 维空间平面。

用矩阵表示,(2.1)式变形为

$$\begin{bmatrix} Y_1 \\ Y_2 \\ \vdots \\ Y_n \end{bmatrix}_{(n\times 1)} = \begin{bmatrix} 1 & X_{21} & X_{31} & \cdots & X_{k1} \\ 1 & X_{22} & X_{32} & \cdots & X_{k2} \\ \vdots & \vdots & \vdots & & \vdots \\ 1 & X_{2n} & X_{3n} & \cdots & X_{kn} \end{bmatrix}_{(n\times k)} \begin{bmatrix} \beta_1 \\ \beta_2 \\ \vdots \\ \beta_k \end{bmatrix}_{(k\times 1)} + \begin{bmatrix} \varepsilon_1 \\ \varepsilon_2 \\ \vdots \\ \varepsilon_n \end{bmatrix}_{(n\times 1)}$$

等价地,总体回归模型表示为

$$\boldsymbol{Y} = \boldsymbol{X\beta} + \boldsymbol{\varepsilon} \tag{2.2}$$

总体回归方程为

$$E(\boldsymbol{Y} \mid \boldsymbol{X}) = \boldsymbol{X\beta} \tag{2.3}$$

其中,

$$\boldsymbol{Y}=\begin{bmatrix} Y_1 \\ Y_2 \\ \vdots \\ Y_n \end{bmatrix}_{(n\times 1)}, \quad \boldsymbol{\beta}=\begin{bmatrix} \beta_1 \\ \beta_2 \\ \vdots \\ \beta_k \end{bmatrix}_{(k\times 1)}, \quad \boldsymbol{\varepsilon}=\begin{bmatrix} \varepsilon_1 \\ \varepsilon_2 \\ \vdots \\ \varepsilon_n \end{bmatrix}_{(n\times 1)}$$

$$E(\boldsymbol{Y}|\boldsymbol{X})=\begin{bmatrix} E(Y_1|X_{21},X_{31},\cdots,X_{k1}) \\ E(Y_2|X_{22},X_{32},\cdots,X_{k2}) \\ \vdots \\ E(Y_n|X_{2n},X_{3n},\cdots,X_{kn}) \end{bmatrix}_{(n\times 1)}$$

$$\boldsymbol{X}=\begin{bmatrix} 1 & X_{21} & X_{31} & \cdots & X_{k1} \\ 1 & X_{22} & X_{32} & \cdots & X_{k2} \\ \vdots & \vdots & \vdots & & \vdots \\ 1 & X_{2n} & X_{3n} & \cdots & X_{kn} \end{bmatrix}_{(n\times k)}$$

这里的$E(\boldsymbol{Y}|\boldsymbol{X})$表示对于不同的$X_{2i},X_{3i},\cdots,X_{ki}(i=1,2,\cdots,n)$，被解释变量$Y_i$的均值向量；$\boldsymbol{X}$是由解释变量$X_{2i},X_{3i},\cdots,X_{ki}$的数据构成的矩阵，其中截距项可视为解释变量总是取值为1。有时也称$\boldsymbol{X}$为数据矩阵或设计矩阵。

那么，样本回归模型为

$$\boldsymbol{Y}=\boldsymbol{X}\hat{\boldsymbol{\beta}}+\boldsymbol{e} \tag{2.4}$$

样本回归方程为

$$\hat{\boldsymbol{Y}}=\boldsymbol{X}\hat{\boldsymbol{\beta}} \tag{2.5}$$

其中，

$$\hat{\boldsymbol{Y}}=\begin{bmatrix} \hat{Y}_1 \\ \hat{Y}_2 \\ \vdots \\ \hat{Y}_n \end{bmatrix}_{(n\times 1)}, \quad \hat{\boldsymbol{\beta}}=\begin{bmatrix} \hat{\beta}_1 \\ \hat{\beta}_2 \\ \vdots \\ \hat{\beta}_k \end{bmatrix}_{(k\times 1)}, \quad \boldsymbol{e}=\begin{bmatrix} e_1 \\ e_2 \\ \vdots \\ e_n \end{bmatrix}_{(n\times 1)}$$

这里$\hat{\boldsymbol{Y}}$表示$\boldsymbol{Y}$的样本估计值向量，$\hat{\boldsymbol{\beta}}$表示回归$\boldsymbol{\beta}$系数估计值向量，$\boldsymbol{e}$表示残差向量。

这里需要说明的是，在构建线性回归模型时，要以总体回归方程(2.3)式描述的内容为理论基础，利用样本通过统计推断建立样本回归方程(2.5)式，然后借助样本回归模型(2.4)式，解释总体回归模型(2.2)式所描述的实际经济问题。然而，线性回归分析是有前提的，下面我们将介绍经典线性回归模型必须满足的假定条件。

1. 零均值假定

假定随机干扰项 $\boldsymbol{\varepsilon}$ 期望向量或均值向量为零,即

$$E(\boldsymbol{\varepsilon})=E\begin{bmatrix}\varepsilon_1\\ \varepsilon_2\\ \vdots\\ \varepsilon_n\end{bmatrix}=\begin{bmatrix}E\varepsilon_1\\ E\varepsilon_2\\ \vdots\\ E\varepsilon_n\end{bmatrix}=\begin{bmatrix}0\\ 0\\ \vdots\\ 0\end{bmatrix}=\mathbf{0} \tag{2.6}$$

2. 同方差和无序列相关假定

假定随机干扰项 $\boldsymbol{\varepsilon}$ 不存在序列相关且方差相同,即

$$\begin{aligned}\mathrm{Var}(\boldsymbol{\varepsilon}) &= E[(\boldsymbol{\varepsilon}-E\boldsymbol{\varepsilon})(\boldsymbol{\varepsilon}-E\boldsymbol{\varepsilon})'] \\ &= E(\boldsymbol{\varepsilon}\boldsymbol{\varepsilon}') \\ &= \begin{bmatrix}E(\varepsilon_1,\varepsilon_1) & E(\varepsilon_1,\varepsilon_2) & \cdots & E(\varepsilon_1,\varepsilon_n)\\ E(\varepsilon_2,\varepsilon_1) & E(\varepsilon_2,\varepsilon_2) & \cdots & E(\varepsilon_2,\varepsilon_n)\\ \vdots & \vdots & & \vdots\\ E(\varepsilon_n,\varepsilon_1) & E(\varepsilon_n,\varepsilon_2) & \cdots & E(\varepsilon_n,\varepsilon_n)\end{bmatrix} \\ &= \begin{bmatrix}\sigma^2 & 0 & \cdots & 0\\ 0 & \sigma^2 & \cdots & 0\\ \vdots & \vdots & & \vdots\\ 0 & 0 & \cdots & \sigma^2\end{bmatrix}\end{aligned}$$

即

$$\mathrm{Var}(\boldsymbol{\varepsilon}) = \sigma^2\boldsymbol{I}_n \tag{2.7}$$

其中,$\boldsymbol{I}_n$ 为 n 阶单位矩阵。

3. 假定随机干扰项 $\boldsymbol{\varepsilon}$ 与解释变量相互独立,即

$$E(\boldsymbol{X}'\boldsymbol{\varepsilon}) = \mathbf{0} \tag{2.8}$$

这里通常假定 $\boldsymbol{X}$ 中的元素 $X_{2i},X_{3i},\cdots,X_{ki}$ 为非随机变量。

4. 无多重共线性的假定

假设各解释变量之间不存在线性关系,或者说各解释变量的观测值之间线性无关,在此条件下,数据矩阵 $\boldsymbol{X}$ 列满秩

$$\mathrm{Rank}(\boldsymbol{X}) = k$$

此时,方阵 $\boldsymbol{X}'\boldsymbol{X}$ 满秩

$$\mathrm{Rank}(\boldsymbol{X}'\boldsymbol{X}) = k \tag{2.9}$$

从而,$\boldsymbol{X}'\boldsymbol{X}$ 可逆,$(\boldsymbol{X}'\boldsymbol{X})^{-1}$存在。

5. 正态性假定

假定随机干扰项 $\boldsymbol{\varepsilon}$ 服从正态分布,即

$$\boldsymbol{\varepsilon} \sim N(\mathbf{0}, \sigma^2 \boldsymbol{I}_n)$$

这里,假定1和假定2是对随机干扰项性质的要求,同时满足时也称其为"球形干扰项";假定3的主要意义是方便线性回归的讨论和证明,避免由于 $\boldsymbol{X}$ 与随机干扰项强相关时,回归分析的有效性和价值受到影响;假定4是多元线性回归分析的特定要求,对保证回归分析的有效性和可靠性也很重要;假定5实际上要求干扰项确实是多种微小扰动因素的综合,也是回归系数估计量分布性质和相关统计推断的基础,但这一假定不是线性回归分析的必然要求,因为其本身不影响回归系数估计的性质。

在实际经济问题中,这些假定条件有时可能并不成立。如何识别这些假定条件是否满足,以及假定条件不成立时如何进行参数估计和检验,我们将在后面的章节讨论。

二、最小二乘估计

总体回归模型(2.2)式

$$\boldsymbol{Y} = \boldsymbol{X\beta} + \boldsymbol{\varepsilon}$$

中的参数矩阵 $\boldsymbol{\beta} = (\beta_1, \beta_2, \cdots, \beta_k)'$ 的各个元素,反映了解释变量 $X_2, X_3, \cdots, X_k$ 对被解释变量 $\boldsymbol{Y}$ 的影响程度。由于 $\boldsymbol{\beta}$ 矩阵是总体参数矩阵,通过有限的样本无法得到 $\boldsymbol{\beta}$ 矩阵。只能通过统计推断的思想,用有限的样本对 $\boldsymbol{\beta}$ 矩阵进行估计,得出参数估计值矩阵 $\hat{\boldsymbol{\beta}}$。

求参数估计值矩阵 $\hat{\boldsymbol{\beta}}$ 的方法是最小二乘法,即求 $\hat{\boldsymbol{\beta}}$ 使得残差平方和 $\sum e_i^2 = \boldsymbol{e}'\boldsymbol{e}$ 达到最小。

由样本回归模型(2.4)式

$$\boldsymbol{Y} = \boldsymbol{X}\hat{\boldsymbol{\beta}} + \boldsymbol{e}$$

和样本回归方程(2.5)式

$$\hat{\boldsymbol{Y}} = \boldsymbol{X}\hat{\boldsymbol{\beta}}$$

可以得到残差矩阵

$$\boldsymbol{e} = \boldsymbol{Y} - \hat{\boldsymbol{Y}} = \boldsymbol{Y} - \boldsymbol{X}\hat{\boldsymbol{\beta}} \tag{2.10}$$

那么,残差平方和为

$$\begin{aligned} Q(\hat{\boldsymbol{\beta}}) &= \boldsymbol{e}'\boldsymbol{e} \\ &= (\boldsymbol{Y} - \boldsymbol{X}\hat{\boldsymbol{\beta}})'(\boldsymbol{Y} - \boldsymbol{X}\hat{\boldsymbol{\beta}}) \\ &= \boldsymbol{Y}'\boldsymbol{Y} - \hat{\boldsymbol{\beta}}'\boldsymbol{X}'\boldsymbol{Y} - \boldsymbol{Y}'\boldsymbol{X}\hat{\boldsymbol{\beta}} + \hat{\boldsymbol{\beta}}'\boldsymbol{X}'\boldsymbol{X}\hat{\boldsymbol{\beta}} \\ &= \boldsymbol{Y}'\boldsymbol{Y} - 2\hat{\boldsymbol{\beta}}'\boldsymbol{X}'\boldsymbol{Y} + \hat{\boldsymbol{\beta}}'\boldsymbol{X}'\boldsymbol{X}\hat{\boldsymbol{\beta}} \end{aligned} \tag{2.11}$$

根据矩阵代数理论，对(2.11)式以 $\hat{\boldsymbol{\beta}}$ 求偏导，并令其为零，可以得到方程

$$\frac{\partial Q(\hat{\boldsymbol{\beta}})}{\partial \hat{\boldsymbol{\beta}}} = -2\boldsymbol{X}'\boldsymbol{Y} + 2\boldsymbol{X}'\boldsymbol{X}\hat{\boldsymbol{\beta}} = 0$$

即

$$(\boldsymbol{X}'\boldsymbol{X})\hat{\boldsymbol{\beta}} = \boldsymbol{X}'\boldsymbol{Y} \tag{2.12}$$

称其为正则方程，因为($\boldsymbol{X}'\boldsymbol{X}$)是一个非退化矩阵，所以有

$$\hat{\boldsymbol{\beta}} = (\boldsymbol{X}'\boldsymbol{X})^{-1}\boldsymbol{X}'\boldsymbol{Y} \tag{2.13}$$

这就是线性回归模型参数的最小二乘估计量。

这里需要提及的是，根据微积分的极值理论，$\hat{\boldsymbol{\beta}}$ 只是函数 $Q(\hat{\boldsymbol{\beta}})$ 的一个驻点，应该证明 $\hat{\boldsymbol{\beta}}$ 确实使得 $Q(\hat{\boldsymbol{\beta}})$ 达到最小。事实上，对于任何一个 $\boldsymbol{\beta}$，有

$$\begin{aligned}(\boldsymbol{Y}-\boldsymbol{X\beta})'(\boldsymbol{Y}-\boldsymbol{X\beta}) &= (\boldsymbol{Y}-\boldsymbol{X}\hat{\boldsymbol{\beta}}+\boldsymbol{X}(\hat{\boldsymbol{\beta}}-\boldsymbol{\beta}))'(\boldsymbol{Y}-\boldsymbol{X}\hat{\boldsymbol{\beta}}+\boldsymbol{X}(\hat{\boldsymbol{\beta}}-\boldsymbol{\beta}))\\ &= (\boldsymbol{Y}-\boldsymbol{X}\hat{\boldsymbol{\beta}})'(\boldsymbol{Y}-\boldsymbol{X}\hat{\boldsymbol{\beta}}) + (\hat{\boldsymbol{\beta}}-\boldsymbol{\beta})'\boldsymbol{X}'\boldsymbol{X}(\hat{\boldsymbol{\beta}}-\boldsymbol{\beta}) +\\ &\quad 2(\hat{\boldsymbol{\beta}}-\boldsymbol{\beta})'\boldsymbol{X}'(\boldsymbol{Y}-\boldsymbol{X}\hat{\boldsymbol{\beta}})\end{aligned} \tag{2.14}$$

由于 $\hat{\boldsymbol{\beta}}$ 满足正则方程(2.12)式，于是 $\boldsymbol{X}'(\boldsymbol{Y}-\boldsymbol{X}\hat{\boldsymbol{\beta}})=0$，那么(2.14)式中的第三项为零。这样就证明了对于任何的 $\boldsymbol{\beta}$，有

$$(\boldsymbol{Y}-\boldsymbol{X\beta})'(\boldsymbol{Y}-\boldsymbol{X\beta}) = (\boldsymbol{Y}-\boldsymbol{X}\hat{\boldsymbol{\beta}})'(\boldsymbol{Y}-\boldsymbol{X}\hat{\boldsymbol{\beta}}) + (\hat{\boldsymbol{\beta}}-\boldsymbol{\beta})'\boldsymbol{X}'\boldsymbol{X}(\hat{\boldsymbol{\beta}}-\boldsymbol{\beta}) \tag{2.15}$$

又因为 $\boldsymbol{X}'\boldsymbol{X}$ 是一个正定阵，故(2.15)式中的第二项总是非负的，于是

$$Q(\boldsymbol{\beta}) = (\boldsymbol{Y}-\boldsymbol{X\beta})'(\boldsymbol{Y}-\boldsymbol{X\beta}) \geqslant (\boldsymbol{Y}-\boldsymbol{X}\hat{\boldsymbol{\beta}})'(\boldsymbol{Y}-\boldsymbol{X}\hat{\boldsymbol{\beta}}) = Q(\hat{\boldsymbol{\beta}})$$

且等号成立当且仅当

$$(\hat{\boldsymbol{\beta}}-\boldsymbol{\beta})'\boldsymbol{X}'\boldsymbol{X}(\hat{\boldsymbol{\beta}}-\boldsymbol{\beta}) = 0$$

下面我们考虑一个多元线性回归模型的特例——一元线性回归模型。

假设影响被解释变量 Y 的因素只有一个，记为 X。已知得到 Y 和 X 的一组观测值(Y_i, X_i)($i=1,2,\cdots,n$)，于是有

$$Y_i = \alpha + \beta X_i + \varepsilon_i \quad (i = 1,2,\cdots,n)$$

这时，正则方程(2.12)式变为

$$\begin{bmatrix} n & \sum X_i \\ \sum X_i & \sum X_i^2 \end{bmatrix}\begin{bmatrix}\alpha\\ \beta\end{bmatrix} = \begin{bmatrix}\sum Y_i \\ \sum X_i Y_i\end{bmatrix}$$

当 $X_i(i=1,2,\cdots,n)$ 不全相等时，$\sum (X_i-\bar{X})^2 \neq 0$，这里 $\bar{X} = \left(\sum X_i\right)/n$。于是

正则方程左边的系数行列式 $=n\sum(X_i-\bar{X})^2\neq 0$。经过初等计算可以得到 α 和 $\boldsymbol{\beta}$ 的最小二乘估计分别为

$$\begin{cases}\hat{\alpha}=\bar{Y}-\hat{\beta}\bar{X}\\ \hat{\beta}=\dfrac{\sum X_iY_i-\sum X_i\sum Y_i}{\sum X_i^2-n\bar{X}}\end{cases}$$

其中，$\bar{Y}=\left(\sum Y_i\right)/n$。

2.1.2 估计量的性质及参数 σ^2 的估计

一、估计量的性质

在线性模型的经典假设的前提下，线性回归模型参数的最小二乘估计有优良的性质，是对最小二乘估计量有效性和其价值的有力支持。线性回归模型参数的最小二乘估计量性质的具体内容由高斯-马尔可夫(Gauss-Markov)定理来体现。

高斯-马尔可夫定理：在线性模型的经典假设下，参数的最小二乘估计量是线性无偏估计量中方差最小的估计量(BLUE 估计量)。

下面我们逐一证明。

1. 线性特性

由(2.13)式知

$$\begin{aligned}\hat{\boldsymbol{\beta}}&=(\boldsymbol{X}'\boldsymbol{X})^{-1}\boldsymbol{X}'\boldsymbol{Y}\\&=(\boldsymbol{X}'\boldsymbol{X})^{-1}\boldsymbol{X}'(\boldsymbol{X}\boldsymbol{\beta}+\boldsymbol{\varepsilon})\\&=(\boldsymbol{X}'\boldsymbol{X})^{-1}\boldsymbol{X}'\boldsymbol{X}\boldsymbol{\beta}+(\boldsymbol{X}'\boldsymbol{X})^{-1}\boldsymbol{X}'\boldsymbol{\varepsilon}\\&=\boldsymbol{\beta}+(\boldsymbol{X}'\boldsymbol{X})^{-1}\boldsymbol{X}'\boldsymbol{\varepsilon}\end{aligned}\tag{2.16}$$

令 $\boldsymbol{A}=(\boldsymbol{X}'\boldsymbol{X})^{-1}\boldsymbol{X}'$，那么，(2.16)式为

$$\hat{\boldsymbol{\beta}}=\boldsymbol{A}\boldsymbol{Y}=\boldsymbol{\beta}+\boldsymbol{A}\boldsymbol{\varepsilon}\tag{2.17}$$

各个参数的估计量为

$$\begin{aligned}\hat{\beta}_k&=\boldsymbol{A}_{1\times k}\boldsymbol{Y}\\&=\beta_k+\boldsymbol{A}_{1\times k}\boldsymbol{\varepsilon}\end{aligned}\tag{2.18}$$

这里(2.18)式中的 $\boldsymbol{A}_{1\times k}=[(\boldsymbol{X}'\boldsymbol{X})^{-1}\boldsymbol{X}']_{1\times k}$ 是矩阵 $(\boldsymbol{X}'\boldsymbol{X})^{-1}\boldsymbol{X}'$ 的 k 行因素构成的行向量，由此证明了参数估计量 $\hat{\boldsymbol{\beta}}$ 具有线性特性。它不仅是 $\boldsymbol{Y}$ 的线性组合，也是 $\boldsymbol{\varepsilon}$ 的线性组合。线性特性是确定参数估计量的分布性质和进行统计推断的重要基础。

2. 无偏性

由(2.17)式知

$$\begin{aligned} E(\hat{\boldsymbol{\beta}}) &= E(\boldsymbol{\beta} + \boldsymbol{A\varepsilon}) \\ &= E(\boldsymbol{\beta}) + \boldsymbol{A}E(\boldsymbol{\varepsilon}) \\ &= \boldsymbol{\beta} \end{aligned} \tag{2.19}$$

这里需要提及的是,这个性质从概率分布的角度反映了最小二乘估计量与参数真实值之间的内在联系,利用无偏性通过最小二乘估计量的概率分布可以推断参数情况和范围等。

3. 最小方差性

最小二乘估计量的有效性,也称为"最小方差性",即在模型参数的所有线性无偏估计量中最小二乘估计的方差最小。

由(2.17)式知,最小二乘估计量的协方差矩阵为

$$\begin{aligned} \mathrm{Var}(\hat{\boldsymbol{\beta}}) &= E[(\hat{\boldsymbol{\beta}} - E(\hat{\boldsymbol{\beta}}))(\hat{\boldsymbol{\beta}} - E(\hat{\boldsymbol{\beta}}))'] \\ &= E[(\hat{\boldsymbol{\beta}} - \boldsymbol{\beta})(\hat{\boldsymbol{\beta}} - \boldsymbol{\beta})'] \\ &= E[(\boldsymbol{A\varepsilon})(\boldsymbol{A\varepsilon})'] \\ &= \boldsymbol{A}E(\boldsymbol{\varepsilon\varepsilon}')\boldsymbol{A}' \\ &= \boldsymbol{A}\sigma^2\boldsymbol{I}\boldsymbol{A}' \\ &= \sigma^2\boldsymbol{A}\boldsymbol{A}' \\ &= \sigma^2(\boldsymbol{X}'\boldsymbol{X})^{-1} \end{aligned} \tag{2.20}$$

该协方差矩阵对角线上的元素就是模型各个参数估计量的方差,其他元素是不同参数估计量之间的协方差。

下面需要证明,任何其他线性无偏估计量 $\hat{\boldsymbol{\beta}}_c$ 的方差都大于 $\hat{\boldsymbol{\beta}}$,不妨假设

$$\begin{aligned} \hat{\boldsymbol{\beta}}_c &= (\boldsymbol{A} + \boldsymbol{C})\boldsymbol{Y} \\ &= (\boldsymbol{A} + \boldsymbol{C})(\boldsymbol{X\beta} + \boldsymbol{\varepsilon}) \\ &= (\boldsymbol{A} + \boldsymbol{C})\boldsymbol{X\beta} + (\boldsymbol{A} + \boldsymbol{C})\boldsymbol{\varepsilon} \end{aligned} \tag{2.21}$$

由于 $\hat{\boldsymbol{\beta}}_c$ 为 $\boldsymbol{\beta}$ 的无偏估计量,即有

$$\begin{aligned} E(\hat{\boldsymbol{\beta}}_c) &= (\boldsymbol{A} + \boldsymbol{C})\boldsymbol{X\beta} + (\boldsymbol{A} + \boldsymbol{C})E(\boldsymbol{\varepsilon}) \\ &= \boldsymbol{AX\beta} + \boldsymbol{CX\beta} \\ &= (\boldsymbol{X}'\boldsymbol{X})^{-1}\boldsymbol{X}'\boldsymbol{X\beta} + \boldsymbol{CX\beta} \\ &= \boldsymbol{\beta} + \boldsymbol{CX\beta} \end{aligned} \tag{2.22}$$

这样只有 $\boldsymbol{CX} = \boldsymbol{0}$ 或 $\boldsymbol{X}'\boldsymbol{C}' = \boldsymbol{0}$

那么有

$$\begin{aligned}\mathrm{Var}(\hat{\boldsymbol{\beta}}_c) &= E[(\hat{\boldsymbol{\beta}}_c - E(\hat{\boldsymbol{\beta}}_c))(\hat{\boldsymbol{\beta}}_c - E(\hat{\boldsymbol{\beta}}_c))'] \\ &= E[(\hat{\boldsymbol{\beta}}_c - \boldsymbol{\beta})(\hat{\boldsymbol{\beta}}_c - \boldsymbol{\beta})'] \\ &= (\boldsymbol{A}+\boldsymbol{C})E(\boldsymbol{\varepsilon\varepsilon}')(\boldsymbol{A}+\boldsymbol{C})' \\ &= \sigma^2(\boldsymbol{A}+\boldsymbol{C})(\boldsymbol{A}+\boldsymbol{C})' \end{aligned} \tag{2.23}$$

在(2.23)式中

$$\begin{aligned}(\boldsymbol{A}+\boldsymbol{C})(\boldsymbol{A}+\boldsymbol{C})' &= \boldsymbol{AA}' + \boldsymbol{AC}' + \boldsymbol{CA}' + \boldsymbol{CC}' \\ &= (\boldsymbol{X}'\boldsymbol{X})^{-1}\boldsymbol{X}'\boldsymbol{X}(\boldsymbol{X}'\boldsymbol{X})^{-1} + (\boldsymbol{X}'\boldsymbol{X})^{-1}\boldsymbol{X}'\boldsymbol{C}' + \\ &\quad \boldsymbol{CX}(\boldsymbol{X}'\boldsymbol{X})^{-1} + \boldsymbol{CC}' \\ &= (\boldsymbol{X}'\boldsymbol{X})^{-1} + \boldsymbol{CC}' \end{aligned}$$

从而

$$\begin{aligned}\mathrm{Var}(\hat{\boldsymbol{\beta}}_c) &= \sigma^2(\boldsymbol{X}'\boldsymbol{X})^{-1} + \sigma^2\boldsymbol{CC}' \\ &= \mathrm{Var}(\hat{\boldsymbol{\beta}}) + \sigma^2\boldsymbol{CC}' \end{aligned} \tag{2.24}$$

根据矩阵代数的知识,任何矩阵与自身转置的乘积都是半正定矩阵,(2.24)式中的 $\boldsymbol{CC}'$ 为半正定矩阵,其对角线上的元素必然是非负的,因此得知,任意其他线性无偏估计量的方差都大于最小二乘估计量的方差。

这里需要说明的是,对于无偏估计,方差愈小愈好,因此高斯-马尔可夫定理表明:最小二乘估计量 $\hat{\boldsymbol{\beta}}$ 在 $\boldsymbol{\beta}$ 的线性无偏估计量中是最优的,所以我们也称 $\hat{\boldsymbol{\beta}}$ 为 $\boldsymbol{\beta}$ 的"最佳线性无偏估计量"(BLUE 估计量)。这个事实奠定了最小二乘估计在线性回归模型中的地位。

二、参数 σ^2 的估计

在线性回归模型(2.7)式中还有一个重要的参数 σ^2,它是模型干扰项的方差,因而有时简称为误差方差。σ^2 反映了模型误差以及观测误差的大小,在线性回归分析中起着重要的作用。现在我们讨论 σ^2 的估计问题。

由样本回归模型(2.4)式知

$$\begin{aligned}\boldsymbol{e} &= \boldsymbol{Y} - \boldsymbol{X}\hat{\boldsymbol{\beta}} \\ &= (\boldsymbol{X\beta}+\boldsymbol{\varepsilon}) - \boldsymbol{X}(\boldsymbol{X}'\boldsymbol{X})^{-1}\boldsymbol{X}'\boldsymbol{Y} \\ &= (\boldsymbol{X\beta}+\boldsymbol{\varepsilon}) - \boldsymbol{X}(\boldsymbol{X}'\boldsymbol{X})^{-1}\boldsymbol{X}'(\boldsymbol{X\beta}+\boldsymbol{\varepsilon}) \\ &= [\boldsymbol{I}_n - \boldsymbol{X}(\boldsymbol{X}'\boldsymbol{X})^{-1}\boldsymbol{X}']\boldsymbol{\varepsilon} \end{aligned} \tag{2.25}$$

令 $\boldsymbol{M} = \boldsymbol{I}_n - \boldsymbol{X}(\boldsymbol{X}'\boldsymbol{X})^{-1}\boldsymbol{X}'$,即有

$$\boldsymbol{e} = \boldsymbol{M\varepsilon}$$

说明 $\boldsymbol{e}$ 是 $\boldsymbol{\varepsilon}$ 的线性变换。其中,$\boldsymbol{M}$ 称为最小二乘基本等幂矩阵。$\boldsymbol{M}$ 有如下的性质:

1. 对称性，即

$$M = M' \tag{2.26}$$

实际上，

$$\begin{aligned} M' &= (I_n - X(X'X)^{-1}X')' \\ &= I_n - X(X'X)^{-1}X' \\ &= M \end{aligned}$$

这个性质表明 M 为 $n \times n$ 对称矩阵。

2. 等幂性，即

$$M^n = M \tag{2.27}$$

实际上，

$$\begin{aligned} M^2 &= (I_n - X(X'X)^{-1}X')(I_n - X(X'X)^{-1}X') \\ &= I_n - 2X(X'X)^{-1}X' + X(X'X)^{-1}X'X(X'X)^{-1}X' \\ &= I_n - X(X'X)^{-1}X' \\ &= M \end{aligned}$$

所以 $M^n = M^{n-2}M^2 = M^{n-2}M = M^{n-1} = \cdots = M$

3. M 与 X 互相独立，即

$$MX = 0 \tag{2.28}$$

实际上，

$$\begin{aligned} MX &= (I_n - X(X'X)^{-1}X')X \\ &= X - X(X'X)^{-1}X'X \\ &= 0 \end{aligned}$$

利用最小二乘基本等幂矩阵 M 的性质，以及(2.25)式，可以得到残差平方和为

$$\begin{aligned} e'e &= (M\varepsilon)'(M\varepsilon) \\ &= \varepsilon'M'M\varepsilon \\ &= \varepsilon'M\varepsilon \end{aligned}$$

由于 $e'e$ 和 $\varepsilon'M\varepsilon$ 都是标量，由矩阵代数的知识，标量应与其迹相等，并由迹的轮换性定理，可知

$$\begin{aligned} E(e'e) &= E[\operatorname{tr}(\varepsilon'M\varepsilon)] \\ &= E[\operatorname{tr}(M\varepsilon\varepsilon')] \\ &= \operatorname{tr}[ME(\varepsilon\varepsilon')] \\ &= \sigma^2\operatorname{tr}(M) \\ &= \sigma^2\operatorname{tr}(I_n - X(X'X)^{-1}X') \end{aligned}$$

$$= \sigma^2[\text{tr}\boldsymbol{I}_n - \text{tr}(\boldsymbol{X}(\boldsymbol{X}'\boldsymbol{X})^{-1}\boldsymbol{X}')]$$

再由迹的轮换性知

$$\begin{aligned}\text{tr}(\boldsymbol{X}(\boldsymbol{X}'\boldsymbol{X})^{-1}\boldsymbol{X}') &= \text{tr}((\boldsymbol{X}'\boldsymbol{X})^{-1}(\boldsymbol{X}'\boldsymbol{X})) \\ &= \text{tr}(\boldsymbol{I}_k) \\ &= k\end{aligned}$$

$$\text{tr}(\boldsymbol{M}) = n - k \tag{2.29}$$

从而,

$$E(\boldsymbol{e}'\boldsymbol{e}) = \sigma^2(n-k)$$

即

$$E\left(\frac{\boldsymbol{e}'\boldsymbol{e}}{n-k}\right) = \sigma^2$$

定义

$$s^2 = \frac{\boldsymbol{e}'\boldsymbol{e}}{n-k} \tag{2.30}$$

则 s^2 为 σ^2 的无偏估计量,即 $E(s^2) = \sigma^2$。

2.1.3 约束最小二乘法

对于线性回归模型(2.2)式,在对参数向量 $\boldsymbol{\beta}$ 没有附加任何约束条件的情况下,我们求出了最小二乘估计量,并讨论了它的基本性质。但是,在解决经济活动的实际问题中,我们需要求带一定线性约束的最小二乘估计量。

假设参数向量 $\boldsymbol{\beta}$ 的线性约束为

$$\boldsymbol{D\beta} = \boldsymbol{b} \tag{2.31}$$

是一个相容线性方程组,其中 $\boldsymbol{D}$ 为 $p \times k$ 的已知矩阵,而且秩为 p,$\boldsymbol{b}$ 为 $p \times 1$ 已知向量。我们用拉格朗日乘子法求模型(2.2)满足线性约束(2.31)式的最小二乘估计量。

$$\boldsymbol{D} = \begin{bmatrix}\boldsymbol{d}_1' \\ \vdots \\ \boldsymbol{d}_p'\end{bmatrix}, \quad \boldsymbol{b} = \begin{bmatrix} b_1 \\ \vdots \\ b_p\end{bmatrix}$$

则线性约束(2.31)式可以表示为

$$\boldsymbol{d}_i'\boldsymbol{\beta} = b_i, \quad i = 1,2,\cdots,p \tag{2.32}$$

我们的问题是在(2.32)式的 p 个条件下,求使得

$$Q(\boldsymbol{\beta}) = \boldsymbol{e}'\boldsymbol{e} = (\boldsymbol{Y} - \boldsymbol{X\beta})'(\boldsymbol{Y} - \boldsymbol{X\beta})$$

达到最小的 $\hat{\boldsymbol{\beta}}_c$。应用拉格朗日乘子法构造目标函数为

$$g(\boldsymbol{\beta},\boldsymbol{\lambda}) = (\boldsymbol{Y}-\boldsymbol{X\beta})'(\boldsymbol{Y}-\boldsymbol{X\beta}) + 2\sum_{i=1}^{p}\lambda_i(\boldsymbol{d}_i'\boldsymbol{\beta}-b)$$
$$= (\boldsymbol{Y}-\boldsymbol{X\beta})'(\boldsymbol{Y}-\boldsymbol{X\beta}) + 2\boldsymbol{\lambda}'(\boldsymbol{D\beta}-\boldsymbol{b})$$

其中 $\boldsymbol{\lambda}=(\lambda_1,\cdots,\lambda_p)'$为拉格朗日乘子。对函数 $g(\boldsymbol{\beta},\boldsymbol{\lambda})$ 求对 $\beta_1,\beta_2,\cdots,\beta_k$ 的偏导数,整理并令它们等于零,得到

$$-\boldsymbol{X}'\boldsymbol{Y}+\boldsymbol{X}'\boldsymbol{X\beta}+\boldsymbol{D}'\boldsymbol{\lambda}=\boldsymbol{0} \tag{2.33}$$

然后解(2.33)式和线性约束(2.31)式组成的联立方程组。

为方便表述,我们用 $\hat{\boldsymbol{\beta}}_c$ 和 $\hat{\boldsymbol{\lambda}}_c$ 表示(2.33)式和(2.31)式的解。用$(\boldsymbol{X}'\boldsymbol{X})^{-1}$左乘(2.33)式,整理后得到

$$\hat{\boldsymbol{\beta}}_c = (\boldsymbol{X}'\boldsymbol{X})^{-1}\boldsymbol{X}'\boldsymbol{Y} - (\boldsymbol{X}'\boldsymbol{X})^{-1}\boldsymbol{D}'\hat{\boldsymbol{\lambda}}_c$$
$$= \hat{\boldsymbol{\beta}} - (\boldsymbol{X}'\boldsymbol{X})^{-1}\boldsymbol{D}'\hat{\boldsymbol{\lambda}}_c \tag{2.34}$$

代入(2.31)式得到

$$\boldsymbol{b} = \boldsymbol{D}\hat{\boldsymbol{\beta}}_c = \boldsymbol{D}\hat{\boldsymbol{\beta}} - \boldsymbol{D}(\boldsymbol{X}'\boldsymbol{X})^{-1}\boldsymbol{D}'\hat{\boldsymbol{\lambda}}_c$$

即

$$\boldsymbol{D}(\boldsymbol{X}'\boldsymbol{X})^{-1}\boldsymbol{D}'\hat{\boldsymbol{\lambda}}_c = (\boldsymbol{D}\hat{\boldsymbol{\beta}}-\boldsymbol{b}) \tag{2.35}$$

这是一个关于 $\hat{\boldsymbol{\lambda}}_c$ 的线性方程组。因为 $\boldsymbol{D}$ 的秩为 p,于是 $\boldsymbol{D}(\boldsymbol{X}'\boldsymbol{X})^{-1}\boldsymbol{D}'$是 $p\times p$ 的可逆矩阵,从而(2.35)式有唯一的解

$$\hat{\boldsymbol{\lambda}}_c = (\boldsymbol{D}(\boldsymbol{X}'\boldsymbol{X})^{-1}\boldsymbol{D}')^{-1}(\boldsymbol{D}\hat{\boldsymbol{\beta}}-\boldsymbol{b})$$

将 $\hat{\boldsymbol{\lambda}}_c$ 代入(2.34)式得到

$$\hat{\boldsymbol{\beta}}_c = \hat{\boldsymbol{\beta}} - (\boldsymbol{X}'\boldsymbol{X})^{-1}\boldsymbol{D}'(\boldsymbol{D}(\boldsymbol{X}'\boldsymbol{X})^{-1}\boldsymbol{D}')^{-1}(\boldsymbol{D}\hat{\boldsymbol{\beta}}-\boldsymbol{b}) \tag{2.36}$$

这里我们需要提及的是,$\hat{\boldsymbol{\beta}}_c$ 确实是线性约束 $\boldsymbol{D\beta}=\boldsymbol{b}$ 下的 $\boldsymbol{\beta}$ 的最小二乘估计量,即 $\hat{\boldsymbol{\beta}}_c$ 应该满足:

1. $\boldsymbol{D}\hat{\boldsymbol{\beta}}_c=\boldsymbol{b}$;
2. 对一切满足 $\boldsymbol{D\beta}=\boldsymbol{b}$ 的 $\boldsymbol{\beta}$,都有

$$(\boldsymbol{Y}-\boldsymbol{X\beta})'(\boldsymbol{Y}-\boldsymbol{X\beta}) \geqslant (\boldsymbol{Y}-\boldsymbol{X}\hat{\boldsymbol{\beta}}_c)'(\boldsymbol{Y}-\boldsymbol{X}\hat{\boldsymbol{\beta}}_c)$$

根据(2.36)式容易验证 $\boldsymbol{D}\hat{\boldsymbol{\beta}}_c=\boldsymbol{b}$。下面我们只验证第二个结论即可。

利用(2.15)式得到

$$(\boldsymbol{Y}-\boldsymbol{X\beta})'(\boldsymbol{Y}-\boldsymbol{X\beta})$$
$$= (\boldsymbol{Y}-\boldsymbol{X}\hat{\boldsymbol{\beta}})'(\boldsymbol{Y}-\boldsymbol{X}\hat{\boldsymbol{\beta}}) + (\hat{\boldsymbol{\beta}}-\boldsymbol{\beta})'\boldsymbol{X}'\boldsymbol{X}(\hat{\boldsymbol{\beta}}-\boldsymbol{\beta})$$
$$= (\boldsymbol{Y}-\boldsymbol{X}\hat{\boldsymbol{\beta}})'(\boldsymbol{Y}-\boldsymbol{X}\hat{\boldsymbol{\beta}}) + (\hat{\boldsymbol{\beta}}-\hat{\boldsymbol{\beta}}_c+\hat{\boldsymbol{\beta}}_c-\boldsymbol{\beta})'\boldsymbol{X}'\boldsymbol{X}(\hat{\boldsymbol{\beta}}-\hat{\boldsymbol{\beta}}_c+\hat{\boldsymbol{\beta}}_c-\boldsymbol{\beta})$$

$$= (\boldsymbol{Y} - \boldsymbol{X}\hat{\boldsymbol{\beta}})'(\boldsymbol{Y} - \boldsymbol{X}\hat{\boldsymbol{\beta}}) + (\hat{\boldsymbol{\beta}} - \hat{\boldsymbol{\beta}}_c)'\boldsymbol{X}'\boldsymbol{X}(\hat{\boldsymbol{\beta}} - \hat{\boldsymbol{\beta}}_c) +$$

$$(\hat{\boldsymbol{\beta}}_c - \boldsymbol{\beta})'\boldsymbol{X}'\boldsymbol{X}(\hat{\boldsymbol{\beta}}_c - \boldsymbol{\beta}) + 2(\hat{\boldsymbol{\beta}} - \hat{\boldsymbol{\beta}}_c)'\boldsymbol{X}'\boldsymbol{X}(\hat{\boldsymbol{\beta}}_c - \boldsymbol{\beta}) \tag{2.37}$$

其中 $\hat{\boldsymbol{\beta}} = (\boldsymbol{X}'\boldsymbol{X})^{-1}\boldsymbol{X}'\boldsymbol{Y}$ 是无约束条件下的最小二乘估计量。由(2.34)式得知

$$\begin{aligned}(\hat{\boldsymbol{\beta}} - \hat{\boldsymbol{\beta}}_c)'\boldsymbol{X}'\boldsymbol{X}(\hat{\boldsymbol{\beta}}_c - \boldsymbol{\beta}) &= \hat{\boldsymbol{\lambda}}_c'\boldsymbol{D}(\hat{\boldsymbol{\beta}}_c - \boldsymbol{\beta}) \\ &= \hat{\boldsymbol{\lambda}}_c'(\boldsymbol{D}\hat{\boldsymbol{\beta}}_c - \boldsymbol{D}\boldsymbol{\beta}) \\ &= \hat{\boldsymbol{\lambda}}_c'(\boldsymbol{b} - \boldsymbol{b}) \\ &= 0\end{aligned}$$

这个等式对一切满足 $\boldsymbol{D\beta} = \boldsymbol{b}$ 的 $\boldsymbol{\beta}$ 成立。

那么,(2.37)式表明,对一切满足 $\boldsymbol{D\beta} = \boldsymbol{b}$ 的 $\boldsymbol{\beta}$,总有

$$(\boldsymbol{Y} - \boldsymbol{X}\boldsymbol{\beta})'(\boldsymbol{Y} - \boldsymbol{X}\boldsymbol{\beta}) \geqslant (\boldsymbol{Y} - \boldsymbol{X}\hat{\boldsymbol{\beta}})'(\boldsymbol{Y} - \boldsymbol{X}\hat{\boldsymbol{\beta}}) + (\hat{\boldsymbol{\beta}} - \hat{\boldsymbol{\beta}}_c)'\boldsymbol{X}'\boldsymbol{X}(\hat{\boldsymbol{\beta}} - \hat{\boldsymbol{\beta}}_c) \tag{2.38}$$

且等号成立当且仅当(2.37)式中的 $(\hat{\boldsymbol{\beta}}_c - \boldsymbol{\beta})'\boldsymbol{X}'\boldsymbol{X}(\hat{\boldsymbol{\beta}}_c - \boldsymbol{\beta}) = 0$,也就是 $\boldsymbol{\beta} = \hat{\boldsymbol{\beta}}_c$。于是(2.38)式中用 $\hat{\boldsymbol{\beta}}_c$ 代替 $\boldsymbol{\beta}$ 等式成立,即

$$(\boldsymbol{Y} - \boldsymbol{X}\hat{\boldsymbol{\beta}}_c)'(\boldsymbol{Y} - \boldsymbol{X}\hat{\boldsymbol{\beta}}_c) = (\boldsymbol{Y} - \boldsymbol{X}\hat{\boldsymbol{\beta}})'(\boldsymbol{Y} - \boldsymbol{X}\hat{\boldsymbol{\beta}}) + (\hat{\boldsymbol{\beta}} - \hat{\boldsymbol{\beta}}_c)'\boldsymbol{X}'\boldsymbol{X}(\hat{\boldsymbol{\beta}} - \hat{\boldsymbol{\beta}}_c) \tag{2.39}$$

从而,综合(2.38)式和(2.39)式,得到

$$(\boldsymbol{Y} - \boldsymbol{X}\boldsymbol{\beta})'(\boldsymbol{Y} - \boldsymbol{X}\boldsymbol{\beta}) \geqslant (\boldsymbol{Y} - \boldsymbol{X}\hat{\boldsymbol{\beta}}_c)'(\boldsymbol{Y} - \boldsymbol{X}\hat{\boldsymbol{\beta}}_c)$$

这里我们把估计量 $\hat{\boldsymbol{\beta}}_c$ 称为 $\boldsymbol{\beta}$ 的约束最小二乘估计。

§2.2 线性模型的检验

2.2.1 拟合优度

拟合优度是描述线性回归方程与样本数据趋势拟合情况的重要指标,它既是分析数据情况的手段,也是检验模型变量关系真实性的重要手段。

为了说明线性回归模型对样本观测值的拟合情况,需要考察解释变量 Y 的总变差进行分解分析。Y 的总变差分解式为

$$\sum (Y_i - \bar{Y})^2 = \sum (Y_i - \hat{Y}_i)^2 + \sum (\hat{Y}_i - \bar{Y})^2 \tag{2.40}$$

其中,$\sum (Y_i - \bar{Y})^2$ 称为总离差平方和,记为 TSS,它反映了被解释变量观测值总变差的大小,其自由度为 $n-1$;$\sum (Y_i - \hat{Y}_i)^2$ 称为残差平方和,记为 ESS,它

反映了被解释变量观测值与估计值之间的变差,其自由度为 $n-k$; $\sum(\hat{Y}_i-\bar{Y})^2$ 称为回归平方和,记为 RSS,它反映了被解释变量回归估计值总变差的大小,其自由度为 $k-1$。

用矩阵表示为

$$\mathrm{TSS}=\boldsymbol{Y}'\boldsymbol{Y}-n\bar{Y}^2$$

$$\mathrm{RSS}=\hat{\boldsymbol{Y}}'\hat{\boldsymbol{Y}}-n\bar{Y}^2$$

$$\mathrm{ESS}=\boldsymbol{e}'\boldsymbol{e}$$

实际上,由(2.11)式和(2.12)式知

$$\begin{aligned}\boldsymbol{e}'\boldsymbol{e}&=(\boldsymbol{Y}-\boldsymbol{X}\hat{\boldsymbol{\beta}})'(\boldsymbol{Y}-\boldsymbol{X}\hat{\boldsymbol{\beta}})\\&=\boldsymbol{Y}'\boldsymbol{Y}-\hat{\boldsymbol{\beta}}'\boldsymbol{X}'\boldsymbol{Y}-\boldsymbol{Y}'\boldsymbol{X}\hat{\boldsymbol{\beta}}+\hat{\boldsymbol{\beta}}'\boldsymbol{X}'\boldsymbol{X}\hat{\boldsymbol{\beta}}\\&=\boldsymbol{Y}'\boldsymbol{Y}-2\hat{\boldsymbol{\beta}}'\boldsymbol{X}'\boldsymbol{Y}+\hat{\boldsymbol{\beta}}'\boldsymbol{X}'\boldsymbol{X}\hat{\boldsymbol{\beta}}\\&=\boldsymbol{Y}'\boldsymbol{Y}-\hat{\boldsymbol{\beta}}'\boldsymbol{X}'\boldsymbol{X}\hat{\boldsymbol{\beta}}\\&=\boldsymbol{Y}'\boldsymbol{Y}-\hat{\boldsymbol{Y}}'\hat{\boldsymbol{Y}}\\&=(\boldsymbol{Y}'\boldsymbol{Y}-n\bar{Y}^2)-(\hat{\boldsymbol{Y}}'\hat{\boldsymbol{Y}}-n\bar{Y}^2)\end{aligned}$$

即有

$$(\boldsymbol{Y}'\boldsymbol{Y}-n\bar{Y}^2)=\boldsymbol{e}'\boldsymbol{e}+(\hat{\boldsymbol{Y}}'\hat{\boldsymbol{Y}}-n\bar{Y}^2) \tag{2.41}$$

这里,回归平方和 RSS 越大,残差平方和 ESS 就越小,从而被解释变量观测值总变差中能由解释变量解释的那部分变差就越大,回归模型对观测值的拟合程度就越高。因此,我们定义可决系数来描述回归模型对观测值的拟合程度,即

$$R^2=\frac{\mathrm{RSS}}{\mathrm{TSS}}=\frac{\hat{\boldsymbol{Y}}'\hat{\boldsymbol{Y}}-n\bar{Y}^2}{\boldsymbol{Y}'\boldsymbol{Y}-n\bar{Y}^2} \tag{2.42}$$

我们应该注意到,可决系数 R^2 有一个显著的特点:如果观测值 Y_i 不变,可决系数 R^2 将随着解释变量数目的增加而增大。

设解释变量为 $X_2,X_3,\cdots,X_k$ 时,残差平方和为 $(\boldsymbol{e}'\boldsymbol{e})_k$,如果观测值 Y_i 不变,再增加一个解释变量 X_{k+1},相应的残差平方和为 $(\boldsymbol{e}'\boldsymbol{e})_{k+1}$。由于在利用最小二乘法求参数估计值时,残差平方和 $(\boldsymbol{e}'\boldsymbol{e})_k$ 和 $(\boldsymbol{e}'\boldsymbol{e})_{k+1}$ 都分别达到最小值,而 $(\boldsymbol{e}'\boldsymbol{e})_k$ 达到最小值,相当于最后引入的解释变量 X_{k+1} 的系数 β_{k+1} 等于零的条件下的极小值,即 $(\boldsymbol{e}'\boldsymbol{e})_k$ 是条件极小值。而 $(\boldsymbol{e}'\boldsymbol{e})_{k+1}$ 是不要求 β_{k+1} 等于零这个条件就可以达到极小值,即无条件极小值。因为无条件极小值不大于条件极小值,即

$$(\boldsymbol{e}'\boldsymbol{e})_{k+1}\leqslant(\boldsymbol{e}'\boldsymbol{e})_k \tag{2.43}$$

因此，

$$R_{k+1}^2 \geqslant R_k^2 \tag{2.44}$$

其中，R_k^2 是解释变量为 $X_2, X_3, \cdots, X_k$ 时的可决系数，而 R_{k+1}^2 是增加了解释变量 X_{k+1} 以后的可决系数。这样随着解释变量数目的增加，残差平方和不断减小，可决系数不断增加。

有些解释变量对被解释变量 Y_i 的影响很小，增加这些解释变量对减少残差平方和没有多大作用。由(2.30)式

$$s^2 = \frac{\boldsymbol{e}'\boldsymbol{e}}{n-k}$$

可知引入解释变量的数目越多，k 越大。如果残差平方和 $\boldsymbol{e}'\boldsymbol{e}$ 减小不明显，那么误差方差 σ^2 估计值 s^2 将增大。s^2 的增大对于推断参数 $\boldsymbol{\beta}$ 的置信区间，以及对于预测区间的估计，都意味着推断精度的降低。因此，在线性模型中引入某个解释变量不应该根据可决系数 R^2 是否增大来判断。为了解决这一问题，我们定义修正可决系数为

$$\bar{R}^2 = 1 - \frac{\mathrm{ESS}/(n-k)}{\mathrm{TSS}/(n-1)} \tag{2.45}$$

修正可决系数 $\bar{R}^2$ 描述了，当增加一个对被解释变量 Y_i 有较大影响的解释变量时，残差平方和 $\boldsymbol{e}'\boldsymbol{e}$ 减小比 $n-k$ 减小更显著，修正可决系数 $\bar{R}^2$ 就增大；如果增加一个对被解释变量 Y_i 没有多大影响的解释变量，残差平方和 $\boldsymbol{e}'\boldsymbol{e}$ 减小没有 $n-k$ 减小显著，$\bar{R}^2$ 会减小，说明不应该引入这个不重要的解释变量。

由此可见，修正可决系数 $\bar{R}^2$ 比一般可决系数 R^2 更准确地反映了解释变量对被解释变量的影响程度。因此在一般情况下修正可决系数 $\bar{R}^2$ 比 R^2 应用更广泛。那么，修正可决系数 $\bar{R}^2$ 与一般可决系数 R^2 的关系怎样呢？

由于

$$\begin{aligned}
\bar{R}^2 &= 1 - \left(\frac{n-1}{n-k}\right)\frac{\mathrm{ESS}}{\mathrm{TSS}} \\
&= 1 - \left(\frac{n-1}{n-k}\right)(1-R^2) \\
&= \left(\frac{n-1}{n-k}\right)R^2 - \frac{k-1}{n-k} \\
&= \frac{(n-k)+(k-1)}{n-k}R^2 - \frac{k-1}{n-k} \\
&= R^2 - \left(\frac{k-1}{n-k}\right)(1-R^2)
\end{aligned} \tag{2.46}$$

由 $k-1>0, n-k>0, 1-R^2>0$，知

$$\bar{R}^2 \leqslant R^2 \tag{2.47}$$

即修正可决系数 $\bar{R}^2$ 不大于一般可决系数 R^2。

修正可决系数 $\bar{R}^2$ 有一个重要的特点,它可能为负值。根据(2.46)式,若 $\bar{R}^2<0$,则

$$R^2 < \left(\frac{k-1}{n-k}\right)(1-R^2)$$

即

$$\left(1+\frac{k-1}{n-k}\right)R^2 < \frac{k-1}{n-k}$$

这样

$$R^2 < \frac{k-1}{n-1} \tag{2.48}$$

那么,当(2.48)式成立时,$\bar{R}^2<0$。这样使用修正可决系数 $\bar{R}^2$ 将失去意义,因此,$\bar{R}^2$ 只适应于变量 Y 与变量 $X_2,X_3,\cdots,X_k$ 的整体相关程度比较高的情况。

2.2.2 参数估计值的分布与检验

在§2.1中讨论了参数 $\boldsymbol{\beta}$ 的最小二乘估计的过程,以及参数估计量 $\hat{\boldsymbol{\beta}}$ 的有关性质,并没有涉及干扰项 $\boldsymbol{\varepsilon}$ 的具体分布形式。如果只计算最小二乘估计量 $\hat{\boldsymbol{\beta}}$,不需要对 $\boldsymbol{\varepsilon}$ 的分布形式提出要求。但是如果讨论参数估计的检验问题、总体参数 $\boldsymbol{\beta}$ 的置信区间和预测问题,就必须对干扰项 $\boldsymbol{\varepsilon}$ 的分布形式作出规定。

一、参数估计式的分布特性

首先,我们明确根据中心极限定理,无论干扰项 $\boldsymbol{\varepsilon}$ 服从什么分布,只要样本容量 n 足够大,就可以近似按 $\boldsymbol{\varepsilon}$ 服从正态分布的情况一样,对 $\hat{\boldsymbol{\beta}}$ 进行显著性检验,以及对总体参数 $\boldsymbol{\beta}$ 的置信区间进行推断。在实际经济活动中,各种经济变量之间有的联系较为复杂,样本资料很难满足正态分布的要求。同时,也很难对样本本身是否严格服从正态分布作出准确判断,甚至根本无法判断样本服从什么分布。有了中心极限定理,就可以回避检验 $\boldsymbol{\varepsilon}$ 的分布形式的困难,按照 $\boldsymbol{Y}$ 和 $\boldsymbol{\varepsilon}$ 服从正态分布讨论检验和预测等问题。只要样本容量比较大,得到的结果的近似程度就比较高。因此,对正态分布的讨论具有一般性。

根据线性回归模型的经典假设,随机干扰项 $\boldsymbol{\varepsilon}$ 服从多元正态分布,即

$$\boldsymbol{\varepsilon} \sim N(\boldsymbol{0},\sigma^2\boldsymbol{I}_n)$$

由(2.16)式

$$\hat{\boldsymbol{\beta}} = \boldsymbol{\beta} + (\boldsymbol{X}'\boldsymbol{X})^{-1}\boldsymbol{X}'\boldsymbol{\varepsilon}$$

可以知道，参数估计 $\hat{\boldsymbol{\beta}}$ 中的任何一个元素 $\hat{\beta}_i$ 等于矩阵 $\boldsymbol{\beta}$ 中的对应元素 β_i 加上 $\varepsilon_i(i=1,2,\cdots,n)$ 的线性组合。假定 $\boldsymbol{\varepsilon}$ 服从多元正态分布，那么 $\hat{\boldsymbol{\beta}}$ 也服从多元正态分布。由(2.19)式和(2.20)式，可以得到

$$\hat{\boldsymbol{\beta}} \sim N(\boldsymbol{\beta}, \sigma^2(\boldsymbol{X}'\boldsymbol{X})^{-1}) \tag{2.49}$$

这里用它的无偏估计 $s^2 = \frac{\boldsymbol{e}'\boldsymbol{e}}{n-k}$ 近似代替 σ^2。利用 $\hat{\boldsymbol{\beta}}$ 的方差估计式

$$\hat{\mathrm{V}}\mathrm{ar}(\hat{\boldsymbol{\beta}}) = s^2(\boldsymbol{X}'\boldsymbol{X})^{-1}$$

就可以对参数估计 $\hat{\boldsymbol{\beta}}$ 进行显著性检验。

在线性回归模型分析中，除了要对单个参数进行检验，还要检验多个解释变量对被解释变量 $\boldsymbol{Y}$ 的共同影响是否显著。这种检验是多方面的检验，要反复筛选解释变量和反复检验。通常构造 F 统计量进行这些检验。

为了构造 F 统计量，必须证明：

1. $\frac{\boldsymbol{e}'\boldsymbol{e}}{\sigma^2}$ 服从 χ^2 分布。

2. $\boldsymbol{e}'\boldsymbol{e}$ 与 $\hat{\boldsymbol{\beta}}$ 的分布互相独立。

首先证明 $\frac{\boldsymbol{e}'\boldsymbol{e}}{\sigma^2}$ 服从 χ^2 分布。由矩阵的秩的性质可以知道，如果 $\boldsymbol{M}$ 是等幂矩阵，则

$$\mathrm{rk}(\boldsymbol{M}) = \mathrm{tr}(\boldsymbol{M})$$

由(2.29)式，可以得到

$$\mathrm{rk}(\boldsymbol{M}) = \mathrm{tr}(\boldsymbol{M}) = n - k$$

因此，最小二乘基本等幂矩阵 $\boldsymbol{M}$ 为一个降秩矩阵，并且存在一个 $n \times n$ 维正交矩阵 $\boldsymbol{P}$，满足

$$\boldsymbol{P}'\boldsymbol{M}\boldsymbol{P} = \begin{bmatrix} 1 & & & & & & \\ & 1 & & & & 0 & \\ & & \ddots & & & & \\ & & & 1_{n-k} & & & \\ & & & & \ddots & & \\ & 0 & & & & 0 & \\ & & & & & & 0 \end{bmatrix}$$

如果把干扰项 $\boldsymbol{\varepsilon}$ 看做利用正交矩阵 $\boldsymbol{P}$ 对一个 $n \times 1$ 维随机变量列矩阵 $\boldsymbol{V}$ 作线性变换得到的，即

$$\boldsymbol{\varepsilon} = \boldsymbol{P}\boldsymbol{V}$$

那么，

$$
\begin{aligned}
\boldsymbol{e}'\boldsymbol{e} &= \boldsymbol{\varepsilon}'\boldsymbol{M}\boldsymbol{\varepsilon} \\
&= (\boldsymbol{PV})'\boldsymbol{M}(\boldsymbol{PV}) \\
&= \boldsymbol{V}'(\boldsymbol{P}'\boldsymbol{MP})\boldsymbol{V} \\
&= \nu_1^2 + \nu_2^2 + \cdots + \nu_{n-k}^2
\end{aligned} \tag{2.50}
$$

由正交矩阵的性质，$\boldsymbol{P}^{-1}$ 也是正交矩阵，并且 $\boldsymbol{P}$ 和 $\boldsymbol{P}^{-1}$ 中的行向量都是单位向量，两两正交，所以 ν_i 与 ε_i 有相同方差 σ^2。由于 $\varepsilon_i \sim N(0,\sigma^2)$，那么 $\nu_i \sim N(0,\sigma^2)$。

由(2.50)式可知，$\boldsymbol{e}'\boldsymbol{e}$ 为 $n-k$ 个均值为 0、方差为 σ^2 的满足独立正态分布变量的平方和。因此，$\dfrac{\boldsymbol{e}'\boldsymbol{e}}{\sigma^2}$ 服从自由度为 $n-k$ 的 χ^2 分布，即

$$
\frac{\boldsymbol{e}'\boldsymbol{e}}{\sigma^2} = \sum_{i=1}^{n-k}\left(\frac{\nu_i}{\sigma}\right)^2
$$

所以

$$
\frac{\boldsymbol{e}'\boldsymbol{e}}{\sigma^2} \sim \chi^2(n-k) \tag{2.51}
$$

下面证明 $\boldsymbol{e}'\boldsymbol{e}$ 与 $\hat{\boldsymbol{\beta}}$ 的分布互相独立。由于

$$
\mathrm{Cov}(\boldsymbol{e},\hat{\boldsymbol{\beta}}) = E[(\boldsymbol{e}-E(\boldsymbol{e}))(\hat{\boldsymbol{\beta}}-E(\hat{\boldsymbol{\beta}}))'] = E(\boldsymbol{e}(\hat{\boldsymbol{\beta}}-\boldsymbol{\beta})')
$$

将(2.25)式和(2.16)式代入上式得

$$
\begin{aligned}
\mathrm{Cov}(\boldsymbol{e},\hat{\boldsymbol{\beta}}) &= E[\boldsymbol{M}\boldsymbol{\varepsilon}((\boldsymbol{X}'\boldsymbol{X})^{-1}\boldsymbol{X}'\boldsymbol{\varepsilon})'] \\
&= E[\boldsymbol{M}\boldsymbol{\varepsilon}\boldsymbol{\varepsilon}'\boldsymbol{X}(\boldsymbol{X}'\boldsymbol{X})^{-1}] \\
&= \boldsymbol{M}(E(\boldsymbol{\varepsilon}\boldsymbol{\varepsilon}')\boldsymbol{X}(\boldsymbol{X}'\boldsymbol{X})^{-1} \\
&= \sigma^2(\boldsymbol{I}_n - \boldsymbol{X}(\boldsymbol{X}'\boldsymbol{X})^{-1}\boldsymbol{X}')\boldsymbol{X}(\boldsymbol{X}'\boldsymbol{X})^{-1} \\
&= \sigma^2(\boldsymbol{X}(\boldsymbol{X}'\boldsymbol{X})^{-1} - \boldsymbol{X}(\boldsymbol{X}'\boldsymbol{X})^{-1}\boldsymbol{X}'\boldsymbol{X}(\boldsymbol{X}'\boldsymbol{X})^{-1}) \\
&= \boldsymbol{0}
\end{aligned} \tag{2.52}
$$

因此，$\boldsymbol{e}$ 与 $\hat{\boldsymbol{\beta}}$ 的分布互相独立，即 $\boldsymbol{e}'\boldsymbol{e}$ 与 $\hat{\boldsymbol{\beta}}$ 的分布互相独立。

二、参数估计的显著性检验与总体参数的置信区间

下面讨论 $\hat{\boldsymbol{\beta}}$ 的检验问题。为了得到多种假设检验和 $\boldsymbol{\beta}$ 的置信区间的一般方法，首先对 $\hat{\boldsymbol{\beta}}$ 作线性变换。

$$\begin{bmatrix}\hat{\gamma}_1\\ \hat{\gamma}_2\\ \vdots\\ \hat{\gamma}_r\end{bmatrix}=\begin{bmatrix}C_{11} & C_{12} & \cdots & C_{1k}\\ C_{21} & C_{22} & \cdots & C_{2k}\\ \vdots & \vdots & & \vdots\\ C_{r1} & C_{r2} & \cdots & C_{rk}\end{bmatrix}\begin{bmatrix}\hat{\beta}_1\\ \hat{\beta}_2\\ \vdots\\ \hat{\beta}_k\end{bmatrix}$$

则

$$\hat{\boldsymbol{\gamma}} = \boldsymbol{C}\hat{\boldsymbol{\beta}} \tag{2.53}$$

其中,$\hat{\boldsymbol{\gamma}}$ 为 $r\times 1$ 维列矩阵。$\boldsymbol{C}$ 为 $r\times k$ 维常数矩阵,r 为待检验的参数数目,k 为全部参数的数目,显然 $r\leqslant k$。假设 $\boldsymbol{C}$ 为满秩矩阵,即 $\mathrm{rk}(\boldsymbol{C})=r$。这样只要改变 $\boldsymbol{C}$ 的定义形式,对 $\hat{\boldsymbol{\gamma}}$ 的检验可以代表对 $\hat{\boldsymbol{\beta}}$ 中不同参数估计的各种检验。

随机矩阵 $\hat{\boldsymbol{\gamma}}$ 的期望和协方差分别为

$$E(\hat{\boldsymbol{\gamma}}) = E(\boldsymbol{C}\hat{\boldsymbol{\beta}}) = \boldsymbol{C}\boldsymbol{\beta}$$

和

$$\begin{aligned}\mathrm{Var}(\hat{\boldsymbol{\gamma}}) &= \mathrm{Var}(\boldsymbol{C}\hat{\boldsymbol{\beta}})\\ &= E[(\boldsymbol{C}\hat{\boldsymbol{\beta}}-E(\boldsymbol{C}\hat{\boldsymbol{\beta}}))(\boldsymbol{C}\hat{\boldsymbol{\beta}}-E(\boldsymbol{C}\hat{\boldsymbol{\beta}}))']\\ &= E[(\boldsymbol{C}\hat{\boldsymbol{\beta}}-\boldsymbol{C}\boldsymbol{\beta})(\boldsymbol{C}\hat{\boldsymbol{\beta}}-\boldsymbol{C}\boldsymbol{\beta})']\\ &= \boldsymbol{C}(E((\hat{\boldsymbol{\beta}}-\boldsymbol{\beta})(\hat{\boldsymbol{\beta}}-\boldsymbol{\beta})')\boldsymbol{C}'\\ &= \boldsymbol{C}\mathrm{Var}(\hat{\boldsymbol{\beta}})\boldsymbol{C}'\\ &= \sigma^2\boldsymbol{C}(\boldsymbol{X}'\boldsymbol{X})^{-1}\boldsymbol{C}'\end{aligned}$$

由于 $\hat{\boldsymbol{\gamma}}$ 是 $\hat{\boldsymbol{\beta}}$ 的线性变换,$\hat{\boldsymbol{\beta}}$ 服从多元正态分布,所以 $\hat{\boldsymbol{\gamma}}$ 也服从多元正态分布,并且 $\hat{\boldsymbol{\gamma}}$ 的元素之间是互相独立的。$\hat{\boldsymbol{\gamma}}$ 服从自由度为 r 的 χ^2 分布,即

$$\sum_{i=1}^{r}\left[\frac{\hat{\gamma}_i-E(\hat{\gamma}_i)}{\sigma_{\hat{\gamma}_i}}\right]^2=\sum_{i=1}^{r}\frac{(\hat{\gamma}_i-E(\hat{\gamma}_i))^2}{\sigma_{\hat{\gamma}_i}^2}\sim\chi^2(r)$$

用矩阵形式表示 $\hat{\boldsymbol{\gamma}}$ 的 χ^2 统计量为

$$\begin{aligned}\chi^2 &= (\hat{\boldsymbol{\gamma}}-E(\hat{\boldsymbol{\gamma}}))'(\mathrm{Var}(\hat{\boldsymbol{\gamma}}))^{-1}(\hat{\boldsymbol{\gamma}}-E(\hat{\boldsymbol{\gamma}}))\\ &= (\boldsymbol{C}\hat{\boldsymbol{\beta}}-E(\boldsymbol{C}\hat{\boldsymbol{\beta}}))'(\mathrm{Var}(\boldsymbol{C}\hat{\boldsymbol{\beta}}))^{-1}(\boldsymbol{C}\hat{\boldsymbol{\beta}}-E(\boldsymbol{C}\hat{\boldsymbol{\beta}}))\\ &= (\boldsymbol{C}\hat{\boldsymbol{\beta}}-\boldsymbol{C}\boldsymbol{\beta})'(\sigma^2\boldsymbol{C}(\boldsymbol{X}'\boldsymbol{X})^{-1}\boldsymbol{C}')^{-1}(\boldsymbol{C}\hat{\boldsymbol{\beta}}-\boldsymbol{C}\boldsymbol{\beta})\end{aligned}$$

即 $$(\boldsymbol{C}\hat{\boldsymbol{\beta}}-\boldsymbol{C}\boldsymbol{\beta})'(\sigma^2\boldsymbol{C}(\boldsymbol{X}'\boldsymbol{X})^{-1}\boldsymbol{C}')^{-1}(\boldsymbol{C}\hat{\boldsymbol{\beta}}-\boldsymbol{C}\boldsymbol{\beta})\sim\chi^2(r)$$

令 $$\chi_1^2=(\boldsymbol{C}\hat{\boldsymbol{\beta}}-\boldsymbol{C}\boldsymbol{\beta})'(\sigma^2\boldsymbol{C}(\boldsymbol{X}'\boldsymbol{X})^{-1}\boldsymbol{C}')^{-1}(\boldsymbol{C}\hat{\boldsymbol{\beta}}-\boldsymbol{C}\boldsymbol{\beta}) \quad 及 \quad \nu_1=r$$

由(2.51)式,知

$$\frac{e'e}{\sigma^2} \sim \chi^2(n-k)$$

令 $\chi_2^2 = \frac{e'e}{\sigma^2}$ 及 $\nu_2 = n-k$。因此,可以得到 F 统计量

$$F = \frac{\chi_1^2(\nu_1)/\nu_1}{\chi_2^2(\nu_2)/\nu_2}$$

$$= \frac{(C\hat{\beta} - C\beta)'(\sigma^2 C(X'X)^{-1}C')^{-1}(C\hat{\beta} - C\beta)/r}{\left(\frac{e'e}{\sigma^2}\right)\Big/ n-k}$$

$$= \frac{(C\hat{\beta} - C\beta)'(C(X'X)^{-1}C')^{-1}(C\hat{\beta} - C\beta)}{\left(\frac{e'e}{n-k}\right)r}$$

将(2.30)式代入上式得

$$F = \frac{(C\hat{\beta} - C\beta)'(C(X'X)^{-1}C')^{-1}(C\hat{\beta} - C\beta)}{s^2 r} \sim F(r, n-k) \quad (2.54)$$

上式中的 F 统计量不但可以用于显著性检验,也可以用于推断 β 的置信区间。

如果确定了显著水平 α,那么

$$P\{F \leqslant F_\alpha(r, n-k)\} = 1 - \alpha \quad (2.55)$$

$F \leqslant F_\alpha(r, n-k)$ 的概率为 $1-\alpha$,并且 $C\beta$ 的 $1-\alpha$ 置信区间为

$$(C\hat{\beta} - C\beta)'(C(X'X)^{-1}C')^{-1}(C\beta - C\hat{\beta}) \leqslant s^2 r F_\alpha(r, n-k) \quad (2.56)$$

对于不同的情形,讨论参数估计 $\hat{\beta}$ 的显著性检验问题和总体回归的参数 β 的置信区间问题。

1. 对全部 $\hat{\beta}_i$ 的显著性检验及全部 β_i 的置信区间问题

假设 $C = I_k$,即 $r = k$,则

$$C\hat{\beta} = \hat{\beta}, \quad C\beta = \beta, \quad C(X'X)^{-1}C' = (X'X)^{-1}$$

且(2.54)式简化为

$$F = \frac{(\hat{\beta} - \beta)'(X'X)(\hat{\beta} - \beta)}{s^2 k} \sim F(k, n-k) \quad (2.57)$$

那么,我们检验的问题是 $H_0: \beta = 0$,备选假设为 $H_1: \beta \neq 0$。在原假设成立下,(2.57)式简化为

$$F = \frac{\hat{\beta}'(X'X)\hat{\beta}}{s^2 k} \sim F(k, n-k) \quad (2.58)$$

当 $F \leqslant F_\alpha(k, n-k)$ 时,接受 $H_0: \beta = 0$,即认为 $\hat{\beta}$ 矩阵中的所有元素 $\hat{\beta}_1, \hat{\beta}_2, \cdots, \hat{\beta}_k$

作为一个整体不显著，因此必须重新建立模型。当 $F > F_{\alpha}(k,n-k)$ 时，$\hat{\boldsymbol{\beta}}$ 中的元素作为一个整体显著，但是并不保证其中每个元素都显著。

由(2.56)式，$\boldsymbol{\beta}$ 的置信区间，即 $\beta_1,\beta_2,\cdots,\beta_k$ 的联合置信区间为

$$(\boldsymbol{\beta}-\hat{\boldsymbol{\beta}})'(\boldsymbol{X}'\boldsymbol{X})(\boldsymbol{\beta}-\hat{\boldsymbol{\beta}}) \leqslant s^2 k F_{\alpha}(k,n-k) \tag{2.59}$$

$\boldsymbol{\beta}$ 落入该置信区间的概率为 $1-\alpha$。

2. 对部分 $\hat{\beta}_i$ 的显著性检验和部分 $\hat{\beta}_i$ 的置信区间问题

重新排列原解释变量矩阵中各解释变量的顺序，把准备留在模型中的 r 个解释变量排到新的 $\boldsymbol{X}$ 矩阵中的右边 r 列。重新排列的 $\boldsymbol{\beta}$ 矩阵和 $\hat{\boldsymbol{\beta}}$ 矩阵中，与 $\boldsymbol{X}$ 相应的 β_i 和 $\hat{\beta}_i$ 排列在下面 r 行。定义

$$\boldsymbol{C}=\begin{bmatrix} & \vdots & 1 & & \\ & \vdots & & 1 & 0 \\ 0 & \vdots & & & \ddots \\ & \vdots & & 0 & & 1 \end{bmatrix}_{r\times k}$$

因此

$$\boldsymbol{C\beta}=\boldsymbol{\beta}_r=\begin{bmatrix}\beta_{r1}\\ \beta_{r2}\\ \vdots \\ \beta_{rr}\end{bmatrix}_{r\times 1},\quad \boldsymbol{C}\hat{\boldsymbol{\beta}}=\hat{\boldsymbol{\beta}}_r=\begin{bmatrix}\beta_{r1}\\ \beta_{r2}\\ \vdots \\ \beta_{rr}\end{bmatrix}_{r\times 1}$$

如果定义 $\boldsymbol{V}_r$ 矩阵为 $(\boldsymbol{X}'\boldsymbol{X})^{-1}$ 矩阵中下面 r 行右面 r 列元素构成的子矩阵，那么

$$\boldsymbol{C}(\boldsymbol{X}'\boldsymbol{X})^{-1}\boldsymbol{C}'=\boldsymbol{V}_r \tag{2.60}$$

我们检验的问题是 $H_0:\boldsymbol{\beta}_r=\boldsymbol{0}$，备选假设为 $H_1:\boldsymbol{\beta}_r\neq\boldsymbol{0}$。在原假设成立的情况下，(2.54)式简化为

$$F=\frac{\hat{\boldsymbol{\beta}}_r'\boldsymbol{V}_r^{-1}\hat{\boldsymbol{\beta}}_r}{s^2 r}\sim F(r,n-k) \tag{2.61}$$

当 $F\leqslant F_{\alpha}(r,n-k)$ 时，接受假设 $H_0:\boldsymbol{\beta}_r=\boldsymbol{0}$；当 $F>F_{\alpha}(r,n-k)$ 时，接受对立假设 $H_1:\boldsymbol{\beta}_r\neq\boldsymbol{0}$。

由(2.56)式，$\boldsymbol{\beta}_r$ 的联合置信区间为

$$(\boldsymbol{\beta}_r-\hat{\boldsymbol{\beta}}_r)'\boldsymbol{V}_r^{-1}(\boldsymbol{\beta}_r-\hat{\boldsymbol{\beta}}_r) \leqslant s^2 r F_{\alpha}(r,n-k) \tag{2.62}$$

$\boldsymbol{\beta}_r$ 落入上述区间的概率为 $1-\alpha$。

3. 对单个 $\hat{\beta}_i$ 的显著性检验和单个 $\hat{\beta}_i$ 的置信区间问题

在上述对部分参数的检验问题中，令 $r=1$，即重新排列 $\boldsymbol{X}$ 矩阵，把最重要的解释变量放在新 $\boldsymbol{X}$ 矩阵最右边一列，即 $\boldsymbol{X}_k$。$\boldsymbol{\beta}$ 和 $\hat{\boldsymbol{\beta}}$ 矩阵也重新排列，把与 $\boldsymbol{X}_k$ 相

应的元素放在最下面一行，即 $\boldsymbol{\beta}_k$ 和 $\hat{\boldsymbol{\beta}}_k$。取 $\boldsymbol{C}=(0,0,0,\cdots,0,1)$，$(\boldsymbol{X}'\boldsymbol{X})^{-1}$ 矩阵的右下角的元素记为 V_k。构造假设 $H_0:\boldsymbol{\beta}_k=\mathbf{0}$。在原假设成立的情况下，(2.54)式简化为

$$F=\frac{\hat{\boldsymbol{\beta}}_k^2}{V_k s^2} \tag{2.63}$$

当 $F\leqslant F_\alpha(1,n-k)$ 时，接受 $H_0:\boldsymbol{\beta}_k=\mathbf{0}$。当 $F>F_\alpha(1,n-k)$ 时，拒绝 $H_0:\boldsymbol{\beta}_k=\mathbf{0}$。

对单个参数进行检验，不但可以利用 F 统计量，也可以利用 t 统计量，两者是等价的，即

$$F(1,n-k)=t^2(n-k) \tag{2.64}$$

参数 $\boldsymbol{\beta}_k$ 的概率为 $1-\alpha$ 的置信区间为

$$(\boldsymbol{\beta}_k-\hat{\boldsymbol{\beta}}_k)^2\leqslant s^2V_kF_\alpha(1,n-k) \tag{2.65}$$

即

$$\hat{\boldsymbol{\beta}}_k-\sqrt{s^2V_kF_\alpha(1,n-k)}<\boldsymbol{\beta}_k<\hat{\boldsymbol{\beta}}_k+\sqrt{s^2V_kF_\alpha(1,n-k)} \tag{2.66}$$

或者

$$\hat{\boldsymbol{\beta}}_k-\sqrt{s^2V_k}\,t_{\alpha/2}(n-k)<\boldsymbol{\beta}_k<\hat{\boldsymbol{\beta}}_k+\sqrt{s^2V_k}\,t_{\alpha/2}(n-k) \tag{2.67}$$

§2.3 预　测

我们这里所介绍的预测方法，是建立在多元线性回归模型 $\boldsymbol{Y}=\boldsymbol{X\beta}+\boldsymbol{\varepsilon}$ 在预测期或预测范围内仍然成立的基础上的。无论对于时间数据模型，还是对于横断面数据模型，预测的基本前提都是由样本得到的统计规律不发生太大变化，原有回归模型的假设条件仍然成立。

预测可分为事前预测和事后预测。两种预测都是在样本区间之外进行的，如图 2.1 所示。

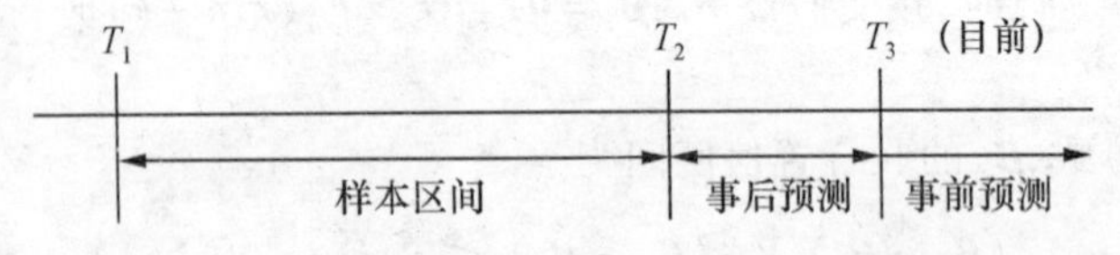

图 2.1　预测过程示意图

对于事后预测，被解释变量和解释变量的值在预测区间都是已知的。可以直接用实际发生值评价模型的预测能力。对于事前预测，解释变量是未发生的。(当模型中含有滞后变量时，解释变量则有可能是已知的。)当预测被解释变量时，则首先应该预测解释变量的值。对于解释变量的预测，通常采用时间序列

模型。

预测还分为有条件预测和无条件预测。对于无条件预测,预测式中所有解释变量的值都是已知的。所以事后预测应该属于无条件预测。当一个模型的解释变量完全由滞后变量组成时,事前预测也有可能是无条件预测。

在预测期内对被解释变量进行预测,也分为单值预测和区间预测。

2.3.1 单值预测

针对线性回归模型 $\boldsymbol{Y}=\boldsymbol{X\beta}+\boldsymbol{\varepsilon}$, 对给定的解释变量矩阵 $\boldsymbol{X}_0=(1,X_{20},X_{30},\cdots,X_{k0})_{1\times k}$,假设在预测期或预测范围内,有关系式

$$Y_0=\boldsymbol{X}_0\boldsymbol{\beta}+\varepsilon_0 \tag{2.68}$$

其中,Y_0 是要观测的数值,ε_0 为观测期的误差项。ε_0 仍然满足经典假设条件

$$\begin{cases}E(\varepsilon_0)=0, \quad \mathrm{Var}(\varepsilon_0)=\sigma_\varepsilon^2\\ \mathrm{Cov}(\varepsilon_0,\varepsilon_i)=0, \quad \varepsilon_0\sim N(0,\sigma_\varepsilon^2) \quad (i=1,2,\cdots,n)\end{cases} \tag{2.69}$$

Y_0 也服从正态分布

$$Y_0\sim N(\boldsymbol{X}_0\boldsymbol{\beta},\sigma_\varepsilon^2) \tag{2.70}$$

把样本回归扩大定义范围就可以得到

$$\hat{Y}_0=\boldsymbol{X}_0\hat{\boldsymbol{\beta}} \tag{2.71}$$

由(2.71)式得到的估计值 $\hat{Y}_0$,是 $E(Y_0)$ 的点估计值,也是 Y_0 的点估计值。

由于

$$E(\hat{Y}_0)=E(\boldsymbol{X}_0\hat{\boldsymbol{\beta}})=\boldsymbol{X}_0E(\hat{\boldsymbol{\beta}})=\boldsymbol{X}_0\boldsymbol{\beta}=E(Y_0) \tag{2.72}$$

说明 $\hat{Y}_0$ 是 $E(Y_0)$ 的无偏估计量。另外

$$E(\hat{Y}_0)=E(\boldsymbol{X}_0\hat{\boldsymbol{\beta}})=\boldsymbol{X}_0E(\hat{\boldsymbol{\beta}})=\boldsymbol{X}_0\boldsymbol{\beta}=Y_0-\varepsilon_0 \tag{2.73}$$

可见 $\hat{Y}_0$ 不是 Y_0 的无偏估计量。但是

$$E(\hat{Y}_0-Y_0)=0 \tag{2.74}$$

说明 $\hat{Y}_0-Y_0$ 的平均程度稳定在零。从而可见,用估计值 $\hat{Y}_0$ 作为 $E(Y_0)$ 和 Y_0 的单值预测具有一定的合理性。

2.3.2 $E(Y_0)$ 和 Y_0 的预测区间

一、$E(Y_0)$ 的预测区间

为了得到 $E(Y_0)$ 的置信区间,首先要得到 $\hat{Y}_0$ 的方差

$$\begin{aligned}\mathrm{Var}(\hat{Y}_0) &= E(\hat{Y}_0 - E(\hat{Y}_0))^2 \\ &= E(\boldsymbol{X}_0\hat{\boldsymbol{\beta}} - E(\boldsymbol{X}_0\hat{\boldsymbol{\beta}}))^2 \\ &= E(\boldsymbol{X}_0\hat{\boldsymbol{\beta}} - \boldsymbol{X}_0\boldsymbol{\beta})^2 \\ &= E(\boldsymbol{X}_0(\hat{\boldsymbol{\beta}} - \boldsymbol{\beta}))(\boldsymbol{X}_0(\hat{\boldsymbol{\beta}} - \boldsymbol{\beta}))\end{aligned} \tag{2.75}$$

其中,$\boldsymbol{X}_0(\hat{\boldsymbol{\beta}}-\boldsymbol{\beta})$为标量,因此

$$\boldsymbol{X}_0(\hat{\boldsymbol{\beta}} - \boldsymbol{\beta}) = (\boldsymbol{X}_0(\hat{\boldsymbol{\beta}} - \boldsymbol{\beta}))' = (\hat{\boldsymbol{\beta}} - \boldsymbol{\beta})'\boldsymbol{X}_0'$$

代入(2.75)式得

$$\begin{aligned}\mathrm{Var}(\hat{Y}_0) &= E(\boldsymbol{X}_0(\hat{\boldsymbol{\beta}} - \boldsymbol{\beta}))((\hat{\boldsymbol{\beta}} - \boldsymbol{\beta})'\boldsymbol{X}_0') \\ &= \boldsymbol{X}_0 E(\hat{\boldsymbol{\beta}} - \boldsymbol{\beta})(\hat{\boldsymbol{\beta}} - \boldsymbol{\beta})'\boldsymbol{X}_0' \\ &= \boldsymbol{X}_0 \mathrm{Cov}(\hat{\boldsymbol{\beta}})\boldsymbol{X}_0' \\ &= \sigma_\varepsilon^2 \boldsymbol{X}_0(\boldsymbol{X}'\boldsymbol{X})^{-1}\boldsymbol{X}_0'\end{aligned} \tag{2.76}$$

$\mathrm{Var}(\hat{Y}_0)$的估计值为

$$\widehat{\mathrm{Var}}(\hat{Y}_0) = s^2\boldsymbol{X}_0(\boldsymbol{X}'\boldsymbol{X})^{-1}\boldsymbol{X}_0' \tag{2.77}$$

由于

$$\hat{Y}_0 \sim N(\boldsymbol{X}_0\boldsymbol{\beta}, \sigma_\varepsilon^2\boldsymbol{X}_0(\boldsymbol{X}'\boldsymbol{X})^{-1}\boldsymbol{X}_0') \tag{2.78}$$

所以

$$\frac{\hat{Y}_0 - E(Y_0)}{s\sqrt{\boldsymbol{X}_0(\boldsymbol{X}'\boldsymbol{X})^{-1}\boldsymbol{X}_0'}} \sim t(n-k) \tag{2.79}$$

在给定了置信度$(1-\alpha)$之后,$E(Y_0)$的$(1-\alpha)$置信区间为

$$\hat{Y}_0 \pm t_{\alpha/2}(n-k)s\sqrt{\boldsymbol{X}_0(\boldsymbol{X}'\boldsymbol{X})^{-1}\boldsymbol{X}_0'} \tag{2.80}$$

二、Y_0 的预测区间

为了得到 Y_0 的预测区间,首先要得到$(Y_0-\hat{Y}_0)$的方差

$$\mathrm{Var}(Y_0 - \hat{Y}_0) = E((Y_0 - \hat{Y}_0) - E(Y_0 - \hat{Y}_0))^2$$

由于

$$Y_0 = \boldsymbol{X}_0\boldsymbol{\beta} + \varepsilon_0$$

$$\hat{Y}_0 = \boldsymbol{X}_0\hat{\boldsymbol{\beta}}$$

$$Y_0 - \hat{Y}_0 = \boldsymbol{X}_0(\boldsymbol{\beta} - \hat{\boldsymbol{\beta}}) + \varepsilon_0$$

$$E(Y_0 - \hat{Y}_0) = E(\boldsymbol{X}_0(\boldsymbol{\beta} - \hat{\boldsymbol{\beta}})) + E(\varepsilon_0) = 0$$

因此

$$\begin{aligned}\operatorname{Var}(Y_0-\hat{Y}_0)&=E[(\boldsymbol{X}_0(\boldsymbol{\beta}-\hat{\boldsymbol{\beta}})+\varepsilon_0)^2]\\&=E[(\boldsymbol{X}_0(\boldsymbol{\beta}-\hat{\boldsymbol{\beta}})+\varepsilon_0)(\boldsymbol{X}_0(\boldsymbol{\beta}-\hat{\boldsymbol{\beta}})+\varepsilon_0)]\end{aligned}\tag{2.81}$$

其中，$\boldsymbol{X}_0(\boldsymbol{\beta}-\hat{\boldsymbol{\beta}})+\varepsilon_0$ 是标量，因此

$$\boldsymbol{X}_0(\boldsymbol{\beta}-\hat{\boldsymbol{\beta}})+\varepsilon_0=(\boldsymbol{X}_0(\boldsymbol{\beta}-\hat{\boldsymbol{\beta}})+\varepsilon_0)'$$

代入(2.81)式得

$$\begin{aligned}\operatorname{Var}(Y_0-\hat{Y}_0)&=E[(\boldsymbol{X}_0(\boldsymbol{\beta}-\hat{\boldsymbol{\beta}})+\varepsilon_0)((\boldsymbol{\beta}-\hat{\boldsymbol{\beta}})'\boldsymbol{X}_0'+\varepsilon_0')]\\&=E[\boldsymbol{X}_0(\boldsymbol{\beta}-\hat{\boldsymbol{\beta}})(\boldsymbol{\beta}-\hat{\boldsymbol{\beta}})'\boldsymbol{X}_0']+E(\varepsilon_0\varepsilon_0')+\\&\quad E(\varepsilon_0(\boldsymbol{\beta}-\hat{\boldsymbol{\beta}})'\boldsymbol{X}_0')+E(\boldsymbol{X}_0(\boldsymbol{\beta}-\hat{\boldsymbol{\beta}})\varepsilon_0')\end{aligned}\tag{2.82}$$

其中，$\boldsymbol{X}_0(\boldsymbol{\beta}-\hat{\boldsymbol{\beta}})\varepsilon_0'$ 是标量，因此

$$\boldsymbol{X}_0(\boldsymbol{\beta}-\hat{\boldsymbol{\beta}})\varepsilon_0'=(\boldsymbol{X}_0(\boldsymbol{\beta}-\hat{\boldsymbol{\beta}})\varepsilon_0')'=\varepsilon_0(\boldsymbol{\beta}-\hat{\boldsymbol{\beta}})'\boldsymbol{X}_0$$

代入(2.82)式得

$$\begin{aligned}\operatorname{Var}(Y_0-\hat{Y}_0)&=\boldsymbol{X}_0E[(\hat{\boldsymbol{\beta}}-\boldsymbol{\beta})(\hat{\boldsymbol{\beta}}-\boldsymbol{\beta})']\boldsymbol{X}_0'+\sigma_\varepsilon^2-\\&\quad 2\boldsymbol{X}_0E((\hat{\boldsymbol{\beta}}-\boldsymbol{\beta})\varepsilon_0')\end{aligned}\tag{2.83}$$

由(2.16)式

$$\hat{\boldsymbol{\beta}}-\boldsymbol{\beta}=(\boldsymbol{X}'\boldsymbol{X})^{-1}\boldsymbol{X}'\boldsymbol{\varepsilon}$$

代入(2.83)式得

$$\begin{aligned}\operatorname{Var}(Y_0-\hat{Y}_0)&=\boldsymbol{X}_0\operatorname{Var}(\hat{\boldsymbol{\beta}})\boldsymbol{X}_0'+\sigma_\varepsilon^2-2\boldsymbol{X}_0E((\boldsymbol{X}'\boldsymbol{X})^{-1})\boldsymbol{X}'\boldsymbol{\varepsilon}\varepsilon_0'\\&=\sigma_\varepsilon^2(1+\boldsymbol{X}_0(\boldsymbol{X}'\boldsymbol{X})^{-1}\boldsymbol{X}_0')-2\boldsymbol{X}_0(\boldsymbol{X}'\boldsymbol{X})^{-1}\boldsymbol{X}'E(\boldsymbol{\varepsilon}\varepsilon_0')\end{aligned}\tag{2.84}$$

其中，矩阵 $\boldsymbol{\varepsilon}$ 的各元素中不包含 ε_0，所以

$$E(\boldsymbol{\varepsilon}\varepsilon_0')=0$$

代入(2.84)式得到$(Y_0-\hat{Y}_0)$的方差

$$\operatorname{Var}(Y_0-\hat{Y}_0)=\sigma_\varepsilon^2(1+\boldsymbol{X}_0(\boldsymbol{X}'\boldsymbol{X})^{-1}\boldsymbol{X}_0')\tag{2.85}$$

用 s^2 代替 σ_ε^2，得到

$$\widehat{\operatorname{Var}}(Y_0-\hat{Y}_0)=s^2(1+\boldsymbol{X}_0(\boldsymbol{X}'\boldsymbol{X})^{-1}\boldsymbol{X}_0')\tag{2.86}$$

由于

$$(Y_0-\hat{Y}_0)\sim N(\boldsymbol{X}_0\boldsymbol{\beta},\sigma_\varepsilon^2(1+\boldsymbol{X}_0(\boldsymbol{X}'\boldsymbol{X})^{-1}\boldsymbol{X}_0'))\tag{2.87}$$

所以

$$\frac{Y_0 - \hat{Y}_0}{s\sqrt{1 + \boldsymbol{X}_0(\boldsymbol{X}'\boldsymbol{X})^{-1}\boldsymbol{X}_0'}} \sim t(n-k) \tag{2.88}$$

在给定了置信度$(1-\alpha)$之后，Y_0的$(1-\alpha)$预测区间

$$\hat{Y}_0 \pm t_{\alpha/2}(n-k)s\sqrt{1 + \boldsymbol{X}_0(\boldsymbol{X}'\boldsymbol{X})^{-1}\boldsymbol{X}_0'} \tag{2.89}$$

§2.4 实证分析

2.4.1 多元回归分析

为了研究影响中国税收收入增长的主要原因，分析中央和地方税收收入的增长规律，预测中国税收未来的增长趋势，需要建立计量经济模型。影响中国税收收入增长的因素很多，但据分析，主要的因素可能有：(1) 从宏观经济看，经济整体增长是税收增长的基本源泉。(2) 公共财政的需求。税收收入是财政收入的主体，社会经济的发展和社会保障的完善等都对公共财政提出要求，因此对预算支出所表现的公共财政的需求对当年的税收收入可能会有一定的影响。(3) 物价水平。我国的税制结构以流转税为主，以现行价格计算的 GDP 等指标和经营者的收入水平都与物价水平有关。(4) 税收政策因素。选择包括中央和地方税收的“国家财政收入”中的“各项税收”（简称“税收收入”）作为被解释变量，以反映国家税收的增长；选择“国内生产总值”（GDP）作为经济整体增长水平的代表；选择中央和地方“财政支出”作为公共财政需求的代表；选择“商品零售物价指数”作为物价水平的代表。由于财税体制的改革难以量化，而且 1985 年以后财税体制改革对税收增长的影响不是很大，可暂不考虑税制改革对税收增长的影响。所以解释变量设定为可观测的“国内生产总值”、“财政支出”、“商品零售物价指数”等变量。

设定的多元线性回归模型为

$$Y_i = \beta_1 + \beta_2 X_{2i} + \beta_3 X_{3i} + \beta_4 X_{4i} + \varepsilon_i$$

回归结果：

$$\hat{Y}_i = -2\,582.791 + 0.022067X_{2i} + 0.702104X_{3i} + 23.9854X_{4i}$$

$$se = (940.6128) \quad (0.0056) \quad (0.0332) \quad (8.7363)$$

$$t = (-2.7459) \quad (3.9566) \quad (21.1247) \quad (2.7449)$$

$$R^2 = 0.9974 \quad \bar{R}^2 = 0.9971 \quad F = 2\,717.238 \quad P = 0$$

1. 经济意义检验

模型估计结果说明，在假定其他变量不变的情况下，当年 GDP 每增长 1 亿

元,税收收入就会增长0.02207亿元;在假定其他变量不变的情况下,当年财政支出每增长1亿元,税收收入会增长0.7021亿元;在假定其他变量不变的情况下,当年商品零售物价指数上涨1个百分点,税收收入就会增长23.9854亿元。这与理论分析和经验判断相一致。

2. 统计检验

(1)拟合优度:由表2.1中的数据可以得到$R^2=0.9974$,修正的可决系数为$\bar{R}^2=0.9971$,这说明模型对样本的拟合很好。

表2.1 税收收入及相关数据

年份	税收收入(亿元)(Y)	国内生产总值(亿元)(X_2)	财政支出(亿元)(X_3)	商品零售物价指数(%)(X_4)
1978	519.28	3624.1	1122.09	100.7
1979	537.82	4038.2	1281.79	102.0
1980	571.70	4517.8	1228.83	106.0
1981	629.89	4862.4	1138.41	102.4
1982	700.02	5294.7	1229.98	101.9
1983	775.59	5934.5	1409.52	101.5
1984	947.35	7171.0	1701.02	102.8
1985	2040.79	8964.4	2004.25	108.8
1986	2090.73	10202.2	2204.91	106.0
1987	2140.36	11962.5	2262.18	107.3
1988	2390.47	14928.3	2491.21	118.5
1989	2727.40	16909.2	2823.78	117.8
1990	2821.86	18547.9	3083.59	102.1
1991	2990.17	21617.8	3386.62	102.9
1992	3296.91	26638.1	3742.20	105.4
1993	4255.30	34634.4	4642.30	113.2
1994	5126.88	46759.4	5792.62	121.7
1995	6038.04	58478.1	6823.72	114.8
1996	6909.82	67884.6	7937.55	106.1
1997	8234.04	74462.6	9233.56	100.8
1998	9262.80	78345.2	10798.18	97.4
1999	10682.58	82067.5	13187.67	97.0
2000	12581.51	89468.1	15886.50	98.5
2001	15301.38	97314.8	18902.58	99.2
2002	17636.45	104790.6	22053.15	98.7

(2)F检验:针对$H_0:\beta_2=\beta_3=\beta_4=0$,给定显著性水平$\alpha=0.05$,在$F$分布

表中查出自由度为 $k-1=3$ 和 $n-k=21$ 的临界值 $F_\alpha(3,21)=3.075$。由表 2.1 中的数据得到 $F=2\,717.238$,因此,应拒绝原假设 $H_0:\beta_2=\beta_3=\beta_4=0$,说明回归方程显著,即"国内生产总值"、"财政支出"、"商品零售物价指数"等变量联合起来确实对"税收收入"有显著影响。

(3) t 检验:分别针对 $H_0:\beta_j=0(j=1,2,3,4)$,给定显著性水平 $\alpha=0.05$,查 t 分布表得自由度为 $n-k=21$ 的临界值 $t_{\alpha/2}(n-k)=2.08$。由表 2.1 中的数据可得,与 $\hat{\beta}_1,\hat{\beta}_2,\hat{\beta}_3,\hat{\beta}_4$ 对应的 t 统计量分别为 -2.7459,3.9566,21.1247,2.7449,其绝对值均大于 $t_{\alpha/2}(n-k)=2.08$,这说明分别都应当拒绝 $H_0:\beta_j=0(j=1,2,3,4)$,也就是说,在其他解释变量不变的情况下,解释变量"国内生产总值"(X_2)、"财政支出"(X_3)、"商品零售物价指数"(X_4)分别对被解释变量"税收收入"Y 都有显著的影响。

3. 预测

假如进行事后预测,已知 2003 年的国内生产总值 X_2、财政支出 X_3、商品零售物价指数 X_4 分别为 117 251.9 亿元、24 649.95 亿元、99.9%。利用上面的模型点预测得 2003 年的税收收入为 19 707.6 亿元,税收收入均值在 95% 的置信度下的区间预测为[19 245.11, 20 170.09],税收收入在 95% 的置信度下的区间预测为[18 989.81,20 425.40]。

2.4.2 变量筛选

影响财政收入的因素很多,不可能包含所有对因变量有影响的自变量,况且当自变量数目过大时,模型计算复杂且往往会扩大估计方差,降低模型精度。下面利用逐步回归法对各个可能变量进行筛选,寻找对国家财政收入影响最大的变量。根据实际情况挑选了 6 个变量,分别为工业产值(X_2,亿元)、农业总产值(X_3,亿元)、建筑业总产值(X_4,亿元)、社会商品零售总额(X_5,亿元)、人口数(X_6,万人)、受灾面积(X_7,万公顷)。具体数据如表 2.2 所示。

表 2.2 我国 1989—2003 年财政收入及相关变量

年度	Y	X_2	X_3	X_4	X_5	X_6	X_7
1989	2 664.90	6 484.0	4 100.6	794.0	8 101.4	112 704	46 991
1990	2 937.10	6 858.0	4 954.3	859.4	8 300.1	114 333	38 474
1991	3 149.48	8 087.1	5 146.4	1 015.1	9 415.6	115 823	55 472
1992	3 483.37	10 284.5	5 588.0	1 415.0	10 993.7	117 171	51 333
1993	4 348.95	14 143.8	6 605.1	2 284.7	12 462.1	118 517	48 829
1994	5 218.10	19 359.6	9 169.2	3 012.6	16 264.7	119 850	55 043

（续表）

年度	Y	X_2	X_3	X_4	X_5	X_6	X_7
1995	6 242. 20	24 718. 3	11 884. 6	3 819. 6	20 620. 0	121 121	45 821
1996	7 407. 99	29 082. 6	13 539. 8	4 530. 5	24 774. 1	122 389	46 989
1997	8 651. 14	32 412. 1	13 852. 5	4 810. 6	27 298. 9	123 626	53 429
1998	9 875. 95	33 387. 9	14 241. 9	5 231. 4	29 152. 5	124 761	50 145
1999	11 444. 08	35 087. 2	14 106. 2	5 470. 6	31 134. 7	125 786	49 981
2000	13 395. 23	39 047. 3	13 873. 6	5 888. 0	34 152. 6	126 743	54 688
2001	16 386. 04	42 374. 6	14 462. 8	6 375. 4	37 495. 2	127 627	52 215
2002	18 903. 64	45 975. 2	14 931. 5	7 005. 0	42 027. 1	128 453	47 119
2003	21 691. 00	53 092. 9	14 870. 1	8 181. 3	45 842. 0	129 227	54 506

资料来源:《中国统计年鉴》。

下面使用逐步回归法,设进入模型变量的显著性水平为0.05,剔除变量的显著性水平为0.1。第一步进入的变量是X_5,第二步进入的变量是X_3,第三步没有显著的变量进入,所以最终的回归模型为:

$$Y=519.678-0.812X_3+0.723X_5$$

$$t=\ 1.746 \qquad 34.879 \qquad -13.152$$

$$R^2=0.997 \quad \bar{R}^2=0.996 \quad F=1\,872 \quad P=0$$

该模型代表财政收入Y在很大程度上可以由农业总产值X_3和社会商品零售总额X_5共同决定,并且农业总产值X_3与财政收入Y成负相关,社会商品零售X_5与财政收入Y成正相关。

本章思考与练习

2.1 写出过原点的一元、二元线性回归模型,并分别求出回归系数的最小二乘估计。

2.2 针对多元线性回归模型

$$\boldsymbol{Y}=\boldsymbol{X\beta}+\boldsymbol{\varepsilon}$$

试证明经典线性回归模型参数OLS估计量的性质$E(\hat{\boldsymbol{\beta}})=\boldsymbol{\beta}$和$\mathrm{Cov}(\hat{\boldsymbol{\beta}},\hat{\boldsymbol{\beta}})=\sigma^2(\boldsymbol{X}'\boldsymbol{X})^{-1}$,并说明你在证明时用到了哪些基本假定。

2.3 为了解某国职业妇女是否受到歧视,可以用该国统计局的“当前人口调查”中的截面数据,研究男女工资有没有差别。这项多元回归分析研究所用到的变量有:

W——雇员的工资率(美元/小时)

$$\text{SEX}=\begin{cases}1, & \text{若雇员为妇女}\\ 0, & \text{其他}\end{cases}$$

ED——受教育的年数

AGE——年龄

对124名雇员的样本进行研究得到的回归结果为(括号内为估计的t值):

$$\hat{W}= -6.41 - 2.76\text{SEX} + 0.99\text{ED} + 0.12\text{AGE}$$
$$(-3.38)\quad(-4.61)\quad(8.54)\quad(4.63)$$
$$R^2=0.867\quad F=23.2$$

(1) 求调整后的可决系数$\bar{R}^2$。

(2) AGE的系数估计值的标准差为多少?

(3) 检验该国工作妇女是否受到歧视,为什么?

(4) 求以95%的概率,一个30岁受教育16年的该国女性,平均每小时工作收入的预测区间是多少?

2.4 设一元线性模型为

$$Y_i=\alpha+\beta X_i+\varepsilon_i\quad(i=1,2,\cdots,n)$$

其回归方程为$\hat{Y}=\hat{\alpha}+\hat{\beta}X$。证明残差满足下式:

$$\hat{\varepsilon}_i = Y_i-\bar{Y}-\frac{S_{XY}}{S_{XX}}(X_i-\bar{X})$$

如果把变量X_2、X_3分别对X_1进行一元线性回归,由两者残差定义的X_2,X_3关于X_1的偏相关系数$r_{23.1}$满足:

$$r_{23.1}=\frac{r_{23}-r_{21}r_{31}}{\sqrt{(1-r_{21})(1-r_{31})}}$$

2.5 针对多元线性回归模型(2.2)式,如果真正的协方差阵$\text{Var}(\boldsymbol{\varepsilon})=\sigma^2\boldsymbol{V}$

(1) 证明此时最小二乘估计量$\hat{\boldsymbol{\beta}}=(\boldsymbol{X}'\boldsymbol{X})^{-1}\boldsymbol{X}'\boldsymbol{Y}$仍然是$\boldsymbol{\beta}$的无偏估计量。

(2) 证明$\text{Var}(\hat{\boldsymbol{\beta}})=\sigma^2(\boldsymbol{X}'\boldsymbol{X})^{-1}(\boldsymbol{X}'\boldsymbol{V}\boldsymbol{X})(\boldsymbol{X}'\boldsymbol{X})^{-1}$。

(3) 记$\hat{\sigma}^2=\boldsymbol{Y}'(\boldsymbol{I}_n-\boldsymbol{X}(\boldsymbol{X}'\boldsymbol{X})^{-1}\boldsymbol{X}')\boldsymbol{Y}/(n-p)$,证明

$$E(\hat{\sigma}^2)=\frac{\sigma^2}{(n-p)}\text{tr}[\boldsymbol{V}(\boldsymbol{I}_n-\boldsymbol{X}(\boldsymbol{X}'\boldsymbol{X})^{-1}\boldsymbol{X}')]$$

2.6 模型的拟合优度R^2是如何定义的,这一指标反映了拟合值的什么性质?修正拟合优度$\bar{R}^2$又是如何定义的,它有什么作用?修正拟合优度$\bar{R}^2$有可能会出现负值,为什么?

2.7 考虑下面两个模型:

$$\text{Ⅰ}: Y_i = \beta_1 + \beta_2 X_{2i} + \cdots + \beta_l X_{li} + \cdots + \beta_k X_{ki} + \varepsilon_i$$

$$\text{Ⅱ}: Y_i - X_{li} = \beta_1' + \beta_2' X_{2i} + \cdots + \beta_l' X_{li} + \cdots + \beta_k' X_{ki} + \varepsilon_i$$

（1）证明 $\hat{\beta}_l' - \hat{\beta}_l = 1, \hat{\beta}_j' = \hat{\beta}_j,\quad j = 1, 2, \cdots, l-1, l+1, \cdots, k$。

（2）证明模型Ⅰ和模型Ⅱ的最小二乘残差相等。

（3）研究两个模型的可决系数之间的大小关系。

2.8 设某公司的投资行为可用如下回归模型描述：

$$I_i = \beta_1 + \beta_2 F_{i-1} + \beta_3 K_{i-1} + \varepsilon_i$$

其中，I_i 为当期总投资，F_{i-1} 为已发行股票的上期期末价值，K_{i-1} 为上期资本存量。所得到的有关数据如下：

年份	I_i	F_{i-1}	K_{i-1}
1984	317.6	3 078.5	2.8
1985	391.8	4 661.7	52.6
1986	410.6	5 387.1	156.9
1987	257.7	2 792.2	209.2
1988	330.8	4 313.2	203.4
1989	461.2	4 643.9	207.2
1990	512.0	4 551.2	255.2
1991	448.0	3 244.1	303.7
1992	499.6	4 053.7	264.1
1993	547.5	4 379.3	201.6
1994	561.2	4 840.9	265.0
1995	688.1	4 900.9	402.2
1996	568.9	3 526.5	761.5
1997	529.2	3 254.7	922.4
1998	555.1	3 700.2	1 020.1
1999	642.9	3 755.6	1 099.0
2000	755.9	4 833.0	1 207.7
2001	891.2	4 924.9	1 430.5
2002	1 304.4	6 241.7	1 777.3

（1）对此模型做估计，并做出经济学和计量经济学的说明。

（2）根据此模型所估计的结果，做计量经济学检验。

（3）计算修正的可决系数。

（4）如果 2003 年的 F_{i-1} 和 K_{i-1} 分别为 5 593.6 和 2 226.3，计算 I_i 在 2003 年的预测值，并求出置信度为 95% 的预测区间。

2.9 针对多元线性回归模型

$$\boldsymbol{Y} = \boldsymbol{X\beta} + \boldsymbol{\varepsilon}$$

设 $E(\boldsymbol{\varepsilon})=0$，$\mathrm{Cov}(\boldsymbol{\varepsilon},\boldsymbol{\varepsilon})=\sigma^2\boldsymbol{I}_n$，且 $\boldsymbol{X}$ 是 $n\times p$ 的设计矩阵，其秩为 p。将 $\boldsymbol{X},\boldsymbol{\beta}$ 分块成

$$\boldsymbol{X\beta} = (\boldsymbol{X}_1 \quad \boldsymbol{X}_2)\begin{bmatrix}\boldsymbol{\beta}_1\\ \boldsymbol{\beta}_2\end{bmatrix}$$

(1) 证明 $\boldsymbol{\beta}_2$ 的最小二乘估计量 $\hat{\boldsymbol{\beta}}_2$ 为

$$\hat{\boldsymbol{\beta}}_2 = [\boldsymbol{X}_2'\boldsymbol{X}_2 - \boldsymbol{X}_2'\boldsymbol{X}_1(\boldsymbol{X}_1'\boldsymbol{X}_1)^{-1}\boldsymbol{X}_1'\boldsymbol{X}_2]^{-1}[\boldsymbol{X}_2'\boldsymbol{Y} - \boldsymbol{X}_2'\boldsymbol{X}_1(\boldsymbol{X}_1'\boldsymbol{X}_1)^{-1}\boldsymbol{X}_1'\boldsymbol{Y}]$$

(2) 计算 $\mathrm{Cov}(\hat{\boldsymbol{\beta}}_2,\hat{\boldsymbol{\beta}}_2)$。

第3章 线性回归模型扩展

§3.1 非线性模型基础

3.1.1 非线性模型的基本假定

非线性回归分析是线性回归分析的扩展,也是传统计量经济学的结构模型分析法。由于非线性回归的参数估计涉及非线性优化问题,计算比较困难,推断和预测的可靠性也要差一些,因此传统计量经济学较少研究非线性回归。20世纪七八十年代以来,随着计算机技术的发展,非线性回归的参数估计计算困难得到了克服,统计推断和预测分析技术也有很大发展。这些方面的变化使得非线性回归分析开始受到更多的重视,现在已经成为计量经济研究的热点之一,基本形成了与线性回归分析相对应的、比较完整的回归分析和检验预测分析方法体系。

我们知道,线性回归模型分析的线性经济变量关系只是经济变量关系中的特例,现实中的多数经济变量关系是非线性的。当然非线性变量关系常常可以通过初等数学变换转化为线性回归模型,然后再运用线性回归分析方法进行分析,这部分内容在初级或中级计量经济学中都要介绍。但仍然有不少非线性关系无法进行这种变换。例如,若两个经济变量之间存在关系:

$$Y = \alpha + \beta X^{\gamma} + \varepsilon \tag{3.1}$$

其中,α,β,γ 为未知参数,ε 为随机误差项。那么,因为在解释变量的指数位置有一个未知参数 γ,使得 Y 与 X 之间构成非线性关系,而且该非线性显然无法通过初等数学变换转化为线性模型。

此外,计量经济分析者经常会忽略随机误差项的作用方式问题,但实际上非线性模型的转换不仅涉及趋势性部分,也涉及随机误差部分,因此误差项的作用方式对于非线性模型的转化是非常重要的。有些非线性关系就是因为误差项是可加而不是可乘的,从而导致不能利用对数变换进行转化。例如,若常见的柯布-道格拉斯生产函数中的随机误差项是可加而不是可乘的,即:

$$Y = AK^{\alpha}L^{\beta} + \varepsilon \tag{3.2}$$

式中,A,α,β 为未知参数,ε 为随机误差项,则该模型就不能通过初等数学变换转化为线性模型。

上述两种情况具有相当普遍的意义，许多非线性变量关系都是因为函数形式比较复杂，未知参数数量较多且位置不理想，或者随机误差因素的作用方式不利，在非线性变量关系上有加性的随机扰动项，从而无法构造通过初等数学变换可以转化为线性模型的非线性模型。对于这些无法通过初等数学变换转化为线性回归模型的非线性经济变量关系，必须直接用非线性变量关系进行分析。

更进一步说，即使非线性变量关系可以通过初等数学变换转化为线性模型，也可能造成模型随机误差项性质的改变，如同方差性质不再成立等。对于这种情况，常常也是直接作为非线性模型进行分析比较有利。

虽然非线性模型在函数形式和参数位置等方面与线性模型有明显差异，但它们在代表经济现象和数据背后的内在规律性这一点上并没有很大的差别，因此非线性模型计量经济分析的基本思路与线性模型是相似的，仍然可以以回归分析为基础理论。也就是说，仍然是在认定生成经济数据的客观规律存在、经济现象是这些规律表现形式的基础上，根据经济数据推断生成它们的客观经济规律。具体来说，就是确定非线性模型的函数形式和估计模型中未知参数的数值。因此，非线性计量经济分析也称为“非线性回归分析”，这是本章重点介绍的内容之一。

建立非线性计量经济模型的方法与建立线性模型是相似的，通常也是根据经济理论、实际经济问题，以及相关的数据图形等建立初步模型，然后通过对模型的分析、检验、判断和比较，选择、确定和完善模型。

非线性模型也可以由线性回归分析引申出来，因为进行线性回归分析时，如果通过分析和检验发现存在把非线性关系误作线性关系的问题，就需要考虑把线性模型改为非线性模型，因此线性回归分析本身也是非线性模型的一个重要来源。

单方程非线性计量经济模型的一般形式可以用下列随机函数表示，即：

$$\boldsymbol{Y}=f(\boldsymbol{X}_1,\cdots,\boldsymbol{X}_k;\beta_1,\cdots,\beta_p)+\boldsymbol{\varepsilon} \tag{3.3}$$

式中，$\boldsymbol{X}_1,\cdots,\boldsymbol{X}_k$ 是模型的 k 个解释变量，$\beta_1,\cdots,\beta_p$ 是 p 个未知参数；函数 f 是一个非线性函数，通常 p 大于 k；$\boldsymbol{\varepsilon}$ 是模型的随机误差项。(3.3)式用矩阵表示为

$$\boldsymbol{Y}=f(\boldsymbol{X},\boldsymbol{\beta})+\boldsymbol{\varepsilon} \tag{3.4}$$

(3.3)式和(3.4)式表明，非线性模型同样也是由确定性变量关系表示的趋势性部分和随机误差项两个部分组成的。

与线性模型相似，为了保证非线性回归分析的价值及分析工作的顺利进行等，也需要对非线性回归模型作一些基本假设。非线性模型关于模型函数形式和参数的假设与线性模型相似，第一条假设是模型具有上述非线性的函数形式，

关于随机误差项的假设也满足 $E(\boldsymbol{\varepsilon})=\mathbf{0}$, $\mathrm{Var}(\boldsymbol{\varepsilon})=\sigma^2\boldsymbol{I}_n$,而且也可以要求服从正态分布,即 $\boldsymbol{\varepsilon}\sim N(\mathbf{0},\sigma^2\boldsymbol{I}_n)$。

3.1.2 非线性模型的参数估计

参数估计也是非线性回归分析的核心步骤。非线性回归分析参数估计的方法也有多种,基本方法同样是最小二乘参数估计和最大似然估计。当非线性模型的随机误差项 $\boldsymbol{\varepsilon}\sim N(\mathbf{0},\sigma^2\boldsymbol{I}_n)$ 时,除了误差方差的估计以外,非线性回归的最大似然估计与最小二乘估计也是相同的。因此,我们主要介绍非线性回归参数的最小二乘估计,也称"非线性最小二乘估计"。

如果把非线性最小二乘估计量记为 $\hat{\boldsymbol{\beta}}=(\hat{\beta}_1,\cdots,\hat{\beta}_p)'$,那么非线性最小二乘估计就是求符合如下残差平方和

$$S(\boldsymbol{\beta})=[\boldsymbol{Y}-f(\boldsymbol{X},\boldsymbol{\beta})]'[\boldsymbol{Y}-f(\boldsymbol{X},\boldsymbol{\beta})] \tag{3.5}$$

达到极小的 $\boldsymbol{\beta}$ 值,即为 $\hat{\boldsymbol{\beta}}=(\hat{\beta}_1,\cdots,\hat{\beta}_p)'$。为了方便起见,我们在下面的讨论中将把上述最优化问题的目标函数 $S(\boldsymbol{\beta})$ 称为"最小二乘函数"。

当模型只有一个待估计参数时,最小二乘函数是模型唯一参数的一元函数;当待估计参数有多个时,则是参数向量 $\boldsymbol{\beta}$ 的向量函数。

该最小化问题在形式上与线性回归分析的最小化问题是相似的,关键不同是其中的回归函数 f 是参数的非线性函数而不是线性函数,因此类似于线性回归参数估计的正规方程组不再是线性方程组,一般无法通过解析的方法求解,必须采用某种搜索或迭代运算的非线性优化方法获得参数估计值。

实际上,非线性最小二乘估计引出了非线性优化的需要。其实最大似然估计量的计算等也需要用到非线性优化分析,因此,我们有必要介绍几种基本的非线性优化数值方法。

一、格点搜索法

比直接搜索法效率更高,适用于参数的取值范围是连续区间(区域)的一种搜索方法是"格点搜索法"。格点搜索法不是简单地把所有可能的参数水平组合都代入最小二乘函数 $S(\boldsymbol{\beta})$ 中,来计算函数值,而是根据某种规则选择部分参数水平(或组合)代入最小二乘函数进行试算。

以只有一个参数 β 的非线性回归为例。为了找出使最小二乘函数 S 取最小值的参数水平 $\hat{\beta}$,我们可以运用下列方法进行搜索:首先,把参数 β 的可能取值区间 $[a,b]$ 分为 10 等分,它们的端点分别为 $a, a+0.1(b-a), a+0.2(b-a), \cdots, a+0.9(b-a), b$,把这些端点坐标分别代入最小二乘函数算出函数值,找出上述所有端点坐标中使 S 取得最小值的一个,设为 $\frac{a+i(b-a)}{10}$。然后,把区间

$\left[\frac{a+(i-1)(b-a)}{10},\frac{a+(i+1)(b-a)}{10}\right]$分为10等分，再把这些端点坐标分别代入最小二乘函数S计算出相应的函数值，找出其中使S取得最小值的一个。上述过程可以反复进行，直到参数取值的范围不断缩小，满足我们的精度要求或要求的收敛标准，最后得到的具有最小二乘函数值的参数水平，就是所要求的参数估计值。

根据上述思路不难发现，当非线性模型的最小二乘函数在所考虑的参数估计值范围$[a,b]$内，是参数β的严格凸函数时，上述搜索方法是有效的，会很快收敛，找到基本符合最小二乘要求的参数估计值。而且每步计算的函数值只有10个左右。如果通过三五次反复细分格点就能得到收敛结果（这在大多数情况下都能成立），那么最多只需要计算几十个函数值，计算工作量不算很大。当然，如果最小二乘函数的情况比较复杂，不是严格凸函数，则上述搜索方法的有效性不一定有保证。因为此时往往没有唯一的极点和最优点，不能保证搜索一定会收敛，或一定会收敛到整体最小值。

上述方法很容易推广到两个或更多参数的情况。以两个参数(β_1,β_2)的情况为例，格点搜索法如下：先把β_1和β_2两个参数的取值范围都做10等分，这样我们就得到了如图3.1所示的许多格点。把这些格点坐标参数水平代入最小二乘函数，计算出相应的函数值，找出其中取得最小函数值的一组参数水平，假设为图3.1中的(β_1^1,β_2^1)点。可再把围绕(β_1^1,β_2^1)的周围4个小格构成的区域两边各作10等分，形成更小的格点，再把这些格点的坐标代入最小二乘函数计算函数值，再找出上述格点坐标中使最小二乘函数取最小值的点(β_1^2,β_2^2)。上述步骤可以反复进行，直至达到需要的精度或收敛标准，最后得到的最小二乘函数最小

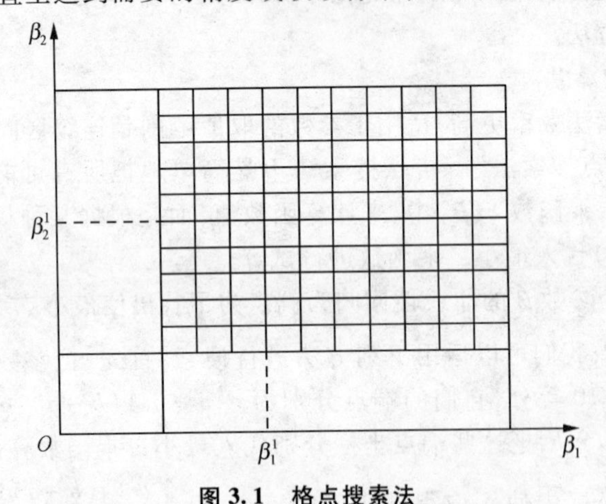

图3.1　格点搜索法

值的格点坐标就是要找的参数估计值。

一般来说,格点搜索法也主要适用于参数个数较少和最小二乘函数是严格凸函数的情况。当参数个数更多时,需要搜索的格点数量会增加得很快。对于有多个极值点的比较复杂的最小二乘函数,格点搜索法更不一定能顺利找到最小二乘函数的解。

格点搜索法是比较原始和低效率的,即使现代计算机的高速运算能力已经克服了大量运算导致的工作量困难,这些方法也仍然很少使用。这些搜索法更大的意义在于给发展其他更有效率的方法提供启示。事实上,比较常用的非线性回归参数估计方法,都是通过有效的规则不断逼近真实值的迭代算法,本质上都是通过试探搜索求参数估计值的,区别在于搜索方法是通过科学的分析找出的,其方法更有效率。

二、最陡爬坡法

最陡爬坡法是常用的非线性最优化数值方法之一。最陡爬坡法的基本思路是:从一个初始参数值出发,在一个给定半径的圆周上找目标函数最大(或最小)的一组参数值,然后再以该组参数值为出发点重复上述搜索过程,直至收敛。

设需要估计的仍然是最小二乘函数 $S(\boldsymbol{\beta})$ 中的参数向量 $\boldsymbol{\beta}$,那么最陡爬坡法就是先以某种规则、方法,或者任意设定参数向量的一个初始估计 $\boldsymbol{\beta}^{(0)}$,然后根据某种规则给定一个搜索半径,找出在这个搜索半径上对 $\boldsymbol{\beta}^{(0)}$ 的一个最优改进作为 $\boldsymbol{\beta}^{(1)}$。这意味着在满足 $\boldsymbol{\beta}^{(0)}$ 与 $\boldsymbol{\beta}^{(1)}$ 之间距离固定的约束条件下,求使 $S(\boldsymbol{\beta})$ 取最小值的 $\boldsymbol{\beta}^{(1)}$。表示为在条件

$$\|\boldsymbol{\beta}^{(1)}-\boldsymbol{\beta}^{(0)}\|^2=(\boldsymbol{\beta}^{(1)}-\boldsymbol{\beta}^{(0)})'(\boldsymbol{\beta}^{(1)}-\boldsymbol{\beta}^{(0)})=k \tag{3.6}$$

下,使得

$$\min_{\boldsymbol{\beta}^{(1)}} S(\boldsymbol{\beta})=S(\boldsymbol{\beta}^{(1)}) \tag{3.7}$$

其中,k 为常数。

求这个约束最小值问题的解需要构造拉格朗日函数,即

$$J(\boldsymbol{\beta}^{(1)}) = S(\boldsymbol{\beta}^{(1)}) + \boldsymbol{\lambda}[k-(\boldsymbol{\beta}^{(1)}-\boldsymbol{\beta}^{(0)})'(\boldsymbol{\beta}^{(1)}-\boldsymbol{\beta}^{(0)})] \tag{3.8}$$

式中,$\boldsymbol{\lambda}$ 代表拉格朗日乘子。将拉格朗日函数对 $\boldsymbol{\beta}^{(1)}$ 求偏导数,并令其为 0,得到

$$\left.\frac{\partial S(\boldsymbol{\beta})}{\partial \boldsymbol{\beta}}\right|_{\boldsymbol{\beta}=\boldsymbol{\beta}^{(1)}}-(2\boldsymbol{\lambda})(\boldsymbol{\beta}^{(1)}-\boldsymbol{\beta}^{(0)})=0 \tag{3.9}$$

用 $\boldsymbol{g}(\boldsymbol{\beta})$ 表示 $S(\boldsymbol{\beta})$ 的梯度向量,则由(3.9)式得到

$$\boldsymbol{\beta}^{(1)}-\boldsymbol{\beta}^{(0)}=\frac{1}{2\boldsymbol{\lambda}}\boldsymbol{g}(\boldsymbol{\beta}^{(1)})$$

即

$$\boldsymbol{\beta}^{(1)} = \boldsymbol{\beta}^{(0)} + \frac{1}{2\lambda}\boldsymbol{g}(\boldsymbol{\beta}^{(1)}) \tag{3.10}$$

这意味着 $\boldsymbol{\beta}^{(1)}$ 就是从 $\boldsymbol{\beta}^{(0)}$ 出发，向梯度 $\boldsymbol{g}(\boldsymbol{\beta}^{(1)})$ 的方向移动 $\frac{1}{2\lambda}$ 的步长。

上述方法的问题是因为 $\boldsymbol{\beta}^{(1)}$ 是未知的，因此 $\boldsymbol{g}(\boldsymbol{\beta}^{(1)})$ 无法得到。但是，如果我们每次只是想移动一小步（取很小的 k），那么 $\boldsymbol{g}(\boldsymbol{\beta}^{(0)})$ 可以很好地近似于 $\boldsymbol{g}(\boldsymbol{\beta}^{(1)})$ 的值。

上述过程显然可以反复进行。也就是说，可以把得到的 $\boldsymbol{\beta}^{(1)}$ 作为新的 $\boldsymbol{\beta}^{(0)}$，或新的出发点，再在一个给定半径的圆周上重新进行最优改进搜索，找出目标函数最小的一组参数值 $\boldsymbol{\beta}^{(2)}$，如此反复直到收敛。

收敛性一般有三个判断方法：对于给定的收敛标准：(1) 梯度向量 $\boldsymbol{g}(\boldsymbol{\beta}^{(m)})$ 离零向量充分近；(2) $\boldsymbol{\beta}^{(m+1)}$ 与 $\boldsymbol{\beta}^{(m)}$ 之间的距离充分小；(3) $S(\boldsymbol{\beta}^{(m+1)})$ 与 $S(\boldsymbol{\beta}^{(m)})$ 之间的差距充分小。当然对于给定步长的搜索，第(2)条不能应用。

一般来说，当函数有唯一的局部极值的时候，从任意初始值出发都会收敛，但当有多个局部极值时则有可能不会收敛到整体最大值。因此，在运用这种迭代算法时必须要小心。

三、高斯-牛顿法

该方法是常用的非线性最优化迭代算法之一，其基本思路是：非线性最小二乘估计的问题在于最小二乘函数 $S(\boldsymbol{\beta})$ 中的 f，也就是回归模型(3.4)式

$$\boldsymbol{Y} = f(\boldsymbol{X},\boldsymbol{\beta}) + \boldsymbol{\varepsilon}$$

的趋势部分不是参数向量 $\boldsymbol{\beta}$ 的线性函数，因此最优化问题

$$\min_{\hat{\beta}_1,\cdots,\hat{\beta}_p} S(\boldsymbol{\beta}) = [\boldsymbol{Y} - f(\boldsymbol{X},\hat{\boldsymbol{\beta}})]'[\boldsymbol{Y} - f(\boldsymbol{X},\hat{\boldsymbol{\beta}})] \tag{3.11}$$

的求解存在计算上的困难。当 f 是连续可微时，可以在某组参数初始值处作一阶泰勒级数展开，得到 f 的线性近似，把这个线性近似函数代入最小二乘函数得到参数的二次函数，克服参数估计计算的困难。但一阶泰勒级数展开得到的近似函数与原函数是有差异的，用上述级数展开近似的方法得到的参数估计也有偏差，偏差程度与泰勒级数展开的初始值与参数真实值的偏差相关。提高参数估计准确程度的途径是改进泰勒级数展开的初始值，方法是把已经得到的参数估计作为新的参数初始值，重新进行泰勒级数展开和参数估计。这种方法可以反复运用，直到得到比较理想的参数估计值。这种计算非线性回归参数估计的迭代算法称为“高斯-牛顿法”。

在非线性回归分析中，高斯-牛顿法实质上就是非线性模型本身的反复线性化和线性回归，适用对象是不能通过初等数学变换转化为线性模型，但具有连续可微函数性质，可以利用一阶泰勒级数展开强制转换成线性模型的非线性模型。

对于非线性回归模型

$$Y = f(X, \boldsymbol{\beta}) + \boldsymbol{\varepsilon}$$

高斯-牛顿法参数估计的具体方法如下：先取一组参数初始值（初始值选择方法后面讨论）$\hat{\boldsymbol{\beta}}_0 = (\hat{\beta}_{10}, \cdots, \hat{\beta}_{p0})'$，然后把上述非线性函数在 $\hat{\boldsymbol{\beta}}_0$ 处对参数 $\boldsymbol{\beta} = (\beta_1, \cdots, \beta_p)'$ 做泰勒级数展开，并只取其中的线性项而忽略高次项，得到

$$Y = f(X, \hat{\boldsymbol{\beta}}_0) + \left.\frac{\partial f}{\partial \beta_1}\right|_{\boldsymbol{\beta} = \hat{\boldsymbol{\beta}}_0} (\beta_1 - \hat{\beta}_{10}) + \cdots + \left.\frac{\partial f}{\partial \beta_p}\right|_{\boldsymbol{\beta} = \hat{\boldsymbol{\beta}}_0} (\beta_p - \hat{\beta}_{p0}) + \boldsymbol{\varepsilon}^* \tag{3.12}$$

式中误差项 $\boldsymbol{\varepsilon}^*$ 为原模型误差项 $\boldsymbol{\varepsilon}$ 与泰勒级数展开的高阶项之和。整理上述展开式得到

$$Y - f(X, \hat{\boldsymbol{\beta}}_0) + \sum_{i=1}^{p} \left.\frac{\partial f}{\partial \beta_i}\right|_{\boldsymbol{\beta} = \hat{\boldsymbol{\beta}}_0} \cdot \hat{\beta}_{i0} = \sum_{i=1}^{p} \left.\frac{\partial f}{\partial \beta_i}\right|_{\boldsymbol{\beta} = \hat{\boldsymbol{\beta}}_0} \cdot \beta_i + \boldsymbol{\varepsilon}^* \tag{3.13}$$

若令

$$M = Y - f(X, \hat{\boldsymbol{\beta}}_0) + \sum_{i=1}^{p} \left.\frac{\partial f}{\partial \beta_i}\right|_{\boldsymbol{\beta} = \hat{\boldsymbol{\beta}}_0} \cdot \hat{\beta}_{i0} \tag{3.14}$$

$$Z_i = \sum_{i=1}^{P} \left.\frac{\partial f}{\partial \beta_i}\right|_{\boldsymbol{\beta} = \hat{\boldsymbol{\beta}}_0} \tag{3.15}$$

将(3.14)式和(3.15)式代入(3.13)式，模型变为

$$M = \beta_1 Z_1 + \beta_2 Z_2 + \cdots + \beta_p Z_p + \boldsymbol{\varepsilon}^* \tag{3.16}$$

显然这是一个 M 对 $Z_1, \cdots, Z_p$ 的线性回归模型，可以用线性回归的最小二乘法估计其中参数 $\beta_1, \cdots, \beta_p$ 的估计值，我们记为 $\hat{\beta}_{11}, \cdots, \hat{\beta}_{p1}$。

把参数估计值 $\hat{\beta}_{11}, \cdots, \hat{\beta}_{p1}$ 作为新的初始值再次进行泰勒级数展开，进行同样的变换和线性回归，得到一组新的参数估计值 $\hat{\beta}_{12}, \cdots, \hat{\beta}_{p2}$。由于通常 $\hat{\beta}_{11}, \cdots, \hat{\beta}_{p1}$ 作为参数初始值比带有较大盲目性的原参数初始值与真实性的近似程度要好，因此新参数估计值 $\hat{\beta}_{12}, \cdots, \hat{\beta}_{p2}$ 一般会是一组更好的估计，也就是说参数估计的精度得到了提高。

反复运用上述方法进行线性化近似和线性回归，直到参数估计值收敛或满足我们要求的精度，或者不严格地说是直到参数估计值不再有大的变化。我们把最后得到的 $\hat{\boldsymbol{\beta}}_j = (\hat{\beta}_{1j}, \cdots, \hat{\beta}_{pj})'$ 作为原非线性模型的参数估计。

四、牛顿-拉夫森法

这种方法可以看做高斯-牛顿法改进方法的非线性回归迭代算法，称为牛顿-拉夫森法（Newton-Raphson Method）。牛顿-拉夫森法的基本思想也是利用泰勒级数展开近似，通过迭代运算寻找最小二乘函数最优解。不过牛顿-拉夫森法不

是对模型非线性函数 f 本身做线性近似，而是直接对最小二乘函数最优化的一阶条件做一阶泰勒级数展开近似。

首先对单参数情形进行讨论，单参数回归模型为

$$\boldsymbol{Y} = f(\boldsymbol{X},\beta) + \boldsymbol{\varepsilon} \tag{3.17}$$

问题是如何找 β 的值，使得

$$S(\beta) = [\boldsymbol{Y} - f(\boldsymbol{X},\beta)]'[\boldsymbol{Y} - f(\boldsymbol{X},\beta)] \tag{3.18}$$

达到最小。在讨论高斯-牛顿法时，是从 $f(\boldsymbol{X},\beta)$ 在初始值 $\hat{\beta}_0$ 处的一阶泰勒级数逼近替代 $f(\boldsymbol{X},\beta)$ 开始的。在牛顿-拉夫森法中，以 $S(\beta)$ 在初始值 $\hat{\beta}_0$ 处的二阶泰勒级数逼近替代 $S(\beta)$ 开始，即

$$S(\beta) \approx S(\hat{\beta}_0) + \left.\frac{\mathrm{d}S}{\mathrm{d}\beta}\right|_{\beta=\hat{\beta}_0} \cdot (\beta - \hat{\beta}_0) + \frac{1}{2}\left.\frac{\mathrm{d}^2 S}{\mathrm{d}\beta^2}\right|_{\beta=\hat{\beta}_0} \cdot (\beta - \hat{\beta}_0)^2 \tag{3.19}$$

令

$$h(\hat{\beta}_0) = \left.\frac{\mathrm{d}^2 S}{\mathrm{d}\beta^2}\right|_{\beta=\hat{\beta}_0}$$

并对(3.19)式，关于 β 求导，得到

$$\frac{\mathrm{d}S}{\mathrm{d}\beta} \approx \left.\frac{\mathrm{d}S}{\mathrm{d}\beta}\right|_{\beta=\hat{\beta}_0} + h(\hat{\beta}_0) \cdot (\beta - \hat{\beta}_0) \tag{3.20}$$

令这个导数为0，并解出 β，得到 β 的第一个值，记为 $\hat{\beta}_1$，即

$$\hat{\beta}_1 = \hat{\beta}_0 - h^{-1}(\hat{\beta}_0) \cdot \left.\frac{\mathrm{d}S}{\mathrm{d}\beta}\right|_{\beta=\hat{\beta}_0} \tag{3.21}$$

这里我们应该注意，如果 $S(\beta)$ 是二次的，那么 $\hat{\beta}_1$ 确实是最小平方估计值。在通常的非线性情形中，$S(\beta)$ 不是二次函数，这样 $\hat{\beta}_1$ 也就不是最小值，因为(3.21)式表示的仅仅是一个近似值。继续上述的程序，β 的第 n 个值可以表示为

$$\hat{\beta}_n = \hat{\beta}_{n-1} - h^{-1}(\hat{\beta}_{n-1}) \cdot \left.\frac{\mathrm{d}S}{\mathrm{d}\beta}\right|_{\beta=\hat{\beta}_{n-1}} \tag{3.22}$$

如果此过程在 $\hat{\beta}_n = \hat{\beta}_{n-1}$ 的意义上收敛，那么 $\mathrm{d}S/\mathrm{d}\beta|_{\beta=\hat{\beta}_{n-1}} = 0$ 一定为真，这是取极小值(或极大值)的必要条件。然而，在实际中，我们不知道(3.22)式是否收敛到极小值，即使得到了极小值，也不知道所求得的极小值是局部还是总体的。

实际上，如果二阶导数 $h(\hat{\beta}_0)$ 等于零，则此算法将使 $\hat{\beta}_0$ 点向极小值的方向逼近，为了避免在迭代的过程中跃过极小值，可以引进一个可变系数 t_{n-1} 来调整步长，这样对(3.22)式进行修正，得到

$$\hat{\beta}_n = \hat{\beta}_{n-1} - t_{n-1}h^{-1}(\hat{\beta}_{n-1}) \cdot \frac{dS}{d\beta}\bigg|_{\beta=\hat{\beta}_{n-1}} \tag{3.23}$$

在每一次迭代中,可以求得 t_{n-1} 使 $S(\beta_n) < S(\beta_{n-1})$。为了明确极小值是局部还是总体的,必须试用大量不同的初始值。

多参数非线性模型最小二乘估计方法是相同的。设多参数非线性模型的参数向量为 $\boldsymbol{\beta} = (\beta_1, \cdots, \beta_P)'$,参数估计向量为 $\hat{\boldsymbol{\beta}} = (\hat{\beta}_1, \cdots, \hat{\beta}_p)'$,那么非线性最小二乘估计的残差平方和为

$$S(\boldsymbol{\beta}) = [\boldsymbol{Y} - f(\boldsymbol{X}, \boldsymbol{\beta})]'[\boldsymbol{Y} - f(\boldsymbol{X}, \boldsymbol{\beta})]$$

以 $S(\boldsymbol{\beta})$ 在初始值 $\hat{\beta}_0$ 处的二阶泰勒级数逼近替代 $S(\boldsymbol{\beta})$ 展开,即

$$S(\boldsymbol{\beta}) \approx S(\hat{\boldsymbol{\beta}}_0) + \frac{\partial S}{\partial \boldsymbol{\beta}}\bigg|_{\beta=\hat{\beta}_0} \cdot (\boldsymbol{\beta} - \hat{\boldsymbol{\beta}}_0) + \frac{1}{2}\left[(\boldsymbol{\beta} - \hat{\boldsymbol{\beta}}_0)' \frac{\partial f}{\partial \boldsymbol{\beta}}\right]^2 S(\boldsymbol{\beta}) \mid_{\beta=\hat{\beta}_0} \tag{3.24}$$

其中

$$(\boldsymbol{\beta} - \hat{\boldsymbol{\beta}}_0) = ((\beta_1 - \hat{\beta}_{10}), \cdots, (\beta_p - \hat{\beta}_{p0}))'$$

$$\frac{\partial f}{\partial \boldsymbol{\beta}} = \left(\frac{\partial f}{\partial \beta_1}, \cdots, \frac{\partial f}{\partial \beta_p}\right)'$$

最小二乘函数 $S(\boldsymbol{\beta})$ 的梯度向量为

$$\frac{\partial S}{\partial \boldsymbol{\beta}}\bigg|_{\beta=\hat{\beta}_0} = \left(\frac{\partial S}{\partial \beta_1}, \cdots, \frac{\partial S}{\partial \beta_p}\right)'\bigg|_{\beta=\beta_0}$$

对(3.24)式,关于 $\boldsymbol{\beta}$ 求导,得到

$$\frac{\partial S}{\partial \boldsymbol{\beta}} \approx \frac{\partial S}{\partial \boldsymbol{\beta}}\bigg|_{\beta=\hat{\beta}_0} + \boldsymbol{h}(\hat{\boldsymbol{\beta}}_0) \cdot (\boldsymbol{\beta} - \hat{\boldsymbol{\beta}}_0) \tag{3.25}$$

其中 $\boldsymbol{h}(\boldsymbol{\beta}_0)$ 是 $S(\boldsymbol{\beta})$ 在 $\hat{\beta}_0$ 处的二阶导数矩阵,为海塞(Hessian)矩阵,即

$$\boldsymbol{h}(\boldsymbol{\beta}_0) = \frac{\partial^2 S}{\partial \boldsymbol{\beta} \partial \boldsymbol{\beta}'}\bigg|_{\beta=\hat{\beta}_0} = \begin{bmatrix} \frac{\partial^2 S}{\partial \beta_1^2} & \cdots & \frac{\partial^2 S}{\partial \beta_1 \partial \beta_p} \\ \vdots & & \vdots \\ \frac{\partial^2 S}{\partial \beta_p \partial \beta_1} & \cdots & \frac{\partial^2 S}{\partial \beta_p^2} \end{bmatrix}\Bigg|_{\beta=\hat{\beta}_0}$$

令(3.25)式为0,并解出 $\boldsymbol{\beta}$,得到 $\boldsymbol{\beta}$ 的第一个值,记为 $\hat{\boldsymbol{\beta}}_1$,即

$$\hat{\boldsymbol{\beta}}_1 = \hat{\boldsymbol{\beta}}_0 - \boldsymbol{h}^{-1}(\hat{\boldsymbol{\beta}}_0) \cdot \frac{dS}{d\boldsymbol{\beta}}\bigg|_{\beta=\hat{\beta}_0} \tag{3.26}$$

继续上述的程序,$\boldsymbol{\beta}$ 的第 n 个值可以表示为

$$\hat{\boldsymbol{\beta}}_n = \hat{\boldsymbol{\beta}}_{n-1} - \boldsymbol{h}^{-1}(\hat{\boldsymbol{\beta}}_{n-1}) \cdot \frac{dS}{d\boldsymbol{\beta}}\bigg|_{\beta=\hat{\beta}_{n-1}} \tag{3.27}$$

可以发现，牛顿-拉夫森法的迭代运算，相当于在前一个参数估计向量的基础上，按单位移动幅度（通常称为“步长”）搜索更好的参数估计值，因此牛顿-拉夫森法也是一种搜索法。牛顿-拉夫森法的优点是搜索方向和步长的确定比较科学，因此找到满足精度要求最优水平的搜索次数一般要小一些。

牛顿-拉夫森法的缺点是迭代运算中需要反复计算梯度向量，特别是海塞矩阵的逆矩阵，因此计算工作量很大。事实上，人们在实际应用中常常并不按照牛顿-拉夫森法进行搜索，而是根据一些简单法则确定搜索的步长，如“双向线性搜索法”就是其中常用的方法之一。

3.1.3 迭代算法的初值和收敛性

上面我们所介绍的泰勒级数展开近似或其他迭代运算，都涉及初始值的选择和迭代收敛性的问题。用迭代方法进行参数估计时，这两个问题也显得尤为重要。

一、初始值问题

理论上在目标函数的性质（凹凸性和连续可微）比较有利时，不管初始值如何选择，非线性优化的迭代运算最终都会收敛到唯一的最优解。例如，最小二乘函数具备整体严格凸函数的性质，则不管以哪一组初始值出发迭代都会收敛到这个唯一的最优水平。实际上，最小二乘函数并不一定都能满足整体唯一最优解的条件。在这种情况下，从不同的初始值出发并不能保证都会收敛到同样的结果。

因此，在利用迭代算法进行非线性回归参数估计时，初始值的选择是一个值得重视的问题，如果我们想要得到较好的结果和提高工作效率，必须认真对待参数估计值的选择。但参数初始值的选择并没有一般法则。尽量接近参数真实值或最终估计值，最好是参数真实值的一致估计，是正确的初始值选择原则。但该原则的实用价值不大，因为参数真实值不可能知道，而一致估计量正是我们要求出的最小二乘估计量。在实践中，人们常常运用的是如下的经验方法：

（1）利用参数的经济意义。一般经济回归模型的参数都有比较明确的经济意义，它们通常的取值范围可以作为选择参数初始值的参考。例如，柯布-道格拉斯生产函数模型 $Q=\beta_1 K^{\beta_2} L^{\beta_3}+\varepsilon$ 中 β_2、β_3 的取值，就可以根据它们分别是资本和劳动的产出弹性的意义，利用现实经济中这两个弹性所处的水平基本情况来确定并设置初始值。

（2）模型函数在特定点的性质。非线性模型的函数及其导函数在原点或者其他特定点的形态和水平，常常也能帮助选择参数初始值。例如，对函数 $Y=g(X,\beta)=\beta_1+\beta_2 e^{-\beta_3(X-10)}$，$X=10$ 时 $Y=\beta_1+\beta_2$，当 $x\to\infty$ 时函数有渐近线

$Y=\beta_1$（设 $\beta_3>0$）。可以根据这些特定函数值或函数性质所隐含的模型参数取值范围或数值等，确定非线性回归迭代运算的参数初始值。

（3）降维法。所谓降维法，就是根据某些先验的信息和经验，先令模型中的某个参数取特定数值，从而得到可以进行线性回归的线性模型，然后把对其进行线性回归得到的其他参数估计值，加上前述某参数的特定值，一起作为非线性回归的初始值。例如，对消费函数：

$$\boldsymbol{C} = \alpha + \beta \boldsymbol{Y}^{\gamma} + \boldsymbol{\varepsilon}$$

式中，$\boldsymbol{Y}$ 是总收入，$\boldsymbol{C}$ 是消费，α,β,γ 是该模型的三个参数，β 相当于“边际消费倾向”，γ 则可理解为“消费的收入弹性”。当参数 $\gamma=1$ 时，上述非线性模型就退化为一个线性模型：

$$\boldsymbol{C} = \alpha + \beta \boldsymbol{Y} + \boldsymbol{\varepsilon}$$

对这个线性模型进行回归，得到 α,β 的参数估计值 $\hat{\alpha}$ 和 $\hat{\beta}$，然后把 $\alpha_0=\hat{\alpha},\beta_0=\hat{\beta}$，$\gamma_0=1$ 作为原非线性模型参数估计迭代运算的一组初始值。这种方法称为“降维法”，因为令原模型的一个参数 $\gamma=1$ 使得模型的未知参数数量减少了一个。

这里我们需要说明的是，由于初始值选择不当可能会导致迭代运算收敛的困难，而且在最小二乘函数非整体凹函数时可能会收敛于局部而非整体最优解，并且理论上也没有选择好的参数初始值和避免上述问题的一般方法，因此从几组不同的初始值出发，重复进行迭代运算进行相互印证和验算，可能是避免失误的重要方法。如果从某组参数初始值出发无法得到收敛的结果，或者从不同的初始值出发得到的收敛值不同，那么一方面可能是我们选择的算法有问题，不适合所分析的模型，此时可考虑改用其他方法估计参数；另一方面则可能是模型本身存在问题，即模型不符合数据的情况，此时就必须改用其他模型。

二、迭代算法的收敛性

非线性优化迭代运算的收敛性也是值得分析的问题，这里我们作简单介绍。理论上，非线性优化的迭代运算应该在梯度向量等于零，也就是满足最优化的一阶条件处终止。但实际上这通常做不到，因为函数和导数的计算都有累积的舍入误差，而且理论上要实现真正的最优往往需要多次，甚至无穷次反复迭代。因此，迭代算法一般以某种收敛标准作为终止迭代的信号，而不是真正满足一阶条件。

判断收敛和终止迭代并没有一致接受的共同标准。常用的标准主要有：第一，目标函数（最小二乘函数）的改进已小于给定的小正数，即 $|S(\boldsymbol{\beta}^{i+1})-S(\boldsymbol{\beta}^{i})|\leqslant\varepsilon$，$\varepsilon$ 即任意小正数；第二，参数值的变化小于给定的小正数。当模型只有一个参数时，即 $\|\boldsymbol{\beta}^{i+1}-\boldsymbol{\beta}^{i}\|\leqslant\varepsilon$；第三，梯度向量的模小于给定的小正数，即 $\|\boldsymbol{g}(\boldsymbol{\beta}^{i+1})\|\leqslant\varepsilon$。这些标准都有合理性，也可替代使用。但问题是，这些不同标

准相互之间没有明显的优劣关系，在不同情况下的使用情况也不同。一般来说，同时用这几个标准加以判断是比较有利的。

高斯-牛顿法、牛顿-拉夫森法和其他各种非线性回归参数估计方法，都包含迭代搜索过程。这些迭代搜索法并没有严格的优劣关系，有些方法可能收敛要好一些，收敛速度较快，但另一些方法则计算量较小。有时候一种算法不收敛，而另一种算法却能轻易找出最优解，甚至在理论上相当不严密的方法有时候也可能相当有效，而且我们往往无法知道一种方法之所以有效的实际原因，也很难事先知道对于某个具体问题究竟哪种方法最有效。因此在大多数情况下，尝试不同的迭代搜索方法通常是有价值的。

3.1.4 非线性回归评价和假设检验

非线性回归在得到参数估计值和回归方程以后，也必须对回归结果和模型假设的正确性进行评价和判断。评判非线性回归的基本思路也包括回归拟合度评价，以及模型总体和参数显著性检验等。非线性模型参数的显著性检验常常隐含模型非线性性的检验。由于即使非线性回归模型的误差项有好的性质，参数估计量也不具备 BLUE 估计等理想性质，因此对非线性回归的评价和检验，除了不涉及参数估计量分布性质的决定系数以外，一般要麻烦一些，而且可靠性较差。

一、决定系数

由于反映线性回归模型的决定系数

$$R^2 = 1 - \frac{\sum e_i^2}{\sum Y_i^2} \tag{3.28}$$

和调整的决定系数

$$\bar{R}^2 = 1 - \frac{N-1}{N-p}(1 - R^2) \tag{3.29}$$

其中 p 为参数个数（这里不涉及参数估计量的分布性质，也不需要做以这些分布性质为基础的假设检验），因此非线性导致的问题并不影响该统计量在评价回归方程拟合度方面的作用，仍然是评价非线性模型合理程度的基本指标，或者说是最重要的基本指标之一。它们在非线性回归分析中的使用方法仍然是与在线性回归分析中相同的。

二、t 检验和总体显著性 F 检验

一般在线性回归分析中检验参数显著性的标准的 t 检验方法，以及用于评价线性回归总体显著性的 F 统计量，在非线性回归中都会遇到困难。因为我们无法利用回归残差得到误差项方差 σ^2 的无偏估计。即使非线性模型的误差项

$\boldsymbol{\varepsilon}$ 服从 0 均值的正态分布，非线性回归的参数估计量，以及残差

$$e_i = Y_i - f(X_{1i}, \cdots, X_{Ki}; \hat{\beta}_1, \cdots, \hat{\beta}_P)$$

也不像在线性回归中的参数估计和回归残差那样服从正态分布，因此残差平方和不服从 χ^2 分布，参数估计量不服从正态分布，所以标准的 t 检验和 F 检验都无法应用。

这里我们应该注意到，对于参数估计运用高斯-牛顿法的非线性回归，可以把线性回归的 t 和 F 检验应用到上述迭代过程中的最后一次线性近似[(3.16)式]。一般来说，经过反复迭代从而得到的线性化模型应该能提供非线性模型的一个比较好的近似，因此用对最后的线性近似模型的检验替代对非线性模型本身的检验是有合理性的。事实上，运用线性化方法的非线性估计的计算机程序，通常会计算最后一次线性化的 t 统计量、F 统计量等指标。

此外，虽然非线性回归参数估计没有线性回归参数估计的性质，但由参数估计值构造的相似的 t 统计量在大样本时，还是渐近服从 t 分布的。因此如果利用上述线性近似最后一次迭代得到的残差标准差作为非线性回归误差项方差的近似，也能利用该 t 统计量进行参数的显著性检验，或者参数取特定值的假设检验。

三、参数显著性的 F 检验

除了对高斯-牛顿法非线性回归可以利用最后一次线性近似函数线性回归的 t 检验以外，检验非线性模型参数的显著性还有多种方法，下面这个渐近 F 分布的统计量就是其中的一种方法，即

$$F(g, n-k) = \frac{[S(\boldsymbol{\beta}_R) - S(\boldsymbol{\beta})]/g}{S(\boldsymbol{\beta})/(n-k)} \tag{3.30}$$

这个统计量分子、分母中的 $\boldsymbol{\beta}$ 是未对非线性模型参数施加约束时的参数估计，$\boldsymbol{\beta}_R$ 则是对模型的某些参数施加 0 假设约束后的参数估计，$S(\boldsymbol{\beta})$ 和 $S(\boldsymbol{\beta}_R)$ 分别是对应两种参数估计的残差平方和，g 是 0 约束参数的数量。

很显然，如果施加 0 约束的参数本身对模型的影响没有显著性，那么上述 F 统计量的数值会很小，如果这些施加 0 约束的参数对模型的影响是明显的，那么该统计量的数值会较大，就会有显著性。因此，我们可以通过检验该统计量的显著性来判断模型参数的显著性。

虽然上述 F 统计量与线性回归模型的 F 统计量形式是相似的，但因为模型是非线性的，因此 $S(\boldsymbol{\beta})$ 和 $S(\boldsymbol{\beta}_R)$ 并不服从 χ^2 分布，该统计量并不严格服从 F 分布，只是近似服从 F 分布。在样本容量较大时，该统计量的分布与 F 分布很接近。我们可以利用 F 分布检验该统计量的显著性，但检验结果的准确程度会受到一定影响，运用时应该加以注意。

四、似然比检验

似然比检验是与 F 检验在本质上一致的另一种非线性模型参数显著性检验。似然比检验的统计量为

$$\lambda = -2(\ln L(\boldsymbol{\beta}_R) - \ln L(\boldsymbol{\beta})) = -2\ln\frac{L(\boldsymbol{\beta}_R)}{L(\boldsymbol{\beta})} \tag{3.31}$$

式中 $\boldsymbol{\beta}$ 与 $\boldsymbol{\beta}_R$ 的含义与上述 F 检验统计量相同，$L(\boldsymbol{\beta})$ 与 $L(\boldsymbol{\beta}_R)$ 则分别是它们各自对应的非线性模型被解释变量的似然函数值。似然函数即随机变量得到特定观测值序列的联立分布概率密度函数。

我们假设非线性模型的误差项服从均值为 0 的正态分布，那么上述统计量中的对数似然函数为

$$\ln L(\boldsymbol{\beta}) = -\frac{n}{2}\left[1 + \ln(2\pi) + \ln\left(\frac{\boldsymbol{e}'\boldsymbol{e}}{n}\right)\right]$$

式中，$\boldsymbol{e}$ 是残差向量。如果参数估计采用的是最大似然估计，那么其中的 $\frac{\boldsymbol{e}'\boldsymbol{e}}{n}$ 实际上就是误差方差的估计。相应的，有约束时，模型的对数似然函数为

$$\ln L(\boldsymbol{\beta}_R) = -\frac{n}{2}\left[1 + \ln(2\pi) + \ln\left(\frac{\boldsymbol{e}_R'\boldsymbol{e}_R}{n}\right)\right]$$

因此，统计量 λ 为

$$\lambda = n\left(\ln\left(\frac{\boldsymbol{e}'\boldsymbol{e}}{n}\right) - \ln\left(\frac{\boldsymbol{e}_R'\boldsymbol{e}_R}{n}\right)\right) = n\ln\left(\frac{\boldsymbol{e}'\boldsymbol{e}}{\boldsymbol{e}_R'\boldsymbol{e}_R}\right)$$

对于大样本来说，该统计量渐近服从自由度为约束数量 g 的 χ^2 分布，因此可以根据 χ^2 分布检验 λ 的显著性。当该统计量比给定显著水平的 χ^2 分布临界值大时，拒绝 0 假设，认为所检验的参数是显著的，否则认为检验的参数是不显著的。

除了上述检验方法以外，非线性回归还有其他一些检验方法，如沃尔德检验和拉格朗日乘数检验。由于多数方法在本质上都是相似的，因此我们不再一一介绍。

§3.2 虚拟变量回归

在第 1 章和第 2 章中所研究的回归模型的一个基本假定就是参数向量 $\boldsymbol{\beta}$ 不随样本观测值变化，即对样本中所有观测值，位置向量 $\boldsymbol{\beta}$ 相同。如果位置参数对样本中所有观测值不是常数，则统计模型将改变，且通常的最小平方(LS)估计量或广义最小平方(GLS)估计量将失去其良好的性质。实际上，如果应用了

这些方法，将不清楚估计量具有什么含义。为了达到估计的目的，将结合观测值研究违反常数参数假定时的估计方法。本节许多问题涉及面板数据，这些详细的内容将在第8章中讨论。在此，将集中讨论在有规则或随机地取遍样本数据各段时，甚至从观测值到观测值时参数发生变动的模型。解决这些问题的实质就涉及了虚拟变量(Dummy Variable)的设定，即有关虚拟变量回归问题的讨论。

3.2.1 允许截距变化的回归模型

定义一个虚拟变量，来描述截距变动对样本段的影响。设

$$D_i = \begin{cases} 1, & 当\ i = 1,\cdots,n_1 \\ 0, & 当\ i = n_1 + 1,\cdots,n \end{cases} \tag{3.32}$$

这样回归模型可以表示为

$$Y_i = \beta_1 + D_i\delta + \beta_2 X_{2i} + \cdots + \beta_k X_{ki} + \varepsilon_i, \quad i = 1,\cdots,n \tag{3.33}$$

其中，$D_i\delta$ 表示在样本的两段中有不同的回归截距项。当(3.33)式中的 ε_i 服从回归模型的经典假定时，有

$$E[Y_i] = \begin{cases} \beta_1 + \beta_2 X_{2i} + \cdots + \beta_k X_{ki}, & i = 1,\cdots,n_1 \\ (\beta_1 + \delta) + \beta_2 X_{2i} + \cdots + \beta_k X_{ki}, & i = n_1 + 1,\cdots,n \end{cases} \tag{3.34}$$

$k=2$，$\delta>0$ 的情形，可如图3.2所示。参数 δ 表示截距值在两样本段间的差。如果所有回归模型(3.33)式满足回归经典假定，则参数 δ 和所有其他参数都可以用 OLS 估计。

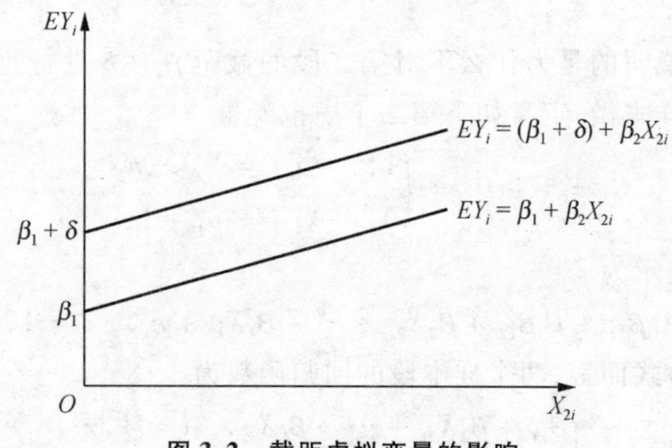

图3.2 截距虚拟变量的影响

如果将模型写成矩阵形式则可以更好地理解虚拟变量的作用。假设第一样本段包括 n_1 各观测值，第二样本段包括 n_2 各观测值，则 $n = n_1 + n_2$。设 $\boldsymbol{j}_n$ 是一个分量均为1的 $(n\times1)$ 向量，为简化符号起见，设 $\boldsymbol{j}_1$ 和 $\boldsymbol{j}_2$ 分别为 $(n_1\times1)$ 和 $(n_2\times1)$ 向量。则回归模型(3.33)可以写成分块形式

$$\begin{bmatrix} \boldsymbol{Y}_1 \\ \boldsymbol{Y}_2 \end{bmatrix} = \begin{bmatrix} \boldsymbol{j}_1 & 0 & \boldsymbol{X}_1 \\ \boldsymbol{j}_2 & \boldsymbol{j}_2 & \boldsymbol{X}_2 \end{bmatrix} \begin{bmatrix} \beta_1 \\ \delta \\ \boldsymbol{\beta}_. \end{bmatrix} + \begin{bmatrix} \boldsymbol{\varepsilon}_1 \\ \boldsymbol{\varepsilon}_2 \end{bmatrix} \tag{3.35}$$

式中 $\boldsymbol{Y}_1$ 和 $\boldsymbol{Y}_2$ 是含被解释变量观测值的$(n_1 \times 1)$和$(n_2 \times 1)$分块,$\boldsymbol{X}_1$ 和 $\boldsymbol{X}_2$ 是解释变量观测值的$(n_1 \times (k-1))$和$(n_2 \times (k-1))$矩阵,$\boldsymbol{\beta}_.$ 是斜率参数 $\beta_2, \cdots, \beta_K$ 的$(k-1) \times 1$ 向量。最后,$\boldsymbol{\varepsilon}_1$ 和 $\boldsymbol{\varepsilon}_2$ 是相应的随机扰动分块向量。弄清这个分块矩阵是很重要的,为此,将(3.35)式写成如下更详细的形式:

$$\begin{bmatrix} Y_1 \\ Y_2 \\ \vdots \\ Y_{n_1} \\ \hdashline Y_{n_1+1} \\ \vdots \\ Y_n \end{bmatrix} = \begin{bmatrix} 1 & 0 & X_{21} & \cdots & X_{k1} \\ 1 & 0 & X_{22} & \cdots & X_{k2} \\ \vdots & \vdots & \vdots & & \vdots \\ 1 & 0 & X_{2,n_1} & \cdots & X_{k,n_1} \\ \hdashline 1 & 1 & X_{2,n_1+1} & \cdots & X_{k,n_1+1} \\ \vdots & \vdots & \vdots & & \vdots \\ 1 & 1 & X_{2,n} & \cdots & X_{k,n} \end{bmatrix} \begin{bmatrix} \beta_1 \\ \delta \\ \beta_2 \\ \vdots \\ \beta_k \end{bmatrix} + \begin{bmatrix} \varepsilon_1 \\ \varepsilon_2 \\ \vdots \\ \varepsilon_{n_1} \\ \hdashline \varepsilon_{n_1+1} \\ \vdots \\ \varepsilon_n \end{bmatrix} \tag{3.36}$$

其中参数系数矩阵的第一列是由与基本或总截距参数 β_1 有关的变量组成的$(n \times 1)$列。第二列由与截距增量 δ(把它加于第二样本段的截距参数观测值)有关的虚拟变量 D_i 的值构成。这里我们应该认识到,尽管有矩阵的分块性质,但(3.35)式和(3.36)式可写成更简捷的形式:$\boldsymbol{Y} = \boldsymbol{X\beta} + \boldsymbol{\varepsilon}$,且参数向量 $\boldsymbol{\beta}$ 可用通常的 OLS 法估计。

在此,需要说明的是为什么不对第二段的截距 $\beta_1 + \delta$ 进行直接估计。实际上,我们可能这样来做,定义如下第二个虚拟变量

$$C_i = 1 - D_i = \begin{cases} 1, & 当\ i = 1, \cdots, n_1 \\ 0, & 当\ i = n_1 + 1, \cdots, n \end{cases} \tag{3.37}$$

并把(3.33)式表示为

$$Y_i = C_i\beta_{11} + D_i\beta_{12} + \beta_2 X_{2i} + \cdots + \beta_k X_{ki} + \varepsilon_i, \quad i = 1, \cdots, n \tag{3.38}$$

针对模型(3.38)式而言,两个样本段的回归函数为

$$E[Y_i] = \begin{cases} \beta_{11} + \beta_2 X_{2i} + \cdots + \beta_k X_{ki}, & i = 1, \cdots, n_1 \\ \beta_{12} + \beta_2 X_{2i} + \cdots + \beta_k X_{ki}, & i = n_1 + 1, \cdots, n \end{cases} \tag{3.39}$$

这里,β_{11}是第一样本段的截距(它等于(3.33)中的β_1),而β_{12}是第二样本段的截距(它等于(3.33)式中的$\beta_1 + \delta$)。

这里我们注意到,在模型(3.38)式中没有"总"截距项。以矩阵方式可以表示为

$$\begin{bmatrix} \boldsymbol{Y}_1 \\ \boldsymbol{Y}_2 \end{bmatrix} = \begin{bmatrix} \boldsymbol{j}_1 & 0 & \boldsymbol{X}_1 \\ 0 & \boldsymbol{j}_2 & \boldsymbol{X}_2 \end{bmatrix} \begin{bmatrix} \beta_{11} \\ \beta_{12} \\ \boldsymbol{\beta}_{.} \end{bmatrix} + \begin{bmatrix} \boldsymbol{\varepsilon}_1 \\ \boldsymbol{\varepsilon}_2 \end{bmatrix} \tag{3.40}$$

如果模型(3.38)式中有一个总截距项,则在参数系数矩阵中存在一个分量均为1的$(n\times 1)$向量,此参数系数矩阵因$C_i+D_i=1$而严格共线性,因此由于秩条件对$\boldsymbol{X}$不成立而使最小二乘估计失效。特别是如果包含总截距项,因为所有这些参数都不可识别,所以总截距项β_{11}和β_{12}的无偏和一致估计量将无法构造。我们把(3.40)式称为基础结构的"方程组"格式,而把(3.35)式称为"虚变量"格式。

例如,描述收入和城乡差别对居民消费支出的影响,其模型可以表示为

$$Y_i = \alpha_1 + \alpha_2 D_i + \beta X_i + \varepsilon_i$$

其中Y为消费支出,X为收入

$$D_i = \begin{cases} 1, & \text{城镇居民} \\ 0, & \text{农村居民} \end{cases}$$

当模型中的ε_i服从经典假定时,农村居民消费支出为

$$E(Y_i, X_i \mid D_i = 0) = \alpha_1 + \beta X_i$$

城镇居民消费支出为

$$E(Y_i, X_i \mid D_i = 1) = (\alpha_1 + \alpha_2) + \beta X_i$$

其中,α_2为截距差异系数。表明非城镇居民与城镇居民两种收入函数的斜率相同(均为β),而截距水平不同。这说明,城镇居民和非城镇居民在消费支出水平上,存在规模为α_2的差异,而由收入因素产生的平均消费支出水平变化却是相同的。

这里应该注意的是,在$H_0:\alpha_2=0$的假设下,对参数α_2的t检验,可以进行消费支出是否存在城乡差异的检验。

3.2.2 截距和一些斜率参数可变的回归模型

在上面我们讨论了截距变化的回归模型,现在考虑允许一部分(而非全部)斜率参数可变化情形。为了尽可能按一般情况处理,把模型中的$k-1$个解释变量分成两组:p个可变系数变量和其余$q=(k-1)-p$个常系数变量。这样,模型相应变为

$$\begin{aligned} Y_i = {} & \beta_1 + D_i\delta_1 + \beta_2 X_{2i} + D_i\delta_2 X_{2i} + \cdots + \beta_{p+1} X_{p+1,i} + \\ & D_i\delta_{p+1} X_{p+1,i} + \beta_{p+2} X_{p+2,i} + \cdots + \beta_k X_{ki} + \varepsilon_i \end{aligned} \tag{3.41}$$

除截距虚拟变量D_i外,存在p个"交互作用"变量D_iX_{ki}。这些交互作用变量对

回归函数的影响是

$$E[Y_i]\begin{cases}=\beta_1+\beta_2X_{2i}+\cdots+\beta_kX_{ki}, & i=1,\cdots,n_1\\ =(\beta_1+\delta_1)+(\beta_2+\delta_2)X_{2i}+\cdots+(\beta_{p+1}+\delta_{p+1})X_{p+1,i} & \\ \quad+\beta_{p+2}X_{p+2,i}+\cdots+\beta_kX_{ki}, & i=n_1+1,\cdots,n\end{cases}\tag{3.42}$$

参数 $\delta_j, j=2,\cdots,p+1$ 表示第二样本段中观测值的斜率参数增量。为了进一步说明,我们考虑一个简单的回归模型,当 $k=2$ 时,变量 X_{2i} 有一个可变参数(这样 $p=k-1=1,q=0$)。这时模型的实际影响情况如图 3.3 所示。

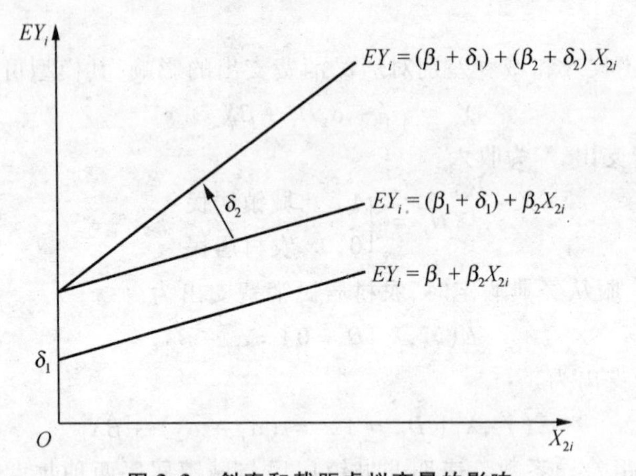

图 3.3　斜率和截距虚拟变量的影响

为将模型(3.41)式写成矩阵形式,设 $\boldsymbol{X}_{j1}$ 是系数变动的第 j 段内 p 个回归自变量观测值($n_j\times p$)矩阵。又设 $\boldsymbol{X}_{j2}$ 是常系数 q 个解释变量观测值($n_j\times q$)矩阵。用 $\boldsymbol{\beta}_{\cdot 1}=(\beta_2,\cdots,\beta_{p+1})'$,$\boldsymbol{\beta}_{\cdot 2}=(\beta_{p+2},\cdots,\beta_k)'$ 和 $\boldsymbol{\delta}=(\delta_2,\cdots,\delta_{p+1})'$ 表示参数分块,则

$$\begin{bmatrix}\boldsymbol{Y}_1\\ \boldsymbol{Y}_2\end{bmatrix}=\begin{bmatrix}\boldsymbol{j}_1 & 0 & \boldsymbol{X}_{11} & 0 & \boldsymbol{X}_{12}\\ \boldsymbol{j}_2 & \boldsymbol{j}_2 & \boldsymbol{X}_{21} & \boldsymbol{X}_{21} & \boldsymbol{X}_{22}\end{bmatrix}\begin{bmatrix}\beta_1\\ \delta_1\\ \boldsymbol{\beta}_{\cdot 1}\\ \boldsymbol{\delta}\\ \boldsymbol{\beta}_{\cdot 2}\end{bmatrix}+\begin{bmatrix}\boldsymbol{\varepsilon}_1\\ \boldsymbol{\varepsilon}_2\end{bmatrix}\tag{3.43}$$

模型(3.43)式是按虚变量格式写的,等价方程组格式是

$$\begin{bmatrix} \boldsymbol{Y}_1 \\ \boldsymbol{Y}_2 \end{bmatrix} = \begin{bmatrix} \boldsymbol{j}_1 & 0 & \boldsymbol{X}_{11} & 0 & \boldsymbol{X}_{12} \\ 0 & \boldsymbol{j}_2 & 0 & \boldsymbol{X}_{21} & \boldsymbol{X}_{22} \end{bmatrix} \begin{bmatrix} \beta_{11} \\ \beta_{21} \\ \boldsymbol{\beta}_{11}^* \\ \boldsymbol{\beta}_{21}^* \\ \boldsymbol{\beta}_{\cdot 2} \end{bmatrix} + \begin{bmatrix} \boldsymbol{\varepsilon}_1 \\ \boldsymbol{\varepsilon}_2 \end{bmatrix}$$

式中β_{11}和$\beta_{21}(=\beta_1+\delta_1)$分别是两段的截距参数，而$\boldsymbol{\beta}_{11}^*(=\boldsymbol{\beta}_{\cdot 1})$和$\boldsymbol{\beta}_{21}^*(=\boldsymbol{\beta}_{\cdot 1}+\boldsymbol{\delta})$分别是两段的斜率参数。和仅有截距参数变动的情况一样，这两个公式在逻辑上是等价的，所不同的只是适用于不同的使用者。

3.2.3 截距和所有斜率参数都变动的回归模型

在前两种情况中，讨论了并非所有参数对样本段来说都不同，即限制一些变量的参数对所有样本段来说为常数。这里我们将探讨方程中所有参数对两组样本观测值都取不同值的影响情形。其回归模型使每个回归自变量（包括截距项）都含一个虚拟变量，变动后的模型为

$$Y_i = \beta_1 + D_i\delta_1 + \sum_{j=2}^{k}(\beta_j X_{ji} + D_i\delta_j X_{ji}) + \varepsilon_i \tag{3.44}$$

含虚拟变量模型的矩阵形式为

$$\begin{bmatrix} \boldsymbol{Y}_1 \\ \boldsymbol{Y}_2 \end{bmatrix} = \begin{bmatrix} \boldsymbol{j}_1 & 0 & \boldsymbol{X}_{1\cdot} & 0 \\ \boldsymbol{j}_2 & \boldsymbol{j}_2 & \boldsymbol{X}_{2\cdot} & \boldsymbol{X}_{2\cdot} \end{bmatrix} \begin{bmatrix} \beta_1 \\ \delta_1 \\ \boldsymbol{\beta}_{\cdot} \\ \boldsymbol{\delta} \end{bmatrix} + \begin{bmatrix} \boldsymbol{\varepsilon}_1 \\ \boldsymbol{\varepsilon}_2 \end{bmatrix} \tag{3.45}$$

式中$\boldsymbol{X}_{1\cdot}$和$\boldsymbol{X}_{2\cdot}$均为$(n_i\times(k-1))$矩阵，均由$(k-1)$个非常数回归自变量的观测值组成，$\boldsymbol{\beta}_{\cdot}=(\beta_2,\cdots,\beta_k)'$，$\boldsymbol{\delta}=(\delta_2,\cdots,\delta_k)'$。等价方程组格式是

$$\begin{bmatrix} \boldsymbol{Y}_1 \\ \boldsymbol{Y}_2 \end{bmatrix} = \begin{bmatrix} \boldsymbol{j}_1 & 0 & \boldsymbol{X}_{1\cdot} & 0 \\ 0 & \boldsymbol{j}_2 & 0 & \boldsymbol{X}_{2\cdot} \end{bmatrix} \begin{bmatrix} \beta_{11} \\ \beta_{21} \\ \boldsymbol{\beta}_{\cdot 1} \\ \boldsymbol{\beta}_{\cdot 2} \end{bmatrix} + \begin{bmatrix} \boldsymbol{\varepsilon}_1 \\ \boldsymbol{\varepsilon}_2 \end{bmatrix} \tag{3.46}$$

式中$\beta_{21}(=\beta_1+\delta_1)$是第二段的截距，$\boldsymbol{\beta}_{\cdot 1}$和$\boldsymbol{\beta}_{\cdot 2}$分别为两段的斜率参数组。

重新排列(3.46)中的参数，得到

$$\begin{bmatrix} \boldsymbol{Y}_1 \\ \boldsymbol{Y}_2 \end{bmatrix} = \begin{bmatrix} (\boldsymbol{j}_1 \quad \boldsymbol{X}_{1\cdot}) & 0 \\ 0 & (\boldsymbol{j}_2 \quad \boldsymbol{X}_{2\cdot}) \end{bmatrix} \begin{bmatrix} \beta_{11} \\ \boldsymbol{\beta}_{\cdot 1} \\ \beta_{21} \\ \boldsymbol{\beta}_{\cdot 2} \end{bmatrix} + \begin{bmatrix} \boldsymbol{\varepsilon}_1 \\ \boldsymbol{\varepsilon}_2 \end{bmatrix}$$

$$= \begin{bmatrix} \boldsymbol{X}_1 & 0 \\ 0 & \boldsymbol{X}_2 \end{bmatrix} \begin{bmatrix} \boldsymbol{\beta}_1^* \\ \boldsymbol{\beta}_2^* \end{bmatrix} + \begin{bmatrix} \boldsymbol{\varepsilon}_1 \\ \boldsymbol{\varepsilon}_2 \end{bmatrix}$$

$$= \boldsymbol{X\beta} + \boldsymbol{u} \tag{3.47}$$

将 OLS 用于模型(3.47)式,得到参数向量 $\boldsymbol{\beta}$ 的估计量

$$\hat{\boldsymbol{\beta}} = \begin{bmatrix} \hat{\boldsymbol{\beta}}_1 \\ \hat{\boldsymbol{\beta}}_2 \end{bmatrix} = \begin{bmatrix} (\boldsymbol{X}_1'\boldsymbol{X}_1)^{-1}\boldsymbol{X}_1'\boldsymbol{Y}_1 \\ (\boldsymbol{X}_2'\boldsymbol{X}_2)^{-1}\boldsymbol{X}_2'\boldsymbol{Y}_2 \end{bmatrix}$$

它就是简单地将 OLS 分别应用于两样本段的结果。当对两样本段赋予完全不同的参数结构时它有意义。

例如,在研究改革开放前后的储蓄与收入总量关系时,所设定的模型如下:

$$Y_i = \beta_1 + D_i\delta_1 + \beta_2 X_i + D_i\delta_2 X_i + \varepsilon_i$$

其中,Y 为储蓄总额(亿元),X 为收入总额(亿元),

$$D_i = \begin{cases} 0, & \text{改革开放前} \\ 1, & \text{改革开放后} \end{cases}$$

事实上,当所设定的回归模型式满足经典假设时,回归函数为

(1) 改革开放前

$$E\{Y_i \mid X_i, D_i = 0\} = \beta_1 + \beta_2 X_i$$

(2) 改革开放后

$$E\{Y_i \mid X_i, D_i = 1\} = (\beta_1 + \delta_1) + (\beta_2 + \delta_2)X_i$$

上面两式分别是改革开放前和改革开放后的平均储蓄函数。其中,δ_1 称为截距差异系数,δ_2 称为斜率差异系数,分别代表改革开放前后储蓄函数截距与斜率所存在的差异。当我们利用 1950—2004 年的数据对所设的模型用 OLS 法进行估计时,得

$$\begin{aligned} \hat{Y}_i &= -1.7502 \quad +1.4839D_i + 0.1504X_i - 0.1034D_iX_i \\ se &= (0.3319) \quad (0.4704) \quad (0.0163) \quad (0.0332) \\ t &= (-5.2733) \quad (3.1545) \quad (9.2270) \quad (-3.1144) \end{aligned}$$

结果表明,截距和斜率差异系数 δ_1 和 δ_2 在统计意义上均为显著,说明改革开放前后的储蓄和收入行为的确不同。

3.2.4 分段线性回归模型

有的社会经济现象的变动,会在解释变量达到某个临界值时发生突变,为了区分不同阶段的截距和斜率可利用虚拟变量进行分段回归,在此重点对多元两段的情形进行讨论。

设模型的一般表达形式为

$$Y_i = \beta_1 + \beta_{12}X_{2i} + \beta_{13}X_{3i} + \cdots + \beta_{1k}X_{ki} + \beta_{22}(X_{2i} - X_{2i_0})D_i + \beta_{23}(X_{3i} - X_{3i_0})D_i + \cdots + \beta_{2k}(X_{ki} - X_{ki_0})D_i + \varepsilon_i \tag{3.48}$$

其中，

$$D_i = \begin{cases} 1, & i \geqslant i_0 \\ 0, & i < i_0 \end{cases}$$

当 $i = i_0$ 时，$\boldsymbol{X}_{i_0} = (X_{2i_0}, X_{3i_0}, \cdots, X_{ki_0})'$。实际上，各段变动对回归模型的影响为

$$E(Y)_i \begin{cases} = \beta_1 + \beta_{12}X_{2i} + \cdots + \beta_{1k}X_{ki} & i = 1, \cdots, n_{i_0} - 1 \\ = \beta_1 + (\beta_{12} + \beta_{22})X_{2i} + \cdots + (\beta_{1k} + \beta_{2k})X_{ki} + \\ \quad \beta_{22}X_{2i_0} + \cdots + \beta_{2k}X_{ki_0} & i = n_{i_0}, \cdots, n \end{cases} \tag{3.49}$$

令

$$\beta_3 = \boldsymbol{\beta}_{2\cdot}'\boldsymbol{X}_{i_0} = \beta_{22}X_{2i_0} + \cdots + \beta_{2k}X_{ki_0}$$

用矩阵表示为

$$\begin{bmatrix} \boldsymbol{Y}_1 \\ \boldsymbol{Y}_2 \end{bmatrix} = \begin{bmatrix} \boldsymbol{j}_1 & \boldsymbol{X}_{1\cdot} & 0 & 0 \\ \boldsymbol{j}_2 & \boldsymbol{X}_{2\cdot} & \boldsymbol{X}_{2\cdot} & \boldsymbol{j}_2 \end{bmatrix} \begin{bmatrix} \beta_1 \\ \boldsymbol{\beta}_{1\cdot} \\ \boldsymbol{\beta}_{2\cdot} \\ \beta_3 \end{bmatrix} + \begin{bmatrix} \boldsymbol{\varepsilon}_1 \\ \boldsymbol{\varepsilon}_2 \end{bmatrix} \tag{3.50}$$

这里 $\boldsymbol{j}_1$ 和 $\boldsymbol{j}_2$ 是一个分量均为 1 的 $((n_{i_0} - 1) \times 1)$ 和 $((n - n_{i_0} + 1) \times 1)$ 向量，$\boldsymbol{\beta}_{1\cdot} = (\beta_{12}, \cdots, \beta_{1k})'$，$\boldsymbol{\beta}_{2\cdot} = (\beta_{22}, \cdots, \beta_{2k})'$。

这样，在回归模型的经典假设下，利用 OLS 可以得到模型(3.50)式的参数估计结果。

例如，某公司为了激励公司销售人员，按其销售额的一定比例计提奖励，但是销售额在某一目标水平 X^* 以下和以上时计提奖励的方法不同。当销售额高于 X^* 时，计提奖励额与销售额的比例要高于销售额低于 X^* 时的比例，也就是高于 X^* 时，奖励额与销售额的线性关系更为陡峭，如图 3.4 所示。为了确切地描述奖励额度(Y)与销售额(X)间的关系，需要分两段进行回归。这种分段回归可以用虚拟变量来实现。

这样，奖励额度(Y_i)与销售额(X_i)间的函数关系式表示为

$$Y_i = \alpha_0 + \beta_1 X_i + \beta_2(X_i - X^*)D_i + \varepsilon_i$$

其中，虚拟变量 D 为

$$D = \begin{cases} 1, & X \geqslant X^* \\ 0, & X < X^* \end{cases}$$

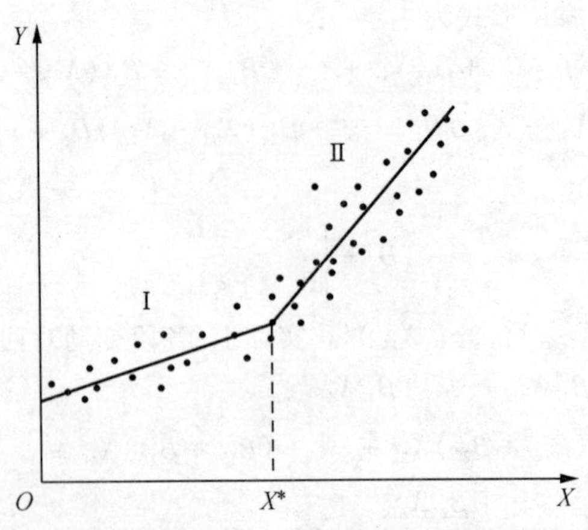

图 3.4　奖励额(Y)与销售额(X)间的关系

Y_i 为奖励额,X_i 为销售额,X^* 为已知的销售目标临界水平。可以得到不同斜率和截距的回归方程。

(1) 销售额低于 X^* 时

$$E(Y_i \mid X_i, D = 0) = \alpha_0 + \beta_1 X_i$$

(2) 销售额不低于 X^* 时

$$E(Y_i \mid X_i, D = 1) = (\alpha_0 + \beta_1 X^*) + (\beta_1 + \beta_2)(X_i - X^*)$$

整理得

$$E(Y_i \mid X_i, D = 1) = (\alpha_0 - \beta_2 X^*) + (\beta_1 + \beta_2) X_i$$

显然,β_1 是图 3.4 中第Ⅰ段回归直线的斜率,而 $\beta_1 + \beta_2$ 则是第Ⅱ段回归直线的斜率。只要检验 β_2 的统计显著性,就可以判断在所设定的临界水平 X^* 处是否存在“突变”。

这里需要注意的是,在分段回归中,第Ⅰ、Ⅱ段回归不仅截距不同,而且斜率也不同。在分为两段回归时,使用了一个虚拟变量,细分更具有普遍性,容易推广,分为 m 段回归时,可用 $m-1$ 个虚拟变量。在 §3.4 中我们将介绍一个 $m=3$ 的分段回归案例。

§3.3　变量标准化回归

3.3.1　变量的标准化

针对一般的线性回归模型,即

$$Y_i = \beta_1 + \beta_2 X_{2i} + \beta_3 X_{3i} + \cdots + \beta_k X_{ki} + \varepsilon_i, \quad i = 1,2,\cdots,n \tag{3.51}$$

Y_i 为被解释变量(因变量),$X_{2i}, X_{3i}, \cdots, X_{ki}$ 为解释变量(自变量),并没有考虑变量的量纲在模型中所起到的作用。然而在解决实际问题时,变量量纲的不同对统计分析结果带来一定的影响,为此,我们首先讨论变量的标准化问题。

为了克服由于变量的量纲不同对统计分析结果带来的影响,在建立计量经济模型之前,常需要将每个变量"标准化"。对被解释变量进行标准化体现为

$$Y_i^* = \frac{Y_i - \bar{Y}}{S_Y} \quad (i = 1, \cdots, n) \tag{3.52}$$

对解释变量进行标准化体现为

$$X_{ji}^* = \frac{X_{ji} - \bar{X}_j}{S_{X_j}} \quad (i = 1, \cdots, n;\ j = 1, \cdots, k) \tag{3.53}$$

其中,S_Y 为被解释变量 Y 的标准差,S_{X_j} 为解释变量 $X_j (j=1, \cdots, k)$ 的标准差。

我们对于模型的数据矩阵或设计矩阵 $\boldsymbol{X}$,即

$$\boldsymbol{X} = \begin{bmatrix} 1 & X_{21} & X_{31} & \cdots & X_{k1} \\ 1 & X_{22} & X_{32} & \cdots & X_{k2} \\ \vdots & \vdots & \vdots & & \vdots \\ 1 & X_{2n} & X_{3n} & \cdots & X_{kn} \end{bmatrix}_{(n \times k)}$$

进行标准化,其矩阵形式为

$$\boldsymbol{X}^* = \boldsymbol{C}^{-1}(\boldsymbol{X} - \bar{\boldsymbol{X}})$$

这里,$\boldsymbol{C} = \mathrm{diag}(1, S_1, S_2, \cdots, S_k)$。

3.3.2 变量标准化回归的实质

变量标准化后的回归模型,可以说明解释变量的相对重要性,实际上对于模型(3.51)式而言,其样本回归模型为

$$Y_i = \hat{\beta}_1 + \hat{\beta}_2 X_{2i} + \hat{\beta}_3 X_{3i} + \cdots + \hat{\beta}_k X_{ki} + e_i, \quad i = 1, 2, \cdots, n \tag{3.54}$$

而且

$$\bar{Y} = \hat{\beta}_1 + \hat{\beta}_2 \bar{X}_2 + \hat{\beta}_3 \bar{X}_3 + \cdots + \hat{\beta}_k \bar{X}_k \tag{3.55}$$

将(3.54)式减去(3.55)式,得到

$$Y_i - \bar{Y} = \hat{\beta}_2 (X_{2i} - \bar{X}_2) + \hat{\beta}_3 (X_{3i} - \bar{X}_3) + \cdots + \hat{\beta}_k (X_{ki} - \bar{X}_k) + e_i \quad i = 1, 2, \cdots, n \tag{3.56}$$

整理后得到

$$\frac{Y_i - \bar{Y}}{S_Y} = \hat{\beta}_2 \frac{S_{X_2}}{S_Y} \frac{(X_{2i} - \bar{X}_2)}{S_{X_2}} + \hat{\beta}_3 \frac{S_{X_3}}{S_Y} \frac{(X_{3i} - \bar{X}_3)}{S_{X_3}} + \cdots + \hat{\beta}_k \frac{S_{X_k}}{S_Y} \frac{(X_{ki} - \bar{X}_k)}{S_{X_k}} + \frac{e_i}{S_Y} \tag{3.57}$$

将(3.52)式和(3.53)式代入(3.57)式,即有

$$Y_i^* = \hat{\beta}_2 \frac{S_{X_2}}{S_Y} X_{2i}^* + \hat{\beta}_3 \frac{S_{X_3}}{S_Y} X_{3i}^* + \cdots + \hat{\beta}_k \frac{S_{X_k}}{S_Y} X_{ki}^* + \frac{e_i}{S_Y} \tag{3.58}$$

令

$$\hat{\beta}_j^* = \hat{\beta}_j \frac{S_{X_j}}{S_Y} \quad (j = 1, \cdots, k); \quad e_i^* = \frac{e_i}{S_Y} \quad (i = 1, \cdots, n)$$

那么,(3.58)式为

$$Y_i^* = \hat{\beta}_2^* X_{2i}^* + \hat{\beta}_3^* X_{3i}^* + \cdots + \hat{\beta}_2^* X_{ki}^* + e_i^* \tag{3.59}$$

这里我们需要注意的是,标准化后的回归系数是解释变量的标准差和被解释变量的标准差的比值对原回归模型系数进行的调整。这样可以使得我们直接比较标准化后的回归系数,用原来的解释变量的观测值做不到这一点,因为解释变量有不同的量纲和方差。需要提及的是,在一元回归模型中,标准化后的回归系数等于两个变量之间的简单相关系数。由于在标准化过程中常数项消失了,因此在标准化后的回归模型中没有定义常数项。

§3.4 实证分析

3.4.1 分段回归分析

改革开放以来,随着经济的发展,中国城乡居民的收入快速增长,同时城乡居民的储蓄存款也迅速增长。经济学界的一种观点认为,20 世纪 90 年代以后由于经济体制、住房、医疗、养老等社会保障体制的变化,使居民的储蓄行为发生了明显改变。为了考察改革开放以来中国居民的储蓄存款与收入的关系是否已发生变化,以城乡居民人民币储蓄存款年底余额代表居民储蓄(Y),以国民总收入 GNI 代表城乡居民收入,分析居民收入对储蓄存款影响的数量关系。表 3.1 为 1978—2003 年中国的国民总收入和城乡居民人民币储蓄存款年底余额及增加额的数据。

表 3.1 我国国民总收入与居民储蓄存款

单位:亿元

年份	国民总收入(GNI)	城乡居民人民币储蓄存款年底余额(Y)	城乡居民人民币储蓄存款年增加额(ΔY)	年份	国民总收入(GNI)	城乡居民人民币储蓄存款年底余额(Y)	城乡居民人民币储蓄存款年增加额(ΔY)
1978	3 624.1	210.6	—	1991	21 662.5	9 241.6	2 121.800
1979	4 038.2	281.0	70.4	1992	26 651.9	11 759.4	2 517.800
1980	4 517.8	399.5	118.5	1993	34 560.5	15 203.5	3 444.100
1981	4 860.3	532.7	124.2	1994	46 670.0	21 518.8	6 315.300
1982	5 301.8	675.4	151.7	1995	57 494.9	29 662.3	8 143.500
1983	5 957.4	892.5	217.1	1996	66 850.5	38 520.8	8 858.500
1984	7 206.7	1 214.7	322.2	1997	73 142.7	46 279.8	7 759.000
1985	8 989.1	1 622.6	407.9	1998	76 967.2	53 407.5	7 615.400
1986	10 201.4	2 237.6	615.0	1999	80 579.4	59 621.8	6 253.000
1987	11 954.5	3 073.3	835.7	2000	88 254.0	64 332.4	4 976.700
1988	14 922.3	3 801.5	728.2	2001	95 727.9	73 762.4	9 457.600
1989	16 917.8	5 146.9	1 374.2	2002	103 935.3	86 910.6	13 233.20
1990	18 598.4	7 119.8	1 923.4	2003	116 603.2	103 617.7	16 631.90

资料来源:《中国统计年鉴 2004》,中国统计出版社。表中"城乡居民人民币储蓄存款年增加额"为年鉴数值,与用年底余额计算的数值有差异。

为了研究 1978—2003 年期间城乡居民储蓄存款随收入的变化规律是否有变化,考证城乡居民储蓄存款、国民总收入随时间的变化情况,如图 3.5 所示。

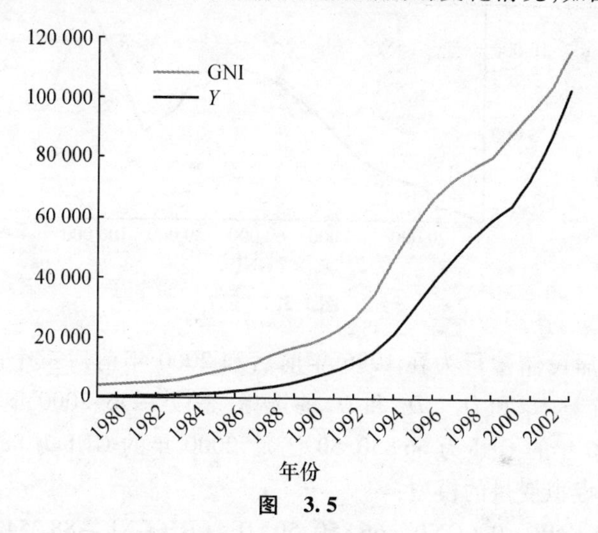

图 3.5

从图 3.5 中,尚无法得到居民的储蓄行为发生明显改变的详尽信息。若取居民储蓄的增量(ΔY),如图 3.6 所示,可以看出城乡居民的储蓄行为表现出了明显的阶段特征:在 1996 年和 2000 年有两个明显的转折点。再从城乡居民储蓄存款增量与国民总收入之间关系的散布图看(见图 3.7),也呈现出了相同的阶段性特征。

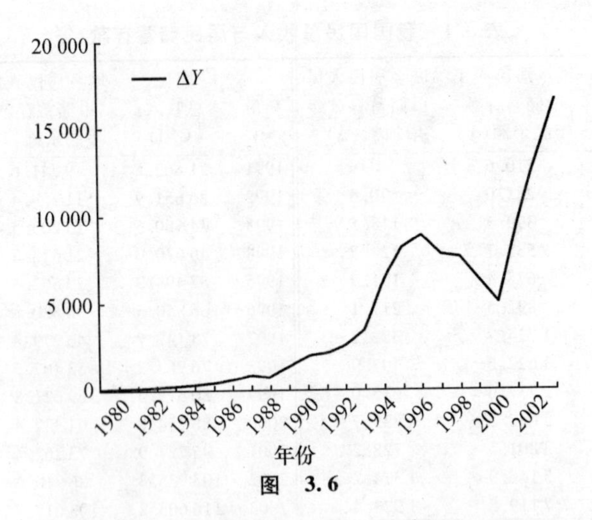

图 3.6

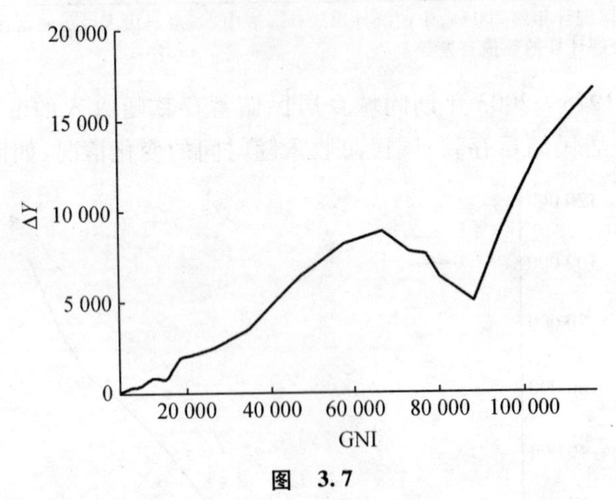

图 3.7

为了分析居民储蓄行为在 1996 年前后和 2000 年前后三个阶段的数量关系，引入虚拟变量 D_1 和 D_2。D_1 和 D_2 的选择，是以 1996、2000 年两个转折点作为依据的，1996 年的 GNI 为 66 850.50 亿元，2000 年的 GNI 为 88 254.00 亿元，并设定了如下虚拟变量的模型：

$$\Delta Y_i = \beta_1 + \beta_2 \mathrm{GNI}_i + \beta_3 (\mathrm{GNI}_i - 66\,850.50) D_{1i} + \beta_4 (\mathrm{GNI}_i - 88\,254.00) D_{2i} + \varepsilon_i$$

其中：

$$D_{1i} = \begin{cases} 1, & i = 1996 \text{ 年以后} \\ 0, & i = 1996 \text{ 年及以前} \end{cases}$$

$$D_{2i} = \begin{cases} 1, & i = 2000 \text{ 年以后} \\ 0, & i = 2000 \text{ 年及以前} \end{cases}$$

对上式进行回归后,有:

$$\Delta\hat{Y}_i = -830.4045 + 0.1445\text{GNI}_i - 0.2914(\text{GNI}_i - 66\,850.50)D_{1i} + 0.5602(\text{GNI}_i - 88\,254.00)D_{2i}$$
$$(-4.8234) \quad (25.1700) \quad (-10.7192) \quad (13.9581)$$
$$R^2 = 0.9895 \quad \bar{R}^2 = 0.9880 \quad F = 659.5450 \quad \text{DW} = 1.6777$$

由于各个系数的 t 检验均大于 2,表明各解释变量的系数显著地不等于 0,居民人民币储蓄存款年增加额的回归模型分别为:

$$\begin{cases} \Delta\hat{Y}_i = -830.4045 + 0.1445\text{GNI}_i, & i \leqslant 1996 \\ \Delta\hat{Y}_i = 18\,649.8312 - 0.1469\text{GNI}_i, & 1996 < i \leqslant 2000 \\ \Delta\hat{Y}_i = -30\,790.0596 + 0.4133\text{GNI}_i, & i > 2000 \end{cases}$$

这表明三个时期居民储蓄增加额的回归方程在统计意义上确实是不相同的。1996 年以前收入每增加 1 亿元,居民储蓄存款的增加额为 0.1445 亿元;在 2000 年以后,则为 0.4133 亿元,已发生了很大变化。上述模型与城乡居民储蓄存款与国民总收入之间的散布图是吻合的,与当时中国的实际经济运行状况也是相符的。需要指出的是,在上述建模过程中,主要是从教学的目的出发运用虚拟变量法则,没有考虑通货膨胀因素。而在实证分析中,储蓄函数还应当考虑通货膨胀因素。

3.4.2 非线性回归

我国是粮食大国,农业是我国的基础产业,粮食生产在我国农业生产中占有主要地位。影响我国粮食生产的主要因素有自然灾害、政策导向、生产投入、粮食流通等。国家政策导向对粮食生产的积极扶持作用,在时间序列样本区间内具有一致性;当我国粮食统一平价收购时,农民面临的是"无限的需求"。因此,假设影响我国粮食生产的主要因素是生产投入,即资本和劳动力。农业生产的特点决定了资本主要是土地和化肥;至于农业劳动力,我国一直是人工种植,但近年来呈现农业经济多样化经营的趋势,许多人从事副业生产。同时科技进步的影响,使得农业机械化水平有所提高,所以农业劳动力应包括农机动力和农业劳力。此外,气候等自然因素以及国家对农业和粮食生产的政策因素都对粮食生产产生了影响。总的来说,影响我国粮食产量的主要因素是:农业劳动力、粮食播种面积和化肥施用量。本书收集了我国 1975—1996 年粮食产量、农业劳动力、粮食播种面积和化肥施用量的数据,如表 3.2 所示。

表 3.2　我国 1975—1996 年粮食产量情况

年份 (年)	粮食产量 Y(万吨)	农业劳动力 L(万人)	粮食播种面积 M(千公顷)	化肥施用量 K(万公斤)
1975	28 452	27 561.0	121 062	550 000
1976	28 631	27 965.0	120 743	597 000
1977	28 273	28 124.0	120 400	679 000
1978	30 477	28 373.0	120 587	884 000
1979	33 212	28 692.0	119 263	1 086 000
1980	32 056	29 181.0	117 234	1 269 000
1981	32 502	29 836.0	114 958	1 335 000
1982	35 450	30 917.0	113 463	1 513 000
1983	38 728	31 209.0	114 047	1 660 000
1984	40 731	30 927.0	112 884	1 740 000
1985	37 911	31 187.0	108 845	1 776 000
1986	39 151	31 311.0	110 933	1 931 000
1987	40 298	31 720.0	111 268	1 999 000
1988	39 408	32 308.0	110 123	2 141 500
1989	40 755	33 284.0	112 205	2 357 400
1990	44 624	33 336.4	113 466	2 590 300
1991	43 529	34 186.3	112 314	2 805 100
1992	44 266	34 037.0	110 560	2 930 200
1993	45 649	33 258.2	110 509	3 151 900
1994	44 510	32 690.3	109 544	3 317 900
1995	46 662	32 334.5	110 060	3 593 700
1996	50 454	32 260.4	112 548	3 827 900
1997	49 417	32 434.9	112 912	3 980 700
1998	51 230	32 626.4	113 787	4 083 700
1999	50 839	32 911.8	113 161	4 124 300
2000	46 218	32 732.5	108 463	4 146 400
2001	45 264	32 451.0	106 080	4 253 800

资料来源:《中国统计年鉴》。

采用 CES 生产函数,取对数后模型如下:

$$\ln(Q_i/M_i) = \beta_0 + 1/\beta_3 \ln(\beta_1 (L_i/M_i)^{\beta_3} + \beta_2 (K_i/M_i)^{\beta_3}) + \varepsilon_i$$

采用牛顿-拉夫森法迭代,初始值设为:{1.35,0.068,-0.01,-0.985},其 GAUSS 回归结果如表 3.3 所示。

表 3.3 GAUSS 回归结果

Final Result:				
Iterations = 4	Evaluations = 1 545			
Sum of Squares =	0. 022320			
Parameters =	1. 1400	0. 26689	-0. 010156	33. 041
Gradient Vector =	-0. 00093030	-0. 00088372	-0. 048272	1. 3188e-005

	Parameter	Asymptotic Std. Error	Asymptotic t-Ratio
X1	1. 1400	6 121. 6	0. 00018622
X2	0. 26689	1 432. 7	0. 00018629
X3	-0. 010156	0. 99644	-0. 010192
X4	33. 041	5. 2841e+005	6. 2528e-005

所以估计的 CES 生产函数为：

$$\ln(Q_i/M_i) = 1.14 + 1/33.041\ln(0.267\ (L_i/M_i)^{33.041} - 0.01\ (K_i/M_i)^{33.041})$$

3.4.3 变量标准化回归

利用第 2 章的中国税收增长数据,在第 2 章中,所构建的模型为

$$Y_i = \beta_1 + \beta_2 X_{2i} + \beta_3 X_{3i} + \beta_4 X_{4i} + \varepsilon_i$$

对 Y, X_2, X_3, X_4 进行标准化后的回归模型记为

$$Y_i^* = \beta_2^* X_{2i}^* + \beta_3^* X_{3i}^* + \beta_4^* X_{4i}^* + \varepsilon_i^*$$

其中,

$$\hat{\beta}_j^* = \hat{\beta}_j \frac{S_{X_j}}{S_Y} \quad (j = 1, \cdots, k), \quad \varepsilon_i^* = \frac{\varepsilon_i}{S_Y} \quad (i = 1, \cdots, n)$$

对标准化后的数据进行回归分析,结果为

$$Y_i^* = 0.156X_{2i}^* + 0.86X_{3i}^* + 0.034X_{4i}^*$$

$$se = \quad 0.039 \qquad 0.041 \qquad 0.012$$

$$t = \quad 3.957 \qquad 21.125 \qquad 2.745$$

$$F = 2\,717, \quad P = 0, \quad R^2 = 0.9974, \quad \bar{R}^2 = 0.9971$$

该结果表示,在其他变量不变的情况下,GDP(X_2)每提高 1 个标准差,税收收入则增长 0.156 个标准差;财政支出(X_3)每提高 1 个标准差,税收收入则增长 0.86 个标准差;零售商品价格指数(X_4)每提高 1 个标准差,税收收入则增长 0.034 个标准差。从上面的分析可以看出,财政支出对税收收入的影响最大,其次是 GDP,影响最弱的是零售商品价格指数。

本章思考与练习

3.1 非线性回归分析的研究对象是什么？需要运用非线性回归分析的经济变量关系有什么特点？

3.2 用高斯-牛顿法和牛顿-拉夫森法迭代估计非线性回归估计量时，参数的初始值是否可以任意选择？为什么？

3.3 设 Y 为空调销售额季度数据，建立如下两个只包含虚拟变量的模型：

$$\text{Ⅰ}: Y=\beta_1+\beta_2 D_2+\beta_3 D_3+\beta_4 D_4+\varepsilon$$

$$\text{Ⅱ}: Y=\beta_1 D_1+\beta_2 D_2+\beta_3 D_3+\beta_4 D_4+\varepsilon$$

其中，虚拟变量定义如下：

$$D_1=\begin{cases}1, & \text{season 1}\\ 0, & \text{otherwise}\end{cases}\qquad D_2=\begin{cases}1, & \text{season 2}\\ 0, & \text{otherwise}\end{cases}$$

$$D_3=\begin{cases}1, & \text{season 3}\\ 0, & \text{otherwise}\end{cases}\qquad D_4=\begin{cases}1, & \text{season 4}\\ 0, & \text{otherwise}\end{cases}$$

(1) 解释模型Ⅰ和模型Ⅱ中参数的含义。

(2) 模型Ⅱ是否存在虚拟变量陷阱？为什么？

3.4 美国 1970—1995 年个人可支配收入和个人储蓄的数据见下表：

美国 1970—1995 年间的储蓄与收入数据

时间	储蓄	收入	时间	储蓄	收入
1970	61.000	727.100	1983	167.000	2 522.400
1971	68.600	790.200	1984	235.700	2 810.000
1972	63.600	855.300	1985	206.200	3 002.000
1973	89.600	965.000	1986	196.500	3 187.600
1974	97.600	1 054.200	1987	168.400	3 363.100
1975	104.400	1 159.200	1988	189.100	3 640.800
1976	96.400	1 273.000	1989	187.800	3 894.500
1977	92.500	1 401.400	1990	208.700	4 166.800
1978	112.600	1 580.100	1991	246.400	4 343.700
1979	130.100	1 769.500	1992	272.600	4 613.700
1980	161.800	1 973.300	1993	214.400	4 790.200
1981	199.100	2 200.200	1994	189.400	5 021.700
1982	205.500	2 347.300	1995	249.300	5 320.800

由于美国1982年遭受了其和平时期最大的衰退，城市失业率达到了自1948年以来的最高水平9.7%。试建立分段回归模型，并通过模型进一步验证美国在1970—1995年间储蓄-收入关系发生了一次结构变动。

3.5 在行风评比中消费者的投诉次数是评价行业服务质量的一个重要指标。一般而言，受到投诉的次数越多就说明服务质量越差。有关部门对电信、电力和铁路三个服务行业各抽取了四家单位，统计出消费者一年来对这12家企业的投诉次数，见下表：

消费者对三个行业的投诉情况

行业	四个企业受到投诉的次数				均值
电信	3	4	5	4	4
电力	2	4	3	3	3
铁路	4	6	5	5	5

试采用虚拟解释变量回归方法，分析三个行业的服务质量是否存在显著的差异。

3.6 虚拟变量的设置原则是什么？试以加法形式在家庭对某商品的消费需求函数

$$Y_i = \beta_0 + \beta_1 X_i + \varepsilon_i$$

中引入虚拟变量，用以反映季节因素（淡、旺季）和家庭收入层次差异（高、低）对商品消费需求的影响，并写出各类消费函数的具体形式。

3.7 在多元回归模型中，当所有变量的样本方差都相等时，分析标准化系数的估计和标准的回归参数估计之间的关系。

3.8 如何理解变量的标准化及变量标准化回归在计量经济分析中的作用。

3.9 设消费函数的形式为

$$C = \alpha + \beta Y^{\gamma} + \varepsilon$$

其中，Y是总收入，C是消费，α,β,γ是待定参数。观测到某地区总消费和收入的数据见下表：

年度	Y	C	年度	Y	C	年度	Y	C
1950	791.8	733.2	1955	944.5	873.8	1960	1 091.1	1 005.1
1951	819.0	748.7	1956	989.4	899.8	1961	1 123.2	1 025.2
1952	844.3	771.4	1957	1 012.1	919.7	1962	1 170.2	1069.0
1953	880.0	802.5	1958	1 028.8	932.9	1963	1 207.3	1 108.4
1954	894.0	822.7	1959	1 067.2	979.4	1964	1 291.0	1 170.6

（续表）

年度	Y	C	年度	Y	C	年度	Y	C
1965	1 365.7	1 236.4	1972	1 797.4	1 621.9	1979	2 212.6	2 004.4
1966	1 431.3	1 298.9	1973	1 916.3	1 689.6	1980	2 214.3	2 000.4
1967	1 493.2	1 337.7	1974	1 896.6	1674.0	1981	2 248.6	2 024.2
1968	1 551.3	1 405.9	1975	1 931.7	1 711.9	1982	2 261.5	2 050.7
1969	1 599.8	1 456.7	1976	2 001.0	1 803.9	1983	2 334.6	2 145.9
1970	1 688.1	1 492.0	1977	2 066.6	1 883.8	1984	2 468.4	2 239.9
1971	1 728.4	1 538.8	1978	2 167.4	1 961.0	1985	2 509.0	2 312.6

（1）当 $\gamma=1$ 时，估计模型并解释其经济意义。

（2）以 $\gamma=1$ 时所得到的参数估计量作为初始值，采用高斯–牛顿迭代方法回归模型参数。

第 4 章 线性回归经典假设的分析

§4.1 多重共线性

4.1.1 多重共线性含义及引起的后果

一、多重共线性的含义

“多重共线性”一词由 R. Frisch 于 1934 年提出，它原指模型的解释变量间存在线性关系。针对总体回归模型(2.2)式

$$\boldsymbol{Y} = \boldsymbol{X\beta} + \boldsymbol{\varepsilon}$$

的经典假设条件，要求

$$\mathrm{rank}(\boldsymbol{X}'\boldsymbol{X}) = \mathrm{rank}(\boldsymbol{X}) = k < n \tag{4.1}$$

即要求矩阵 $\boldsymbol{X}$ 满秩。$\boldsymbol{X}$ 满秩就能保证行列式 $|\boldsymbol{X}'\boldsymbol{X}| \neq 0$，从而可以得到参数的估计值 $\hat{\boldsymbol{\beta}}$。如果这个假设条件不满足，即 $\mathrm{rank}(\boldsymbol{X}) < k$，就表明某些解释变量之间存在完全的线性相关关系，在这种情形下，根本无法求出参数的估计值 $\hat{\boldsymbol{\beta}}$。然而，在实际问题中，某些解释变量之间不是完全线性相关的或接近完全线性相关的。就模型中解释变量的关系而言，有三种可能：

(1) $r_{x_i x_j} = 0$，解释变量间毫无线性关系，变量间相互正交。这时已不需要多重回归，每个参数 β_j 都可以通过 Y 对 X_j 的一元回归来估计。

(2) $|r_{x_i x_j}| = 1$，解释变量间完全共线性。此时模型参数将无法确定。直观地看，当两变量按同一方式变化时，要区别每个解释变量对被解释变量的影响程度就非常困难。

(3) $0 < r_{x_i x_j} < 1$，解释变量间存在一定程度的线性关系。实际中常遇到的是这种情形。共线性程度的加强，对参数估计值的准确性、稳定性带来影响。因此我们关心的不是有无多重共线性，而是多重共线性的程度。

这里需要说明的是，在解决实际问题的过程中，经济变量在时间上有共同变化的趋势。如在经济上升时期，收入、消费、就业率等都增长，当经济处于收缩期，收入、消费、就业率等都下降或增长率下降。当这些变量同时做解释变量就会给模型带来多重共线性问题。另外，解释变量与其滞后变量同时做解释变量

时，也会引起多重共线性。

二、多重共线性引起的后果

如果解释变量之间存在明显的相关关系，即存在严重的多重共线性，将会影响模型的构建。

(1) 当$|r_{x_ix_j}|=1$时，$\boldsymbol{X}$为降秩矩阵，则$(\boldsymbol{X}'\boldsymbol{X})^{-1}$不存在，$\hat{\boldsymbol{\beta}}=(\boldsymbol{X}'\boldsymbol{X})^{-1}\boldsymbol{X}'\boldsymbol{Y}$不可计算。

(2) 若$|r_{x_ix_j}|\neq 1$，即使$|r_{x_ix_j}|\to 1$，$\hat{\boldsymbol{\beta}}$仍具有无偏性，即

$$E(\hat{\boldsymbol{\beta}})=E[(\boldsymbol{X}'\boldsymbol{X})^{-1}\boldsymbol{X}'\boldsymbol{Y}]=E[(\boldsymbol{X}'\boldsymbol{X})^{-1}\boldsymbol{X}'(\boldsymbol{X}\boldsymbol{\beta}+\boldsymbol{\varepsilon})]=\boldsymbol{\beta}+(\boldsymbol{X}'\boldsymbol{X})^{-1}\boldsymbol{X}'E(\boldsymbol{\varepsilon})=\boldsymbol{\beta}$$

然而，当$|r_{x_ix_j}|\to 1$时，$\boldsymbol{X}'\boldsymbol{X}$接近降秩矩阵，即$|\boldsymbol{X}'\boldsymbol{X}|\to 0$，$\mathrm{Var}(\hat{\boldsymbol{\beta}})=\sigma^2(\boldsymbol{X}'\boldsymbol{X})^{-1}$变得很大。所以$\hat{\boldsymbol{\beta}}$丧失有效性。以二元解释变量线性模型为例，当$r_{x_ix_j}=0.8$时，$\mathrm{Var}(\hat{\boldsymbol{\beta}})$为$r_{x_ix_j}=0$时$\hat{\boldsymbol{\beta}}$方差的2.78倍；当$r_{x_ix_j}=0.95$时，$\mathrm{Var}(\hat{\boldsymbol{\beta}})$为$r_{x_ix_j}=0$时的10.26倍。

4.1.2 多重共线性的检验

既然多重共线性会造成一些严重的后果，在建立线性回归模型的过程中，有必要检验样本是否存在多重共线性。检验样本是否存在严重的多重共线性常用的方法如下：

(1) 可决系数的值较大而回归系数的t值较小。当模型的可决系数R^2很高，总体显著性检验的F值很高，而每个回归参数估计值的方差$\mathrm{Var}(\beta_j)$又非常大，即t值很低时，说明解释变量之间存在多重共线性。

(2) Klein判别法。计算多重可决系数R^2及解释变量之间的简单相关系数$r_{x_ix_j}$。若有某个$|r_{x_ix_j}|>R^2$，则X_i、X_j间的多重共线性是有害的。

(3) 特征值与病态指数。根据矩阵行列式的性质，矩阵的行列式等于其特征根的连乘积。因而当行列式$|\boldsymbol{X}'\boldsymbol{X}|\to 0$时，矩阵$\boldsymbol{X}'\boldsymbol{X}$至少有一个特征根近似等于零。反之，可以证明，当矩阵$\boldsymbol{X}'\boldsymbol{X}$至少有一个特征根近似等于零时，$\boldsymbol{X}$的列向量之间必存在多重共线性。

实际上，设λ是矩阵$\boldsymbol{X}'\boldsymbol{X}$的一个近似等于零的特征根，$\boldsymbol{c}$是对应于该特征根的特征向量，则

$$\boldsymbol{X}'\boldsymbol{X}\boldsymbol{c}=\lambda\boldsymbol{c}\approx 0 \tag{4.2}$$

对(4.2)式两边左乘$\boldsymbol{c}'$，即有

$$\boldsymbol{c}'\boldsymbol{X}'\boldsymbol{X}\boldsymbol{c}\approx 0$$

即

$$Xc \approx 0$$

从而

$$c_0 + c_1 X_{1i} + c_2 X_{2i} + \cdots + c_k X_{ki} \approx 0, \quad i = 1, 2, \cdots, n \tag{4.3}$$

这里(4.3)式就反映出了前面所定义的多重共线性。我们应该注意到,矩阵 $\boldsymbol{X}'\boldsymbol{X}$ 有多少个特征根近似为零,设计矩阵就会有多少个类似(4.3)式的多重共线性关系,并且这些多重共线性关系的系数向量就等于接近于零的那些特征根对应的特征向量。

另外,特征根近似为零的标准可以用下面的病态指数(Condition Index)来确定。记 $\boldsymbol{X}'\boldsymbol{X}$ 的最大特征根为 λ_m,称

$$\mathrm{CI}_j = \sqrt{\frac{\lambda_m}{\lambda_j}}, \quad j = 0, 1, \cdots, k \tag{4.4}$$

为特征根的病态指数。注意特征根的个数与病态指数都包含了常数项在内。

病态指数度量了矩阵 $\boldsymbol{X}'\boldsymbol{X}$ 的特征根散布程度,可以用来判断多重共线性是否存在以及多重共线性的严重程度。一般认为,当 $0 < \mathrm{CI} < 10$ 时,设计矩阵 $\boldsymbol{X}$ 没有多重共线性;当 $10 \leqslant \mathrm{CI} < 100$ 时,认为设计矩阵 $\boldsymbol{X}$ 存在较强的多重共线性;当 $\mathrm{CI} \geqslant 100$ 时,则认为存在严重的多重共线性。

4.1.3 多重共线性的克服及岭回归方法

如果多重共线性较为严重,我们该如何处理?一般来说没有一个十分严格的克服多重共线性的方法。但是,可以尽量降低线性回归模型中存在的多重共线性。这里介绍一些经验规则和理论方法,以便克服或降低多重共线性问题时参考。

一、克服多重共线性的经验方法

1. 剔除变量

面对严重的多重共线性,最简单的克服方法之一就是剔除一个共线性的变量。但是,如果从模型中剔除的是重要的解释变量,可能会引起模型的设定误差。所谓设定误差是指在回归分析中使用了不正确的模型。我们知道,在解释粮食产量的模型中,应该包括播种面积和施肥量,那么剔除播种面积这个变量,就会构成设定误差。当模型中出现设定误差时,线性模型的分析出现的问题会更为严重,其中问题之一是,当出现设定误差时,回归系数的估计值是有偏的,这与多重共线性相比是一个更为严重的问题。

事实上,假设真实的模型为

$$Y_i = \beta_1 + \beta_2 X_{2i} + \beta_3 X_{3i} + \varepsilon_{1i}$$

如果我们错误地拟合了模型

$$Y_i = \beta_1^* + \beta_2^* X_{2i} + \varepsilon_{2i}$$

记
$$x_{2i}=X_{2i}-\bar{X}_2,\quad y_i=Y_i-\bar{Y}$$
那么，
$$\hat{\beta}_2^*=\frac{\sum x_{2i}y_i}{\sum x_{2i}^2}=\frac{\sum x_{2i}Y_i}{\sum x_{2i}^2}=\frac{\sum x_{2i}(\beta_1+\beta_2X_{2i}+\beta_3X_{3i}+\varepsilon_{1i})}{\sum x_{2i}^2}$$
$$=\frac{\beta_1\sum x_{2i}+\beta_2\sum x_{2i}X_{2i}+\beta_3\sum x_{2i}X_{3i}+\sum x_{2i}\varepsilon_{1i}}{\sum x_{2i}^2}$$
$$=\beta_2+\beta_3\frac{\sum x_{2i}X_{3i}}{\sum x_{2i}^2}+\frac{\sum x_{2i}\varepsilon_{1i}}{\sum x_{2i}^2}$$
$$=\beta_2+\beta_3\hat{b}_{32}+\frac{\sum x_{2i}\varepsilon_{1i}}{\sum x_{2i}^2}$$
这里，$\hat{b}_{32}$为回归模型 $X_{3i}=b_1+b_{32}X_{2i}+\nu_i$ 中回归系数的最小二乘估计量。所以，
$$E(\hat{\beta}_2^*)=\beta_2+\beta_3b_{32}\tag{4.5}$$
当解释变量之间存在多重共线性时，b_{32}是不会为零的，从而由(4.5)式知，
$$E(\hat{\beta}_2^*)\neq\beta_2$$
这说明如果因为有多重共线性而将一共线变量删除会导致有偏估计，而有偏估计对参数的估计来说，是一个更为严重的问题。在这里我们需要提及的是，在不完全共线的情形下，OLS 估计量仍然是 BLUE。

2. 增加样本容量

由于多重共线性是一个样本特征，所以有可能在同样变量的另一样本中共线性问题并不严重。这样只需要增大样本容量就能减轻共线性问题。看来增加样本容量可能是克服共线性的一个好方法，但在实际解决问题时，我们补充数据扩大样本容量并不是一件容易的事情，特别是在建立计量经济模型时所希望的解释变量的值就更困难。

3. 先验信息

如果通过经济理论分析能够得到某些参数之间的线性关系，可以将这种线性关系作为约束条件，将此约束条件和样本信息结合起来进行最小二乘估计。为了进一步说明问题，假设我们考虑模型
$$Y_i=\beta_1+\beta_2X_{2i}+\beta_3X_{3i}+\varepsilon_i$$
如果依据长期的经验分析可以认为两个解释变量的系数相互关系为 $\beta_3=0.3\beta_2$，运用这个先验信息有
$$Y_i=\beta_1+\beta_2X_{2i}+\beta_3X_{3i}+\varepsilon_i$$

$$= \beta_1 + \beta_2 X_{2i} + 0.3\beta_2 X_{3i} + \varepsilon_i$$

$$= \beta_1 + \beta_2 X_i + \varepsilon_i$$

其中，$X_i = X_{2i} + 0.3X_{3i}$。这样可以估计出 $\hat{\beta}_2$，然后可以得到 $\hat{\beta}_3$。

另外，我们应该注意到，横截面数据与时间序列数据并用也是先验信息法的一种变形，这种方法称为数据并用(Pooling the Data)。其基本思想是，首先利用横截面数据估计出部分参数，再利用时间序列数据估计另外的部分参数，最后得到整个方程参数的估计。

二、一阶差分法

一阶差分法就是将原模型变形为差分模型的形式，进而降低多重共线性的一种方法。

将原模型

$$Y_i = \beta_1 + \beta_2 X_{2i} + \beta_3 X_{3i} + \cdots + \beta_k X_{ki} + \varepsilon_i$$

经过一阶差分变换为

$$\Delta Y_i = \beta_2 \Delta X_{2i} + \beta_3 \Delta X_{3i} + \cdots + \beta_k \Delta X_{ki} + \Delta\varepsilon_i$$

其中，$\Delta Y_i = Y_i - Y_{i-1}$，$\Delta X_{2i} = X_{2i} - X_{2i-1}$，…，$\Delta X_{ki} = X_{ki} - X_{ki-1}$，$\Delta\varepsilon_i = \varepsilon_i - \varepsilon_{i-1}$。一般情况下，差分变换后变量之间的相关性比变换前要弱得多，所以差分后的模型可以有效地降低出现共线性的现象。然而，差分变换常常会引起信息的丢失，使自由度减少了一个，也可能会使得模型的干扰项出现序列相关，即

$$\begin{aligned} E(\Delta\varepsilon_i \Delta\varepsilon_{i-1}) &= E[(\varepsilon_i - \varepsilon_{i-1})(\varepsilon_{i-1} - \varepsilon_{i-2})] \\ &= E(\varepsilon_i\varepsilon_{i-1} - \varepsilon_i\varepsilon_{i-2} - \varepsilon_{i-1}^2 + \varepsilon_{i-1}\varepsilon_{i-2}) \\ &= E(-\varepsilon_{i-1}^2) = -\sigma^2 \end{aligned}$$

这样就违背了经典线性回归模型的相关假设，因此在具体应用时要慎重。关于序列相关的有关内容将在后面详细介绍。

三、逐步回归法

逐步回归法的基本思想是，首先用被解释变量对每一个所考虑的解释变量做简单回归，然后以对被解释变量贡献最大的解释变量所对应的回归方程为基础，以对被解释变量贡献大小为顺序逐个引入其余的解释变量。这个过程会出现三种情形：① 若新变量的引入改进了 $\bar{R}^2$ 和 F 检验，且回归参数的 t 检验在统计上也是显著的，则该变量在模型中予以保留。② 若新变量的引入未能改进 $\bar{R}^2$ 和 F 检验，且对其他回归参数估计值的 t 检验也未带来什么影响，则认为该变量是多余的，应该舍弃。③ 若新变量的引入未能改进 $\bar{R}^2$ 和 F 检验，且显著地影响了其他回归参数估计值的符号与数值，同时本身的回归参数也通不过 t 检验，这说明出现了严重的多重共线性，应舍弃该变量。

四、岭回归法

当建立计量经济模型存在多重共线性时,最小二乘估计的性质就不够理想,有时甚至遭到破坏。在这种情况下,要从本质上克服多重共线性,就需要一些新的估计方法。近四十年来,人们提出了许多新的估计方法,其在理论上最有影响并得到广泛应用的就是岭估计(Ridge Regression)。

为了能够较为深入地了解岭回归方法,并进一步说明岭估计量的优良性,我们引进评价一个估计优劣的标准——均方误差(Mean Squared Errors)。

设 $\boldsymbol{\theta}$ 为 $p\times1$ 未知参数向量,$\tilde{\boldsymbol{\theta}}$ 为 θ 的一个估计量。定义 $\tilde{\boldsymbol{\theta}}$ 的均方误差为

$$\mathrm{MSE}(\tilde{\boldsymbol{\theta}})=E(\tilde{\boldsymbol{\theta}}-\boldsymbol{\theta})'(\tilde{\boldsymbol{\theta}}-\boldsymbol{\theta}) \tag{4.6}$$

它量度了估计量 $\tilde{\boldsymbol{\theta}}$ 跟未知参数向量 $\boldsymbol{\theta}$ 平均偏离的大小。一个好的估计量应该有较小的均方误差。均方误差有一个重要的性质,即

$$\mathrm{MSE}(\tilde{\boldsymbol{\theta}})=\mathrm{tr}(\mathrm{Var}(\tilde{\boldsymbol{\theta}}))+(E(\tilde{\boldsymbol{\theta}})-\boldsymbol{\theta})'(E(\tilde{\boldsymbol{\theta}})-\boldsymbol{\theta}) \tag{4.7}$$

事实上,

$$\begin{aligned}\mathrm{MSE}(\tilde{\boldsymbol{\theta}})&=E(\tilde{\boldsymbol{\theta}}-\boldsymbol{\theta})'(\tilde{\boldsymbol{\theta}}-\boldsymbol{\theta})\\&=E[(\tilde{\boldsymbol{\theta}}-E\tilde{\boldsymbol{\theta}})+(E\tilde{\boldsymbol{\theta}}-\boldsymbol{\theta})]'[(\tilde{\boldsymbol{\theta}}-E\tilde{\boldsymbol{\theta}})+(E\tilde{\boldsymbol{\theta}}-\boldsymbol{\theta})]\\&=E(\tilde{\boldsymbol{\theta}}-E\tilde{\boldsymbol{\theta}})'(\tilde{\boldsymbol{\theta}}-E\tilde{\boldsymbol{\theta}})+(E\tilde{\boldsymbol{\theta}}-\boldsymbol{\theta})'(E\tilde{\boldsymbol{\theta}}-\boldsymbol{\theta})\\&=\boldsymbol{\Delta}_1+\boldsymbol{\Delta}_2\end{aligned} \tag{4.8}$$

根据矩阵迹的有关性质,(4.8)式中的第一项 $\boldsymbol{\Delta}_1$ 为

$$\begin{aligned}\boldsymbol{\Delta}_1&=E[\mathrm{tr}(\tilde{\boldsymbol{\theta}}-E\tilde{\boldsymbol{\theta}})'(\tilde{\boldsymbol{\theta}}-E\tilde{\boldsymbol{\theta}})]\\&=E[\mathrm{tr}(\tilde{\boldsymbol{\theta}}-E\tilde{\boldsymbol{\theta}})(\tilde{\boldsymbol{\theta}}-E\tilde{\boldsymbol{\theta}})']\\&=\mathrm{tr}[E(\tilde{\boldsymbol{\theta}}-E\tilde{\boldsymbol{\theta}})(\tilde{\boldsymbol{\theta}}-E\tilde{\boldsymbol{\theta}})']\\&=\mathrm{tr}(\mathrm{Var}(\tilde{\boldsymbol{\theta}}))\end{aligned}$$

如果记 $\tilde{\boldsymbol{\theta}}=(\tilde{\theta}_1,\tilde{\theta}_2,\cdots,\tilde{\theta}_p)'$,则

$$\boldsymbol{\Delta}_1=\mathrm{tr}(\mathrm{Var}(\tilde{\boldsymbol{\theta}}))=\sum_{i=1}^{p}\mathrm{Var}(\tilde{\theta}_i) \tag{4.9}$$

(4.9)式是估计量 $\tilde{\boldsymbol{\theta}}$ 的各分量方差之和,而且

$$\boldsymbol{\Delta}_2=(E\tilde{\boldsymbol{\theta}}-\boldsymbol{\theta})'(E\tilde{\boldsymbol{\theta}}-\boldsymbol{\theta})=\sum_{i=1}^{p}(E\tilde{\theta}_i-\theta)^2 \tag{4.10}$$

(4.10)式是估计量 $\tilde{\boldsymbol{\theta}}$ 的各分量的偏差 $E\tilde{\theta}_i-\theta$ 的平方和。这样一个估计的均方误差就是由各分量的方差和偏差所决定的。一个好的估计量应该有较小的方差和偏差。

下面我们介绍岭回归的基本方法。当解释变量之间存在多重共线性时 $|\boldsymbol{X}'\boldsymbol{X}|\approx 0$,则 $\text{Var}(\hat{\boldsymbol{\beta}})=\sigma^2(\boldsymbol{X}'\boldsymbol{X})^{-1}$ 将会增大,原因是 $\boldsymbol{X}'\boldsymbol{X}$ 接近奇异。如果将 $\boldsymbol{X}'\boldsymbol{X}$ 加上一个正常数对角阵 $k\boldsymbol{I}$($k>0$,$\boldsymbol{I}$ 为单位矩阵),即 $\boldsymbol{X}'\boldsymbol{X}+k\boldsymbol{I}$,使得 $|\boldsymbol{X}'\boldsymbol{X}+k\boldsymbol{I}|\approx 0$ 的可能性比 $|\boldsymbol{X}'\boldsymbol{X}|\approx 0$ 的可能性更小,那么 $\boldsymbol{X}'\boldsymbol{X}+k\boldsymbol{I}$ 接近奇异的程度就会比 $\boldsymbol{X}'\boldsymbol{X}$ 小得多。这样就可以得到 $\boldsymbol{\beta}$ 的岭回归估计为

$$\tilde{\boldsymbol{\beta}}(k)=(\boldsymbol{X}'\boldsymbol{X}+k\boldsymbol{I})^{-1}\boldsymbol{X}'\boldsymbol{Y} \tag{4.11}$$

其中 $\tilde{\boldsymbol{\beta}}(k)$ 称为 $\boldsymbol{\beta}$ 的岭回归估计量,k 称为岭参数或偏参数。当 k 取不同的值时,我们得到不同的估计,因此岭估计 $\tilde{\boldsymbol{\beta}}(k)$ 是一个估计类,当 $k=0$ 时,$\tilde{\boldsymbol{\beta}}(k)=(\boldsymbol{X}'\boldsymbol{X})^{-1}\boldsymbol{X}'\boldsymbol{Y}$ 就是普通最小二乘估计量。于是严格地讲,最小二乘估计量就是岭估计类中的一个估计量。但是在一般情况下,当我们提及岭估计时,一般不包括最小二乘估计。特别是在解释变量之间存在多重共线性时,以 $\tilde{\boldsymbol{\beta}}(k)$ 作为 $\boldsymbol{\beta}$ 的估计应比最小二乘估计稳定,随着 k 的逐渐增大,回归系数可能呈现出稳定的状态。因此,要选择适当的 k 值,岭回归参数才会优于最小二乘估计参数。为了进一步说明岭回归估计的优良性,有必要介绍岭回归估计量的有关性质。

性质 1 岭回归的参数估计是回归参数的有偏估计。

实际上,有

$$\begin{aligned}E[\tilde{\boldsymbol{\beta}}(k)] &= E[(\boldsymbol{X}'\boldsymbol{X}+k\boldsymbol{I})^{-1}\boldsymbol{X}'\boldsymbol{Y}]\\ &= (\boldsymbol{X}'\boldsymbol{X}+k\boldsymbol{I})^{-1}\boldsymbol{X}'E(\boldsymbol{Y})\\ &= (\boldsymbol{X}'\boldsymbol{X}+k\boldsymbol{I})^{-1}\boldsymbol{X}'\boldsymbol{X}\boldsymbol{\beta}\\ &\neq \boldsymbol{\beta}\end{aligned} \tag{4.12}$$

因此岭估计量是有偏估计,这是岭估计与最小二乘估计的一个重要的不同之处。

性质 2 在岭参数 k 与 $\boldsymbol{Y}$ 无关的情况下,$\tilde{\boldsymbol{\beta}}(k)$ 是最小二乘估计的一个线性变换,也是理论值 $\boldsymbol{Y}$ 的线性函数。

实际上,根据(4.11)式很容易看出这个性质的正确性。

性质 3 存在 $k>0$,使得

$$\text{MSE}(\tilde{\boldsymbol{\beta}}(k))<\text{MSE}(\hat{\boldsymbol{\beta}}) \tag{4.13}$$

即存在 $k>0$,使得在均方误差意义下,岭估计优于最小二乘估计。

这里需要说明的是关于 k 值的选择非常重要,在此我们主要介绍用岭迹法选择 k 值的基本思路。

岭估计 $\tilde{\boldsymbol{\beta}}(k)=(\boldsymbol{X}'\boldsymbol{X}+k\boldsymbol{I})^{-1}\boldsymbol{X}'\boldsymbol{Y}$ 随着 k 值的改变而变化。若记 $\tilde{\beta}_i(k)$ 为

$\tilde{\boldsymbol{\beta}}(k)$的第 i 个分量,它是 k 的一元函数。当 k 在$[0,\infty)$上变化时,$\tilde{\boldsymbol{\beta}}(k)$的图形称为岭迹(Ridge Trace)。将 $\tilde{\boldsymbol{\beta}}(k)$的每个分量 $\tilde{\beta}_i(k)$的岭迹画在同一个图上,根据岭迹的变化趋势选择 k 值,使得各个回归系数的岭估计大体上稳定,并且各个回归系数岭估计值的符号比较合理并符合实际。我们知道,最小二乘估计是使残差平方和达到最小的估计。k 愈大,岭估计跟最小二乘估计的偏差愈大。因此,它对应的残差平方和也随着 k 的增加而增加。当我们用岭迹法选择 k 值时,还应该考虑使得残差平方和不要上升得太多。在解决实际问题时,上述几点原则有时可能会有些相互不一致,顾此失彼的情况也经常出现,这就要根据不同的情况灵活处理。

需要提及的是,目前还没有形成公认的选择岭参数的最优方法,除了岭迹法,我们还可以选用方差扩大因子法、残差平方和法等。另外,在实际应用中,也可以考虑使用逐步搜索的方法,即开始给定小的 k 值,然后逐渐增加 k 的取值进行模拟,直到岭估计量 $\tilde{\boldsymbol{\beta}}(k)$的值趋于稳定为止。显然,用逐步搜索的方法确定 k,具有一定的主观性,但是具体的过程体现出了统计模拟的基本思想。

§4.2 异方差性

4.2.1 异方差性的含义及引起的后果

一、异方差的含义及表现

针对总体回归模型(2.2)式

$$\boldsymbol{Y}=\boldsymbol{X\beta}+\boldsymbol{\varepsilon}$$

的经典假设条件,要求给出 Var($\boldsymbol{\varepsilon}$)是一个对角矩阵,即

$$\mathrm{Var}(\boldsymbol{\varepsilon})=\sigma^2\boldsymbol{I}=\sigma^2\begin{bmatrix}1 & & & 0\\ & 1 & & \\ & & \ddots & \\ 0 & & & 1\end{bmatrix} \tag{4.14}$$

且 $\boldsymbol{\varepsilon}$ 的协差阵主对角线上的元素都是常数且相等,即每一干扰项的方差都是有限的相同值(同方差假定);且非主对角线上的元素为零(非自相关假定),当这个假定不成立时,Var($\boldsymbol{\varepsilon}$)不再是一个纯量对角矩阵。

$$\mathrm{Var}(\boldsymbol{\varepsilon})=\sigma^2\boldsymbol{\Omega}=\sigma^2\begin{bmatrix}\sigma_{11} & \sigma_{12} & \cdots & \sigma_{1n}\\ \sigma_{21} & \sigma_{22} & \cdots & \sigma_{2n}\\ \vdots & \vdots & & \vdots\\ \sigma_{n1} & \sigma_{n2} & \cdots & \sigma_{nn}\end{bmatrix}\neq\sigma^2\boldsymbol{I} \tag{4.15}$$

当干扰项向量 $\boldsymbol{\varepsilon}$ 的协差阵主对角线上的元素不相等时,称该随机误差系列存在异方差,即干扰项向量 $\boldsymbol{\varepsilon}$ 中的元素 ε_i 取自不同的分布总体。非主对角线上的元素表示干扰项之间的协方差值。比如 $\boldsymbol{\Omega}$ 中的 $\sigma_{ij}(i \neq j)$ 表示与第 i 组和第 j 组观测值相对应的 ε_i 与 ε_j 的协方差。若 $\boldsymbol{\Omega}$ 非主对角线上的部分或全部元素都不为零,干扰项就是序列相关的。本节讨论异方差,下一节讨论序列相关问题。

首先明确同方差假定如图 4.1 和图 4.2 所示。对于随着解释变量的变化,相应 ε_i 的分布方差都是相同的。

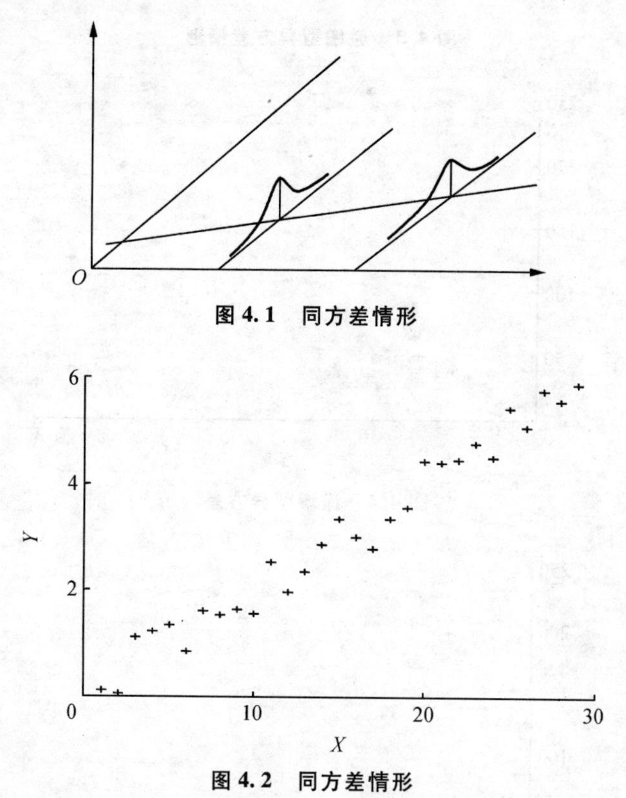

图 4.1　同方差情形

图 4.2　同方差情形

这样我们就可以进一步明确异方差通常的三种表现形式:(1) 递增型;(2) 递减型;(3) 条件自回归型。递增型异方差见图 4.3 和图 4.4。图 4.5 为递减型异方差。图 4.6 为条件自回归型异方差。

这里我们要说明的是:第一,时间序列数据和截面数据中都有可能存在异方差;第二,经济时间序列中的异方差一般为递增型异方差。金融时间序列中的异方差常表现为自回归条件异方差。

无论是时间序列数据还是截面数据,递增型异方差的来源主要是因为随着解释变量值的增大,被解释变量取值的差异性增大。

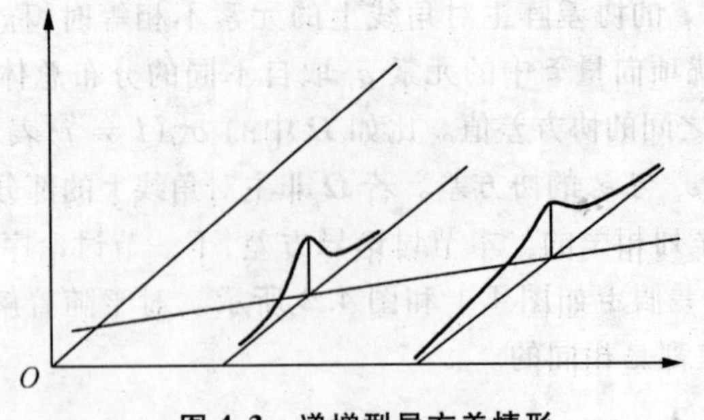

图 4.3 递增型异方差情形

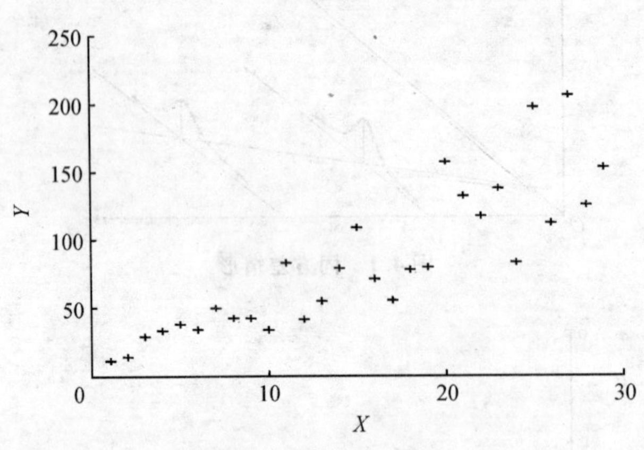

图 4.4 递增型异方差

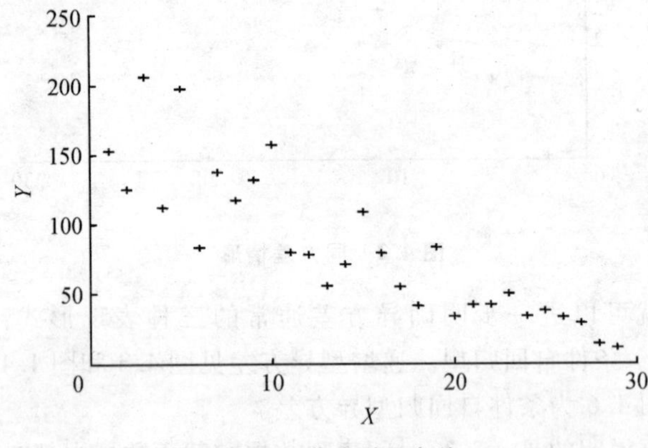

图 4.5 递减型异方差

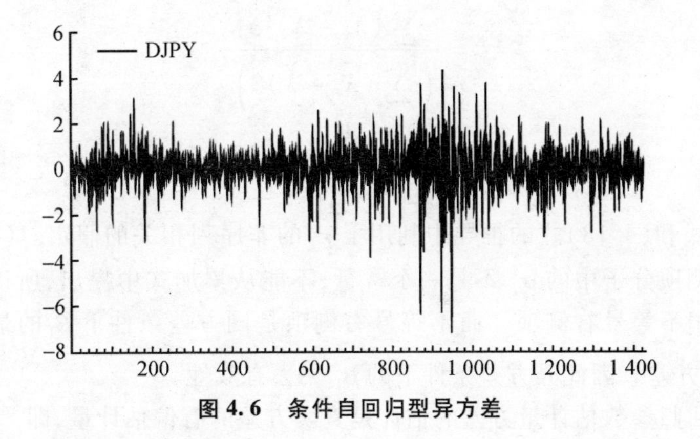

图 4.6　条件自回归型异方差

二、异方差引起的后果

我们从简单线性回归模型入手，讨论异方差对参数估计的影响，然后再针对一般回归线性模型进行讨论。对模型

$$Y_i = \beta_0 + \beta_1 X_i + \varepsilon_i \tag{4.16}$$

当 $\mathrm{Var}(\varepsilon_i) = \sigma_i^2$，为异方差时（$\sigma_i^2$ 是一个随时间或序数变化的量），回归参数估计量仍具有无偏性和一致性。针对 $\hat{\beta}_1$ 而言

$$\begin{aligned} E(\hat{\beta}_1) &= E\left(\frac{\sum (X_i - \bar{X})(Y_i - \bar{Y})}{\sum (X_i - \bar{X})^2}\right) \\ &= E\left(\frac{\sum (X_i - \bar{X})[\beta_1 (X_i - \bar{X}) + \varepsilon_i]}{\sum (X_i - \bar{X})^2}\right) \\ &= \beta_1 + \frac{\sum (X_i - \bar{X}) E(\varepsilon_i)}{\sum (X_i - \bar{X})^2} = \beta_1 \end{aligned} \tag{4.17}$$

但是回归参数估计量不再具有有效性，即

$$\begin{aligned} \mathrm{Var}(\hat{\beta}_1) &= E(\hat{\beta}_1 - \beta_1)^2 \\ &= E\left(\frac{\sum (X_i - \bar{X})\varepsilon_i}{\sum (X_i - \bar{X})^2}\right)^2 \\ &= \frac{\sum (X_i - \bar{X})^2 E(\varepsilon_i)^2}{\left(\sum (X_i - \bar{X})^2\right)^2} \end{aligned}$$

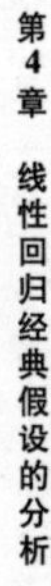

$$= \frac{\sum (X_i - \bar{X})^2 \sigma_i^2}{\left(\sum (X_i - \bar{X})^2 \right)^2}$$

$$\neq \frac{\sigma^2}{\sum (X_i - \bar{X})^2} \tag{4.18}$$

在(4.17)式和(4.18)式的推导中利用了 ε_i 的非序列相关的假定。(4.18)式中不等号左侧项分子中的 σ_i^2 不是一个常量,不能从累加式中提出,所以不等号左侧项不等于不等号右侧项。而不等号右侧项是同方差条件下 β_1 的最小二乘估计量 $\hat{\beta}_1$ 的方差。因此异方差条件下的 $\hat{\beta}_1$ 失去有效性。

另外回归参数估计量方差的估计是真实方差的有偏估计量,即

$$E(\hat{\text{Var}}(\hat{\beta}_1)) \neq \text{Var}(\hat{\beta}_1)$$

针对一般线性回归模型(2.2)式

$$\boldsymbol{Y} = \boldsymbol{X\beta} + \boldsymbol{\varepsilon}$$

因为 OLS 估计量无偏性的证明只依赖于模型的一阶矩,所以当 $\text{Var}(\boldsymbol{\varepsilon})$ 以(4.14)式表示时,OLS 估计量 $\hat{\boldsymbol{\beta}}$ 仍具有无偏性和一致性,即

$$\begin{aligned} E(\hat{\boldsymbol{\beta}}) &= E[(\boldsymbol{X'X})^{-1}\boldsymbol{X'Y}] \\ &= E(\boldsymbol{X'X})^{-1}\boldsymbol{X'}(\boldsymbol{X\beta} + \boldsymbol{\varepsilon})] \\ &= \boldsymbol{\beta} + (\boldsymbol{X'X})^{-1}\boldsymbol{X'}E(\boldsymbol{\varepsilon}) \\ &= \boldsymbol{\beta} \end{aligned} \tag{4.19}$$

但不具有有效性和渐近有效性,而且 $\hat{\boldsymbol{\beta}}$ 的分布将受到影响,即

$$\begin{aligned} \text{Var}(\hat{\boldsymbol{\beta}}) &= E[(\hat{\boldsymbol{\beta}} - \boldsymbol{\beta})(\hat{\boldsymbol{\beta}} - \boldsymbol{\beta})'] \\ &= E[(\boldsymbol{X'X})^{-1}\boldsymbol{X'\varepsilon\varepsilon'X}(\boldsymbol{X'X})^{-1}] \\ &= (\boldsymbol{X'X})^{-1}\boldsymbol{X'}E(\boldsymbol{\varepsilon\varepsilon'})\boldsymbol{X}(\boldsymbol{X'X})^{-1} \\ &= \sigma^2(\boldsymbol{X'X})^{-1}\boldsymbol{X'\Omega X}(\boldsymbol{X'X})^{-1} \\ &\neq \sigma^2(\boldsymbol{X'X})^{-1} \end{aligned} \tag{4.20}$$

由(4.20)式知异方差条件下 $\hat{\boldsymbol{\beta}}$ 是非有效估计量。

异方差性的存在,会对线性回归模型的正确建立和统计推断带来严重的后果,因此在计量经济分析中,有必要检验模型是否存在异方差。

4.2.2 异方差性的检验

一、定性分析异方差

定性分析异方差的角度很多,我们可以根据实际建立模型依据的经济理论

和实际经济现象来分析是否存在异方差性，一般情况下经济变量规模差别很大时容易出现异方差，如个人收入与支出关系、投入与产出关系。另外，我们也可以利用散点图（图4.7）和残差图（图4.8），来初步判断异方差的存在性。

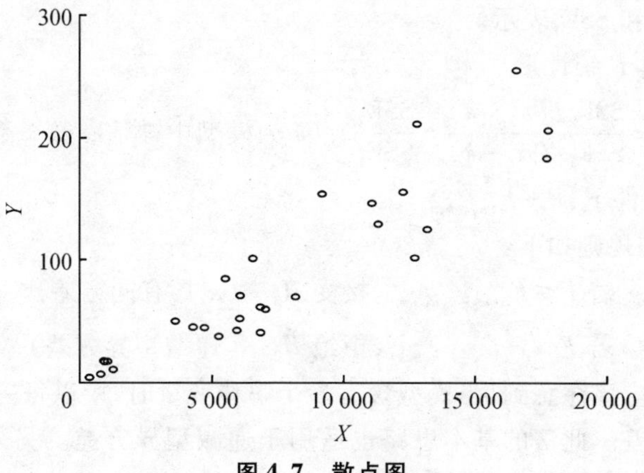

图4.7 散点图

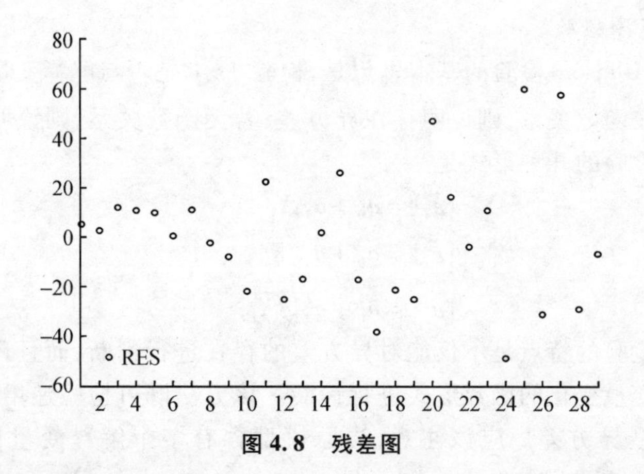

图4.8 残差图

二、戈德菲尔德-昆茨检验

戈德菲尔德-昆茨（Goldfeld-Quandt）检验方法是戈德菲尔德-昆茨于1965年提出的，所要检验的问题为

H_0：ε_i 具有同方差 H_1：ε_i 具有递增型异方差

其检验的基本思想是：

第一，把原样本分成两个子样本。具体方法是把成对（组）的观测值按解释变量的大小顺序排列，略去 m 个处于中心位置的观测值（通常 $n>30$ 时，取 $m\approx n/4$，余下的 $n-m$ 个观测值自然分成容量相等 $(n-m)/2$ 的两个子样本）。

$$\underbrace{X_1, X_2}_{n_1=(n-m)/2}, \underbrace{\cdots, X_{i-1}, X_i, X_{i+1}, \cdots}_{m=n/4}, \underbrace{X_{n-1}, X_n}_{n_2=(n-m)/2}$$

第二,用两个子样本分别估计回归直线,并计算残差平方和。相对于 n_2 和 n_1 分别用 SSE_2 和 SSE_1 表示。

第三,构建 F 统计量

$$F=\frac{SSE_2/(n_2-k)}{SSE_1/(n_1-k)}=\frac{SSE_2}{SSE_1} \quad (k \text{ 为模型中被估参数个数})$$

在 H_0 成立的条件下,$F \sim F_{(n_2-k,n_1-k)}$

第四,判别规则如下:

若 $F \leqslant F_{\alpha(n_2-k,n_1-k)}$,接受 H_0 (ε_i 具有同方差)

若 $F > F_{\alpha(n_2-k,n_1-k)}$,拒绝 H_0 (递增型异方差)

这里我们应该注意到,当模型含有多个解释变量时,应以每一个解释变量为基准检验异方差。此法的基本思路也适用于递减型异方差。另外,对于截面样本,计算 F 统计量之前,必须先把数据按解释变量的值从小到大排序。

三、格莱泽检验

格莱泽(Glejser)检验的基本思想是,检验 $|\hat{\varepsilon}_i|$ 是否与解释变量 X_i 存在函数关系。若存在函数关系,则说明存在异方差;若无函数关系,则说明不存在异方差。通常应检验的几种形式是

$$|\hat{\varepsilon}_i| = a_0 + a_1 X_i$$

$$|\hat{\varepsilon}_i| = a_0 + a_1 / X_i$$

$$|\hat{\varepsilon}_i| = a_0 + a_1 \sqrt{X_i}, \quad \cdots$$

格莱泽检验的特点是不仅能对异方差的存在进行判断,而且还能对异方差随某个解释变量变化的函数形式进行诊断。该方法既可检验递增型异方差,也可检验递减型异方差。应该注意,当原模型含有多个解释变量值时,可以把 $|\hat{\varepsilon}_i|$ 拟合成多变量回归形式。

四、怀特检验

怀特(White)检验由 H. 怀特(H. White)于 1980 年提出。戈德菲尔德-昆茨检验必须先把数据按解释变量的值从小到大排序。格莱泽检验通常要试拟合多个回归式。怀特检验不需要对观测值排序,也不依赖于随机误差项服从正态分布,它是通过一个辅助回归式构造 χ^2 统计量进行异方差检验。怀特检验的具体步骤如下。以二元回归模型为例,

$$Y_i = \beta_0 + \beta_1 X_{i1} + \beta_2 X_{i2} + \varepsilon_i \tag{4.21}$$

第一,对上式进行 OLS 回归,求残差 $\hat{\varepsilon}_i$。并做如下辅助回归式

$$\hat{\varepsilon}_i^2 = \alpha_0 + \alpha_1 X_{i1} + \alpha_2 X_{i2} + \alpha_3 X_{i1}^2 + \alpha_4 X_{i2}^2 + \alpha_5 X_{i1} X_{i2} + v_i \tag{4.22}$$

即用 $\hat{\varepsilon}_i^2$ 对原回归式中的各解释变量、解释变量的平方项、交叉积项进行 OLS 回归。注意,(4.22)式中要保留常数项。求辅助回归(4.22)式的可决系数 R^2。

第二,怀特检验的零假设和备择假设是

H_0:(4.21)式中的 ε_i 不存在异方差

H_1:(4.21)式中的 ε_i 存在异方差

第三,在不存在异方差假设条件下统计量

$$nR^2 \sim \chi^2(5) \tag{4.23}$$

其中 n 表示样本容量,R^2 是辅助回归(4.22)式的 OLS 估计式的可决系数。自由度5 表示辅助回归(4.22)式中解释变量的项数。

第四,判别规则是

若 $nR^2 \leqslant \chi_\alpha^2(5)$,接受 H_0 (ε_i 具有同方差)

若 $nR^2 > \chi_\alpha^2(5)$,拒绝 H_0 (ε_i 具有异方差)

怀特检验的特点是,不仅能够检验异方差的存在,同时在多变量的情况下,还能够判断出是哪一个变量引起的异方差,通常适用于截面数据的情形。该方法不需要异方差的先验信息,但要求观测值为大样本。

五、自回归条件异方差检验

异方差的另一种检验方法称为自回归条件异方差(Autoregressive Conditional Heteroscedasticity)检验,简称为 ARCH 检验。这种检验方法不是把原回归模型的随机误差项 σ_i^2 看成 X_i 的函数,而是把 σ_i^2 看做误差滞后项 $\varepsilon_{i-1}^2, \varepsilon_{i-2}^2, \cdots$ 的函数。ARCH 是误差项二阶矩的自回归过程。恩格尔(Engle, 1982)针对 ARCH 过程提出 LM 检验法。辅助回归式定义为

$$\hat{\varepsilon}_i^2 = \alpha_0 + \alpha_1 \hat{\varepsilon}_{i-1}^2 + \cdots + \alpha_n \hat{\varepsilon}_{i-m}^2 \tag{4.24}$$

LM 统计量定义为

$$\text{ARCH} = nR^2 \sim \chi^2(m)$$

其中 R^2 是辅助回归式(4.24)的可决系数。在 $H_0: \alpha_1 = \cdots = \alpha_m = 0$ 成立条件下,ARCH 渐近服从 $\chi^2(m)$ 分布。ARCH 检验的最常用形式是一阶自回归模型($m = 1$),

$$\hat{\varepsilon}_i^2 = \alpha_0 + \alpha_1 \hat{\varepsilon}_{i-1}^2$$

在这种情形下,ARCH 渐近服从 $\chi^2(1)$ 分布。

ARCH 检验的特点是,要求变量的观测值是大样本,并且是时间序列数据;它只能判断模型中是否存在异方差,而不能诊断出是哪一个变量引起的异方差。

4.2.3 广义最小二乘法及异方差性的克服

为了进一步从理论上掌握克服异方差的方法，更好地开拓建立计量经济模型的思路，这里我们将详细地介绍广义最小二乘法的基本理论和方法，然后讨论异方差的克服。

一、广义最小二乘法

设模型为

$$\boldsymbol{Y}=\boldsymbol{X\beta}+\boldsymbol{\varepsilon} \tag{4.25}$$

其中

$$E(\boldsymbol{\varepsilon})=\boldsymbol{0},\quad \mathrm{Var}(\boldsymbol{\varepsilon})=E(\boldsymbol{\varepsilon\varepsilon}')=\sigma^2\boldsymbol{\Omega} \tag{4.26}$$

$\boldsymbol{\Omega}$ 已知。因为 $\boldsymbol{\Omega}\neq\boldsymbol{I}$，违反了线性回归模型的经典假定条件，所以应该对模型进行适当修正。

因为 $\boldsymbol{\Omega}$ 是一个 n 阶正定矩阵，根据线性代数的知识，必存在一个非退化 $n\times n$ 阶矩阵 $\boldsymbol{M}$ 使得

$$\boldsymbol{M\Omega M}'=\boldsymbol{I}_{n\times n} \tag{4.27}$$

从(4.27)式得

$$\boldsymbol{M}'\boldsymbol{M}=\boldsymbol{\Omega}^{-1} \tag{4.28}$$

用 $\boldsymbol{M}$ 左乘(4.25)式回归模型两侧得

$$\boldsymbol{MY}=\boldsymbol{MX\beta}+\boldsymbol{M\varepsilon} \tag{4.29}$$

令 $\boldsymbol{Y}^*=\boldsymbol{MY},\boldsymbol{X}^*=\boldsymbol{MX},\boldsymbol{\varepsilon}^*=\boldsymbol{M\varepsilon}$，那么(4.29)式变换为

$$\boldsymbol{Y}^*=\boldsymbol{X}^*\boldsymbol{\beta}+\boldsymbol{\varepsilon}^* \tag{4.30}$$

根据(4.15)式，则 $\boldsymbol{\varepsilon}^*$ 的协差阵为

$$\mathrm{Var}(\boldsymbol{\varepsilon}^*)=E(\boldsymbol{\varepsilon}^*\boldsymbol{\varepsilon}^{*\prime})=E(\boldsymbol{M\varepsilon\varepsilon}'\boldsymbol{M}')=\sigma^2\boldsymbol{M\Omega M}'=\sigma^2\boldsymbol{I} \tag{4.31}$$

变换后模型的 $\mathrm{Var}(\boldsymbol{\varepsilon}^*)$ 是一个纯量对角矩阵。对变换后模型(4.30)式进行 OLS 估计，得到的是 $\boldsymbol{\beta}$ 的最佳线性无偏估计量。这种估计方法称为广义最小二乘法。$\boldsymbol{\beta}$ 的广义最小二乘估计量(Generalized Least Squares Estimator)定义为

$$\begin{aligned}\hat{\boldsymbol{\beta}}^*&=(\boldsymbol{X}^{*\prime}\boldsymbol{X}^*)^{-1}\boldsymbol{X}^{*\prime}\boldsymbol{Y}^*\\&=(\boldsymbol{X}'\boldsymbol{M}'\boldsymbol{MX})^{-1}\boldsymbol{X}'\boldsymbol{M}'\boldsymbol{MY}\\&=(\boldsymbol{X}'\boldsymbol{\Omega}^{-1}\boldsymbol{X})^{-1}\boldsymbol{X}'\boldsymbol{\Omega}^{-1}\boldsymbol{Y}\end{aligned} \tag{4.32}$$

当线性回归模型(4.25)式满足条件(4.26)式时，广义最小二乘估计量 $\hat{\boldsymbol{\beta}}^*$ 为参数 $\boldsymbol{\beta}$ 的最优线性无偏估计量，具体表现为：

1. 线性特性

由(4.32)式知

$$\hat{\boldsymbol{\beta}}^* = (\boldsymbol{X}'\boldsymbol{\Omega}^{-1}\boldsymbol{X})^{-1}\boldsymbol{X}'\boldsymbol{\Omega}^{-1}\boldsymbol{Y}$$
$$= (\boldsymbol{X}'\boldsymbol{\Omega}^{-1}\boldsymbol{X})^{-1}\boldsymbol{X}'\boldsymbol{\Omega}^{-1}(\boldsymbol{X\beta} + \boldsymbol{\varepsilon})$$
$$= \boldsymbol{\beta} + (\boldsymbol{X}'\boldsymbol{\Omega}^{-1}\boldsymbol{X})^{-1}\boldsymbol{X}'\boldsymbol{\Omega}^{-1}\boldsymbol{\varepsilon} \tag{4.33}$$

令 $\boldsymbol{A}^* = (\boldsymbol{X}'\boldsymbol{\Omega}^{-1}\boldsymbol{X})^{-1}\boldsymbol{X}'\boldsymbol{\Omega}^{-1}$，那么，(4.33)式为

$$\hat{\boldsymbol{\beta}}^* = \boldsymbol{A}^*\boldsymbol{Y} = \boldsymbol{\beta} + \boldsymbol{A}^*\boldsymbol{\varepsilon} \tag{4.34}$$

从而，说明它不仅是 $\boldsymbol{Y}$ 的线性组合，也是 $\boldsymbol{\varepsilon}$ 的线性组合。

2. 无偏性

由(4.34)式知

$$E(\hat{\boldsymbol{\beta}}^*) = E(\boldsymbol{\beta} + \boldsymbol{A}^*\boldsymbol{\varepsilon})$$
$$= E(\boldsymbol{\beta}) + \boldsymbol{A}^*E(\boldsymbol{\varepsilon})$$
$$= \boldsymbol{\beta} \tag{4.35}$$

3. 最小方差性

首先计算广义最小二乘估计量 $\hat{\boldsymbol{\beta}}^*$ 的协方差矩阵为

$$\mathrm{Var}(\hat{\boldsymbol{\beta}}^*) = E[(\hat{\boldsymbol{\beta}}^* - \boldsymbol{\beta})(\hat{\boldsymbol{\beta}}^* - \boldsymbol{\beta})']$$
$$= E[(\boldsymbol{A}^*\boldsymbol{\varepsilon})(\boldsymbol{A}^*\boldsymbol{\varepsilon})']$$
$$= \sigma^2\boldsymbol{A}^*\boldsymbol{\Omega}\boldsymbol{A}^{*\prime}$$
$$= \sigma^2(\boldsymbol{X}'\boldsymbol{\Omega}^{-1}\boldsymbol{X})^{-1} \tag{4.36}$$

假设 $\hat{\boldsymbol{\beta}}_c^*$ 为 $\boldsymbol{\beta}$ 的任何其他线性无偏估计量，不妨假设

$$\hat{\boldsymbol{\beta}}_c^* = (\boldsymbol{A}^* + \boldsymbol{C}^*)\boldsymbol{Y} \tag{4.37}$$

由于 $\hat{\boldsymbol{\beta}}_c^*$ 为 $\boldsymbol{\beta}$ 的无偏估计量，即有

$$E(\hat{\boldsymbol{\beta}}_c^*) = (\boldsymbol{A}^* + \boldsymbol{C}^*)\boldsymbol{X\beta} + (\boldsymbol{A}^* + \boldsymbol{C}^*)E(\boldsymbol{\varepsilon})$$
$$= \boldsymbol{A}^*\boldsymbol{X\beta} + \boldsymbol{C}^*\boldsymbol{X\beta}$$
$$= \boldsymbol{\beta} + \boldsymbol{C}^*\boldsymbol{X\beta} \tag{4.38}$$

这样只有 $\boldsymbol{C}^*\boldsymbol{X} = \boldsymbol{0}$ 或 $\boldsymbol{X}'\boldsymbol{C}^{*\prime} = \boldsymbol{0}$。

那么有

$$\mathrm{Var}(\hat{\boldsymbol{\beta}}_c^*) = E[(\hat{\boldsymbol{\beta}}_c^* - \boldsymbol{\beta})(\hat{\boldsymbol{\beta}}_c^* - \boldsymbol{\beta})']$$
$$= (\boldsymbol{A}^* + \boldsymbol{C}^*)E(\boldsymbol{\varepsilon\varepsilon}')(\boldsymbol{A}^* + \boldsymbol{C}^*)'$$
$$= \sigma^2(\boldsymbol{A}^* + \boldsymbol{C}^*)\boldsymbol{\Omega}(\boldsymbol{A}^* + \boldsymbol{C}^*)' \tag{4.39}$$

在(4.39)式中

$$(\boldsymbol{A}^* + \boldsymbol{C}^*)\boldsymbol{\Omega}(\boldsymbol{A}^* + \boldsymbol{C}^*)' = (\boldsymbol{X}'\boldsymbol{\Omega}^{-1}\boldsymbol{X})^{-1} + \boldsymbol{C}^*\boldsymbol{\Omega}\boldsymbol{C}^{*\prime}$$
$$= (\boldsymbol{X}'\boldsymbol{\Omega}^{-1}\boldsymbol{X})^{-1} + (\boldsymbol{C}^*\boldsymbol{M}^{-1})(\boldsymbol{C}^*\boldsymbol{M}^{-1})'$$

从而

$$\mathrm{Var}(\hat{\boldsymbol{\beta}}_c^*) = \sigma^2(\boldsymbol{X}'\boldsymbol{\Omega}^{-1}\boldsymbol{X})^{-1} + \sigma^2(\boldsymbol{C}^*\boldsymbol{M}^{-1})(\boldsymbol{C}^*\boldsymbol{M}^{-1})'$$
$$= \mathrm{Var}(\hat{\boldsymbol{\beta}}^*) + \sigma^2(\boldsymbol{C}^*\boldsymbol{M}^{-1})(\boldsymbol{C}^*\boldsymbol{M}^{-1})' \quad (4.40)$$

根据矩阵代数的知识,任何矩阵与自身转置的乘积都是半正定矩阵,(4.40)式中的$(\boldsymbol{C}^*\boldsymbol{M}^{-1})(\boldsymbol{C}^*\boldsymbol{M}^{-1})'$为半正定矩阵,其对角线上的元素必然是非负的,因此得知,广义最小二乘估计量$\hat{\boldsymbol{\beta}}^*$为参数$\boldsymbol{\beta}$的最优线性无偏估计量。

在实际应用中,我们需要对σ^2进行估计,σ^2的无偏估计量为

$$\hat{\sigma}^2 = (\boldsymbol{Y}^* - \boldsymbol{X}^*\hat{\boldsymbol{\beta}}^*)'(\boldsymbol{Y}^* - \boldsymbol{X}^*\hat{\boldsymbol{\beta}}^*)/(n-k)$$
$$= (\boldsymbol{MY} - \boldsymbol{MX}\hat{\boldsymbol{\beta}}^*)'(\boldsymbol{MY} - \boldsymbol{MX}\hat{\boldsymbol{\beta}}^*)/(n-k)$$
$$= (\boldsymbol{Y} - \boldsymbol{X}\hat{\boldsymbol{\beta}}^*)'\boldsymbol{\Omega}^{-1}(\boldsymbol{Y} - \boldsymbol{X}\hat{\boldsymbol{\beta}}^*)/(n-k) \quad (4.41)$$

这里我们需要强调的是,一般情况下广义最小二乘估计量比普通最小二乘估计量更有效。事实上,当线性模型满足(4.26)式时,如果继续对模型用普通最小二乘法得到估计量$\hat{\boldsymbol{\beta}}$,知

$$\mathrm{Var}(\hat{\boldsymbol{\beta}}) = E[(\hat{\boldsymbol{\beta}} - \boldsymbol{\beta})(\hat{\boldsymbol{\beta}} - \boldsymbol{\beta})']$$
$$= E[(\boldsymbol{A\varepsilon})(\boldsymbol{A\varepsilon})']$$
$$= (\boldsymbol{X}'\boldsymbol{X})^{-1}\boldsymbol{X}'E(\boldsymbol{\varepsilon\varepsilon}')\boldsymbol{X}(\boldsymbol{X}'\boldsymbol{X})^{-1}$$
$$= \sigma^2(\boldsymbol{X}'\boldsymbol{X})^{-1}\boldsymbol{X}'\boldsymbol{\Omega}\boldsymbol{X}(\boldsymbol{X}'\boldsymbol{X})^{-1} \quad (4.42)$$

由(4.36)式知,要说明广义最小二乘估计量比普通最小二乘估计量更有效,只要证明

$$(\boldsymbol{X}'\boldsymbol{\Omega}^{-1}\boldsymbol{X})^{-1} \leqslant (\boldsymbol{X}'\boldsymbol{X})^{-1}\boldsymbol{X}'\boldsymbol{\Omega}\boldsymbol{X}(\boldsymbol{X}'\boldsymbol{X})^{-1} \quad (4.43)$$

成立。(4.43)式中的不等号表示$(\boldsymbol{X}'\boldsymbol{X})^{-1}\boldsymbol{X}'\boldsymbol{\Omega}\boldsymbol{X}(\boldsymbol{X}'\boldsymbol{X})^{-1} - (\boldsymbol{X}'\boldsymbol{\Omega}^{-1}\boldsymbol{X})^{-1}$为一个半正定矩阵。

令

$$\boldsymbol{P} = (\boldsymbol{X}'\boldsymbol{X})^{-1}\boldsymbol{X}', \quad \boldsymbol{Q} = (\boldsymbol{X}'\boldsymbol{\Omega}^{-1}\boldsymbol{X})^{-1}$$

由于

$$(\boldsymbol{P} - \boldsymbol{QX}'\boldsymbol{\Omega}^{-1})\boldsymbol{\Omega}(\boldsymbol{P} - \boldsymbol{QX}'\boldsymbol{\Omega}^{-1})' = \boldsymbol{P\Omega P}' - \boldsymbol{QX}'\boldsymbol{P}' - \boldsymbol{PXQ}' + \boldsymbol{QX}'\boldsymbol{\Omega}^{-1}\boldsymbol{XQ}'$$
$$= \boldsymbol{P\Omega P}' - \boldsymbol{Q} \quad (4.44)$$

那么,根据(4.27)式

$$(\boldsymbol{X}'\boldsymbol{X})^{-1}\boldsymbol{X}'\boldsymbol{\Omega}\boldsymbol{X}(\boldsymbol{X}'\boldsymbol{X})^{-1} - (\boldsymbol{X}'\boldsymbol{\Omega}^{-1}\boldsymbol{X})^{-1}$$
$$= \boldsymbol{P\Omega P}' - \boldsymbol{Q}$$
$$= [(\boldsymbol{P} - \boldsymbol{QX}'\boldsymbol{\Omega}^{-1})\boldsymbol{M}^{-1}][(\boldsymbol{P} - \boldsymbol{QX}'\boldsymbol{\Omega}^{-1})\boldsymbol{M}^{-1}]' \quad (4.45)$$

根据矩阵代数的知识,(4.45)式中的

$$[(P-QX'\Omega^{-1})M^{-1}][(P-QX'\Omega^{-1})M^{-1}]'$$

为半正定矩阵。从而说明了$(X'X)^{-1}X'\Omega X(X'X)^{-1}-(X'\Omega^{-1}X)^{-1}$为一个半正定矩阵。

二、异方差的克服

设模型(4.25)式满足$E(\varepsilon)=0$,$\mathrm{Var}(\varepsilon)=E(\varepsilon\varepsilon')=\sigma^2\Omega$,一般的异方差情形是

$$\Omega=\begin{bmatrix}\sigma_{11} & 0 & \cdots & 0\\ 0 & \sigma_{22} & \cdots & 0\\ \vdots & \vdots & & \vdots\\ 0 & 0 & \cdots & \sigma_{nn}\end{bmatrix} \tag{4.46}$$

对应用广义最小二乘法而言,很容易选取M为

$$M=\begin{bmatrix}1/\sqrt{\sigma_{11}} & 0 & \cdots & 0\\ 0 & 1/\sqrt{\sigma_{22}} & \cdots & 0\\ \vdots & \vdots & & \vdots\\ 0 & 0 & \cdots & 1/\sqrt{\sigma_{nn}}\end{bmatrix}$$

使得$M'M=\Omega^{-1}$。这样,应用广义最小二乘法就克服了异方差性。

我们需要提及的是,在经济意义成立的情形下,对模型(2.1)式的变量进行对数变换,有

$$\ln Y=\beta_1+\beta_2\ln X_2+\beta_3\ln X_3+\cdots+\beta_k\ln X_k+\varepsilon^* \tag{4.47}$$

对数变换后的模型通常可以降低异方差性的影响。

这是因为经过对数变换后的线性模型,其残差e^*表示相对误差,而相对误差往往比绝对误差有较小的差异。事实上,针对样本回归模型

$$Y=\hat{\beta}_1+\hat{\beta}_2X_2+\hat{\beta}_3X_3+\cdots+\hat{\beta}_kX_k+e$$

取对数后的样本回归模型为

$$\ln Y=\hat{\beta}_1+\hat{\beta}_2\ln X_2+\hat{\beta}_3\ln X_3+\cdots+\hat{\beta}_k\ln X_k+e^* \tag{4.48}$$

其中,残差$e^*=\ln Y-\ln\hat{Y}$,因此,

$$e^*=\ln Y-\ln\hat{Y}=\ln\left(\frac{Y}{\hat{Y}}\right)=\ln\left(1+\frac{Y-\hat{Y}}{\hat{Y}}\right) \tag{4.49}$$

对(4.49)式右端进行泰勒展开,即

$$\ln(1+X)=X-\frac{X^2}{2}+\frac{X^3}{3}-\frac{X^4}{4}+\cdots+(-1)^{n-1}\frac{X^n}{n}+\cdots \tag{4.50}$$

将(4.50)式中的X用$\dfrac{Y-\hat{Y}}{\hat{Y}}$替换,则

$$e^* \approx \frac{Y - \hat{Y}}{\hat{Y}}$$

这说明模型(4.48)中的残差 e^* 表示相对误差。

例 4.1 对模型

$$Y_i = \beta_1 + \beta_1 X_{2i} + \beta_3 X_{3i} + \varepsilon_i$$

假设格莱泽检验结果是

$$|\hat{\varepsilon}_i| = \hat{\alpha}_0 + \hat{\alpha}_1 X_{2i}$$

说明异方差形式是 $\mathrm{Var}(\varepsilon_i) = (\hat{\alpha}_0 + \hat{\alpha}_1 X_{2i})^2 \sigma^2$。用 $(\hat{\alpha}_0 + \hat{\alpha}_1 X_{2i})$ 除原模型各项,有

$$\frac{Y_i}{\hat{\alpha}_0 + \hat{\alpha}_1 X_{2i}} = \beta_1 \frac{1}{\hat{\alpha}_0 + \hat{\alpha}_1 X_{2i}} + \beta_1 \frac{X_{2i}}{\hat{\alpha}_0 + \hat{\alpha}_1 X_{2i}} + \beta_3 \frac{X_{3i}}{\hat{\alpha}_0 + \hat{\alpha}_1 X_{2i}} + \frac{\varepsilon_i}{\hat{\alpha}_0 + \hat{\alpha}_1 X_{2i}}$$

则

$$\mathrm{Var}\left(\frac{\varepsilon_i}{\hat{\alpha}_0 + \hat{\alpha}_1 X_{2i}}\right) = \frac{1}{(\hat{\alpha}_0 + \hat{\alpha}_1 X_{2i})^2} \mathrm{Var}(\varepsilon_i) = \sigma^2$$

说明消除了异方差。然后对变换后的模型做 OLS 估计。

§4.3 序列相关性

4.3.1 序列相关性的含义及引起的后果

一、序列相关的含义及性质

1. 序列相关的含义

针对线性模型(2.1)式

$$Y_i = \beta_1 + \beta_2 X_{2i} + \beta_3 X_{3i} + \cdots + \beta_k X_{ki} + \varepsilon_i, \quad i = 1, 2, \cdots, n$$

当 $\mathrm{Cov}(\varepsilon_i, \varepsilon_j) = E(\varepsilon_i \varepsilon_j) = 0 (i, j \in n, i \neq j)$,即误差项 ε_i 的取值在时间上是相互无关的时,称误差项 ε_i 非序列相关。如果

$$\mathrm{Cov}(\varepsilon_i, \varepsilon_j) \neq 0 \quad (i \neq j) \tag{4.51}$$

则称误差项 ε_i 存在序列相关。

序列相关又称自相关。原指一随机变量在时间上与其滞后项之间的相关。这里主要是指回归模型中随机误差项 ε_i 与其滞后项的相关关系。序列相关也是相关关系的一种。

序列相关按形式可分为两类:

(1) 一阶自回归形式

当误差项 ε_i 只与其滞后一期值有关时,即

$$\varepsilon_i = f(\varepsilon_{i-1})$$

称 ε_i 具有一阶自回归形式。

(2) 高阶自回归形式

当误差项 ε_i 的本期值不仅与其前一期值有关,而且与其前若干期的值都有关时,即

$$\varepsilon_i = f(\varepsilon_{i-1}, \varepsilon_{i-2}, \cdots)$$

则称 ε_i 具有高阶自回归形式。

通常假定误差项的序列相关是线性的。因计量经济模型中序列相关的最常见形式是一阶自回归形式,所以下面重点讨论误差项的线性一阶自回归形式,即

$$\varepsilon_i = \alpha\varepsilon_{i-1} + \nu_i \tag{4.52}$$

其中 α 是序列相关回归系数,ν_i 是随机误差项。ν_i 满足通常假设

$$E(\nu_i) = 0, \quad i = 1, 2, \cdots, n$$

$$\mathrm{Var}(\nu_i) = \sigma_\nu^2, \quad i = 1, 2, \cdots, n$$

$$\mathrm{Cov}(\nu_i, \nu_{i-1}) = 0, \quad i = 1, 2, \cdots, n$$

$$\mathrm{Cov}(\nu_i, \varepsilon_{i-1}) = 0, \quad i = 1, 2, \cdots, n$$

针对(4.52)式,利用 OLS 方法,得到 α 的估计公式为

$$\hat{\alpha} = \frac{\sum_{i=2}^{n} \varepsilon_i \varepsilon_{i-1}}{\sum_{i=2}^{n} \varepsilon_{i-1}^2} \tag{4.53}$$

其中 n 是样本容量。若把 ε_i、ε_{i-1} 看做两个变量,则它们的相关系数是

$$\hat{\rho} = \frac{\sum_{i=2}^{n} \varepsilon_i \varepsilon_{i-1}}{\sqrt{\sum_{i=2}^{n} \varepsilon_i^2}\sqrt{\sum_{i=2}^{n} \varepsilon_{i-1}^2}} \tag{4.54}$$

对于大样本而言,显然有

$$\sum_{i=2}^{n} \varepsilon_i^2 \approx \sum_{i=2}^{n} \varepsilon_{i-1}^2 \tag{4.55}$$

把(4.55)式代入(4.54)式得

$$\hat{\rho} \approx \frac{\sum_{i=2}^{n} \varepsilon_i \varepsilon_{i-1}}{\sum_{i=2}^{n} \varepsilon_{i-1}^2} = \hat{\alpha} \tag{4.56}$$

因而对于总体参数而言,有 $\rho = \alpha$,即一阶自回归形式的序列相关回归系数等于该两个变量的相关系数。因此原回归模型中误差项 ε_i 的一阶自回归形式

(4.52)式可表示为

$$\varepsilon_i = \rho\varepsilon_{i-1} + \nu_i \tag{4.57}$$

ρ 的取值范围是[-1,1]。当 $\rho > 0$ 时,称 ε_i 存在正序列相关;当 $\rho < 0$ 时,称 ε_i 存在负序列相关。当 $\rho = 0$ 时,称 ε_i 不存在序列相关。图 4.9(a)、(c)、(e)分别给出具有正序列相关、负序列相关和非序列相关的三个序列。为便于理解时间序列的正负序列相关特征,图 4.9(b)、(d)、(f)分别给出图 4.9(a)、(c)、(e)中变量对其一阶滞后变量的散点图。正负序列相关以及非序列相关性展现得更为明了。

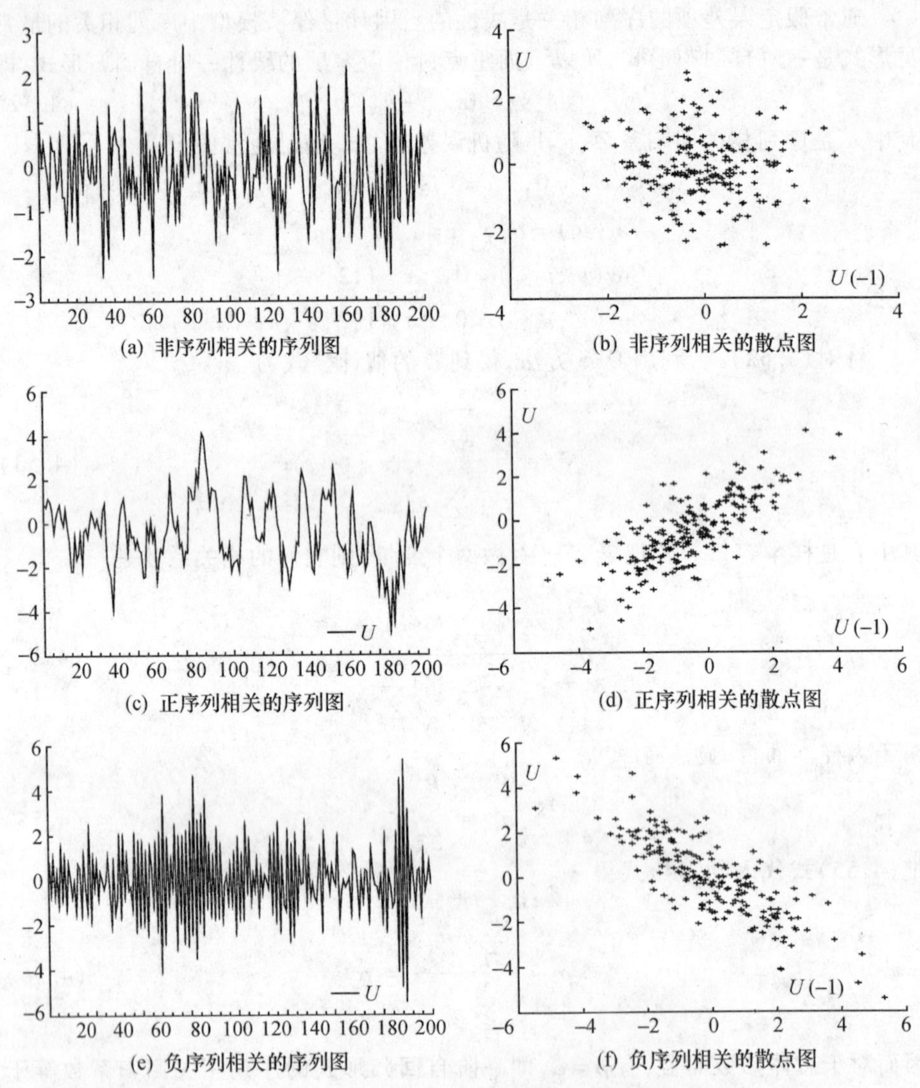

图 4.9 时间序列及其自相关散点图

2. 序列相关的有关性质

针对一阶自回归(4.57)式 $\varepsilon_i=\rho\varepsilon_{i-1}+\nu_i$,讨论误差项 ε_i 的期望、方差与协方差公式。由(4.57)式知

$$E(\varepsilon_i)=E(\rho\varepsilon_{i-1}+\nu_i)=\rho E(\varepsilon_{i-1})+E(\nu_i) \tag{4.58}$$

因为对于平稳序列有 $E(\varepsilon_i)=E(\varepsilon_{i-1})$,整理(4.58)式得 ε_i 的期望为

$$E(\varepsilon_i)=E(\nu_i)/(1-\rho) \tag{4.59}$$

那么,ε_i 的方差为

$$\begin{aligned}\mathrm{Var}(\varepsilon_i)&=E(\varepsilon_i^2)\\&=E(\rho\varepsilon_{i-1}+\nu_i)^2\\&=E(\rho^2\varepsilon_{i-1}^2+\nu_i^2+2\rho\varepsilon_{i-1}\nu_i)\\&=\rho^2\mathrm{Var}(\varepsilon_{i-1})+E(\nu_i^2)\end{aligned}$$

整理上式得

$$\mathrm{Var}(\varepsilon_i)=\sigma_\varepsilon^2=\sigma_\nu^2/(1-\rho^2) \tag{4.60}$$

其协方差为

$$\begin{aligned}\mathrm{Cov}(\varepsilon_i,\varepsilon_{i-1})&=E(\varepsilon_i\varepsilon_{i-1})\\&=E[(\rho\varepsilon_{i-1}+\nu_i)\varepsilon_{i-1}]\\&=\rho\mathrm{Var}(\varepsilon_{i-1})\\&=\rho\sigma_\varepsilon^2\end{aligned} \tag{4.61}$$

同理

$$\mathrm{Cov}(\varepsilon_i,\varepsilon_{i-s})=\rho^s\mathrm{Var}(\varepsilon_{i-s})=\rho^s\sigma_\varepsilon^2\quad(s\neq0) \tag{4.62}$$

则由(4.60)式、(4.61)式和(4.62)式得

$$E(\boldsymbol{\varepsilon\varepsilon}')=\boldsymbol{\Omega}=\sigma_\varepsilon^2\begin{bmatrix}1&\rho&\rho^2&\cdots&\rho^{n-1}\\\rho&1&\rho&\cdots&\rho^{n-2}\\\vdots&\vdots&\vdots&&\vdots\\\rho^{n-1}&\rho^{n-2}&\rho^{n-3}&\cdots&1\end{bmatrix}$$

其中 $\sigma_\varepsilon^2=\sigma_\nu^2/(1-\rho^2)$。

从而验证了当回归模型的误差项 ε_i 存在一阶自回归形式时,$\mathrm{Cov}(\varepsilon_i,\varepsilon_j)\neq0$。同理也可证明当 ε_i 存在高阶自回归形式时,仍有 $\mathrm{Cov}(\varepsilon_i,\varepsilon_j)\neq0$。

这里要说明的是,自相关多发生于时间序列数据中。若出现于截面数据中,称其为空间自相关。

二、序列相关的来源与后果

误差项存在序列相关,主要有如下几个原因:

(1) 模型的数学形式不妥。若所用的数学模型与变量间的真实关系不一

致,误差项常表现出自相关。比如平均成本与产量呈抛物线关系,当用线性回归模型拟合时,误差项必存在自相关。

(2) 经济变量的惯性。大多数经济时间序列都存在自相关。其当期值往往受滞后值影响。突出特征就是惯性与低灵敏度。如国民生产总值、固定资产投资、国民消费、物价指数等随时间缓慢地变化,从而建立模型时导致误差项自相关。

(3) 回归模型中略去了带有自相关的重要解释变量。若丢掉了应该列入模型的带有自相关的重要解释变量,那么它的影响必然归并到误差项 ε_i 中,从而使误差项呈现自相关。当然略去多个带有自相关的解释变量,也许因互相抵消并不使误差项呈现自相关。

当误差项 ε_i 存在序列相关时,模型参数的最小二乘估计量具有如下特性:

(1) 只要假定条件 $\mathrm{Cov}(\boldsymbol{X}'\boldsymbol{\varepsilon})=0$ 成立,回归系数 $\hat{\boldsymbol{\beta}}$ 仍具有无偏性。

$$\begin{aligned}E(\hat{\boldsymbol{\beta}}) &= E[(\boldsymbol{X}'\boldsymbol{X})^{-1}\boldsymbol{X}'\boldsymbol{Y}]\\ &= E[(\boldsymbol{X}'\boldsymbol{X})^{-1}\boldsymbol{X}'(\boldsymbol{X}\boldsymbol{\beta}+\boldsymbol{\varepsilon})]\\ &= \boldsymbol{\beta}+(\boldsymbol{X}'\boldsymbol{X})^{-1}\boldsymbol{X}'E(\boldsymbol{\varepsilon})\\ &= \boldsymbol{\beta}\end{aligned} \tag{4.63}$$

(2) $\hat{\boldsymbol{\beta}}$ 丧失有效性。如果回归模型中误差项 ε_i 存在一阶自回归形式(4.57)式,根据(4.62)式的结果,知

$$\begin{aligned}\mathrm{Var}(\hat{\boldsymbol{\beta}}) &= E[(\hat{\boldsymbol{\beta}}-\boldsymbol{\beta})(\hat{\boldsymbol{\beta}}-\boldsymbol{\beta})']\\ &= E[(\boldsymbol{X}'\boldsymbol{X})^{-1}\boldsymbol{X}'\boldsymbol{\varepsilon}'\boldsymbol{\varepsilon}\boldsymbol{X}(\boldsymbol{X}'\boldsymbol{X})^{-1}]\\ &= (\boldsymbol{X}'\boldsymbol{X})^{-1}\boldsymbol{X}'E(\boldsymbol{\varepsilon}'\boldsymbol{\varepsilon})\boldsymbol{X}(\boldsymbol{X}'\boldsymbol{X})^{-1}\\ &= \boldsymbol{\sigma}^2(\boldsymbol{X}'\boldsymbol{X})^{-1}\boldsymbol{X}'\boldsymbol{\Omega}\boldsymbol{X}(\boldsymbol{X}'\boldsymbol{X})^{-1}\end{aligned} \tag{4.64}$$

与 $\boldsymbol{\sigma}^2(\boldsymbol{X}'\boldsymbol{X})^{-1}$ 不等。

(3) 有可能低估误差项 ε_i 的方差。低估回归参数估计量的方差,等于夸大回归参数的抽样精度,过高地估计统计量 t 的值,从而把不重要的解释变量保留在模型里,使显著性检验失去意义。

(4) 由于 ε_i 存在自相关时,$\mathrm{Var}(\hat{\beta}_j)(j=1,2,\cdots,k)$ 和 s_ε^2 都变大,都不具有最小方差性。所以用依据普通最小二乘法得到的回归方程去预测,预测是无效的。

4.3.2 序列相关的检验

1. 定性分析法

定性分析法就是依据残差 e_i 对时间 i 的序列图的性质作出判断。由于残差 e_i 是对误差项 ε_i 的估计,所以尽管误差项 ε_i 观测不到,但可以通过 e_i 的变化判断 ε_i 是否存在序列相关。

定性分析法的具体步骤是:(1) 用给定的样本估计回归模型,计算残差 e_i ($i=1,2,\cdots,n$),绘制残差图;(2) 分析残差图。若残差图与图 4.9(a)类似,则说明 ε_i 不存在自相关;若与图 4.9(c)类似,则说明 ε_i 存在正自相关;若与图 4.9(e)类似,则说明 ε_i 存在负自相关。

经济变量由于存在惯性,不可能表现出如图 4.9(e)那样的震荡式变化。其变化形式常与图 4.9 中(c)相类似,所以经济变量的变化常表现为正自相关。

2. DW 检验法

DW(Durbin-Watson)检验是 J. Durbin 和 G. S. Watson 于 1950 年发表的一篇论文"Testing for Serial Correlation in Least Squares Regression"中提出的。它利用残差 e_i 构成的统计量推断误差项 ε_i 是否存在序列相关。使用 DW 检验,应首先满足如下三个条件:

(1) 误差项 ε_i 的自相关为一阶自回归形式;

(2) 因变量的滞后值 Y_{i-1} 不能在回归模型中做解释变量;

(3) 样本容量应充分大($n>15$)。

DW 检验的基本思想如下:给出假设

$$H_0:\rho=0 \quad (\varepsilon_i \text{ 不存在序列相关})$$

$$H_1:\rho\neq 0 \quad (\varepsilon_i \text{ 存在一阶序列相关})$$

用残差值 e_i 计算统计量 DW。

$$\mathrm{DW}=\frac{\sum_{i=2}^{n}(e_i-e_{i-1})^2}{\sum_{i=1}^{n}e_i^2} \tag{4.65}$$

其中分子是残差的一阶差分平方和,分母是残差平方和。把上式展开,

$$\mathrm{DW}=\frac{\sum_{i=2}^{n}e_i^2+\sum_{i=2}^{n}e_{i-1}^2-2\sum_{i=2}^{n}e_ie_{i-1}}{\sum_{i=1}^{n}e_i^2} \tag{4.66}$$

因为有

$$\sum_{i=2}^{n} e_i^2 \approx \sum_{i=2}^{n} e_{i-1}^2 \approx \sum_{i=1}^{n} e_i^2 \tag{4.67}$$

代入(4.66)式,有

$$\mathrm{DW} \approx \frac{2\sum_{i=2}^{n} e_{i-1}^2 - 2\sum_{i=2}^{n} e_i e_{i-1}}{\sum_{i=2}^{n} e_{i-1}^2} = 2\left(1 - \frac{\sum_{i=2}^{n} e_i e_{i-1}}{\sum_{i=2}^{n} e_{i-1}^2}\right) = 2(1-\hat{\rho}) \tag{4.68}$$

因为 ρ 的取值范围是 $[-1, 1]$,所以 DW 统计量的取值范围是 $[0, 4]$。ρ 与 DW 值的对应关系见表 4.1。

表 4.1 ρ 与 DW 值的对应关系及意义

ρ	DW	ε_i 的表现
$\rho = 0$	DW = 2	ε_i 非序列相关
$\rho = 1$	DW = 0	ε_i 完全正序列相关
$\rho = -1$	DW = 4	ε_i 完全负序列相关
$0 < \rho < 1$	0 < DW < 2	ε_i 有某种程度的正序列相关
$-1 < \rho < 0$	2 < DW < 4	ε_i 有某种程度的负序列相关

实际中 DW = 0、2、4 的情形是很少见的。当 DW 取值在(0,2)、(2,4)之间时,怎样判别误差项 ε_i 是否存在序列相关呢?推导统计量 DW 的精确抽样分布是困难的,因为 DW 是依据残差 e_i 计算的,而 e_i 的值又与 X_i 的形式有关。DW 检验与其他统计检验不同,它没有唯一的临界值用来制定判别规则。然而 Durbin-Watson 根据样本容量和被估参数个数,在给定的显著性水平下,给出了检验用的上、下两个临界值 d_U 和 d_L。判别规则如下:

(1) 若 DW 取值在 $(0, d_L)$ 之间,拒绝原假设 H_0,认为 ε_i 存在一阶正序列相关。

(2) 若 DW 取值在 $(4-d_L, 4)$ 之间,拒绝原假设 H_0,认为 ε_i 存在一阶负序列相关。

(3) 若 DW 取值在 $(d_U, 4-d_U)$ 之间,接受原假设 H_0,认为 ε_i 非序列相关。

(4) 若 DW 取值在 (d_L, d_U) 或 $(4-d_U, 4-d_L)$ 之间,这种检验没有结论,即不能判别 ε_i 是否存在一阶序列相关。判别规则可用图 4.10 表示。

当 DW 值落在"不确定"区域时,有两种处理方法:① 加大样本容量或重新选取样本,重作 DW 检验。有时 DW 值会离开不确定区。② 选用其他检验方法。

附表 5 给出了 DW 检验临界值。DW 检验临界值与三个参数有关:① 检验水平 α;② 样本容量 n;③ 原回归模型中解释变量个数 k(不包括常数项)。

	拒绝 H_0	不确定区	接受 H_0	不确定区	拒绝 H_0
DW	0 — d_L	d_L — d_U	d_U — $4-d_U$	$4-d_U$ — $4-d_L$	$4-d_L$ — 4

图 4.10 判别规则

这里我们应该提及的是:① 不适用于联立方程模型中各方程的序列相关检验;② DW 统计量不适用于对高阶序列相关的检验;③ 因为 DW 统计量是以解释变量非随机为条件得出的,所以当有滞后的内生变量做解释变量时,DW 检验无效。这方面的内容,将在 §5.3 中介绍。

3. 回归检验法

回归检验法的优点是:第一,适合于任何形式的序列相关检验;第二,若结论是存在序列相关,则同时能提供出序列相关的具体形式与参数的估计值。缺点是计算量大。回归检验法的思想如下:

(1) 用给定样本估计模型并计算残差 e_i。

(2) 对残差序列 $e_i(i=1,2,\cdots,n)$ 用普通最小二乘法进行不同形式的回归拟合,如

$$e_i=\rho e_{i-1}+\nu_i$$

$$e_i=\rho_1 e_{i-1}+\rho_2 e_{i-2}+\nu_i$$

$$e_i=\rho e_{i-1}^2+\nu_i$$

$$e_i=\rho\sqrt{e_{i-1}}+\nu_i$$

$$\cdots$$

(3) 对上述各种拟合形式进行显著性检验,从而确定误差项 ε_i 存在哪一种形式的序列相关。

4.3.3 序列相关的克服

1. 序列相关的克服方法

如果模型的误差项存在序列相关,首先应分析产生序列相关的原因。如果序列相关是由错误地设定模型的数学形式所致,那么就应当修改模型的数学形式。怎样查明序列相关是由模型数学形式不妥造成的呢?一种方法是用残差 e_i 对解释变量的较高次幂进行回归,然后对新的残差作 DW 检验,如果此时序列相关消失,则说明模型的数学形式不妥。

如果序列相关是由模型中省略了重要解释变量造成的,那么解决办法就是找出略去的解释变量,把它作为重要解释变量列入模型。怎样查明序列相关是由于略去重要解释变量引起的呢?一种方法是用残差 e_i对那些可能影响因变量

但又未列入模型的解释变量回归,并作显著性检验,从而确定该解释变量的重要性。如果是重要解释变量,应该列入模型。

只有当以上两种引起序列相关的原因都消除后,才能认为误差项 ε_i"真正"存在序列相关。在这种情况下,解决办法是变换原回归模型,使变换后的随机误差项消除序列相关,进而利用普通最小二乘法估计回归参数。

设原回归模型是

$$Y_i = \beta_1 + \beta_2 X_{2i} + \beta_3 X_{3i} + \cdots + \beta_k X_{ki} + \varepsilon_i, \quad i = 1, 2, \cdots, n \tag{4.69}$$

其中 ε_i 具有一阶自回归形式

$$\varepsilon_i = \rho \varepsilon_{i-1} + \nu_i \tag{4.70}$$

其中 ν_i 满足通常的假定条件,把(4.70)式代入(4.69)式,

$$Y_i = \beta_1 + \beta_2 X_{2i} + \beta_3 X_{3i} + \cdots + \beta_k X_{ki} + \rho \varepsilon_{i-1} + \nu_i \tag{4.71}$$

求模型(4.69)式的$(i-1)$期关系式,并在两侧同乘ρ,

$$\rho Y_{i-1} = \rho \beta_1 + \rho \beta_2 X_{2i-1} + \rho \beta_3 X_{3i-1} + \cdots + \rho \beta_k X_{ki-1} + \rho \varepsilon_{i-1} \tag{4.72}$$

用(4.71)式减去(4.72)式得

$$Y_i - \rho Y_{i-1} = \beta_1 (1 - \rho) + \beta_2 (X_{2i} - \rho X_{2i-1}) + \beta_3 (X_{3i} - \rho X_{3i-1}) + \cdots + \beta_k (X_{ki} - \rho X_{ki-1}) + \nu_i \tag{4.73}$$

令

$$Y_i^* = Y_i - \rho Y_{i-1}$$

$$X_{ji}^* = X_{ji} - \rho X_{ji-1}, \quad j = 1, 2, \cdots, k$$

$$\beta_1^* = \beta_1 (1 - \rho)$$

则模型(4.73)式表示如下:

$$Y_i^* = \beta_1^* + \beta_2 X_{2i}^* + \beta_3 X_{3i}^* + \cdots + \beta_k X_{ki}^* + \nu_i, \quad i = 1, 2, \cdots, n \tag{4.74}$$

上式中的误差项 ν_i是非序列相关的,满足假定条件,所以可对上式应用最小二乘法估计回归参数;得到的估计量具有最佳线性无偏性。(4.74)式中的 β_2, β_3, $\cdots$, β_k 就是原模型(4.69)式中的 $\beta_2, \beta_3, \cdots, \beta_k$,而 β_1^* 与模型(4.69)式中的 β_1 有如下关系:

$$\beta_1^* = \beta_1 (1 - \rho), \quad \beta_1 = \beta_1^* / (1 - \rho) \tag{4.75}$$

上述变换称做广义差分变换。这里我们应该注意到,这种变换损失了一个观测值,样本容量变成$(n-1)$。为避免这种损失,K. R. Kadiyala(1968)提出对 Y_i 与 X_{ji}的第一个观测值分别作如下变换:

$$Y_1^* = Y_1 \sqrt{1 - \rho^2}; \quad X_{j1}^* = X_{j1} \sqrt{1 - \rho^2} \quad (j = 1, 2, \cdots, k)$$

于是对模型(4.75)式,样本容量仍然为 n。

事实上,这种变换的目的就是使相应误差项 ε_1 的方差与其他误差项 ε_2,

$\varepsilon_3,\cdots,\varepsilon_n$ 的方差保持相等。作上述变换后,有

$$\varepsilon_1^* = \varepsilon_1\sqrt{1-\rho^2}$$

则

$$\mathrm{Var}(\varepsilon_1^*) = (1-\rho^2)\mathrm{Var}(\varepsilon_1)$$

根据(4.60)式,知

$$\mathrm{Var}(\varepsilon_1^*) = (1-\rho^2)[\sigma_\nu^2/(1-\rho^2)] = \sigma_\nu^2$$

ε_1 与其他随机误差项的方差相同。

当误差项 ε_i 的序列相关具有高阶自回归形式时,仍可用与上述相类似的方法进行广义差分变换。比如 ε_i 具有二阶自回归形式,

$$\varepsilon_i = \rho_1\varepsilon_{i-1} + \rho_2\varepsilon_{i-2} + \nu_i$$

则变换过程应首先求出原模型$(i-1)$期与$(i-2)$期的两个关系式,然后利用与上述相类似的变换方法建立符合假定条件的广义差分模型。若 ε_i 具有 k 阶自回归形式,则首先求 k 个不同滞后期的关系式,然后通过广义差分变换使模型的误差项符合假定条件。需要注意的是对二阶自回归形式,作广义差分变换后,要损失两个观测值;对 k 阶自回归形式,作广义差分变换后,将损失 k 个观测值。

为了在理论上讨论方便,同时在应用上便于程序化,我们将克服序列相关的过程用矩阵描述。

对于线性回归模型

$$\boldsymbol{Y} = \boldsymbol{X\beta} + \boldsymbol{\varepsilon} \tag{4.76}$$

假定 $\mathrm{Var}(\boldsymbol{\varepsilon}) = E(\boldsymbol{\varepsilon\varepsilon}') = \sigma^2\boldsymbol{I}_n$ 不成立。误差项 ε_i 具有一阶自回归形式

$$\varepsilon_i = \rho\varepsilon_{i-1} + \nu_i$$

则 $\mathrm{Var}(\boldsymbol{\varepsilon})$ 由(4.62)式给出

$$\mathrm{Var}(\boldsymbol{\varepsilon}) = E(\boldsymbol{\varepsilon\varepsilon}') = \boldsymbol{\Omega} = \sigma_\varepsilon^2\begin{bmatrix} 1 & \rho & \rho^2 & \cdots & \rho^{n-1} \\ \rho & 1 & \rho & \cdots & \rho^{n-2} \\ \vdots & \vdots & \vdots & & \vdots \\ \rho^{n-1} & \rho^{n-2} & \rho^{n-3} & \cdots & 1 \end{bmatrix} \tag{4.77}$$

其中 $\sigma_\varepsilon^2 = \sigma_\nu^2/(1-\rho^2)$。

根据广义最小二乘法的基本思想,很容易选取 $\boldsymbol{M}$ 为(按 K. R. Kadiyala 提议补上第一个观测值)

$$M=\begin{bmatrix}\sqrt{1-\rho^2} & & & & 0\\ -\rho & 1 & & & \\ & & \ddots & & \\ & & & 1 & \\ 0 & & & -\rho & 1\end{bmatrix}$$

使得

$$M'M=\Omega^{-1}=\begin{bmatrix}1 & -\rho & & & 0\\ -\rho & 1+\rho^2 & -\rho & & \\ & & \ddots & & \\ & & -\rho & 1+\rho^2 & -\rho\\ 0 & & & -\rho & 1\end{bmatrix}$$

即有

$$M\Omega M'=\sigma_{\nu}^2 I_{n\times n} \tag{4.78}$$

用 M 左乘模型(4.76)式,有

$$MY=MX\beta+M\varepsilon \tag{4.79}$$

令

$$Y^*=MY,\quad X^*=MX,\quad \varepsilon^*=M\varepsilon$$

则模型(4.79)式表示为

$$Y^*=X^*\beta+\varepsilon^* \tag{4.80}$$

其中

$$\varepsilon^*=M\varepsilon=\begin{bmatrix}\varepsilon_1\sqrt{1-\rho^2}\\ \varepsilon_2-\rho\varepsilon_1\\ \varepsilon_3-\rho\varepsilon_2\\ \vdots\\ \varepsilon_n-\rho\varepsilon_{n-1}\end{bmatrix}=\begin{bmatrix}\varepsilon_1\sqrt{1-\rho^2}\\ \nu_2\\ \nu_3\\ \vdots\\ \nu_n\end{bmatrix} \tag{4.81}$$

因为

$$\mathrm{Var}(\varepsilon^*)=\mathrm{E}(\varepsilon^*\varepsilon^{*\prime})=E\left[\begin{bmatrix}\sqrt{1-\rho^2}\varepsilon_1\\ \nu_2\\ \nu_3\\ \vdots\\ \nu_n\end{bmatrix}\left(\sqrt{1-\rho^2}\varepsilon_1\quad \nu_2\quad \nu_3\quad \cdots\quad \nu_n\right)\right]$$

$$= E\begin{bmatrix} (1-\rho^2)\varepsilon_1^2 & 0 & \cdots & 0 \\ 0 & \nu_2^2 & \cdots & 0 \\ \vdots & \vdots & & \vdots \\ 0 & 0 & \cdots & \nu_n^2 \end{bmatrix} = \begin{bmatrix} \sigma_\nu^2 & 0 & \cdots & 0 \\ 0 & \sigma_\nu^2 & \cdots & 0 \\ \vdots & \vdots & & \vdots \\ 0 & 0 & \cdots & \sigma_\nu^2 \end{bmatrix} = \sigma^2 \boldsymbol{I}_n$$

说明变换后模型(4.80)式的误差项中不再有序列相关,对模型(4.80)进行参数估计得

$$\hat{\boldsymbol{\beta}}^* = (\boldsymbol{X}^{*\prime}\boldsymbol{X}^*)^{-1}\boldsymbol{X}^{*\prime}\boldsymbol{Y}^* \tag{4.82}$$

根据广义最小二乘估计量的性质,则 $\hat{\boldsymbol{\beta}}^*$ 具有最佳线性无偏性。

把原数据代入(4.82)式

$$\begin{aligned} \hat{\boldsymbol{\beta}}^* &= (\boldsymbol{X}^{*\prime}\boldsymbol{X}^*)^{-1}\boldsymbol{X}^{*\prime}\boldsymbol{Y}^* \\ &= (\boldsymbol{X}'\boldsymbol{M}'\boldsymbol{M}\boldsymbol{X})^{-1}\boldsymbol{X}'\boldsymbol{M}'\boldsymbol{M}\boldsymbol{Y} \\ &= (\boldsymbol{X}'\boldsymbol{\Omega}^{-1}\boldsymbol{X})^{-1}\boldsymbol{X}'\boldsymbol{\Omega}^{-1}\boldsymbol{Y} \end{aligned} \tag{4.83}$$

2. 序列相关系数的估计

上面我们介绍了克服序列相关的方法。这种方法的应用还有赖于知道序列相关系数 ρ 值,然而在实际应用中,序列相关系数 ρ 往往是未知的,必须通过一定的方法去估计。这里介绍几种常用估计序列相关系数 ρ 的方法。

(1) 科克伦-奥克特迭代法

科克伦-奥克特(Cochrane-Orcutt)迭代法的基本思想,是通过逐次迭代去寻求更为满意的序列相关系数 ρ 的估计值,具体步骤如下:

第一,用普通最小二乘法对模型(4.76)式进行估计,然后对残差进行回归,即

$$e_i^{(1)} = \rho e_{i-1}^{(1)} + \nu_i \tag{4.84}$$

第二,用估计出来的 ρ 值进行广义差分,然后进行新的回归,即

$$Y_i^* = \beta_1(1-\hat{\rho}) + \beta_2 X_{2i}^* + \beta_3 X_{3i}^* + \cdots + \beta_k X_{ki}^* + \nu_i$$

其中,

$$Y_i^* = Y_i - \hat{\rho}Y_{i-1}; \quad X_{ji}^* = X_{ji} - \hat{\rho}X_{ji-1}, \quad j = 1, 2, \cdots, k$$

对变换后的方程进行估计,得到 $\beta_1, \beta_2, \beta_3, \cdots, \beta_k$。将这些修正过的参数代入原模型(4.76)式,得到新的回归残差为

$$e_i^{(2)} = Y_i - \hat{\beta}_1 - \hat{\beta}_2 X_{2i} - \hat{\beta}_3 X_{3i} - \cdots - \hat{\beta}_k X_{ki}$$

第三,对新残差进行回归,即

$$e_i^{(2)} = \rho e_{i-1}^{(2)} + \nu_i \tag{4.85}$$

得到新的 ρ 的估计值。这个迭代过程可以继续下去。

第四,将 ρ 的新估计值与前一个估计值比较,如果之间的差的绝对值小于 0.01 或 0.05,就停止迭代;否则,继续迭代。

需要注意的是,ρ 的最后估计值不一定会使误差平方和最小,因为迭代法得到的可能是局部最小值,而不是整体最小值。

(2) 直接取 $\rho=1$

认为 ε_i 的一阶自回归形式是

$$\varepsilon_i=\varepsilon_{i-1}+\nu_i \tag{4.86}$$

则(4.73)式变为

$$Y_i-Y_{i-1}=\beta_2(X_{2i}-X_{2i-1})+\beta_3(X_{3i}-X_{3i-1})+\cdots+\beta_k(X_{ki}-X_{ki-1})+\nu_i \tag{4.87}$$

这实际上是对原变量进行一阶差分,

$$\Delta Y_i=\beta_2\Delta X_{2i}+\beta_3\Delta X_{3i}+\cdots+\beta_k\Delta X_{ki}+\nu_i \tag{4.88}$$

这种变换方法称做一阶差分法。所得模型(4.88)式称做一阶差分模型。一阶差分法的优点是计算简便。

(3) 用 DW 统计量估计 ρ。由(4.68)式,得

$$\hat{\rho}=1-(DW/2) \tag{4.89}$$

首先利用残差 e_i 求出 DW 统计量的值,然后利用式(4.89)求出序列相关系数 ρ 的估计值。

这里需要说明的是,用该方法时样本容量不宜过小,此法不适用于动态模型(即被解释变量滞后项做解释变量的模型)。

§4.4 实证分析

4.4.1 多重共线性分析

财政收入是一个国家政府部门的公共收入。国家财政收入的规模大小往往是衡量其经济实力的重要标志。近二十年来,我国财政收入一直保持着快速增长态势,经济总体发展良好。一个国家财政收入的规模要受到经济规模等诸多因素的影响。因此我们以财政收入为被解释变量,建立财政收入影响因素模型,分析影响财政收入的主要因素及其影响程度。

财政收入的因素众多复杂,但是通过研究经济理论对财政收入的解释以及对实践的考察,我们选取影响财政收入的因素为工业总产值、农业总产值、建筑业总产值、社会商品零售总产值、人口总数和受灾面积。将这六个变量作为解释变量,财政收入作为被解释变量,利用 1989—2003 年数据建立中国国家财政收

入计量经济模型，资料如表4.2所示。

表4.2 影响财政收入的因素资料

年份	工业 X_1	农业 X_2	建筑 X_3	消费 X_4	人口 X_5	受灾 X_6	财政收入 Y
1989	6 484.00	4 100.60	794.00	8 101.40	112 704.00	46 991.00	2 664.90
1990	6 858.00	4 954.30	859.40	8 300.10	114 333.00	38 474.00	2 937.10
1991	8 087.10	5 146.40	1 015.10	9 415.60	115 823.00	55 472.00	3 149.48
1992	10 284.50	5 588.00	1 415.00	10 993.70	117 171.00	51 333.00	3 483.37
1993	14 143.80	6 605.10	2 284.70	12 462.10	118 517.00	48 829.00	4 348.95
1994	19 359.60	9 169.20	3 012.60	16 264.70	119 850.00	55 043.00	5 218.10
1995	24 718.30	11 884.60	3 819.60	20 620.00	121 121.00	45 821.00	6 242.20
1996	29 082.60	13 539.80	4 530.50	24 774.10	122 389.00	46 989.00	7 407.99
1997	32 412.10	13 852.50	4 810.60	27 298.90	123 626.00	53 429.00	8 651.14
1998	33 387.90	14 241.90	5 231.40	29 152.50	124 761.00	50 145.00	9 875.95
1999	35 087.20	14 106.20	5 470.60	31 134.70	125 786.00	49 981.00	11 444.08
2000	39 047.30	13 873.60	5 888.00	34 152.60	126 743.00	54 688.00	13 395.23
2001	42 374.60	14 462.80	6 375.40	37 595.20	127 627.00	52 215.00	16 386.04
2002	45 975.20	14 931.50	7 005.00	42 027.10	128 453.00	47 119.00	18 903.64
2003	53 092.90	14 870.10	8 181.30	45 842.00	129 227.00	54 506.00	21 715.25

资料来源：《中国统计年鉴2004》。

使用上述数据建立多元线性模型，采用普通最小二乘法得到国家财政收入估计方程为

$$Y = -6\,922.588 + 0.126X_1 - 0.936X_2 + 0.040X_3 + 0.572X_4 +$$
$$(-0.46) \quad (0.44) \quad (-8.59) \quad (0.03) \quad (3.80)$$
$$0.092X_5 - 0.047X_6$$
$$(0.65) \quad (-1.53)$$
$$R^2 = 0.998, \quad F = 620.56$$

由上可以看出模型的拟合优度 R^2 和 F 值都较大，说明建立的回归方程显著。但在显著性水平为5%下，$t(15) = 2.131$，大多数回归参数的 t 检验不显著，若据此判断则大部分因素对财政收入的影响不显著。因此可以判定解释变量之间存在严重的多重共线性。

采用逐步回归法对解释变量进行筛选。分别将 Y 与各解释变量作一元线性回归方程，以拟合优度值最大的模型为基础，将其余变量依次引入方程中。经过我们多次比较各模型的 F 值和各参数的 t 值，最终确定的模型为

$$Y = 519.678 - 0.812X_2 + 0.723X_4$$
$$(1.79) \quad (-13.42) \quad (35.57)$$
$$R^2 = 0.997, \quad F = 1\,943.91$$

该模型的经济意义十分明显，即财政收入主要取决于农业总产值和社会商品零售总产值，各因素数量的变化引起财政收入总量变化的程度由各自的系数来反映。通过分析自变量的简单相关系数矩阵(表4.3)，我们可以得出更多的结论。

表4.3 自变量的简单相关系数矩阵

	Y	X_1	X_2	X_3	X_4	X_5	X_6
Y	1.000000						
X_1	0.958657	1.000000					
X_2	0.820071	0.944935	1.000000				
X_3	0.951524	0.998864	0.949525	1.000000			
X_4	0.975063	0.996144	0.924858	0.992650	1.000000		
X_5	0.925673	0.983926	0.953156	0.985532	0.977385	1.000000	
X_6	0.296411	0.328126	0.267888	0.322249	0.311477	0.370434	1.000000

由表中可看出，自变量 X_1 与 X_3、X_4 的相关系数较大。从社会实际情况来看，工业的发展为建筑业的发展提供了基础，而建筑业的兴旺又会拉动工业总产值的增长，两者之间的物资交换过程经过社会商品零售总额反映出来；同时自变量 X_2 与 X_5 高度相关，而实际情况中，由于我国农业生产力相对落后，农业人口占总人口的比重过大，农业总产值与人口总数有直接关系。事实上，在模型 $Y=519.678-0.812X_2+0.723X_4$ 中，由于自变量之间的共线性，X_1 和 X_3 可由 X_4 来表征，X_5 可由 X_2 来表征。

4.4.2 异方差性分析

消费水平指的是一个国家一定时期内人们在消费过程中对物质和文化生活需要的满足程度。我们现以研究我国居民消费水平为目的，对影响我国居民消费水平的一些因素建立线性模型。

改革开放以后，我国的经济运行有了极大的改变，人民生活水平也有了极大的提高，故这一时期的样本更能反映我国居民的消费水平，因此我们选取的样本期间为1978—2002年，数据如表4.4所示。

表 4.4 我国居民的消费水平资料

年份	居民消费水平 Y	城镇居民人均可支配收入 X_1	农村居民人均纯收入 X_2	年份	居民消费水平 Y	城镇居民人均可支配收入 X_1	农村居民人均纯收入 X_2
1978	184	343.4	133.6	1991	896	1 700.6	708.6
1979	207	405.0	160.2	1992	1 070	2 026.6	784.0
1980	236	477.6	191.3	1993	1 331	2 577.4	921.6
1981	262	500.4	223.4	1994	1 746	3 496.2	1 221.0
1982	284	535.3	270.1	1995	2 236	4 283.0	1 577.7
1983	311	564.6	309.8	1996	2 641	4 838.9	1 926.1
1984	354	652.1	355.3	1997	2 834	5 160.3	2 090.1
1985	437	739.1	397.6	1998	2 972	5 425.1	2 102.0
1986	485	899.6	423.8	1999	3 138	5 854.0	2 210.3
1987	550	1 002.2	462.6	2000	3 397	6 280.0	2 253.4
1988	693	1 181.4	545.0	2001	3 609	6 859.6	2 366.4
1989	762	1 373.9	601.5	2002	3 791	7 702.8	2 745.6
1990	803	1 510.2	686.3				

资料来源:《中国统计年鉴 2003》。

我们将居民消费水平(Y)作为被解释变量,选取的解释变量为城镇居民人均可支配收入(X_1)和农村居民人均纯收入(X_2),我们认为这两个变量对我国居民的消费水平起着最重要的作用。使用普通最小二乘回归估计法得出如下回归估计结果:

$$Y_i = -32.748 + 0.310X_{i1} + 0.601X_{i2}$$
$$(-1.38) \quad (5.20) \quad (3.58)$$
$$R^2 = 0.998, \quad F = 4\,929.15$$

由上面的方程可看出,城乡居民人均收入对居民消费水平的直接影响很大。城镇居民人均可支配收入每增加 1 元,居民消费水平平均增加 0.31 元;农村居民人均纯收入每增加 1 元,居民消费水平平均增加 0.601 元。而且由于我国农村人口众多,因此提高农村居民的收入可明显提高我国居民的消费水平。

观察模型的残差图(图 4.11)可看出,散点分布的区域逐渐变宽,这说明随着经济规模的扩大,变量取值的差异变大,此模型可能存在异方差现象。

也可用 White 方法检验回归方程是否存在异方差,此时辅助回归方程为

$$\hat{\varepsilon}_i^2 = 3\,037.265 - 28.591X_{i1} + 62.283X_{i2} - 0.040X_{i1}^2 - 0.332X_{i2}^2 + 0.233X_{i1}X_{i2}$$

此模型的可决系数 $R^2 = 0.76$。在显著性水平 0.05 下,$\chi^2(5) = 11.07$,而 $nR^2 > \chi^2(5)$。因此根据 White 检验,可以判定在 5% 的显著性水平下拒绝同方差的原假设,认为模型存在异方差。

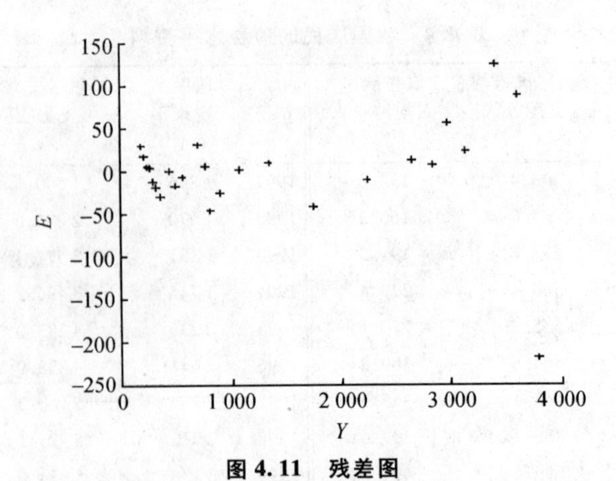

图 4.11　残差图

由 EViews 软件可直接得到 White 检验的结果，如表 4.5 所示。

表 4.5　White 检验的结果

White Heteroskedasticity Test:

F-statistic	10.76795	Probability	0.000086
Obs * R-squared	17.48050	Probability	0.003673

Test Equation:
Dependent Variable: RESID^2
Method: Least Squares
Date: 04/23/08 Time: 20:41
Sample (adjusted): 1980 2002
Included observations: 23 after adjustments

Variable	Coefficient	Std. Error	t-Statistic	Prob.
C	3 037.265	5 883.133	0.516267	0.6123
X1	−28.59064	19.08983	−1.497690	0.1526
X1^2	−0.039514	0.025333	−1.559809	0.1372
X1 * X2	0.232837	0.141274	1.648125	0.1177
X2	62.28269	57.60882	1.081131	0.2947
X2^2	−0.331539	0.197944	−1.674914	0.1122

R-squared	0.760022	Mean dependent var	3 596.147
Adjusted R-squared	0.689440	S. D. dependent var	10 276.80
S. E. of regression	5 727.046	Akaike info criterion	20.36325
Sum squared resid	5.58E+08	Schwarz criterion	20.65946
Log likelihood	−228.1773	F-statistic	10.76795
Durbin-Watson stat	1.739537	Prob(F-statistic)	0.000086

由表 4.5 可以看出，White 统计量为 17.48，在 5% 的显著性水平下大于 $\chi^2(5)$，因此判定模型存在异方差。

为了提高模型的有效性，我们需要将模型的异方差消除掉。通常处理的方法有加权最小二乘估计法或直接对变量作变换等方法。在样本数据值比较大时，选择对数形式来估计模型常常可以克服异方差。因此我们以对数变换为例，将模型中的各变量分别取对数，然后再进行 OLS 估计，结果如下：

$$\log(Y_i) = -0.577 + 0.666\log(X_{i1}) + 0.370\log(X_{i2})$$

$$(-10.70) \qquad (9.50) \qquad (4.64)$$

$$R^2 = 0.999, \quad F = 9\,877.29$$

由上述结果可以看出，变换后的模型 t 值和 F 值都有了明显提高，说明变量的解释力度较之前增强了。对数线性模型中的系数，实质上度量的是被解释变量对解释变量的弹性。在此模型中，城镇居民人均可支配收入每提高一个百分点，可以引起全国居民消费水平增长 0.666%；农村居民人均纯收入每提高一个百分点，全国居民消费水平增长 0.37%。两者的弹性都大于 0，说明随着收入的增加居民的消费水平也随之上升。但相比较而言，城镇居民的消费收入弹性要大于农村居民的消费收入弹性。这可能是因为城镇居民的消费习惯更加易变，随着收入的增加城镇居民会进行更多的消费。

检验变换后的模型是否仍存在异方差。对模型再次进行 White 检验时可发现 White 统计量大大减小，仅为 1.91，远远小于 $\chi^2(5) = 11.07$，此时可以判定在 5% 的显著性水平下接受同方差的原假设，说明通过对数变换已经克服了模型存在的异方差现象。

4.4.3 序列相关性分析

粮食是关系到国计民生的战略物资，它对一个国家特别是大国具有十分重要的制约作用。我国是世界人口第一大国，来自人口的压力直接作用到粮食生产上。因此，对我国粮食生产的影响因素进行定量分析，研究粮食生产涨落和原因以及提供某些政策建议是十分必要的。

现有 1978—2003 年我国主要粮食生产数据（表 4.6），以粮食产量（万吨）作为被解释变量，以主要投入要素作为解释变量。经过我们反复筛选，最终确定的解释变量为播种面积（千公顷）、成灾面积（千公顷）、化肥施用量（万吨）和农村劳动力（万人）。由初步的分析可知，粮食产量与成灾面积是负相关的，而与其他变量是正相关的。

表 4.6　1978—2003 年我国主要粮食生产数据

年份	粮食总产量 Y	播种面积 X_1	成灾面积 X_2	化肥施用量 X_3	农村劳动力 X_4
1978	30 477	120 587	24 457	884	28 318
1979	33 212	119 263	15 120	1 086	28 634
1980	32 056	117 234	29 777	1 269	29 122
1981	32 502	114 958	18 743	1 335	29 777
1982	35 450	113 463	15 985	1 513	30 859
1983	38 728	114 047	16 209	1 660	31 151
1984	40 731	112 884	15 607	1 740	30 868
1985	37 911	108 845	22 705	1 776	31 130
1986	39 151	110 933	23 656	1 931	31 254
1987	40 298	111 268	20 393	2 000	31 663
1988	39 408	110 123	23 945	2 142	32 249
1989	40 755	112 205	22 449	2 357	33 225
1990	44 625	113 466	17 819	2 590	38 914
1991	43 529	112 314	27 814	2 805	39 098
1992	44 266	110 560	25 859	2 930	38 699
1993	45 649	110 209	23 133	3 152	37 680
1994	44 510	119 544	31 383	3 318	36 628
1995	46 662	110 060	22 267	3 594	35 530
1996	50 454	112 548	21 233	3 828	34 820
1997	49 417	112 912	30 309	3 980	34 840
1998	51 230	113 787	25 181	4 084	35 177
1999	50 839	113 161	26 731	4 124	35 768
2000	46 219	108 463	34 374	4 146	36 043
2001	45 264	106 080	31 734	4 254	36 513
2002	45 706	103 891	27 319	4 339	36 870
2003	43 065	99 410	32 516	4 412	36 546

资料来源:《中国统计年鉴 2004》。

根据 C-D(柯布-道格拉斯)生产函数:

$$Q = F(L,K) = AK^{\alpha}L^{\beta}$$

其中,Q 表示产量,K 表示资本投入,L 表示劳动力投入,α、β 分别表示资本投入和劳动力投入的产出弹性系数。对方程进行变换,两边同时取对数,可得:

$$\log(Q) = \log(A) + \alpha\log(K) + \beta\log(L)$$

表示生产产量与投入要素之间呈对数线性关系。

观察我们的样本数据,从样本数据的散点图也可看出我国的粮食产量与其

影响因素大致呈对数关系。因此我们选择对数线性为模型的数学形式,采用OLS方法对模型进行估计,结果如下:

$$\log Y = -0.287 + 0.810\log X_1 - 0.154\log X_2 + 0.372\log X_3 + 0.015\log X_4$$

$$(-0.11) \quad (3.85) \quad (-4.30) \quad (11.11) \quad (0.11)$$

$$R^2 = 0.954, \quad F = 107.89, \quad DW = 0.85$$

由于 DW = 0.85,且样本数 $n = 26$,自变量个数(不包含常数项)为 4 个,在 5% 的显著性水平下,$d_L = 1.06$,$d_U = 1.76$,而此模型得到的 DW 值仅为 0.85,小于 d_L,说明模型存在正的一阶序列相关。一般来说,在经济时间序列中序列相关现象较为常见,这主要是因为在不同的时间点上,经济变量一般是按照一定规律变化的,尤其在相邻的时间点上,它们不可能是相互独立的。

为了使模型的最小二乘估计有效,我们必须消除模型的自相关性。我们采用的方法是广义差分法。

对模型方程进行广义差分变换,其中序列相关的系数 ρ 的估计值 $\hat{\rho}$ 由 DW 统计量给出。由 $\hat{\rho} = 1 - (DW/2)$ 可求出 $\hat{\rho} = 0.575$,代入方程得到回归结果如表 4.7 所示。

表 4.7　广义差分变换回归结果

Dependent Variable: YTL

Method: Least Squares

Sample (adjusted): 1979　2003

Included observations: 25 after adjustments

Variable	Coefficient	Std. Error	t-Statistic	Prob.
C	0.422308	1.195062	0.353378	0.7275
GX1	0.660597	0.205266	3.218241	0.0043
GX2	-0.132598	0.026012	-5.097531	0.0001
GX3	0.353243	0.050035	7.059960	0.0000
GX4	0.051440	0.169156	0.304098	0.7642

R-squared	0.828770	Mean dependent var	4.554561
Adjusted R-squared	0.794524	S.D. dependent var	0.062226
S.E. of regression	0.028207	Akaike info criterion	-4.121667
Sum squared resid	0.015912	Schwarz criterion	-3.877892
Log likelihood	56.52083	F-statistic	24.20044
Durbin-Watson stat	1.256209	Prob(F-statistic)	0.000000

其中,$GY_i = \log(Y_i) - \rho\log(Y_{i-1})$;$GX_{ji} = \log(X_{ji}) - \rho\log(X_{ji-1})$ $(j = 1, \cdots, 4)$。此时可看到 DW = 1.26,恰好落入不确定区域,因此仅采用一阶广义差分,无法判断是否消除了模型的序列相关性。

在 EViews 软件中，广义差分采用的是科克伦-奥克特迭代法来估计 ρ。直接在解释变量中加入 AR(1)，AR(2)，……即可得到参数和 ρ_1,ρ_2，……的估计值。

经过我们的反复拟合，得到较理想的回归结果如表 4.8 所示。

表 4.8　科克伦-奥克特迭代后回归结果

Dependent Variable：LOG(Y)
Method：Least Squares
Sample (adjusted)：1980　2003
Included observations：24 after adjustments
Convergence achieved after 12 iterations

Variable	Coefficient	Std. Error	t-Statistic	Prob.
C	2.037886	2.511549	0.811406	0.4283
LOG(X1)	0.555955	0.178667	3.111693	0.0063
LOG(X2)	-0.128068	0.020212	-6.336341	0.0000
LOG(X3)	0.333067	0.045512	7.318174	0.0000
LOG(X4)	0.078832	0.183662	0.429225	0.6731
AR(1)	0.971037	0.224194	4.331243	0.0005
AR(2)	-0.440160	0.234301	-1.878609	0.0776

R-squared	0.968760	Mean dependent var	10.65774
Adjusted R-squared	0.957734	S.D. dependent var	0.128726
S.E. of regression	0.026464	Akaike info criterion	-4.187550
Sum squared resid	0.011906	Schwarz criterion	-3.843951
Log likelihood	57.25060	F-statistic	87.86252
Durbin-Watson stat	2.048439	Prob(F-statistic)	0.000000
Inverted AR Roots	0.49+0.45i	0.49-0.45i	

由表 4.8 可以看出，在模型中加入 AR(1)和 AR(2)项后，DW 值由 0.85 提高到了 2.04，且大部分统计量能通过显著性检验，说明已经消除了模型中的序列相关。

本章思考与练习

4.1　什么是多重共线性？产生多重共线性的经济背景是什么？模型存在多重共线性会有什么后果？如何检验多重共线性的存在？有哪些克服方法？

4.2　对某种商品的销售量 Y 进行调查，得到居民可支配收入 X_1，其他消费品平均价格指数 X_2 的数据如下：

某种商品的销售调查资料

序号	Y	X_1	X_2
1	8.4	92.0	94.0
2	9.6	93.0	96.0
3	10.4	96.0	97.0
4	11.4	94.0	97.0
5	12.2	100.0	100.0
6	14.2	101.0	101.0
7	15.8	105.0	104.0
8	17.9	112.0	109.0
9	19.6	112.0	111.0
10	20.8	112.0	111.0

(1) 若以 X_1、X_2 为解释变量，问是否存在多重共线性？

(2) 试用岭迹法求 Y 关于 X_1、X_2 的岭回归方程，并绘出岭迹图。

4.3 根据我国 1985—2001 年城镇居民人均可支配收入 y 和人均消费性支出 x 的数据，按照凯恩斯绝对收入假说建立的消费函数计量经济模型为

$$y = 137.42 + 0.77x$$

$$(5.88)\quad(127.09)$$

$$R^2 = 0.999;\quad \text{S. E} = 51.9;\quad \text{DW} = 1.205;\quad F = 16\,151$$

$$e_i^2 = -451.90 + 0.87x_i$$

$$(-0.28)\quad(2.10)$$

$$R_e^2 = 0.477;\quad \text{S. E} = 3\,540;\quad \text{DW} = 1.91;\quad F = 4.424$$

(1) 解释模型中 0.77 的经济意义；

(2) 检验该模型是否存在异方差性；

(3) 如果模型存在异方差，写出消除模型异方差的方法和步骤。

4.4 设多元线性模型为

$$\boldsymbol{Y} = \boldsymbol{X\beta} + \boldsymbol{\varepsilon}$$

其中

$$E(\boldsymbol{\varepsilon}) = \boldsymbol{0},\quad \mathrm{Cov}(\boldsymbol{\varepsilon}, \boldsymbol{\varepsilon}) = \sigma^2 \boldsymbol{\Omega} = \begin{bmatrix} \sigma_1^2 & 0 & \cdots & 0 \\ 0 & \sigma_2^2 & \cdots & 0 \\ \vdots & \vdots & & \vdots \\ 0 & 0 & \cdots & \sigma_n^2 \end{bmatrix} \quad 且 \quad \sigma_i^2 \neq \sigma_j^2 \ (j \neq i)$$

试问此模型存在异方差吗？如果存在异方差，怎样把它变成同方差模型，并用广义最小二乘法(GLS)求 $\boldsymbol{\beta}$ 的估计量。

4.5 下面给出的数据是美国 1988 年研究与开发(R&D)支出费用(Y)与不同部门产品销售量(X)和利润(Z)。

美国工业群体研发、销售、利润数据

工业群体	R&D 费用(Y)	销售量(X)	利润(Z)
容器与包装	62.5	6 375.3	185.1
非银行业金融	92.9	11 626.4	1 569.5
服务行业	178.3	14 655.1	276.8
金属与采矿	258.4	21 869.2	2 828.1
住房与建筑	494.7	26 408.3	225.9
一般制造业	1 083.0	32 405.6	3 751.9
休闲娱乐	1 620.6	35 107.7	2 884.1
纸张与林木产品	421.7	40 295.4	4 645.7
食品	509.2	70 761.6	5 036.4
卫生保健	6 620.1	80 552.8	13 869.9
宇航	3 918.6	95 294.0	4 487.8
消费者用品	1 595.3	101 314.3	10 278.9
电器与电子产品	6 107.5	116 141.3	8 787.3
化工产品	4 454.1	122 315.7	16 438.8
五金	3 163.9	141 649.9	9 761.4
办公设备与计算机	13 210.7	175 025.8	19 774.5
燃料	1 703.8	230 614.5	22 626.6
汽车	9 528.2	293 543.0	18 415.4

试根据资料建立一个回归模型,运用 Glejser 方法和 White 方法检验异方差,由此决定异方差的表现形式并选用适当的方法加以修正。

4.6 当随机误差项具有一阶线性自回归形式 $\varepsilon_i = \rho\varepsilon_{i-1} + \nu_i$ 时,其中 $\mathrm{Var}(\nu_i) = \sigma_\nu^2$,证明其方差与协方差分别为

$$\mathrm{Var}(\varepsilon_i) = \frac{\sigma_\nu^2}{1-\rho^2}, \quad \mathrm{Cov}(\varepsilon_i, \varepsilon_{i-s}) = \rho^s \frac{\sigma_\nu^2}{1-\rho^2}$$

4.7 一阶自相关模型

$$Y_i = \beta_1 + \beta_2 X_{2i} + \cdots + \beta_k X_{ki} + \varepsilon_i$$

$$\varepsilon_i = \rho\varepsilon_{i-1} + \mu_i, \quad \mu_i \sim N(0, \sigma^2), \quad i = 1, \cdots, n$$

其中 ρ 已知。通常采用什么方法消除模型的自相关?写出截距项 β_1 最终的 OLS 估计形式。

4.8 下面给出了中国进口需求(Y)与国内生产总值(X)的数据。

1985—2003 年中国进口需求与国内生产总值 （单位:亿元）

年份	实际进口额(Y)	实际 GDP(X)
1985	2 543.2	8 964.40
1986	2 983.4	9 753.27
1987	3 450.1	10 884.65
1988	3 571.6	12 114.62
1989	3 045.9	12 611.32
1990	2 950.4	13 090.55
1991	3 338.0	14 294.88
1992	4 182.2	16 324.75
1993	5 244.4	18 528.59
1994	6 311.9	20 863.19
1995	7 002.2	23 053.83
1996	7 707.2	25 267.00
1997	8 305.4	27 490.49
1998	9 301.3	29 634.75
1999	9 794.8	31 738.82
2000	10 842.5	34 277.92
2001	12 125.6	36 848.76
2002	14 118.8	39 907.21
2003	17 612.2	43 618.58

资料来源:《中国统计年鉴 2004》。

(1) 检验进口额模型 $Y_i = \beta_1 + \beta_2 X_i + \varepsilon_i$ 的序列相关性。

(2) 采用科克伦-奥克特迭代法处理模型中的序列相关问题。

第 5 章

分布滞后与动态模型

§5.1 分布滞后模型

政策的影响几乎从来都不是瞬间产生的,总是需要经过一段时间才能感受得到。举例来说,再贴现率是商业银行将其贴现的未到期票据向中央银行申请再贴现时的预扣利率,中央银行调整再贴现率对经济(尤其是对投资、通货膨胀和国内生产总值等)的影响不会被立即察觉,所以国内生产总值、失业和通货膨胀不仅依赖于当前的利率,而且依赖于过去的利率。换句话说,我们需要一个动态模型来描述这些滞后的影响。现实经济生活中还有很多这样的例子,即许多经济变量不仅受当期因素的影响,而且还与前期因素甚至自身的前期值相关。例如,人们的消费支出不仅取决于当前收入水平,还在一定程度上与过去各期收入相关;通货膨胀与货币供给量的大幅度增加也不是同时发生的,往往要滞后若干期;固定资产的形成也与本期和前几期的投资额有关;企业确定合理库存时,通常也是根据前几期的市场销售额和价格变动情况做出决定的。我们看一个实例。

Keith M. Carlson(1980)研究了"货币供给对价格的滞后关系"。通货膨胀是一种常见的金融现象,过多的货币供给常常会造成通货膨胀。但通货膨胀与货币供应量改变之间的联系不是实时的,总会存在一个滞后期。研究显示这个滞后期可以是 3—20 个季度。Keith M. Carlson(1980)的研究样本期是从 1955 年第一季度到 1969 年第四季度,共 60 个季度,滞后期为 20 个季度,回归结果是:

$$P_t = -0.146 + \sum_{i=0}^{20} m_i M_{t-i}$$

表 5.1　货币供给对价格的滞后关系

	系数值	t 值		系数值	t 值
m_0	0.041	1.276	m_{11}	0.065	4.673
m_1	0.034	1.538	m_{12}	0.069	4.795
m_2	0.030	1.903	m_{13}	0.072	4.694
m_3	0.029	2.171	m_{14}	0.073	4.468
m_4	0.030	2.235	m_{15}	0.072	4.202
m_5	0.033	2.294	m_{16}	0.069	3.943

（续表）

	系数值	t 值		系数值	t 值
m_6	0.037	2.475	m_{17}	0.062	3.712
m_7	0.042	2.798	m_{18}	0.053	3.511
m_8	0.048	3.249	m_{19}	0.039	3.388
m_9	0.054	3.783	m_{20}	0.022	3.191
m_{10}	0.059	4.305	$\sum m_i$	1.031	7.870

方程中 M 是货币供给量 $M1$(通货净额 + 存款货币)改变的百分数,P 是物价上涨的百分比。从长期来看 $\sum m_i = 1.031 \approx 1$,它是统计显著的($t = 7.870 > t_{0.01}(20) = 2.528$),意味着货币供应量每增加 1%,价格也相应上涨了 1%。从短期来看,$m_0 = 0.041$ 意味着货币供应量每增加 1%,当季物价上涨 0.041%。

换句话说,回归关系可以写成以下方程:

$$Y_t = \alpha + \beta_0 X_t + \beta_1 X_{t-1} + \cdots + \beta_p X_{t-p} + \mu_t \tag{5.1}$$

该模型称为分布滞后模型(指自变量对因变量的影响分布在各个时期内),在这里我们仅使用滞后自变量 X 的当前值和滞后值来预测 Y。举例来说,设 Y_t 为每天第 t 小时的耗电量,X_t 为该时间的温度。在夏季,如果连续小时里出现高温,建筑物内部的温度就会上升,所以耗电量可能不仅依赖于当前的温度,而且依赖于最近的温度。系数 β_0 为 X_t 的权重,也即 $\Delta Y_t / \Delta X_t$,表示 X_t 每增加一个单位 Y_t 的平均增加量。β_0 为短期影响,即同一时期里 X 对 Y 的边际影响。β_i 为 $\Delta Y_t / \Delta X_{t-i}$,$X_{t-i}$ 每增加一个单位 Y_i 的平均增加量。β_i 称为 i 阶中期影响乘数。

当经济体系处于稳定状态中时(也称为长期均衡),此时所有变量都为常量。用右上角的星号表示长期值,稳定状态关系式为(此时 μ_t 可视为 0):

$$\begin{aligned} Y^* &= \alpha + \beta_0 X^* + \beta_1 X^* + \cdots + \beta_p X^* \\ &= \alpha + X^* (\beta_0 + \beta_1 + \cdots + \beta_p) \end{aligned} \tag{5.2}$$

由此可得 X 对 Y 的累积影响为 $\Delta Y^* / \Delta X^* = \beta_0 + \beta_1 + \cdots + \beta_p$,该值也称为 X 对 Y 的长期影响乘数。

如果滞后长度 p 是已知的,那么(5.1)式是一个古典回归问题模型,我们可以用最小二乘法估计未知参数。如果滞后长度 p 是未知的,我们可以采用 AIC 信息准则(Akaike's Information Criterion)确定滞后长度。$\mathrm{AIC}(p) = \ln \frac{e'e}{T} + \frac{2p}{T}$,其中 $e'e$ 为回归残差平方和,T 为样本数,使得 AIC(p)达到最小的 p 即为滞后长度。但实际估计中还可能存在以下问题:

(1) 自由度的双重损失。在 Keith M. Carlson(1980)的例子中,样本期间为 1955 年第一季度到 1969 年第四季度,当我们取滞后 20 期时,前 20 个季度的数据无法使用。这意味着当我们取滞后 1 期时,就将从样本中丢失 1 个观测值。所以如果我们滞后 p 期,我们将丢失 p 个观测值;而且对于每 1 个滞后值,我们都要多估计一个额外的 β 值。由此,对于 p 期阶滞后模型,损失的自由度是 $2p$。

(2) 自变量间可能存在高度相关。由于大部分经济时间序列通常是单位根过程或存在趋势,从而滞后值间可能存在高度相关,从而产生多重共线性问题。

为了处理上述问题,常用的方法是强加一些约束在滞后分布的结构上以减少参数的个数。多项式分布滞后模型是基于假设滞后系数的真实分布能够近似地表示为一个阶数较低的多项式形式,即:

$$\beta_i = \alpha_0 + \alpha_1 i + \alpha_2 i^2 + \cdots + \alpha_r i^r; \quad i = 0,1,2,\cdots,p; \quad p > r \tag{5.3}$$

原则上多项式的阶数 r 不超过 3 或 4。

如果多项式的阶数 r 和滞后长度 p 是已知的,那么这里共有 $r+2$ 个未知参数。把(5.3)式代入(5.1)式中,合并同类项可得:

$$\begin{aligned} Y_t &= \alpha + \alpha_0 \sum_{i=0}^{p} X_{t-i} + \alpha_1 \sum_{i=1}^{p} iX_{t-i} + \alpha_2 \sum_{i=1}^{p} i^2 X_{t-i} + \cdots + \alpha_r \sum_{i=1}^{p} i^r X_{t-i} + \mu_t \\ &= \alpha + \alpha_0 Z_0 + \alpha_1 Z_1 + \alpha_2 Z_2 + \cdots + \alpha_r Z_r + \mu_t \end{aligned} \tag{5.4}$$

其中 $Z_0 = \sum_{i=0}^{p} X_{t-i}$、$Z_1 = \sum_{i=0}^{p} iX_{t-i}$ 和 $Z_2 = \sum_{i=0}^{p} i^2 X_{t-i}$ 等为 X_t 和它的 p 个滞后变量的线性组合。如果记

$$\beta = (\alpha, \beta_0, \beta_1, \cdots, \beta_p)', \quad \alpha = (\alpha, \alpha_0, \alpha_1, \cdots, \alpha_r)'$$

$$H = \begin{bmatrix} 1 & 0 & 0 & 0 & \cdots & 0 \\ 0 & 1 & 0 & 0 & \cdots & 0 \\ 0 & 1 & 1 & 1 & \cdots & 1 \\ 0 & 1 & 2 & 4 & \cdots & 2^r \\ \vdots & \vdots & \vdots & \vdots & & \vdots \\ 0 & 1 & p & p^2 & \cdots & p^r \end{bmatrix}$$

那么由(5.3)式,有 $\beta = H\alpha$。因此要估计(5.1)式,我们可以先估计(5.4)式得到 α 的 OLS 估计量 $\hat{\alpha}$,而参数向量 β 的估计量为 $\hat{\beta} = H\hat{\alpha}$,$\hat{\beta}$ 估计的渐近协方差矩阵为 $H \cdot \mathrm{Var}(\hat{\alpha}) \cdot H'$,其中 $\mathrm{Var}(\hat{\alpha})$ 为 $\hat{\alpha}$ 估计的渐近协方差矩阵。

这个方法由 Almon(1965)提出并称为 Almon 多项式法。应用该方法的问题是要选择 p 和 r,即 X_t 的滞后项数和每个多项式的次数。Davidson 和 MacKinnon (1993)提出了以下建议:

第一步,根据经济理论,确定(5.1)式中合理的最大滞后期数 P。

第二步,选择满足 $p \leqslant P$,并使得调整的 R^2 最大化、AIC 最小化或 BIC 最小

化的 p。

第三步，选择一个较高的 r 值（一般假设 $r=4$）并按照(5.4)式构造变量 Z。如果 Z_4 的系数 α_4 不显著，那么删去 Z_4 项，并令 $r=3$，重新运行回归。重复进行下去直到 Z 的系数显著，从而确定 r 值。

我们还可以对多项式分布滞后模型施加终端约束，通常有以下形式：

(1) 近终端约束。指在(5.3)式中假设 $\beta_{-1}=0$，即有 $\beta_{-1}=\alpha_0-\alpha_1+\alpha_2-\cdots+(-1)^r\alpha_r=0$。该约束意味着中期影响乘数从小到大，即近期（靠近0期）影响小而中期影响大。

(2) 远终端约束。指在(5.3)式中假设 $\beta_{p+1}=0$，即有 $\beta_{p+1}=\alpha_0+\alpha_1(p+1)+\alpha_2(p+1)^2+\cdots+\alpha_r(p+1)^r=0$。该约束意味着中期影响乘数从大到小，即中期影响大而远期（靠近 p 期）影响小。

(3) 同时施加近终端约束和远终端约束。指在(5.3)式中同时假设 $\beta_{-1}=0$ 和 $\beta_{p+1}=0$，即同时有 $\beta_{-1}=\alpha_0-\alpha_1+\alpha_2-\cdots+(-1)^r\alpha_r=0$ 和 $\beta_{p+1}=\alpha_0+\alpha_1(p+1)+\alpha_2(p+1)^2+\cdots+\alpha_r(p+1)^r=0$。该约束意味着中期影响从小变大，再从大变大，即中期影响大而近期（靠近0期）和远期（靠近 p 期）影响小。

一般情况下，时间越早的变量，对当期的影响就越小，因此远终端约束会更为合理。我们要做的就是要回溯到足够早，以使其对当期的影响不显著。无论是近终端约束还是远终端约束，或者同时施加近终端约束和远终端约束，这些额外的约束都可能是错的。如果这些约束是真的，那么施加这些约束等于提供了额外的信息，这些信息可以提高估计的可信度。如果这些约束不是真的，那么施加约束后的估计结果就会产生偏差，或者说，得到有偏的估计结果。因此，在应用这些约束时必须进行正式检验。我们可以采用 Wald 检验（通常也称为 F 检验，Wald, 1943），检验步骤如下所示：

第一步，设定零假设为近终端约束、远终端约束，或近终端约束和远终端约束同时成立，同时设定对立的备择假设。

第二步，先估计无约束的多项式分布滞后模型，得到无约束残差平方和 URSS（Unrestricted Residual Sum of Squares）；再估计有约束的多项式分布滞后模型，得到有约束的残差平方和 RRSS（Restricted Residual Sum of Squares）；之后再计算检验统计量 F：

$$F=\frac{(\mathrm{RRSS}-\mathrm{URSS})/q}{\mathrm{URSS}/(T-r-2)} \tag{5.5}$$

其中 q 是约束条件个数，T 是调整后的样本数。在零假设条件下，F 呈 F 分布，分子自由度为 q，分母自由度为 $T-r-2$。

第三步，如果 $F>F^*_{q,T-r-2}(a)$，则在 a 水平下拒绝零假设，即约束条件不成立;反之,无法拒绝零假设,可认为约束条件成立。其中 $F^{*}_{q,T-r-2}(a)$ 是分子自由度为 q、分母自由度为 $T-r-2$、显著水平为 a 时的临界值。

实例 应用我国 1978—2008 年的消费-收入数据做回归,参见图 5.1。其中收入数据采用国内生产总值,数据来源为各年度《中国统计年鉴》。两指标均为现价,单位为亿元。

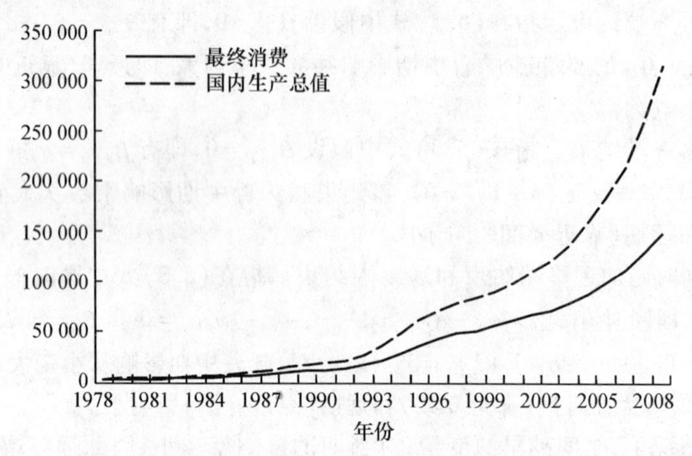

图 5.1 1978—2008 年消费-收入数据

我们估计消费-收入关系,解释变量中引入消费变量的 3 阶滞后项,即方程(5.1)中 $p=3$。根据 AIC 信息准则,可以发现最优滞后长度 $p=3$。所有变量均取对数,估计结果列于表 5.2 中。由实证结果可以发现,模型拟合优度较高,解释变量中同期收入是显著的,而滞后各期收入均不显著,不显著的原因可能是解释变量间存在高度共线性。注意到 DW 统计量值较小,说明扰动项存在序列相关,因此表 5.2 中模型估计结果的有效性值得怀疑。

表 5.2 无约束的分布滞后回归

Dependent Variable: LOG(CONSUME)
Method: Least Squares
Sample (adjusted): 1981 2008
Included observations: 28 after adjustments

	Coefficient	Std. Error	t-Statistic	Prob.
C	0.264033	0.071579	3.688703	0.0012
LOG(INCOME)	0.677283	0.194811	3.476622	0.0020
LOG(INCOME(-1))	0.237622	0.423751	0.560759	0.5804
LOG(INCOME(-2))	0.091572	0.424359	0.215789	0.8311
LOG(INCOME(-3))	-0.074640	0.195681	-0.381436	0.7064

（续表）

R-squared	0.998930	Mean dependent var	10.12969
Adjusted R-squared	0.998743	S.D. dependent var	1.201435
S.E. of regression	0.042590	Akaike info criterion	-3.313965
Sum squared resid	0.041720	Schwarz criterion	-3.076071
Log likelihood	51.39551	Hannan-Quinn criter.	-3.241239
F-statistic	5365.688	Durbin-Watson stat	0.263915
Prob(F-statistic)	0.000000		

注：计量分析采用 EViews 6.0 软件，回归命令行为"ls log(consume) c log(income) log(income(-1)) log(income(-2)) log(income(-3))"。

接下来我们施加(5.4)式中的二次多项式 Almon 滞后假设。表 5.3 给出了 $r=2$、$p=3$ 且施加了近终端约束的 EViews 输出结果。在这种情况下，估计得到的回归参数值先上升而后又下降：$\hat{\beta}_0=0.416$，$\hat{\beta}_1=0.509$，$\hat{\beta}_2=0.279$，$\hat{\beta}_3=-0.273$，所有的回归参数都是统计显著的。Almon 滞后约束的联合检验也可以采用 Wald's F 统计量。URSS 由表 5.2 中的实证结果得到，URSS = 0.041720。

表 5.3　Almon 多项式滞后模型，$r=2$，$p=3$ 且施加近终端约束

Dependent Variable: LOG(CONSUME)
Method: Least Squares
Sample (adjusted): 1981 2008
Included observations: 28 after adjustments

	Coefficient	Std. Error	t-Statistic	Prob.
C	0.279592	0.074560	3.749914	0.0009
PDL01	0.577135	0.047990	12.02611	0.0000
PDL02	-0.161337	0.015987	-10.09192	0.0000

R-squared	0.998702	Mean dependent var	10.12969
Adjusted R-squared	0.998599	S.D. dependent var	1.201435
S.E. of regression	0.044977	Akaike info criterion	-3.264388
Sum squared resid	0.050573	Schwarz criterion	-3.121652
Log likelihood	48.70143	Hannan-Quinn criter.	-3.220752
F-statistic	9620.454	Durbin-Watson stat	0.623649
Prob(F-statistic)	0.000000		

.　　* |	0	0.41580	0.03201	12.9913
.　　*|	1	0.50892	0.03205	15.8780
.　*　|	2	0.27937	0.00202	138.625
*　.　|	3	-0.27285	0.06390	-4.26984
Sum of Lags		0.93123	0.00672	138.625

注：计量分析采用 EViews 6.0 软件，回归命令行为"ls log(consume) c pdl(log(income),3,2,1)"。

表 5.3 给出 RRSS 的值为 0.050573,包含了 3 个约束条件。注意到表 5.2 回归模型中有 5 个待估参数,而表 5.3 回归模型中有 3 个待估参数,相当于施加了 2 个约束,再加上近终端约束,因此总共有 3 个约束条件。

$$F = \frac{(0.050573 - 0.04172)/3}{0.04172/23} = 1.6269$$

在零假设下,其分布为 $F_{3,23}$。观察到 1% 显著性水平时 F 统计量的临界值为 4.76,因此无法拒绝 Almon 二次多项式滞后的近终端约束。

表 5.4　Almon 多项式滞后, $r=2$, $p=3$ 和远终端约束

Dependent Variable: LOG(CONSUME)
Method: Least Squares
Sample (adjusted): 1981 2008
Included observations: 28 after adjustments

	Coefficient	Std. Error	t-Statistic	Prob.
C	0.265154	0.068031	3.897536	0.0006
PDL01	0.279553	0.001831	152.6388	0.0000
PDL02	−0.311255	0.043452	−7.163153	0.0000
R-squared	0.998929	Mean dependent var		10.12969
Adjusted R-squared	0.998843	S. D. dependent var		1.201435
S. E. of regression	0.040864	Akaike info criterion		−3.456194
Sum squared resid	0.041746	Schwarz criterion		−3.313458
Log likelihood	51.38672	Hannan-Quinn criter.		−3.412558
F-statistic	11657.21	Durbin-Watson stat		0.256972
Prob(F-statistic)	0.000000			

	Lag			
.　　　　　　* |	0	0.66350	0.05799	11.4410
.　　* |	1	0.27955	0.00183	152.639
.* |	2	0.04099	0.02898	1.41435
*. |	3	−0.05220	0.02896	−1.80206
Sum of Lags		0.93184	0.00610	152.639

注:计量分析采用 EViews 6.0 软件,回归命令行为"ls log(consume) c pdl(log(income),3,2,2)"。

表 5.4 报告了 $p=3$ 时施加了远终端约束的 EViews 输出结果。这种情况下, $\hat{\beta}$ 是下降的, $\hat{\beta}_0=0.664$, $\hat{\beta}_1=0.280$, $\hat{\beta}_2=0.041$, $\hat{\beta}_3=-0.052$。

表 5.4 给出 RRSS 的值为 0.041746,包含了 3 个约束。因此,

$$F = \frac{(0.041746 - 0.04172)/3}{0.04172/23} = 0.0048$$

在零假设下,其分布为 $F_{3,23}$。观察到 1% 显著性水平时 F 统计量的临界值

为 4.773,因此无法拒绝 Almon 二次多项式滞后的远终端约束。

大部分计量软件的标准命令里都有多项式分布滞后。例如,在使用 EViews 时,用 PDL(Y,5,2,1)代替因变量 Y 暗示着引入 Y 的五期滞后,滞后形式为二阶多项式,并使用近终端约束。括号中按顺序各参数的含义为:① 作为自变量的序列名称;② 滞后期长度,即(5.1)式中的 p 值;③ 多项式阶数,即(5.3)式中的 r 值;④ 多项式分布滞后的约束条件,取值为 1 时表示近终端约束,取值为 2 时表示远终端约束,取值为 3 时表示同时施加近终端和远终端约束。

§5.2 无穷分布滞后模型

无约束的有限滞后模型一般来说不是最好的,而多项式滞后模型或施加近终端约束和远终端约束的多项式滞后模型,在确定多项式的阶数时又会遇到麻烦的推断问题。一些滞后有时是无穷阶的,例如,几十年前对公共基础设施的投资可能在今天仍然对经济产出有影响。在这种情况下,我们可以采用无穷阶分布滞后模型,无穷阶分布滞后模型的一般形式为:

$$Y_t = \alpha + \beta_0 X_t + \beta_1 X_{t-1} + \beta_2 X_{t-2} + \cdots + \mu_t \tag{5.6}$$

直接用 T 个观测值去估计无限个 β_i 是不可行的,解决办法要么是适当截断变成有限分布滞后模型,要么我们必须强加一些约束在参数的形式上,几何滞后模型或称为 Koyck 滞后模型就是这类模型中常用的一种,该方法由 Koyck (1954)提出。Koyck 滞后结构假设随着时间的推移,X_t 的一单位变化对 Y_t 的影响按几何级数逐渐降低。例如,如果 $\lambda = 1/2$,那么 $\beta_1 = \beta_0\lambda = \beta_0/2$,$\beta_2 = \beta_0\lambda^2 = \beta_0/4$,等等。那么(5.6)式可以写成一般的几何滞后模型形式:

$$Y_t = \alpha + \beta_0 X_t + \beta_0\lambda X_{t-1} + \beta_0\lambda^2 X_{t-2} + \cdots + \mu_t \tag{5.7}$$

将(5.7)式滞后一期有:

$$Y_{t-1} = \alpha + \beta_0 X_{t-1} + \beta_0\lambda X_{t-2} + \beta_0\lambda^2 X_{t-3} + \cdots + \mu_{t-1} \tag{5.8}$$

把(5.8)式两边乘以 λ,再与(5.7)式相减得:

$$Y_t - \lambda Y_{t-1} = \alpha(1-\lambda) + \beta_0 X_t + \mu_t - \lambda\mu_{t-1} \tag{5.9}$$

令 $\varepsilon_t = \mu_t - \lambda\mu_{t-1}$,把(5.9)式整理得:

$$Y_t = \alpha(1-\lambda) + \beta_0 X_t + \lambda Y_{t-1} + \varepsilon_t \tag{5.10}$$

这是无穷分布滞后的自回归形式,因为其把因变量 Y_t 的自回归项作为解释变量。注意到我们把估计无穷个 β_i 值的问题简化为估计式(5.10)中的 λ 和 β_0。但直接用 OLS 估计(5.10)式存在两个问题:① 首先是内生性问题,注意到(5.10)式的解释变量中有滞后因变量 Y_{t-1},而扰动项的结构为 $\varepsilon_t = \mu_t - \lambda\mu_{t-1}$,

由(5.8)式 Y_{t-1} 和 μ_{t-1} 相关,因此 Y_{t-1} 也和 ε_t 相关,直接用 OLS 方法得到的估计值是有偏和不一致的。② (5.10)式中的扰动项是一个一阶的移动平均过程,也即 MA(1),直接用 OLS 方法估计是无效的。关于(5.10)式的估计方法在下一节介绍。

我们现在介绍两个类似(5.10)式的经济模型。

5.2.1 适应性期望模型(Adaptive Expectations Model, AEM)

假定商品供应量 Y_t 和市场期望价格 X_t^* 有关,关系模型为:

$$Y_t = \alpha_0 + \alpha_1 X_t^* + \mu_t \tag{5.11}$$

其中 α_0 和 α_1 是常数,μ_t 是扰动项。进一步假设期望价格和前一期期望价格与实际价格之差相关,也即:

$$X_t^* - X_{t-1}^* = \lambda(X_{t-1} - X_{t-1}^*) \tag{5.12}$$

其中 $0 < \lambda < 1$,X_{t-1} 是第 $t-1$ 期的实际价格。这个情况在商品生产时间较长时是会发生的,例如农业产品。注意到市场期望价格 X_t^* 是不可观测的,我们需要将原模型(5.11)式中不可观测的 X_t^* 替换成可观测的变量,由(5.12)式可得:

$$\lambda X_{t-1} = X_t^* - (1-\lambda) X_{t-1}^*$$

定义滞后操作算子 L,$LX_t^* = X_{t-1}^*$,则 $\lambda X_{t-1} = [1-(1-\lambda)L]X_t^*$ 或 $X_t^* = \lambda[1-(1-\lambda)L]^{-1}X_{t-1}$,代入(5.11)式有:

$$Y_t = \alpha_0 + \alpha_1 \lambda [1-(1-\lambda)L]^{-1} X_{t-1} + \mu_t$$

在上式两边乘以算子 $[1-(1-\lambda)L]$ 并整理可得:

$$Y_t = \alpha_0 \lambda + \alpha_1 \lambda X_{t-1} + (1-\lambda) Y_{t-1} + \varepsilon_t \tag{5.13}$$

其中 $\varepsilon_t = \mu_t - (1-\lambda)\mu_{t-1}$。(5.14)式即为适应性期望模型的实证方程,估计(5.13)时会遇到和(5.10)式类似的问题,即内生性问题和扰动项为一阶移动平均形式。

5.2.2 部分调整模型(Partial Adjustment Model, PAM)

模型的基本思想是,因变量 X_t 与 Y_t 的期望值相关:

$$Y_t^* = \alpha_0 + \alpha_1 X_t + \mu_t \tag{5.14}$$

而期望值与实际值之差将对价值的增减进行部分调整:

$$Y_t - Y_{t-1} = \gamma(Y_t^* - Y_{t-1}) \tag{5.15}$$

其中 $0 < \gamma < 1$,γ 称为调整系数。如一个公司期望的投资可能取决于对其产品的需求,而且这种调整过程是逐步的。将(5.14)式和(5.15)式结合可得:

$$Y_t = \alpha_0\gamma + \alpha_1\gamma X_t + (1-\gamma)Y_{t-1} + \gamma\mu_t \tag{5.16}$$

上式类似于(5.10)式,除了扰动项不是MA(1)过程。

实例 土耳其的香烟需求

Tansel(1993)使用部分调整框架分析土耳其香烟需求的特征,尤其是研究了健康警告以及教育对香烟消费的影响。首先用如下双对数方程设定理想消费(Q_t^*):

$$\ln Q_t^* = \alpha + \beta\ln P_t + \gamma\ln Y_t + \delta D_t$$

其中,P 为相对于消费者价格指数的香烟价格;Y 为人均可支配收入;D 代表两个虚拟变量,一个是1982年以后(当健康警告首先出现在香烟包装上),另一个是1986年以后(当积极禁止吸烟运动开始时)。用下列机制对实际消费(Q)进行调整:

$$\Delta\ln Q_t = \lambda(\ln Q_t^* - \ln Q_{t-1}),\quad 0 < \lambda < 1$$

如前,把第1个方程中的 Q_t^* 代入第2个方程,重新整理各项可得如下估计方程:

$$\ln Q_t = \beta_1 + \beta_2\ln P_t + \beta_3\ln Y_t + \beta_4\ln Q_{t-1} + \beta_5 D_t + \mu_t$$

使用1966—1988年的实际数据,Tansel估计得到实证结果。然后,她对其进行了很多诊断检验,尤其是检验是否存在AR(2)误差结构和ARCH效应。她也使用了Ramsey的RESET方法。1986年以后的虚拟变量是不显著的,所以把它去除。估计结果如下式所示(括号中为 t 统计量的绝对值):

$$\begin{aligned}\ln\hat{Q}_t = &-0.279 + 0.411\ln Y_t - 0.214\ln P_t + 0.424\ln Q_{t-1} - 0.087D82\\ &(3.36)\qquad\ (3.50)\qquad\quad (2.22)\qquad\quad (3.03)\qquad\quad (3.29)\end{aligned}$$

未调整的 R^2 为0.878。长期收入和价格弹性为0.714和-0.372。虚拟变量系数显著且为负,表明健康警告对于减少香烟消费有显著影响。

Tansel把该模型扩展至包括教育的影响,尤其是增加了12—17岁人口中的初高中入学比率和20—24岁人口中的大学入学比率作为解释变量。她发现学校的入学比率不是统计显著的,但大学的入学比率系数为负且是显著的。政策含义是:教育和通过税收提高香烟价格将会显著降低香烟需求。

§5.3 序列相关动态模型的估计与检验

适应性预期和部分调整模型都属于无穷分布滞后的自回归形式。在两种情况下,模型中都包含一个滞后的因变量和一个扰动项,扰动项在(5.13)式中是一阶移动平均的,在(5.16)式中是经典的或自回归的。在本节,我们将探讨这种自回归(autoregressive)或动态(dynamic)模型的估计与检验。

要估计(5.10)式、(5.13)式或(5.16)式,注意到解释变量中包含因变量滞后值,此时最小二乘法估计量不再是无偏的,也不是一致的。我们现在探讨一个最简单的情况,即不包括常数项和其他因变量的简单自回归模型,假设:

$$Y_t = \beta Y_{t-1} + \nu_t \tag{5.17}$$

$$\nu_t = \rho \nu_{t-1} + \varepsilon_t \tag{5.18}$$

其中 $|\beta| < 1$, $|\rho| < 1$, $\varepsilon_t \sim \text{i. i. d.}\ N(0, \sigma_\varepsilon^2)$。注意到上述模型中的扰动项 ν_t 存在序列相关。这是因为经济数据多是存在趋势的宏观时序,因此扰动项往往是序列相关的。可以证明在这个模型中,自变量 Y_{t-1} 和扰动项 ν_t 是相关的:

$$\text{Cov}[Y_{t-1}, \nu_t] = \text{Cov}[Y_{t-1}, \rho\nu_{t-1} + \varepsilon_t] = \rho\text{Cov}[Y_{t-1}, \nu_{t-1}] = \rho\text{Cov}[Y_t, \nu_t]$$

上述推导应用以下事实,Y_t 是平稳的且 ε_t 与先于它的值 Y_{t-1} 不相关。接着有:

$$\begin{aligned}\rho\text{Cov}[Y_t, \nu_t] &= \rho\text{Cov}[\beta Y_{t-1} + \nu_t, \nu_t] \\ &= \rho\{\beta\text{Cov}[Y_{t-1}, \nu_t] + \text{Cov}[\nu_t, \nu_t]\} \\ &= \rho\{\beta\text{Cov}[Y_{t-1}, \nu_t] + \text{Var}[\nu_t]\}\end{aligned}$$

因此 $\text{Cov}[Y_{t-1}, \nu_t] = \beta\rho\text{Cov}[Y_{t-1}, \nu_t] + \rho\text{Var}[\nu_t] = \dfrac{\rho\sigma_\varepsilon^2}{(1-\beta\rho)(1-\rho^2)}$。无论 β 为何值,只要 ρ 不为 0,(5.17)式中的因变量 Y_{t-1} 和扰动项 ν_t 都相关,因此用最小二乘法估计都存在内生性问题,所得到的估计结果是有偏和不一致的。对于最小二乘法估计量,我们可应用一般结论:

$$p\lim\hat{\beta}_{\text{OLS}} = \beta + \frac{\text{Cov}[Y_{t-1}, \nu_t]}{\text{Var}[Y_t]}$$

由(5.17)式有 $\text{Var}[Y_t] = \beta^2\text{Var}[Y_{t-1}] + \text{Var}[\nu_t] + 2\beta\text{Cov}[Y_{t-1}, \nu_t]$,由于该过程是平稳的,所以 $\text{Var}[Y_t] = \text{Var}[Y_{t-1}]$,由(5.18)式求得 $\text{Var}[\nu_t] = \dfrac{\sigma_\varepsilon^2}{1-\rho^2}$,整理得:

$$\text{Var}[Y_t] = \frac{\sigma_\varepsilon^2(1+\beta\rho)}{(1-\rho^2)(1-\beta^2)(1-\beta\rho)}$$

所以 $p\lim\hat{\beta}_{\text{OLS}} = \beta + \dfrac{\rho(1-\beta^2)}{1+\beta\rho}$,当 ρ 不为 0 时,OLS 估计量 $\hat{\beta}_{\text{OLS}}$ 不是一致的,其渐近偏倚当 $\rho > 0$ 时是正的,当 $\rho < 0$ 时是负的。假设 $\rho = 0.8$、$\beta = 0.3$,可计算得 β 的渐近偏倚为 0.59,接近 β 值的 2 倍。注意到 $\hat{\rho}_{\text{OLS}} = \sum_{t=2}^{T}\hat{\nu}_t\hat{\nu}_{t-1} \Big/ \sum_{t=2}^{T} Y_{t-1}^2$,而 $\hat{\nu}_t = Y_t - \hat{\beta}_{\text{OLS}} Y_{t-1}$,当 $\hat{\beta}_{\text{OLS}}$ 是有偏的和不一致的,ρ 的 OLS 估计量也是有偏的和不一致

的,这意味着D.W.统计量是有偏的,我们不能完全相信D.W.统计量的判断。

这种情况下,即存在一个滞后因变量时的序列相关检验,可以采用Durbin(1970)提出的Durbin h 检验量。Durbin h 统计量由下式给出:

$$h = (1 - \text{D.W.}/2)\sqrt{T/(1 - T\widehat{\text{Var}}(\hat{\beta}_{\text{OLS}}))} \tag{5.19}$$

其中D.W.为D.W.统计量值,T 为样本数。在 $\rho=0$ 的零假设下,其渐近分布为 $N(0,1)$。如果 $T\widehat{\text{Var}}(\hat{\beta}_{\text{OLS}})$ 大于1,那么我们无法计算 h 检验量。

另一个可供选择的解决此问题的办法是将OLS的残差 e_t 对 e_{t-1} 和模型中自变量(包括滞后的因变量)做回归,该检验也可以扩展至更高阶的自回归误差,如以 $e_{t-1}, e_{t-2}, \cdots, e_{t-p}$ 作为因变量,然后运用标准 F 检验来检验系数对滞后残差的联合显著性。零假设是不存在一阶或高阶序列相关,即各滞后扰动项的系数同时为零。该检验是Breusch Godfrey检验的修正,Kiviet(1986)指出,尽管该检验适用于大样本,但即使在小样本中也比Durbin h 检验更具优势。

5.3.1 包含AR(1)扰动项的滞后因变量模型

如果扰动项 ν_t 是自相关的,如(5.18)式所定义,则 β 的OLS估计量 $\hat{\beta}_{\text{OLS}}$ 是有偏的和不一致的。假设我们要估计以下方程:

$$Y_t = \alpha + \beta X_t + \lambda Y_{t-1} + \nu_t \tag{5.20}$$

其中 $\nu_t = \rho\nu_{t-1} + \varepsilon_t$。这种情况下要得到一致估计,可以采用工具变量法,具体步骤为:

(1) 找到一个外生变量 Z_t 作为 Y_{t-1} 的工具变量,Z_t 与 Y_{t-1} 相关但与 ν_t 不相关,一个常用的选择是 X_{t-1}。

(2) 将 Y_{t-1} 对 X_t,Z_t 和常数项做回归,可得

$$Y_{t-1} = \hat{Y}_{t-1} + \hat{\mu}_t = \hat{\alpha}_1 + \hat{\alpha}_2 Z_t + \hat{\alpha}_3 X_t + \hat{\mu}_t \tag{5.21}$$

其中 $\hat{Y}_{t-1} = \hat{\alpha}_1 + \hat{\alpha}_2 Z_t + \hat{\alpha}_3 X_t$,注意到工具变量 Z_t 和自变量 X_t 与扰动项 ν_t 不相关,因此 $\hat{Y}_{t-1}$ 和扰动项 ν_t 不相关。这意味着 Y_{t-1} 的另一部分 $\hat{\mu}_t$ 与扰动项 ν_t 相关。

(3) 将 $Y_{t-1} = \hat{Y}_{t-1} + \hat{\mu}_t$ 代入(5.20)式可得

$$Y_t = \alpha + \beta X_t + \lambda \hat{Y}_{t-1} + (\nu_t + \lambda\hat{\mu}_t) \tag{5.22}$$

$\hat{Y}_{t-1}$ 与新的扰动项 $\nu_t + \lambda\hat{\mu}_t$ 不相关,因此用OLS方法估计(5.22)式可以得到 β 和 λ 的一致估计量。

尽管工具变量法得到的估计量是一致的,但通常不是有效的。如果AR(1)过

程 $\nu_t=\rho\nu_{t-1}+\varepsilon_t$ 中的扰动项 ε_t 为正态分布，我们还可以采用以下步骤估计：用工具变量法估计参数，然后利用残差计算 $\hat{\rho}$；把 $Y_t-\hat{\rho}Y_{t-1}$ 对常数项、$X_t-\hat{\rho}X_{t-1}$ 和 $Y_{t-1}-\hat{\rho}Y_{t-2}$ 做回归。相应的渐近协方差矩阵是在第二步计算中得到的传统估计量。

对于正态分布扰动我们还可以应用最大似然法估计，如果 $\nu_t=\rho\nu_{t-1}+\varepsilon_t$，则

$$\varepsilon_t=(Y_t-\rho Y_{t-1})-\alpha(1-\rho)-\beta(X_t-\rho X_{t-1})-\lambda(Y_{t-1}-\rho Y_{t-2}) \quad (5.23)$$

以初始观测值为条件，最小化 ε_t 平方和的估计提供了最大似然估计。对于 ρ 的一个给定值，我们仅需要将 $Y_t-\hat{\rho}Y_{t-1}$ 对 $X_t-\hat{\rho}X_{t-1}$ 和 $Y_{t-1}-\hat{\rho}Y_{t-2}$ 做回归。要得到 ρ 的一致估计，我们可以在 $-1<\rho<1$ 的空间内搜索使 $\sum_t \varepsilon_t^2$ 全局最小化的 ρ 值。另外，如果该过程开始于 ρ 的一个一致估计量，如工具变量估计，则后续的估计量（$Y_t-\hat{\rho}Y_{t-1}$ 对 $X_t-\hat{\rho}X_{t-1}$ 和 $Y_{t-1}-\hat{\rho}Y_{t-2}$ 做回归）具有最大似然估计量的良好性质。最大似然估计量的标准误差可以从信息矩阵估计的逆中得到。

对于 $\hat{\rho}$ 的估计，Wallis（1967）建议将工具变量法估计得到的一致性估计量代入（5.20）式中，得到残差 $\tilde{\nu}_t$，然后用下式计算 $\hat{\rho}$

$$\hat{\rho}=\left[\sum_{t=2}^{T}\tilde{\nu}_t\tilde{\nu}_{t-1}/(T-1)\right]\Big/\left[\sum_{t=1}^{T}\tilde{\nu}_t^2/T\right]+(3/T)$$

最后一项校正了 $\hat{\rho}$ 的偏倚，我们也可以用上式估计得到的 $\hat{\rho}$ 进行后续估计。

5.3.2　包含 MA(1) 扰动项的滞后因变量模型

AR 形式的适应性预期模型是（即（5.13）式）

$$Y_t=\alpha_0\lambda+\alpha_1\lambda X_{t-1}+(1-\lambda)Y_{t-1}+\varepsilon_t$$

其中 $\varepsilon_t=\mu_t-(1-\lambda)\mu_{t-1}$，即具有 MA(1) 扰动。一致估计可以利用工具变量法，即类似上一小节“包含 AR(1) 扰动项的滞后因变量模型”所介绍的工具变量法得到。

Zellner 和 Geisel（1970）介绍了另一种估计方法。对于（5.13）式，定义 $\phi_t=Y_t-\mu_t$，（5.13）式可以写成：

$$\phi_t=\alpha_0\lambda+\alpha_1\lambda X_{t-1}+(1-\lambda)\phi_{t-1} \quad (5.24)$$

把（5.24）式滞后一期，并在两边乘以 $(1-\lambda)$ 有

$$(1-\lambda)\phi_{t-1}=\alpha_0\lambda(1-\lambda)+\alpha_1\lambda(1-\lambda)X_{t-2}+(1-\lambda)^2\phi_{t-2}$$

把上式代入（5.24）式有

$$\phi_t=\alpha_0\lambda[1+(1-\lambda)]+\alpha_1\lambda[X_{t-1}+(1-\lambda)X_{t-2}]+(1-\lambda)^2\phi_{t-2}$$

再往前连续替代 ϕ_{t-2}、$\phi_{t-3}\cdots$，可以得到

$$\phi_t=\alpha_0\lambda[1+(1-\lambda)+\cdots+(1-\lambda)^{t-2}]+\alpha_1\lambda[X_{t-1}+(1-\lambda)X_{t-2}+\cdots+(1-\lambda)^{t-2}X_1]+(1-\lambda)^{t-1}\phi_1$$

用$(Y_t-\mu_t)$替代ϕ_t，得到

$$Y_t=\alpha_0\lambda[1+(1-\lambda)+\cdots+(1-\lambda)^{t-2}]+\alpha_1\lambda[X_{t-1}+(1-\lambda)X_{t-2}+\cdots+(1-\lambda)^{t-2}X_1]+(1-\lambda)^{t-1}\phi_1+\mu_t \tag{5.25}$$

若已知λ，在假设扰动项μ_t无序列相关时可应用OLS方法估计该式。但λ未知，Zellner和Geisel(1970)提出了一个估计$1-\lambda$或λ(其中$0<\lambda<1$)的方法：在$-1<\lambda<1$的空间内搜索令残差平方和$\sum_t \mu_t^2$最小化的λ，再用(5.25)式进行相应回归得到α_0、α_1和ϕ_1的估计值。最后一个参数$\phi_1=Y_1-\mu_1$可视为因变量初始观测值的预期值。这个估计方法存在的问题是，ω_0的估计量不是一致的，但如果忽略$(1-\lambda)^{t-1}\phi_1$项又会存在遗漏重要解释变量的问题。

§5.4　自回归分布滞后模型

本章的前两节分别考虑了解释变量存在有限分布滞后，以及包含因变量一阶滞后和解释变量当前值的自回归模型。把这两类模型的优点综合起来，Jorgenson(1966)的理性滞后模型或被称为自回归分布滞后(ARDL)模型就是这样一类模型。这类模型可表示为：

$$Y_t=\mu+\frac{B(L)}{C(L)}X_t+\varepsilon_t \tag{5.26}$$

其中$B(L)$和$C(L)$是滞后算子多项式。这两个多项式之比能够产生具有较少参数的理想的滞后分布结构。把这类模型表示成自回归的形式为：

$$C(L)Y_t=\alpha+B(L)X_t+C(L)\varepsilon_t \tag{5.27}$$

其中$\alpha=\mu C(1)$。这种形式含有滞后的依赖变量和独立变量以及移动平均的扰动项。比如，如果$B(L)$和$C(L)$都是二次多项式，那么

$$Y_t=\mu+\frac{\beta_0+\beta_1L+\beta_2L^2}{1-\gamma_1L-\gamma_2L^2}X_t+\varepsilon_t$$

或

$$Y_t=\mu(1-\gamma_1-\gamma_2)+\beta_0X_t+\beta_1X_{t-1}+\beta_2X_{t-2}+\gamma_1Y_{t-1}+\gamma_2Y_{t-2}+\varepsilon_t-\gamma_1\varepsilon_{t-1}-\gamma_2\varepsilon_{t-2}$$

注意到，在(5.27)式中，Y_t和ε_t具有相同的滞后结构，这个约束是不必要的，有时是不理想的。更一般的形式是允许扰动项ε_t有自己的动态结构，如此的模型可表示为

$$C(L)Y_t=\alpha+B(L)X_t+D(L)\varepsilon_t \tag{5.28}$$

其中$\alpha=\mu C(1)$。这类模型便是有名的ARMAX模型，而前面我们介绍的分布滞

后模型、自回归模型、包含 AR(1)扰动项的滞后因变量模型、包含 MA(1)扰动项的滞后因变量模型,以及时间序列模型中的 AR 模型、MA 模型、ARMA 模型等,都可以视为 ARMAX 模型的特例。如 ARMA 模型就是没有自变量 X 的 ARMAX 模型。而 ARMAX(p,q)是自回归部分 $C(L)Y_t$ 的滞后长度和移动平均部分 $D(L)\varepsilon_t$ 的滞后长度分别为 p 和 q。我们刚才的例子是一个 ARMAX(2,2)模型。当存在移动平均扰动时,模型是非线性的,这种情况下非线性最小二乘法估计量是一致的,服从渐近正态分布,而普通最小二乘法不是一致的。

假设(5.28)式可以写为:

$$Y_t = \mu + \gamma_1 Y_{t-1} + \cdots + \gamma_p Y_{t-p} + \beta_1 X_t + \cdots + \beta_K X_{t-K+1} + \varepsilon_t - \theta_1 \varepsilon_{t-1} - \cdots - \theta_q \varepsilon_{t-q} \tag{5.29}$$

该模型包含滞后因变量、自回归和移动平均项,此时应用普通最小二乘法得到的估计量不再是一致的。应该采用非线性最小二乘法,要最小化的平方和是:

$$S(\mu,\gamma_1,\cdots,\gamma_p,\beta_1,\cdots,\beta_K,\theta_1,\cdots,\theta_q) = S(\phi) = \sum_t \varepsilon_t^2 \tag{5.30}$$

求解上述最小二乘法问题,可以采用高斯—牛顿法等局部最优化方法,也可以采用遗传算法和模拟退火算法等全局优化方法。参数被估计出来以后,方差估计是:

$$\hat{\sigma}_\varepsilon^2 = \frac{1}{T-p-1-K-q} \sum_{t=p+q+1}^{T} \hat{\varepsilon}_t^2 \tag{5.31}$$

其中

$$\varepsilon_t = Y_t - \hat{\mu} - \hat{\gamma}_1 Y_{t-1} - \cdots - \hat{\gamma}_p Y_{t-p} - \hat{\beta}_1 X_t - \cdots - \hat{\beta}_K X_{t-K+1} + \hat{\theta}_1 \hat{\varepsilon}_{t-1} + \cdots + \hat{\theta}_q \hat{\varepsilon}_{t-q}$$

参数估计的估计渐近协方差矩阵为:

$$\text{Est. Asy. Var}[\hat{\phi}] = \hat{\sigma}_\varepsilon^2 (\hat{G}'\hat{G})^{-1} \tag{5.32}$$

其中 G 是关于参数的残差离差的$(T-p-q)\times(1+K+p+q)$矩阵,此矩阵是在最后迭代计算的平方和及交叉积。

实例 货币增长对产出增长的影响

在现有文献中,货币存量的变化是否会最终导致产出变化,也即“货币重要吗?”相关研究所得到的结论是模棱两可的。在这个例子中,我们应用 ARMAX 模型分析货币增长对产出增长的影响:

$$\Delta\ln\frac{\text{GNP}_t}{P_t} = \mu + \beta_0(\Delta\ln M1_t) + \beta_1(\Delta\ln M1_{t-1}) + \beta_2(\Delta\ln M1_{t-2}) + \gamma_1\Delta\frac{\text{GNP}_{t-1}}{P_{t-1}} + \gamma_2\Delta\frac{\text{GNP}_{t-2}}{P_{t-2}} + \varepsilon_t - \theta_1\varepsilon_{t-1}$$

其中 GNP 为名义 GNP 值，P 是 GNP 隐含价格折算因子。我们用此模型分析 $M1$ 的增长率变化对实际产出增长的影响。很多计量软件提供了估计 ARMAX 的命令，例如以 MATLAB 软件为例，估计 ARMAX 模型可用以下命令：

```
m = armax(data,'na',na,'nb',nb,'nc',nc,'nk',nk)
```

上述命令用于估计以下 ARMAX 模型：

$$Y_t + a_1 Y_{t-1} + \cdots + a_{n_a} Y_{t-n_a} = b_1 X_{t-n_k} + \cdots + b_{n_b} X_{t-n_k-n_b+1} + \varepsilon_t + c_1 \varepsilon_{t-1} + \cdots + c_{n_c} \varepsilon_{t-n_c}$$

在 EViews 软件中，可以用 ls 命令估计 ARMAX 模型。应用美国从 1951 年第一季度到 1983 年第四季度的数据，模型估计得到结果为：

$$\begin{aligned}\Delta\ln\frac{\text{GNP}_t}{P_t} = {} & \underset{(0.002744)}{0.0006120} + \underset{(0.1101)}{0.43340}(\Delta\ln M1_t) - \underset{(-0.1836)}{0.05886}(\Delta\ln M1_{t-1}) \\ & - \underset{(0.1161)}{0.03004}(\Delta\ln M1_{t-2}) + \underset{(0.3562)}{0.25568}\,\Delta\frac{\text{GNP}_{t-1}}{P_{t-1}} \\ & + \underset{(0.0945)}{0.16953}\,\Delta\frac{\text{GNP}_{t-2}}{P_{t-2}} + \varepsilon_t + \underset{(0.3689)}{0.16379}\,\varepsilon_{t-1}\end{aligned}$$

从上述估计结果中仍无法直接判断 $M1$ 增长率的变化对产出增长的影响。注意到这个模型中 $M1$ 增长率 $\Delta\ln M1_t$ 对产出增长率 $\Delta\ln\frac{\text{GNP}_t}{P_t}$ 的影响因子为：

$$A(L) = \alpha_0 + \alpha_1 L + \alpha_2 L^2 + \cdots = \frac{\beta_0 + \beta_1 L + \beta_2 L^2}{1 - \gamma_1 L - \gamma_2 L^2}$$

将模型估计的结果代入，可以解得 $\alpha_0 = \beta_0 = 0.4334$，$\alpha_1 = \beta_1 + \alpha_0\gamma_1 = 0.0520$，$\alpha_2 = \beta_2 + \alpha_0\gamma_2 + \alpha_1\gamma_1 = 0.0576$，$\alpha_3 = \alpha_2\gamma_1 + \alpha_1\gamma_0 = 0.0001$，意味着 $M1$ 增长对当期实际 GNP 增长的影响效应为 0.4334，而对下一期产出增长的影响效应衰减为 0.0520，而再过两期迅速衰减至接近于 0。$M1$ 增长对产出增长的长期影响效应为 $A(1) = \alpha_0 + \alpha_1 + \alpha_2 + \cdots = 0.5993$。

§5.5 实证案例

考虑 1978—2008 年我国的消费-收入数据。首先计算 Durbin h 值，Durbin h 是通过回归式(5.20)的滞后因变量模型得到的，其值为 4.729。扰动项无序列相关的零假设成立时，Durbin h 的渐近分布为 $N(0,1)$，因此我们可以拒绝无序列相关的零假设。再进行修正的 Breusch Godfrey 检验，将 OLS 残差对其滞后项和模型中的自变量滞后项做回归，得到 $F = 14.691$，可以拒绝没有一阶序列相关的零假设。

接下来，我们使用当期和滞后期的收入值（Y_t，Y_{t-1}和Y_{t-2}）作为滞后期消费（C_{t-1}）的工具变量来估计（5.20）式。按（5.22）式的设定进行回归，得到：

表 5.5　工具变量法估计结果

Dependent Variable: LOG(CONSUME)
Method: Least Squares
Sample (adjusted): 1980 2008
Included observations: 29 after adjustments

	Coefficient	Std. Error	t-Statistic	Prob.
C	0.201514	0.064986	3.100864	0.0046
TEMP	0.201830	0.117833	1.712839	0.0986
LOG(INCOME)	0.744830	0.111125	6.702616	0.0000
R-squared	0.998889	Mean dependent var	10.05656	
Adjusted R-squared	0.998803	S. D. dependent var	1.243774	
S. E. of regression	0.043025	Akaike info criterion	-3.356391	
Sum squared resid	0.048129	Schwarz criterion	-3.214946	
Log likelihood	51.66766	Hannan-Quinn criter.	-3.312092	
F-statistic	11686.76	Durbin-Watson stat	0.203712	
Prob(F-statistic)	0.000000			

模型估计结果为：

$$C_t = 0.202 + 0.202\hat{C}_{t-1} + 0.745Y_t + \text{residuals}$$
$$(0.065)\quad(0.118)\quad(0.111)$$

将估计量代入（5.20）式，可得到残差$\tilde{\mu}_t$。以这些残差为基础，应用 Wallis（1967）的方法估计ρ得到$\hat{\rho}=0.745$。应用该$\hat{\rho}$，对（5.20）式进行广义最小二乘估计得到：

$$C_t = 0.142 + 0.181C_{t-1} + 0.771Y_t + \text{residuals}$$
$$(0.065)\quad(0.064)\quad(0.059)$$

本章思考与练习

5.1　如何估计下列模型中的参数

$$y_t = \alpha + \beta x_t + \gamma y_{t-1} + \delta y_{t-2} + \varepsilon_t$$
$$\varepsilon_t = \rho\varepsilon_{t-1} + \mu_t$$

这里μ_t的均值为0，方差为σ_μ^2，$|\rho|<1$。

5.2　如何估计滞后长度为6、多项式的阶数为3的多项式滞后模型中的未知参数。

5.3 说明如何估计下列模型中的参数

$$y_t = \alpha + \beta \frac{x_t}{1 - \gamma L} + \delta \frac{z_t}{1 - \phi L} + \varepsilon_t$$

这里 ε_t 是序列不相关的、同方差的、古典扰动。

5.4 考虑下列理性滞后模型

$$y_t = \frac{0.6 + 2L}{1 - 0.6L + 0.5L^2} x_t + \varepsilon_t$$

试确定变量 $x_t, x_{t-1}, x_{t-2}, x_{t-3}$ 和 x_{t-4} 的系数。

5.5 假设在滞后长度为4、多项式的阶数为2的多项式滞后模型中,多项式的系数的估计值为

$$\hat{\alpha}_0 = 0.3 \hat{\alpha}_1 = 0.5, \quad \hat{\alpha}_2 = -0.1$$

试确定相应的滞后系数 $\beta_0, \beta_1, \beta_2, \beta_3$ 和 β_4 的值。

5.6 无限分布滞后模型

$$y_t = \alpha + \beta_0 x_t + \beta_1 x_{t-1} + \cdots + \varepsilon_t$$

可以被表示为下列形式

$$y_t = \alpha + \gamma_0 x_t + \gamma_1 x_{t-1} + \lambda y_{t-1} + \mu_t$$

试把系数 $\alpha, \beta_0, \beta_1, \beta_2$ 和 β_3 表示为 $\alpha_0, \gamma_0, \gamma_1$ 和 λ 的函数。

5.7 应用1978—2008年我国的消费和收入数据,估计一个有收入5年滞后的消费-收入模型:

(a) 使用 Almon 二次多项式的近终端约束进行估计。

(b) 使用 Almon 二次多项式的远终端约束进行估计。

(c) 使用 Almon 二次多项式的两终端约束进行估计。

(d) 使用 Chow F 统计,检验(a)给出的 Almon 滞后约束。

(e) 重复(d)题,检验(b)和(c)。

5.8 应用1978—2008年我国的消费和收入数据,构建一个关于消费收入对数关系的 Almon 三次多项式 $\beta_i = \alpha_0 + \alpha_1 i + \alpha_2 i^2, i = 0, 1, \cdots, 5$。在这种情形下,收入有5阶滞后。

(a) 建立一个关于 a_i 的估计方程并报告 OLS 估计结果。

(b) β_3 估计出来的值是多少? 标准差是多少? $\text{var}(\hat{\beta}_3)$ 和 a_i 的方差和协方差有什么联系?

(c) 如果我们施加远终端约束,(a)中的 OLS 回归结果会有什么改变?

(d) 检验远终端约束。

(e) 检验(a)中给出的 Almon 滞后,以不受约束的五年滞后模型作为无约束模型。

第6章

联立方程模型

§6.1 联立方程模型的基本概念

6.1.1 联立方程模型的定义

联立方程模型是由两个或两个以上相互关联的方程组成的计量经济模型。它主要用于描述经济系统中多个变量之间的相互依赖、相互影响的关系。一般我们可以把一个联立方程模型看做一个系统。

以下是几个联立方程模型的例子。

例6.1 供求模型

$$\text{需求函数}: Q_t^D = \alpha_0 + \alpha_1 P_t + \varepsilon_{1t}$$

$$\text{供给函数}: Q_t^S = \beta_0 + \beta_1 P_t + \varepsilon_{2t}$$

$$\text{平衡条件}: Q_t^S = Q_t^D$$

供求模型描述了在市场条件下,某商品的供求函数和平衡条件。其中,Q_t^D 表示商品的需求,Q_t^S 表示商品的供给,P_t 表示商品的价格,ε_{1t}和 ε_{2t}分别表示需求方程和供给方程的随机扰动项。

例6.2 简单的凯恩斯收入决定模型

$$\text{消费函数}: C_t = \beta_0 + \beta_1 Y_t + \varepsilon_t$$

$$\text{收入恒等式}: Y_t = C_t + I_t$$

其中,C_t 表示消费支出,Y_t 表示收入,I_t 表示投资支出。

该模型是一个假定在没有对外贸易(即封闭经济条件下)、没有政府支出情况下的简单的收入决定模型。消费函数表明了消费支出 C_t 是由收入 Y_t 决定的;而收入恒等式又表明收入 Y_t 是由消费支出 C_t 和投资支出 I_t 构成的,即消费支出 C_t 也会影响收入 Y_t,所以 C_t 与 Y_t 之间是双向的影响关系。

例6.3 克莱因模型Ⅰ

这是美国的克莱因教授于1950年建立的描述美国在两次世界大战之间经济运行规律的宏观经济模型:

$$\text{消费函数}: C_t = \beta_0 + \beta_1 P_t + \beta_2 (W + W')_t + \beta_3 P_{t-1} + \varepsilon_{1t}$$

投资函数：$I_t = \beta_4 + \beta_5 P_t + \beta_6 P_{t-1} + \beta_7 K_{t-1} + \varepsilon_{2t}$

劳力需求：$W_t = \beta_8 + \beta_9 (Y + T - W')_t + \beta_{10} (Y + T - W')_{t-1} + \beta_{11} t + \varepsilon_{3t}$

恒等式：$Y_t = C_t + I_t + G_t - T_t$

恒等式：$P_t = Y_t - W_t' - W_t$

恒等式：$K_t = K_{t-1} + I_t$

其中，C 为消费支出，I 为投资支出，G 为政府支出，P 为利润，W 为私人企业工资，W'为政府部门工资，K 为资本存量，T 为税收，Y 为税后收入，t 为时间。该模型用了 6 个方程描述了消费、投资、工资、收入、利润和资本存量等经济变量之间的互相影响、互相依赖的关系。

6.1.2　联立方程模型的变量及方程分类

一、变量的类型

同单方程模型一样，联立方程模型中的每一个方程的变量也可分为解释变量（自变量）和被解释变量（因变量）。但是对于整个联立方程模型系统而言，其变量又可分为内生变量、外生变量和前定变量。

1. 内生变量

内生变量是指具有某种概率分布的随机变量，它是由所研究的联立方程模型系统确定的。在模型中，内生变量既受其他变量影响，也可能影响其他变量。因此，内生变量在一个方程中可能是被解释变量，但在另一个方程中却可能是解释变量。设 Y_t 为模型中的内生变量，ε_t 为模型中的随机扰动项，则一般情况下，Y_t 与 ε_t 的协方差不为 0，即 $\mathrm{Cov}(Y_t, \varepsilon_t) \neq 0$。

在一个完备的联立方程模型中，内生变量的个数应等于联立方程的个数，且一般出现在模型中随机方程等号左边的变量都是内生变量。本章中所讨论的联立方程模型都是完备的。

在例 6.1 中，Q_t^S、Q_t^D 和 P_t 都为内生变量；在例 6.2 中，C_t 和 Y_t 是内生变量；在例 6.3 中，C_t、I_t、W_t、Y_t、P_t 和 K_t 是内生变量。

2. 外生变量

外生变量是由模型系统外部决定的变量，它是一种非随机变量。设 X_t 为模型中的外生变量，则一般它与随机扰动项不相关，即 $\mathrm{Cov}(X_t, \varepsilon_t) = 0$。外生变量一般在方程中为解释变量，它只会影响模型中的内生变量，而不受模型中的其他任何变量的影响。在例 6.2 中，I_t 就是外生变量，它不受模型系统的影响，却能直接或间接地影响其他的内生变量。在例 6.3 中，W'、t、G_t、T_t 和 T_{t-1} 是外生变量。在例 6.1 的供求模型中，却没有外生变量。

以上关于内生变量和外生变量的划分是相对的,它将随着不同的模型系统而发生变化。例如,在例6.2中,I_t 是外生变量,但是在其他的模型中,如例6.3的宏观经济模型中,它却是内生变量。

3. 前定变量

在联立方程模型系统中,前定变量指的是滞后内生变量和外生变量。因为在求解模型中的内生变量时,模型中的滞后内生变量和外生变量必须是事前给定的,因此称这两类变量为前定变量。

比如,例6.3中的滞后内生变量 P_{t-1}、K_{t-1}、Y_{t-1} 和 G_t 等外生变量都为前定变量。

二、联立方程模型中方程的分类

联立方程模型中的方程一般可以分为以下几种类型:

1. 行为方程

行为方程是反映各经济活动主体,如政府、企业、居民等经济行为的方程式。在例6.1中,需求函数和供给函数反映了相应商品的需求方和供给方的经济行为,它们都是行为方程。例6.2中的消费函数和例6.3中的消费函数、投资函数、劳力需求函数也都是行为方程。

2. 技术方程

技术方程是基于客观的经济技术关系而建立的方程式。如反映要素投入和产出之间的技术关系的柯布-道格拉斯生产函数、反映市场利率行为的利率方程等都是技术方程。

3. 制度方程

制度方程是以法律、法令、规章制度等所规定的数量关系为基础的方程。例如,根据税法的规定,可定义税收方程:应交所得税额 = 应纳税所得额 × 税率。其中,税率是由税法规定的,是一个已知数。

4. 恒等式

恒等式可分为两类:一类是定义方程式,它是根据经济理论或国民经济核算的定义而成立的方程式,如例6.2中的收入恒等式以及例6.3中的最后三个恒等式;另一类是均衡方程式,它是表示综合或局部均衡条件的恒等式,如例6.1中的供求平衡式,它表示该商品的市场供求平衡。

以上四类方程中,最重要的是行为方程,它往往是联立方程模型的核心,其次是技术方程,因为在组成计量经济模型时,至少要有一个行为方程或技术方程。行为方程和技术方程一般都是随机方程,即方程中都含有随机扰动项,其参数未知,需要进行估计。制度方程和恒等式都为确定性方程,其参数都是已知的,无须进行估计。

6.1.3　联立方程模型的分类

联立方程模型按其设定方式，一般可分为结构式模型和简化式模型两类。在结构式模型中，又有一类较为特殊的模型——递归模型。

一、结构式模型

1. 有关概念

根据经济理论和实际经验建立的描述经济系统中经济变量之间结构关系的完整的方程体系称为结构式模型。例6.1、例6.2和例6.3中的模型都是结构式模型。结构式模型中的参数叫结构式参数。结构式模型中的每一个方程叫结构方程。在结构式方程中，解释变量既可能是外生变量，也可能是内生变量。

2. 一般表达式

习惯上用β表示内生变量的结构参数，γ表示前定变量的结构参数，Y表示内生变量，X表示前定变量，则一个完备的结构式模型的一般表达式为

$$\begin{aligned}
&\beta_{11}Y_1+\beta_{12}Y_2+\cdots+\beta_{1G}Y_G+\gamma_{11}X_1+\gamma_{12}X_2+\cdots+\gamma_{1K}X_K=\varepsilon_1\\
&\beta_{21}Y_1+\beta_{22}Y_2+\cdots+\beta_{2G}Y_G+\gamma_{21}X_1+\gamma_{22}X_2+\cdots+\gamma_{2K}X_K=\varepsilon_2\\
&\cdots\cdots\\
&\beta_{G1}Y_1+\beta_{G2}Y_2+\cdots+\beta_{GG}Y_G+\gamma_{G1}X_1+\gamma_{G2}X_2+\cdots+\gamma_{GK}X_K=\varepsilon_G
\end{aligned} \tag{6.1}$$

其中，$\beta_{ij}(i=1,2,\cdots,G;j=1,2,\cdots,G)$表示第$i$个方程的第$j$个内生变量的结构参数；$\gamma_{ij}(i=1,2,\cdots,G;j=1,2,\cdots,K)$表示第$i$个方程的第$j$个前定变量的结构参数，它表示的是前定变量对内生变量的直接影响大小。$Y_1,Y_2,\cdots,Y_G$表示模型中的G个内生变量，$X_1,X_2,\cdots,X_K$表示模型中的K个前定变量。

将(6.1)式写成矩阵的形式为

$$\boldsymbol{BY}+\boldsymbol{\Gamma X}=\boldsymbol{\varepsilon} \tag{6.2}$$

其中，$\boldsymbol{B}$为内生变量结构参数矩阵，$\boldsymbol{\Gamma}$为前定变量结构参数矩阵，$\boldsymbol{Y}$为内生变量向量，$\boldsymbol{X}$为前定变量向量，$\boldsymbol{\varepsilon}$为随机扰动项向量，具体表达式为

$$\boldsymbol{B}=\begin{bmatrix}\beta_{11}&\beta_{12}&\cdots&\beta_{1G}\\\beta_{21}&\beta_{22}&\cdots&\beta_{2G}\\\vdots&\vdots&&\vdots\\\beta_{G1}&\beta_{G2}&\cdots&\beta_{GG}\end{bmatrix}_{G\times G},\quad \boldsymbol{\Gamma}=\begin{bmatrix}\gamma_{11}&\gamma_{12}&\cdots&\gamma_{1K}\\\gamma_{21}&\gamma_{22}&\cdots&\gamma_{2K}\\\vdots&\vdots&&\vdots\\\gamma_{G1}&\gamma_{K2}&\cdots&\gamma_{GK}\end{bmatrix}_{G\times K}$$

$$\boldsymbol{Y}=\begin{bmatrix}Y_1\\Y_2\\\vdots\\Y_G\end{bmatrix}_{G\times 1},\quad \boldsymbol{X}=\begin{bmatrix}X_1\\X_2\\\vdots\\X_K\end{bmatrix}_{K\times 1},\quad \boldsymbol{\varepsilon}=\begin{bmatrix}\varepsilon_1\\\varepsilon_2\\\vdots\\\varepsilon_G\end{bmatrix}_{G\times 1}$$

还可将(6.1)式写成更一般的形式：

$$(\boldsymbol{B}\quad \boldsymbol{\Gamma})\begin{bmatrix}\boldsymbol{Y}\\ \boldsymbol{X}\end{bmatrix}=\boldsymbol{\varepsilon} \tag{6.3}$$

其中，$(\boldsymbol{B}\quad \boldsymbol{\Gamma})$为结构参数矩阵。

例 6.4 简单的宏观经济模型：

$$\begin{aligned}&\text{消费函数}: C_t = \alpha_0 + \alpha_1 Y_t + \varepsilon_{1t}\\ &\text{投资函数}: I_t = \beta_0 + \beta_1 Y_t + \beta_2 Y_{t-1} + \varepsilon_{2t}\\ &\text{恒等式}: Y_t = C_t + I_t + G_t\end{aligned} \tag{6.4}$$

其中，C 为消费支出，Y 为国民收入，G 为政府支出，I 为投资支出；模型中，C_t，I_t 和 Y_t 为内生变量，G_t 和 Y_{t-1} 为前定变量。

将所有的观察变量(除随机扰动项之外的变量)移到方程式等号的左边，则得到结构式模型的一般表达式：

$$\begin{aligned}&C_t + 0I_t - \alpha_1 Y_t - \alpha_0 + 0Y_{t-1} + 0G_t = \varepsilon_{1t}\\ &0C_t + I_t - \beta_1 Y_t - \beta_0 - \beta_2 Y_{t-1} + 0G_t = \varepsilon_{2t}\\ &-C_t - I_t + Y_t + 0 + 0Y_{t-1} - 1G_t = 0\end{aligned}$$

其结构参数矩阵为：

$$(\boldsymbol{B}\quad \boldsymbol{\Gamma}) = \begin{bmatrix}1 & 0 & -\alpha_1 & -\alpha_0 & 0 & 0\\ 0 & 1 & -\beta_1 & -\beta_0 & -\beta_2 & 0\\ -1 & -1 & 1 & 0 & 0 & -1\end{bmatrix}$$

内生变量向量 $\boldsymbol{Y}$，前定变量向量 $\boldsymbol{X}$①，随机项向量 $\boldsymbol{U}$ 为

$$\boldsymbol{Y}=\begin{bmatrix}C_t\\ I_t\\ Y_t\end{bmatrix},\quad \boldsymbol{X}=\begin{bmatrix}1\\ Y_{t-1}\\ I_t\end{bmatrix},\quad \boldsymbol{\varepsilon}=\begin{bmatrix}\varepsilon_{1t}\\ \varepsilon_{2t}\\ 0\end{bmatrix}$$

3. 联立性偏倚

在联立方程的结构式模型中，由于解释变量可能是随机的内生变量，一般情况下，它们与方程中的随机扰动项是不独立的，也就是说，单个方程可能无法满足标准线性回归模型的假定。此时，如果对这样的方程的参数仍用 OLS 法进行估计，得到的参数估计量是有偏且不一致的，这是联立方程模型估计的最大障碍，称为“联立性偏倚”。

如例 6.2 的简单的凯恩斯收入决定模型：

$$\text{消费函数}: C_t = \beta_0 + \beta_1 Y_t + \varepsilon_t$$

---

① 对于方程式中的常数项，可看做一个取值为 1 的外生变量。

$$收入恒等式:Y_t = C_t + I_t$$

该模型需要估计的是消费函数中的参数 β_0,β_1。设该方程中的扰动项 ε_t 服从标准假定,即:

$$\varepsilon_t \sim N(0,\sigma^2)$$
$$E(\varepsilon_t,\varepsilon_s) = 0 \quad (t \neq s)$$

但是,消费方程中的 Y_t 是内生变量,它是一个随机变量,而且与该方程中的随机扰动项 ε_t 相关。这一结论可证明如下:

将消费函数代入收入恒等式并作整理可得:

$$Y_t = \frac{\beta_0}{1-\beta_1} + \frac{1}{1-\beta_1}I_t + \frac{1}{1-\beta_1}\varepsilon_t$$

因此,Y_t 的期望值为

$$E(Y_t) = \frac{\beta_0}{1-\beta_1} + \frac{1}{1-\beta_1}I_t$$

Y_t 与 ε_t 的协方差为

$$\begin{aligned}\text{Cov}(Y_t,\varepsilon_t) &= E[(Y_t - E(Y)_t)(\varepsilon_t - E(\varepsilon_t))] \\ &= E\left(\frac{1}{1-\beta_1}\varepsilon_t^2\right) \\ &= \frac{\sigma^2}{1-\beta_1} \neq 0\end{aligned}$$

即 Y_t 与 ε_t 是相关的。此时,如果直接对消费方程进行 OLS 估计,则所得的 β_0 和 β_1 的估计量将是有偏且不一致的。

从以上例子看出,由于大多数结构式联立方程模型存在着联立性偏倚,使得 OLS 法变得不再适用了。因此,当结构式联立方程模型出现联立性偏倚时,一般应改用其他的方法对模型中的参数进行估计。

二、简化式模型

1. 有关概念

将结构式中的每一个内生变量都表示成全部前定变量和随机扰动项的函数所构成的模型称为简化式模型。在简化式模型中,所有的被解释变量都是内生变量,所有的解释变量都是前定变量,因此这样的模型就不存在结构式模型中的联立性偏倚问题。

简化式模型中的参数叫做简化式参数,一般用 Π 表示。它表示的是前定变量的变化对内生变量的总影响,即包括了直接影响和间接影响的总影响。

简化式模型中的每一个方程叫做简化式方程。

2. 一般表达式

我们先以例 6.4 的简单的宏观经济模型为例,推出其简化式模型。

消费函数：$C_t = \alpha_0 + \alpha_1 Y_t + \varepsilon_{1t}$

投资函数：$I_t = \beta_0 + \beta_1 Y_t + \beta_2 Y_{t-1} + \varepsilon_{2t}$

恒等式：$Y_t = C_t + I_t + G_t$

联立以上三个方程可解得：

$$C_t = \frac{\alpha_0 - \alpha_0\beta_1 + \alpha_1\beta_0}{1 - \alpha_1 - \beta_1} + \frac{\alpha_1\beta_2}{1 - \alpha_1 - \beta_1}Y_{t-1} + \frac{\alpha_1}{1 - \alpha_1 - \beta_1}G_t + \frac{\varepsilon_{1t} + \alpha_1\varepsilon_{2t} - \beta_1\varepsilon_{1t}}{1 - \alpha_1 - \beta_1}$$

$$I_t = \frac{\beta_0 - \beta_0\alpha_1 + \beta_1\alpha_0}{1 - \alpha_1 - \beta_1} + \frac{\beta_2 - \alpha_1\beta_2}{1 - \alpha_1 - \beta_1}Y_{t-1} + \frac{\beta_1}{1 - \alpha_1 - \beta_1}G_t + \frac{\varepsilon_{2t} + \beta_1\varepsilon_{1t} - \alpha_1\varepsilon_{2t}}{1 - \alpha_1 - \beta_1}$$

$$Y_t = \frac{\alpha_0 + \beta_0}{1 - \alpha_1 - \beta_1} + \frac{\beta_2}{1 - \alpha_1 - \beta_1}Y_{t-1} + \frac{1}{1 - \alpha_1 - \beta_1}G_t + \frac{\varepsilon_{1t} + \varepsilon_{2t}}{1 - \alpha_1 - \beta_1}$$

得简化式模型：

$$\begin{aligned} C_t &= \pi_{10} + \pi_{11}Y_{t-1} + \pi_{12}G_t + \nu_{1t} \\ I_t &= \pi_{20} + \pi_{21}Y_{t-1} + \pi_{22}G_t + \nu_{2t} \\ Y_t &= \pi_{30} + \pi_{31}Y_{t-1} + \pi_{32}G_t + \nu_{3t} \end{aligned} \tag{6.5}$$

其中，简化式参数：

$$\pi_{10} = \frac{\alpha_0 - \alpha_0\beta_1 + \alpha_1\beta_0}{1 - \alpha_1 - \beta_1};\quad \pi_{11} = \frac{\alpha_1\beta_2}{1 - \alpha_1 - \beta_1};\quad \pi_{12} = \frac{\alpha_1}{1 - \alpha_1 - \beta_1};$$

$$\pi_{20} = \frac{\beta_0 - \beta_0\alpha_1 + \beta_1\alpha_0}{1 - \alpha_1 - \beta_1};\quad \pi_{21} = \frac{\beta_2 - \alpha_1\beta_2}{1 - \alpha_1 - \beta_1};\quad \pi_{22} = \frac{\beta_1}{1 - \alpha_1 - \beta_1};$$

$$\pi_{30} = \frac{\alpha_0 + \beta_0}{1 - \alpha_1 - \beta_1};\quad \pi_{31} = \frac{\beta_2}{1 - \alpha_1 - \beta_1};\quad \pi_{32} = \frac{1}{1 - \alpha_1 - \beta_1}$$

随机扰动项：

$$\nu_{1t} = \frac{\varepsilon_{1t} + \alpha_1\varepsilon_{2t} - \beta_1\varepsilon_{1t}}{1 - \alpha_1 - \beta_1};\quad \nu_{2t} = \frac{\varepsilon_{2t} + \beta_1\varepsilon_{1t} - \alpha_1\varepsilon_{2t}}{1 - \alpha_1 - \beta_1};\quad \nu_{3t} = \frac{\varepsilon_{1t} + \varepsilon_{2t}}{1 - \alpha_1 - \beta_1}$$

若用矩阵的形式表示，则为：

$$\boldsymbol{Y} = \boldsymbol{\Pi X} + \boldsymbol{\nu}$$

其中，$\boldsymbol{\Pi}$ 为简化式参数矩阵：

$$\boldsymbol{\Pi} = \begin{bmatrix} \pi_{10} & \pi_{11} & \pi_{12} \\ \pi_{20} & \pi_{21} & \pi_{22} \\ \pi_{30} & \pi_{31} & \pi_{32} \end{bmatrix}$$

$\boldsymbol{\nu}$ 为随机扰动项向量：

$$\boldsymbol{\nu} = \begin{bmatrix} \nu_{1t} \\ \nu_{2t} \\ \nu_{3t} \end{bmatrix}$$

$\boldsymbol{Y}$ 为内生变量向量，$\boldsymbol{X}$ 为前定变量向量：

$$\boldsymbol{Y}=\begin{bmatrix}C_t\\I_t\\Y_t\end{bmatrix},\quad \boldsymbol{X}=\begin{bmatrix}1\\Y_{t-1}\\G_t\end{bmatrix}$$

所以，对于一个有 G 个内生变量、K 个前定变量的结构式模型(6.1)式，其简化式模型的一般形式为

$$\begin{aligned}Y_1&=\pi_{11}X_1+\pi_{12}X_2+\cdots+\pi_{1K}X_K+\nu_1\\Y_2&=\pi_{21}X_1+\pi_{22}X_2+\cdots+\pi_{2K}X_K+\nu_2\\&\cdots\cdots\\Y_G&=\pi_{G1}X_1+\pi_{G2}X_2+\cdots+\pi_{GK}X_K+\nu_G\end{aligned}\tag{6.6}$$

或者写成矩阵的形式：

$$\boldsymbol{Y}=\boldsymbol{\Pi X}+\boldsymbol{\nu}\tag{6.7}$$

其中，简化式参数矩阵 $\boldsymbol{\Pi}$ 和随机扰动项向量 $\boldsymbol{\nu}$ 分别为

$$\boldsymbol{\Pi}=\begin{bmatrix}\pi_{11}&\pi_{12}&\cdots&\pi_{1K}\\\pi_{21}&\pi_{22}&\cdots&\pi_{2K}\\\vdots&\vdots&&\vdots\\\pi_{G1}&\pi_{G2}&\cdots&\pi_{GK}\end{bmatrix}_{G\times K};\quad \boldsymbol{\nu}=\begin{bmatrix}\nu_1\\\nu_2\\\vdots\\\nu_G\end{bmatrix}_{G\times 1}$$

3. 简化式参数与结构式参数的关系

在(6.2)式中，我们已经得到了结构式模型的矩阵表达式

$$\boldsymbol{BY}+\boldsymbol{\Gamma X}=\boldsymbol{\varepsilon}$$

由于 $\boldsymbol{B}$ 是一个 $G\times G$ 的方阵，假定 $|\boldsymbol{B}|\neq 0$，则以 $\boldsymbol{B}^{-1}$ 左乘上式的两边并移项可得：

$$\boldsymbol{Y}=-\boldsymbol{B}^{-1}\boldsymbol{\Gamma X}+\boldsymbol{B}^{-1}\boldsymbol{\varepsilon}\tag{6.8}$$

令：$\boldsymbol{\Pi}=-\boldsymbol{B}^{-1}\boldsymbol{\Gamma}$，$\boldsymbol{\nu}=\boldsymbol{B}^{-1}\boldsymbol{\varepsilon}$，可得简化式模型(6.7)式：

$$\boldsymbol{Y}=\boldsymbol{\Pi X}+\boldsymbol{\nu}$$

所以，简化式模型参数与结构式模型参数的关系式为

$$\boldsymbol{\Pi}=-\boldsymbol{B}^{-1}\boldsymbol{\Gamma}\tag{6.9}$$

(6.9)式表明简化式参数与结构式参数之间存在着确定性的关系，这个关系式被称为“参数关系式体系”。

这里我们应该注意，结构式参数表示的是一变量对另一变量的直接影响，简化式参数表示的是前定变量对内生变量的总影响，包括直接影响和间接影响。因此，前定变量对内生变量的间接影响 = 总影响 − 直接影响。

以下以例 6.4 说明这一关系。在例 6.4 中，结构式模型(6.4)式为

$$消费函数:C_t = \alpha_0 + \alpha_1 Y_t + \varepsilon_{1t}$$

$$投资函数:I_t = \beta_0 + \beta_1 Y_t + \beta_2 Y_{t-1} + \varepsilon_{2t}$$

$$恒等式:Y_t = C_t + I_t + G_t$$

我们从投资函数可以看出,前定变量 Y_{t-1} 对内生变量 I_t 的直接影响为 β_2,即 Y_{t-1} 变动一个单位将直接导致 I_t 变动 β_2 个单位;再从其简化式模型(6.5)式可以看出,Y_{t-1} 对 I_t 的总影响为 π_{21},且

$$\pi_{21} = \frac{\beta_2 - \alpha_1\beta_2}{1 - \alpha_1 - \beta_1} = \beta_2 + \frac{\beta_1\beta_2}{1 - \alpha_1 - \beta_1} = \beta_2 + \pi_{31}\beta_1$$

$$= 直接影响 + 间接影响$$

也就是说,Y_{t-1} 变动一个单位除了直接导致 I_t 变动 β_2 个单位外,它还通过对 Y_t 的影响间接地导致了 I_t 的变动,即 Y_{t-1} 变动一个单位还将使 Y_t 变动 π_{31} 个单位,Y_t 变动一个单位又会导致 I_t 变动 β_1 个单位,这样,Y_{t-1} 变动一个单位将通过 Y_t 的传导作用使 I_t 间接地变动 $\pi_{31} \times \beta_1$ 个单位,因此总的影响就为 $\beta_2 + \pi_{31} \times \beta_1$。这一影响关系还可用图 6.1 直观地表示出来。

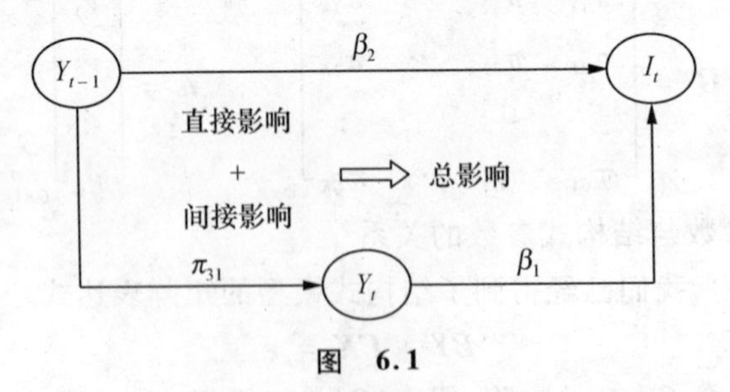

图 6.1

三、一种特殊的结构式模型——递归模型

如果结构式模型 $\boldsymbol{BY} + \boldsymbol{\Gamma X} = \boldsymbol{\varepsilon}$ 中,内生变量结构参数矩阵 $\boldsymbol{B}$ 为一个下三角阵,假定结构方程的各随机扰动项服从标准假定,且不同方程的不同期扰动项之间不相关,则称该结构式模型为递归模型。也就是说,在递归模型中,除了随机扰动项之外,第一个方程的等号右边只包括了前定变量,第二个方程的等号右边只包括了前定变量和第一个内生变量,第三个方程的等号右边只包括了前定变量和第一、第二个内生变量,以此类推,且各方程的随机扰动项互不相关。用函数表示为

$$Y_1 = f(X_1, X_2, \cdots, X_K, \varepsilon_1)$$
$$Y_2 = f(Y_1, X_1, X_2, \cdots, X_K, \varepsilon_2)$$

$$Y_3 = f(Y_1, Y_2, X_1, X_2, \cdots, X_K, \varepsilon_3)$$

……

$$Y_G = f(Y_1, Y_2, \cdots, Y_{G-1}, X_1, X_2, \cdots, X_K, \varepsilon_G)$$

或者用结构式模型的一般表达式表示：

$$\begin{aligned}
&\beta_{11}Y_1 + && + \gamma_{11}X_1 + \gamma_{12}X_2 + \cdots + \gamma_{1K}X_K = \varepsilon_1 \\
&\beta_{21}Y_1 + \beta_{22}Y_2 && + \gamma_{21}X_1 + \gamma_{22}X_2 + \cdots + \gamma_{2K}X_K = \varepsilon_2 \\
&\beta_{31}Y_1 + \beta_{32}Y_2 + \beta_{33}Y_3 && + \gamma_{31}X_1 + \gamma_{32}X_2 + \cdots + \gamma_{3K}X_K = \varepsilon_3 \\
&\cdots\cdots && \cdots\cdots \\
&\beta_{G1}Y_1 + \beta_{G2}Y_2 + \cdots + \beta_{GG}Y_G && + \gamma_{G1}X_1 + \gamma_{G2}X_2 + \cdots + \gamma_{GK}X_K = \varepsilon_G
\end{aligned}$$

其内生变量参数矩阵为

$$\boldsymbol{B} = \begin{bmatrix} \beta_{11} & 0 & 0 & \cdots & 0 \\ \beta_{21} & \beta_{22} & 0 & \cdots & 0 \\ \beta_{31} & \beta_{32} & \beta_{33} & \cdots & 0 \\ \vdots & \vdots & \vdots & & \vdots \\ \beta_{G1} & \beta_{G2} & \beta_{G3} & \cdots & \beta_{GG} \end{bmatrix}$$

这里，$\boldsymbol{B}$ 是一个下三角阵，它的对角线上方的元素都为 0。

递归模型的特点是：

（1）递归模型表示的是内生变量之间的一种单向的依存或影响关系。因为在递归模型中，内生变量的影响方向是 $Y_1 \to Y_2 \to Y_3 \to \cdots \to Y_G$，即 Y_1 影响 Y_2，Y_1 和 Y_2 影响 Y_3，Y_1、Y_2 和 Y_3 影响 Y_4，…，Y_1、Y_2，…，Y_{G-1} 影响 Y_G。但是反过来就不成立了，即 Y_G 并不影响 Y_{G-1}，Y_{G-1} 并不影响 Y_{G-2}，…，Y_2 并不影响 Y_1。

（2）递归模型不存在联立性偏倚。因为在第一个方程中，所有的解释变量都是前定变量，与方程中的扰动项 ε_1 不相关，符合标准假定；在第二个方程中，虽然 Y_1 是内生变量，它与 ε_1 相关，但因为 ε_1 与 ε_2 不相关，所以 Y_1 与 ε_2 不相关，并不存在联立性偏倚；以此类推，第 G 个方程的 $G-1$ 个内生解释变量与 ε_G 不相关，也同样不存在联立性偏倚。所以整个递归模型不存在一般的结构式模型的联立性偏倚问题，它可以用 OLS 方法直接估计模型中的每一个结构方程，得到参数的一致估计量。

§6.2 识别问题

6.2.1 识别的定义

识别问题是与联立方程模型的设定有关的问题，其实质是对某个特定模型判断有无可能得出有意义的结构参数值。一般可以从两个不同的角度对识别进行定义。

一是从“参数关系式体系”角度定义。所谓识别,就是能否从模型的简化式参数得出结构式参数。如果能,我们就说该结构方程是可以识别的,否则就认为是不可识别的。

二是从“统计形式唯一性”角度定义。如果联立方程模型中的某一结构方程在模型中具有唯一的统计形式,即它能够与模型中所有方程的某种线性组合相区别,则这个结构方程就是可识别的,否则为不可识别的。

上面关于识别的两种定义是等价的。

在结构方程的可识别中,又分为恰好识别和过度识别。如果从简化式参数能得到某一结构方程的结构式参数的唯一值,该方程就是恰好识别的;如果从简化式参数能得到某一结构方程的一组以上的结构式参数的值,则该方程就是过度识别的。对于联立方程而言,如果模型中的每一个方程都是可识别的,那么这个模型就是可识别模型。如果可识别模型中的每一个方程都是恰好识别的,这个模型就是恰好识别模型;如果可识别模型中有一个或一个以上的方程是过度识别的,这个模型就是过度识别模型。

这里需要注意的是,识别问题是针对那些包含待估参数的方程而言的,对于模型中的非随机方程,如定义方程、平衡条件式等,由于其参数都是已知的,因此也就不存在识别问题。另外,对于特殊的结构式模型——递归模型,由于它不存在联立性偏倚,可以直接用 OLS 法得到结构式参数的一致估计量,因此递归模型也不存在识别问题。

以下我们举例说明识别问题。

例 6.5 针对例 6.1 的供求模型而言

$$Q_t^D = \alpha_0 + \alpha_1 P_t + \varepsilon_{1t} \tag{6.10.a}$$

$$Q_t^S = \beta_0 + \beta_1 P_t + \varepsilon_{2t} \tag{6.10.b}$$

$$Q_t^D = Q_t^S = Q_t \tag{6.10.c}$$

该模型中的 Q 和 P 都是内生变量,没有外生变量。将该模型转化为简化型为

$$\begin{cases} P_t = \pi_0 + \nu_{1t} \\ Q_t = \pi_1 + \nu_{2t} \end{cases}$$

其中,

$$\pi_0 = \frac{\beta_0 - \alpha_0}{\alpha_1 - \beta_1}; \quad \pi_1 = \frac{\alpha_1\beta_0 - \alpha_0\beta_1}{\alpha_1 - \beta_1}$$
$$\nu_{1t} = \frac{\varepsilon_{2t} - \varepsilon_{1t}}{\alpha_1 - \beta_1}; \quad \nu_{2t} = \frac{\alpha_1\varepsilon_{2t} - \beta_1\varepsilon_{1t}}{\alpha_1 - \beta_1} \tag{6.11}$$

在(6.11)式的参数关系式体系中,简化式参数只有两个:π_0 和 π_1,而需要估计的结构式参数有4个:α_0、α_1、β_0 和 β_1,所以不可能从两个关系式中求解出4个未知参数,因此方程(6.10.a)和(6.10.b)都是不可识别的,该模型因此是不可识别的。

从统计形式的唯一性看,将方程(6.10.a)和(6.10.b)进行线性组合后所得到的方程其统计形式与(6.10.a)和(6.10.b)都无法区别,所以模型中的两个结构方程都是不可识别的。

例 6.6 在上例的模型中增加两个前定变量 P_{t-1} 和 Y_t(可消费支出)

$$Q_t^D = \alpha_0 + \alpha_1 P_t + \alpha_2 Y_t + \varepsilon_{1t} \tag{6.11.a}$$

$$Q_t^S = \beta_0 + \beta_1 P_t + \beta_2 P_{t-1} + \varepsilon_{2t} \tag{6.11.b}$$

$$Q_t^D = Q_t^S = Q_t \tag{6.11.c}$$

其简化式模型为

$$\begin{cases} P_t = \pi_{10} + \pi_{11} Y_t + \pi_{12} P_{t-1} + \nu_{1t} \\ Q_t = \pi_{20} + \pi_{21} Y_t + \pi_{22} P_{t-1} + \nu_{2t} \end{cases}$$

其中,

$$\begin{aligned} &\pi_{10} = \frac{\beta_0 - \alpha_0}{\alpha_1 - \beta_1}; \quad \pi_{11} = \frac{-\alpha_2}{\alpha_1 - \beta_1}; \quad \pi_{12} = \frac{\beta_2}{\alpha_1 - \beta_1}; \\ &\pi_{20} = \frac{\beta_0\alpha_1 - \alpha_0\beta_1}{\alpha_1 - \beta_1}; \quad \pi_{21} = \frac{-\beta_1\alpha_2}{\alpha_1 - \beta_1}; \quad \pi_{22} = \frac{-\alpha_1\beta_2}{\alpha_1 - \beta_1}; \\ &\nu_{10} = \frac{\varepsilon_{2t} - \varepsilon_{1t}}{\alpha_1 - \beta_1}; \quad \nu_{20} = \frac{\alpha_1\varepsilon_{2t} - \beta_1\varepsilon_{1t}}{\alpha_1 - \beta_1} \end{aligned} \tag{6.12}$$

模型(6.11)式的结构式参数有6个,而(6.12)式中的简化式参数也有6个,因而模型(6.11)式的结构参数都可以由简化式参数唯一确定,所以(6.11.a)和(6.11.b)两个方程都是恰好识别的,因而整个模型是恰好识别的。

从统计形式的唯一性看,方程(6.11.a)和(6.11.b)的线性组合形式与(6.11.a)式和(6.11.b)式都有不同的统计形式,因此两个结构式方程都是可识别的。

例 6.7 在需求方程(6.11.a)中增加一个外生变量 W(财富):

$$Q_t^D = \alpha_0 + \alpha_1 P_t + \alpha_2 Y_t + \alpha_3 W_t + \varepsilon_{1t} \tag{6.13.a}$$

$$Q_t^S = \beta_0 + \beta_1 P_t + \beta_2 P_{t-1} + \varepsilon_{2t} \tag{6.13.b}$$

$$Q_t^D = Q_t^S = Q_t \tag{6.13.c}$$

其简化式模型为

$$\begin{cases} P_t = \pi_{10} + \pi_{11} Y_t + \pi_{12} P_{t-1} + \pi_{13} W_t + v_{1t} \\ Q_t = \pi_{20} + \pi_{21} Y_t + \pi_{22} P_{t-1} + \pi_{23} W_t + v_{2t} \end{cases}$$

其中,

$$\pi_{10} = \frac{\beta_0 - \alpha_0}{\alpha_1 - \beta_1}; \quad \pi_{11} = \frac{-\alpha_2}{\alpha_1 - \beta_1}; \quad \pi_{12} = \frac{\beta_2}{\alpha_1 - \beta_1}; \quad \pi_{13} = \frac{-\alpha_3}{\alpha_1 - \beta_1};$$

$$\pi_{20} = \frac{\beta_0\alpha_1 - \alpha_0\beta_1}{\alpha_1 - \beta_1}; \quad \pi_{21} = \frac{-\beta_1\alpha_2}{\alpha_1 - \beta_1}; \quad \pi_{22} = \frac{-\alpha_1\beta_2}{\alpha_1 - \beta_1}; \quad \pi_{23} = \frac{-\beta_1\alpha_3}{\alpha_1 - \beta_1};$$

$$v_{10} = \frac{\varepsilon_{2t} - \varepsilon_{1t}}{\alpha_1 - \beta_1}; \quad v_{20} = \frac{\alpha_1\varepsilon_{2t} - \beta_1\varepsilon_{1t}}{\alpha_1 - \beta_1} \tag{6.14}$$

在(6.14)式的参数关系式体系中,有8个简化式参数,但需要估计的结构式参数只有7个,因此可由简化式参数解出结构式参数,但解并不是唯一的,如:

$$\beta_1 = \frac{\pi_{21}}{\pi_{11}}$$

同时,又有:

$$\beta_1 = \frac{\pi_{23}}{\pi_{13}}$$

以上两个比值不一定相等,即β_1的解并不是唯一的,所以结构方程(6.13.b)是过度识别的。但由于结构方程(6.13.a)的四个参数α_0、α_1、α_2和α_3只有唯一的解,所以它是恰好识别的,整个模型(6.13)式是过度识别的。

从统计形式的唯一性看,(6.13.a)式和(6.13.b)式的线性组合形式与(6.13.a)式和(6.13.b)式在统计形式上都不相同,因此两个结构方程都是可识别的。

6.2.2 结构式模型的识别准则

当模型中的方程数量较多时,由简化式与结构式的参数关系体系来判断结构方程是否可以识别较为麻烦,因此我们需要一个系统的方法来判定方程是否可以识别,这就是识别准则。对于结构式模型,其识别准则主要有两条——阶条件和秩条件。

一、阶条件

设联立方程模型有G个内生变量,K个前定变量,模型中第i个方程包含g_i个内生变量,k_i个前定变量,则$q_i = G + K - g_i - k_i$为第i个方程中不包括的变量的个数。于是,第i个方程可以识别的阶条件为

第i个方程恰好识别,则$q_i = G - 1$;

第i个方程过度识别,则$q_i > G - 1$;

第 i 个方程不可识别,则 $q_i < G-1$。

也就是说,一个结构方程可识别的阶条件是该方程中不包括的变量个数应不少于内生变量的个数减 1。

但是应该注意的是,阶条件只是识别的必要条件而非充分条件。也就是说,即便一个方程满足了 $q_i \geq G-1$ 的阶条件,该方程仍可能是不可识别的。但是,如果已知一个方程是可以识别的,那么它就一定能满足 $q_i \geq G-1$ 的阶条件。因此,阶条件往往被用于判断一个可识别的方程是恰好识别的还是过度识别的。若一个可以识别的方程满足 $q_i = G-1$,则它是恰好识别的,若它满足 $q_i > G-1$,则它是过度识别的。

二、秩条件

秩条件是结构式联立方程模型中某一特定方程是否可以识别的充分必要条件。秩条件为:不包含在该方程中,但又包含在模型的其他方程中的变量(包括内生变量和前定变量)的参数所构成的矩阵的秩等于 $G-1$。

由于秩条件是结构式方程是否可以识别的充要条件,因此只要满足了秩条件的方程就一定是可以识别的。但是该方程是过度识别还是恰好识别,是无法由秩条件给出的,因此还需要利用阶条件做出进一步的判断。

三、结构式模型的识别步骤

(1) 写出模型的结构式系数矩阵($\boldsymbol{B\Gamma}$)。

(2) 对第 i 个方程运用识别的秩条件:设($\boldsymbol{B\Gamma}$)第 i 行中零元素所在的列重新组成的一个新的矩阵为 $\boldsymbol{H}_i$,$\boldsymbol{H}_i$ 即为不包含在第 i 个方程中,但又包含在模型的其他方程中的变量的参数所构成的矩阵。若其秩 $\text{Rank}(\boldsymbol{H}_i) = G-1$,则第 i 个方程是可以识别的,否则为不可识别的。

(3) 若第 i 个方程是可以识别的,则需进一步运用识别的阶条件:设 q_i 为 $\boldsymbol{H}_i$ 矩阵的列数,也即为第 i 个方程未包含的变量的个数,若 $q_i = G-1$,则第 i 个方程是恰好识别的,若 $q_i > G-1$,则第 i 个方程是过度识别的。

(4) 重复步骤(2)至(3),直至将模型中所有的随机方程都识别后,最后得出结论:模型是不可识别、过度识别或恰好识别。

例 6.8 扩展的凯恩斯收入决定模型:

$$C_t = \alpha_0 + \alpha_1 Y_t + \alpha_2 T_t + \varepsilon_{1t} \quad (6.15.\text{a})$$

$$I_t = \beta_0 + \beta_1 Y_{t-1} + \varepsilon_{2t} \quad (6.15.\text{b})$$

$$T_t = \gamma_0 + \gamma_1 Y_t + \varepsilon_{3t} \quad (6.15.\text{c})$$

$$Y_t = C_t + I_t + G_t \quad (6.15.\text{d})$$

其中,C 为消费支出,Y 为收入,I 为投资支出,T 为税收,G 为政府支出。模型中有 4 个内生变量：C_t, I_t, T_t 和 Y_t，即 $G=4$，2 个前定变量：Y_{t-1} 和 G_t。

对(6.15.a)式进行识别：

1. 模型(6.15)的结构式参数矩阵为

$$
\begin{array}{c} \\ (\boldsymbol{B}\quad \boldsymbol{\Gamma}) = \end{array}
\begin{array}{c}
\begin{matrix} C_t & I_t & T_t & Y_t & 1 & Y_{t-1} & G_t \end{matrix} \\
\begin{bmatrix}
1 & 0 & -\alpha_2 & -\alpha_1 & -\alpha_0 & 0 & 0 \\
0 & 1 & 0 & 0 & -\beta_0 & -\beta_1 & 0 \\
0 & 0 & 1 & -\gamma_1 & -\gamma_0 & 0 & 0 \\
-1 & -1 & 0 & 1 & 0 & 0 & -1
\end{bmatrix}
\end{array}
$$

2.

$$
\boldsymbol{H}_1 = \begin{bmatrix} 0 & 0 & 0 \\ 1 & -\beta_1 & 0 \\ 0 & 0 & 0 \\ -1 & 0 & -1 \end{bmatrix}
$$

$$
\text{Rank}(\boldsymbol{H}_1) = 2 < G-1 = 4-1 = 3
$$

所以第一个方程(6.15.a)是不可识别的。

对(6.15.b)式进行识别：

$$
\boldsymbol{H}_2 = \begin{bmatrix} 1 & -\alpha_2 & -\alpha_1 & 0 \\ 0 & 0 & 0 & 0 \\ 0 & 1 & -\gamma_1 & 0 \\ -1 & 0 & 1 & -1 \end{bmatrix}
$$

$$
\text{Rank}(\boldsymbol{H}_2) = 3 = G-1 = 4-1 = 3
$$

所以第二个方程(6.15.b)是可以识别的。

$$
q_2 = \boldsymbol{H}_2 \text{ 的列数 } = 4 > G-1
$$

所以第二个方程(6.15.b)是过度识别的。

同理，还可对(6.15.c)式进行识别，结果是过度识别的。因此，整个模型(6.15)式是不可识别的。

6.2.3 实际应用中的经验法则①

实际应用中的联立方程模型往往包括成百上千个方程，这时，无论是从识别的定义出发，还是应用识别准则，都很难对联立方程模型的每一个方程逐一进行识别判断。因此，在实际应用中，往往不是先建立模型再进行识别，而是在建立

① 参见李子奈(2000，第 150—151 页)。

模型的过程中就引入一个经验法则,使所建立的模型中的各个方程都可以识别。这一经验法则为:在建立某个结构方程时,要使该方程至少包含一个前面各方程中未出现的变量,同时要使前面的每一个结构方程都包含至少一个该方程未包含的变量,并且各不相同。

该法则一方面保证了新引入的方程不会影响原有方程的可识别性,因为新引入的方程中有了已存在方程中未包含的变量,因此所有方程的线性组合都不可能与原有的方程有相同的统计形式;另一方面又保证了新引入的方程本身是可以识别的,因为原有的方程中都至少包含了一个新加入的方程未包含的变量,并且各不相同,同样,所有方程的线性组合与新加入的方程也不可能有相同的统计形式。

在实际建模型时,将每个方程所包含的变量记录在如表 6.1 所示的表格中将是有帮助的。例如,在建立第 4 个方程时,必须包含变量 1、2、3、4、5、6 之外的至少一个变量;同时需检查方程 1、2、3 是否都存在至少 1 个方程 4 所未包含的变量,且互不相同。这里可以认为方程 1 中的变量 1 和 4,方程 2 中的变量 4 和 5,方程 3 中的变量 1、4 和 6 满足要求。于是所建立的方程 4 是可以识别的。

表 6.1　变量记录表

	变量 1	变量 2	变量 3	变量 4	变量 5	变量 6	…
方程 1	✓	✓		✓			
方程 2		✓	✓	✓	✓		
方程 3	✓		✓	✓		✓	
方程 4		✓	✓				✓
…							

§6.3　联立方程模型的估计

6.3.1　联立方程模型估计方法的分类

联立方程模型的估计指的是对结构式模型中的参数进行估计,其估计方法可以分为两大类:单方程估计法和系统估计法。单方程估计法又称有限信息估计法,指每次只估计结构式模型中的一个方程,即只考虑了所估计方程中所包含的变量的信息,而未考虑所估计方程未包括但在模型中的其他方程中出现的变量的信息,有限信息法因此得名。系统估计法指同时估计模型中的全部方程,同时得到所有待估参数的估计值。系统估计法由于对模型中的全部方程一次性地进行估计,在估计中利用了模型中所有变量的信息,因此又称为完全信息估计法。

在单方程估计法和系统估计法两类方法中又有许多具体的估计方法：

- 单方程估计法
  - 间接最小二乘法(ILS)
  - 两阶段最小二乘法(TSLS)
  - 工具变量法(IV)
  - 有限信息最大似然法(LIML)
  - 最小方差比法(LVR)
  - ……
- 系统估计法
  - 三阶段最小二乘法(3SLS)
  - 完全信息最大似然法(FIML)
  - ……

虽然系统估计法充分利用了模型中全部变量的信息，理论上说其估计出的参数估计量会优于单方程估计法。但在实际应用中，一方面由于系统估计法的计算过程较为复杂，另一方面由于系统估计法对设定误差(如漏掉变量或函数形式的设定偏差)非常敏感，即会把模型中一个或多个方程的设定误差传递给其余的方程，所以更常用的是单方程估计法。以下我们将仅介绍单方程估计法中的间接最小二乘法和两阶段最小二乘法。

6.3.2 间接最小二乘法

间接最小二乘法适用于恰好识别方程的参数估计，简称 ILS 法。该方法先用普通最小二乘法求得简化式参数，再利用"参数关系式"体系间接地得到结构式参数的估计值。可以证明，用 ILS 法估计的结构式参数是一致估计量。其具体步骤为：

(1) 对结构式模型 $\boldsymbol{BY}+\boldsymbol{\Gamma X}=\boldsymbol{\varepsilon}$ 导出其简化式模型 $\boldsymbol{Y}=\boldsymbol{\Pi X}+\boldsymbol{\nu}$；

(2) 用 OLS 法分别对简化式模型中各方程的简化式参数进行估计，得简化式参数的 OLS 估计量 $\hat{\boldsymbol{\Pi}}$；

(3) 利用参数关系式体系 $\hat{\boldsymbol{\Pi}}=-\hat{\boldsymbol{B}}^{-1}\hat{\boldsymbol{\Gamma}}$，求得结构式模型的参数估计值 $\hat{\boldsymbol{B}}$ 和 $\hat{\boldsymbol{\Gamma}}$。

6.3.3 两阶段最小二乘法

对于过度识别的方程，由于其简化式参数所解出的结构式参数的值不是唯一的，所以不能用间接最小二乘法进行估计，其可供选择的估计方法之一为两阶段最小二乘法(简称 TSLS 法)。

两阶段最小二乘法正如其名，是分两个阶段应用普通最小二乘法：

第一阶段，首先分别将每个内生解释变量对模型中的全部前定变量进行普通最小二乘估计,可得每一内生解释变量的拟合值。

第二阶段,以内生解释变量的拟合值代替结构式方程中的内生解释变量的值,进行第二次普通最小二乘估计,此时得到的参数估计结果即为结构式参数的两阶段最小二乘估计量。

两阶段最小二乘法由于在第二阶段以内生变量的拟合值代替了内生变量的值,可以消除内生变量与结构式方程中的随机扰动项可能存在的相关性,因此TSLS估计量是一致估计量。

实际上,TSLS法不仅适用于过度识别方程的估计,而且也适用于恰好识别的方程。当方程为恰好识别时,用TSLS法和用ILS法估计的结构参数的结果是完全一样的。

§6.4 实证分析

6.4.1 简单的凯恩斯收入决定模型的ILS估计

例6.2中的简单的凯恩斯收入决定模型如下:

消费函数:$C_t = \beta_0 + \beta_1 Y_t + \varepsilon_t$

收入恒等式:$Y_t = C_t + I_t$

根据前面介绍的识别准则,可以判断该模型中的消费函数是恰好识别的,因此可以用间接最小二乘法进行估计。

按照前面介绍的间接最小二乘法的步骤,首先要给出原结构式模型的简化式模型:

$$C_t = \pi_0 + \pi_1 I_t + \nu_{1t}$$

其中,

$$\pi_0 = \frac{\beta_0}{1-\beta_1};\quad \pi_1 = \frac{\beta_1}{1-\beta_1}$$

以下我们以中国的宏观经济数据为例说明该模型的估计。表6.2给出了中国1978—2006年的消费、收入和投资等宏观经济数据。为了与凯恩斯的收入决定模型保持一致,该表中的总收入Y_1是由消费支出(C)和投资支出(I)加总后得到的。

首先用OLS法对简化式模型进行估计,可得如下结果

$$\hat{C}_t = 4\,457.462 + 1.261439 I_t$$

$$\text{Se} = (1\,515.77)\qquad (0.04)$$

$$t = (2.94)\qquad (28.33)\qquad R^2 = 0.967449$$

表 6.2　中国主要宏观经济数据,1978—2006 年　　（单位:亿元）

年份	总消费 C	总投资 I	总收入 $Y_1 = C + I$	政府消费 G	国内生产总值 Y_2	广义货币供给 M
1978	2 239	1 378	3 617	480	3 606	1 347
1979	2 634	1 479	4 113	622	4 093	1 607
1980	3 008	1 600	4 608	677	4 593	2 007
1981	3 362	1 630	4 992	734	5 009	2 432
1982	3 715	1 784	5 499	812	5 590	2 805
1983	4 126	2 039	6 165	895	6 216	3 291
1984	4 846	2 515	7 361	1 104	7 363	4 178
1985	5 986	3 458	9 444	1 299	9 077	5 199
1986	6 822	3 942	10 764	1 520	10 509	6 721
1987	7 805	4 462	12 267	1 679	12 277	8 331
1988	9 840	5 700	15 540	1 971	15 389	10 100
1989	11 164	6 333	17 497	2 352	17 311	11 950
1990	12 091	6 747	18 838	2 640	19 348	15 293
1991	14 092	7 868	21 960	3 361	22 577	19 350
1992	17 203	10 086	27 289	4 203	27 565	25 402
1993	21 900	15 718	37 618	5 488	36 938	34 880
1994	29 242	20 341	49 583	7 398	50 217	46 924
1995	36 748	25 470	62 218	8 379	63 217	60 751
1996	43 920	28 785	72 705	9 964	74 164	76 095
1997	48 141	29 968	78 109	11 219	81 659	90 995
1998	51 588	31 314	82 902	12 359	86 532	104 499
1999	55 637	32 952	88 589	13 717	91 125	119 898
2000	61 516	34 843	96 359	15 661	98 749	134 610
2001	66 878	39 769	106 647	17 665	108 972	158 302
2002	71 691	45 565	117 256	19 120	120 350	185 007
2003	77 450	55 963	133 413	20 615	136 399	221 223
2004	87 033	69 168	156 201	23 199	160 280	254 107
2005	97 823	80 646	178 469	26 605	188 692	298 756
2006	110 413	94 103	204 516	30 293	221 171	345 604

资料来源:中国经济信息网统计数据库。

注 1:表中的总消费指的是最终消费,即包括了居民消费和政府消费,总投资指的是资本形成总额。所有的数据都是以当年的价格计算,单位为亿元。

注 2:宏观经济建模中,一般使用的是消除了价格变动因素的实际变量(即不变价变量),而非名义变量(即现价变量)。这里的目的主要是举例说明联立方程的估计,因此没有将变量的名义值转换为实际值。

即

$$\hat{\pi}_0 = 4\,457.462;\quad \hat{\pi}_1 = 1.261439$$

接着,根据前面的参数关系体系可知:

$$\hat{\beta}_1 = \frac{\hat{\pi}_1}{1+\hat{\pi}_1} = \frac{1.261439}{1+1.261439} = 0.557804$$

$$\hat{\beta}_0 = \frac{\hat{\pi}_0}{1+\hat{\pi}_1} = \frac{4\,457.462}{1+1.261439} = 1\,971.073$$

这就是原结构式模型中消费函数的参数估计值,所以间接最小二乘法所估计的消费函数为

$$\hat{C}_t = 1\,971.073 + 0.557804Y_{1t}$$

为了比较,我们用 OLS 法直接对原消费函数进行估计,即直接将 C 对 Y(不恰当地)进行 OLS 回归得:

$$\hat{C}_t = 1\,712.856 + 0.562385Y_{1t}$$
$$\text{Se} = (691.62)\qquad (0.009)$$
$$t = (2.48)\qquad (65.26)\qquad R^2 = 0.993701$$

比较消费函数的间接最小二乘估计参数值与普通最小二乘估计的参数值,虽然在本例中的差别不是很大,但是我们知道由于联立性偏倚的存在,普通最小二乘估计量是有偏且不一致的。因此,在其他的例子中,完全可能出现两种估计方法所得出的估计结果差异很大的情况。

6.4.2 货币供给函数的 TSLS 估计

考察以下的联立方程模型:

$$\begin{aligned}&\text{收入函数}: Y_t = \alpha_0 + \alpha_1 M_t + \alpha_2 I_t + \alpha_3 G_t + \varepsilon_{1t}\\&\text{货币供给函数}: M_t = \beta_0 + \beta_1 Y_t + \varepsilon_{2t}\end{aligned}\tag{6.16}$$

其中,Y 为收入,M 为货币供给,I 为投资支出,G 为政府消费支出。在该模型中,外生变量为 G 和 I。

该模型是以货币数量论和凯恩斯的收入决定理论为基础的。收入函数表明收入是由货币供给、投资支出和政府支出决定的,货币供给函数表明货币供给是由中央银行根据收入水平决定的。

利用识别的准则可以判断,收入函数是不可识别的,因此无法估计。但货币供给函数是过度识别的,因此是可以估计的。但是由于在模型中 M 与 Y 之间存在着双向依存关系,货币供给函数中存在着联立性偏倚,因此如果用 OLS 估计其参数将会导致联立性偏倚,所得的参数估计量是有偏且不一致的。另

外,如果用 ILS 法估计货币供给函数的话,由于它是过度识别的,因此无法得到参数的唯一的估计值。根据前面的介绍,一个可供选择的方法就是两阶段最小二乘法。

以下我们仍以表 6.2 中的中国宏观经济数据为例,来说明两阶段最小二乘法的具体应用。表 6.2 给出了 Y(用 Y_2 表示)、M(货币供给)、I(总投资)和 G(政府消费)的 1978 年至 2006 年的年度数据。

(1) 阶段 1 回归

该模型中的内生变量为 Y_2 和 M,其中 Y 为货币供给函数中的内生解释变量,外生变量为 I 和 G。因此第一阶段首先需要将 Y 对 I 和 G 进行 OLS 估计,然后得到 Y 的拟合值 $\hat{Y}$:

$$\hat{Y}_t = \hat{\pi}_0 + \hat{\pi}_1 I_t + \hat{\pi}_2 G_t$$

代入数据后的 OLS 回归结果如下:

$$\hat{Y}_t = 1\,253.154 + 1.157188 I_t + 3.586506 G_t$$

$$\text{Se} = (616.97) \quad (0.11) \quad (0.33)$$

$$t = (2.03) \quad (10.16) \quad (10.91) \quad R^2 = 0.998672$$

(2) 阶段 2 回归

以内生解释变量的拟合值 $\hat{Y}$ 代替货币供给函数中的内生解释变量 Y 的值,进行第二次普通最小二乘估计,即用 OLS 法估计以下方程:

$$M_t = \beta_0 + \beta_1 \hat{Y}_t + \nu_t \tag{6.17}$$

将(6.16)式中的货币供给函数与(6.17)式相比,形式很相像,只是在(6.17)式中以 $\hat{Y}$ 代替了 Y。可以证明,在(6.17)式中,$\hat{Y}$ 与 ν 是渐近无关的,因此可以对其用 OLS 法进行估计并得到参数的一致估计量。

代入数据后的第二次 OLS 结果如下:

$$\hat{M}_t = -15\,768.88 + 1.603896 \hat{Y}_t$$

$$\text{Se} = (2\,669.72) \quad (0.03)$$

$$t = (-5.91) \quad (50.3) \quad R^2 = 0.989444$$

其参数估计结果即为结构式参数的二阶段最小二乘估计量。

在 EViews 中,可以直接用两阶段最小二乘法的有关命令:TSLS M C Y2 @ C I G 直接得到以上结果,见表 6.3。其中,@ 后面的变量是模型中的工具变量,即模型中所有的前定变量(包括了常数项)。

表 6.3 货币供给函数的两阶段最小二乘估计的结果

Dependent Variable: M
Method: Two-Stage Least Squares
Sample: 1978 2006
Included observations: 29
Instrument list: C I G

	Coefficient	Std. Error	t-Statistic	Prob.
C	-15768.88	3296.233	-4.783910	0.0001
Y2	1.603896	0.039363	40.74597	0.0000

R-squared	0.983909	Mean dependent var	77643.59
Adjusted R-squared	0.983313	S. D. dependent var	98733.53
S. E. of regression	12754.24	Sum squared resid	4.39E+09
F-statistic	1660.234	Durbin-Watson stat	0.136214
Prob(F-statistic)	0.000000	Second-Stage SSR	2.88E+09

如果不对货币函数作 TSLS 估计,而是直接用 OLS 法(我们已经知道这是不合适的),其结果为:

$$\hat{M}_t = -15445.92 + 1.598351 Y_t$$
$$Se = (3293.96) \quad (0.04)$$
$$t = (4.69) \quad (40.65) \quad R^2 = 0.983921$$

将 OLS 的结果与 TSLS 的结果比较,可以看到两个回归的结果是基本一致的,但这并不能说明 OLS 估计能够替代 TSLS 估计。在本例中,由于在第一阶段的回归中的 R^2 值非常高,以致使 $\hat{Y}$ 与 Y 非常相似,因而两种估计结果也基本一致。但是不能保证在其他的应用中情况都是如此。

6.4.3 恰好识别时 ILS 与 TSLS 等价性的验证

前面介绍过当模型中的某一方程为恰好识别时,用 TSLS 法和用 ILS 法估计的结构参数的结果是完全一样的。6.4.1 中我们已经得到了简单的凯恩斯收入决定模型中的消费函数的 ILS 的估计结果。由于消费函数是恰好识别的,因此也可以对它进行两阶段最小二乘估计。

我们已经有了第一阶段的回归结果,即:

$$\hat{Y}_{1t} = 4457.462 + 2.261439 I_t$$
$$Se = (1515.77) \quad (0.04)$$
$$t = (2.94) \quad (50.78) \quad R^2 = 0.989640$$

然后再进行第二阶段的回归,结果如下:

$$\hat{C}_t = 1971.073 + 0.557804 \hat{Y}_{1t}$$

$$Se = (1\,576.29) \qquad (0.03)$$

$$t = (125) \qquad (28.33) \qquad R^2 = 0.967449$$

同样,也可以在 EViews 中直接得到两阶段最小二乘估计的结果,见表 6.4。

表 6.4　消费方程的两阶段最小二乘估计结果

Dependent Variable: CC①
Method: Two-Stage Least Squares
Sample: 1978 2006
Included observations: 29
Instrument list: C I

	Coefficient	Std. Error	t-Statistic	Prob.
C	1 971.073	697.0276	2.827827	0.0087
Y	0.557804	0.008707	64.06193	0.0000
R-squared	0.993635	Mean dependent var		33 410.79
Adjusted R-squared	0.993399	S.D. dependent var		32 808.14
S.E. of regression	2 665.475	Sum squared resid		1.92E+08
F-statistic	4 103.931	Durbin-Watson stat		0.193930
Prob(F-statistic)	0.000000	Second-Stage SSR		9.81E+08

将 TSLS 的结果与前面 ILS 的结果比较可以看出,对于消费方程,两种估计方法的结果是完全一致的。

本章思考与练习

6.1　联立方程的变量有哪些基本分类?如何在模型中加以识别?

6.2　联立方程模型中的方程有哪些分类?一个联立方程模型中应包括哪类或哪几类的方程?

6.3　什么是结构式模型和简化式模型?二者之间的参数有什么联系?

6.4　什么是联立方程模型的识别?有哪些识别准则或方法?

6.5　考察以下的双方程模型:

$$Y_{1t} = a_1 + a_2 Y_{2t} + a_3 X_{1t} + \varepsilon_{1t}$$

$$Y_{2t} = b_1 + b_2 Y_{1t} + b_3 X_{2t} + \varepsilon_{2t}$$

(1) 求简化式模型。

(2) 依据参数关系式体系,判定两个方程的识别性。

(3) 假定先验地可以判定 $a_3 = 0$,则方程的识别性会发生什么变化?

6.6　考察以下的双方程模型:

① 在 EViews 中,为了避免与常数项的符号 C 混淆,这里把总消费的变量名改成了 CC。

$$Y_{1t} = a_1 + a_2 Y_{2t} + a_3 X_{1t} + \varepsilon_{1t}$$
$$Y_{2t} = b_1 + b_2 Y_{1t} + \varepsilon_{2t}$$

根据这个模型得到的简化式模型如下：

$$Y_{1t} = 6 + 8X_{1t} + \nu_{1t}$$
$$Y_{2t} = 4 + 12X_{1t} + \nu_{2t}$$

(1) 从简化式方程中，你可以估计出哪些结构参数？

(2) 假定先验地可以判定 $a_1 = 0, a_2 = 0$，则可以估计出哪些结构参数？

6.7 一个五方程模型如下：

$$Y_{1t} + \beta_{12} Y_{2t} + \beta_{14} Y_{4t} + \gamma_{11} Z_{1t} + \gamma_{14} Z_{4t} = \mu_{1t}$$
$$Y_{2t} + \beta_{23} Y_{3t} + \beta_{25} Y_{5t} + \gamma_{22} Z_{2t} = \mu_{2t}$$
$$Y_{3t} + \gamma_{31} Z_{1t} + \gamma_{33} Z_{3t} = \mu_{3t}$$
$$\beta_{41} Y_{1t} + \beta_{43} Y_{3t} + Y_{4t} + \gamma_{42} Z_{2t} + \gamma_{44} Z_{4t} = \mu_{4t}$$
$$2Y_{3t} + Y_{5t} - Z_{2t} = 0$$

(1) 对该模型的参数进行识别。

(2) 如果 $\gamma_{33} = 0$，模型的可识别性有何变化？请评论。

(3) 简要说明应如何估计模型中每个方程的参数？

6.8 一位检验者设定了以下两个模型，并计划将这两个模型运用到一些有关宏观经济时间序列数据的实证分析工作中。

模型Ⅰ：

$$c_t = \alpha_1 y_t + \alpha_2 m_{t-1} + \mu_{1t}$$
$$i_t = \beta_1 y_t + \beta_2 r_t + \mu_{2t}$$
$$y_t = c_t + i_t$$

模型Ⅱ：

$$m_t = \gamma_1 r_t + \gamma_2 m_{t-1} + \nu_{1t}$$
$$r_t = \delta_1 m_t + \delta_2 m_{t-1} + \delta_3 y_t + \nu_{2t}$$

(1) 从参数的可识别性角度考察评价上述两个模型。

(2) 分别求模型Ⅰ中 y_t 和模型Ⅱ中 r_t 的简化式方程。

(3) 一个两方程模型由模型Ⅰ中的 y_t 的简化式方程（*IS* 曲线）和模型Ⅱ中 r_t 的简化式方程（*LM* 曲线）组成，试评价这个两方程模型的可识别性。

6.9 §6.4 中的简单的宏观经济模型：

$$\text{消费函数}: C_t = \alpha_0 + \alpha_1 Y_t + \varepsilon_{1t}$$
$$\text{投资函数}: I_t = \beta_0 + \beta_1 Y_t + \beta_2 Y_{t-1} + \varepsilon_{2t} \qquad (6.4)$$
$$\text{恒等式}: Y_t = C_t + I_t + G_t$$

其中，C 为消费支出，Y 为国民收入，G 为政府支出，I 为投资支出；模型中，C_t、I_t 和 Y_t 为内生变量，G_t 和 Y_{t-1} 为前定变量。

（1）试对该模型中的方程进行识别。

（2）利用表 6.2 中的中国宏观经济数据，选用恰当的方法对模型中的消费函数和投资函数进行估计（注意：表 6.2 中的 C 是总消费，是这里的消费和政府支出之和）。

第 7 章

时间序列分析

近年来,时间序列是计量经济领域研究的热点,许多经济学院校也将时间序列分析作为必修课程。单一的章节无法对时间序列分析进行全面论述,所以本章只侧重介绍该领域的一些基本概念,包括时间序列的平稳性概念、时间序列分析中的 Box-Jenkins 和向量自回归(VAR)法、随机游走模型和各种单位根检验法、伪回归、趋势平稳与差分平稳模型、协整的基本概念以及自回归条件异方差模型等。

§7.1 平稳性、ARIMA 模型与向量自回归

7.1.1 平稳性

我们考虑 1978—2005 年我国的消费和收入曲线图(图 7.1)。该图是用 EViews 软件绘制的。

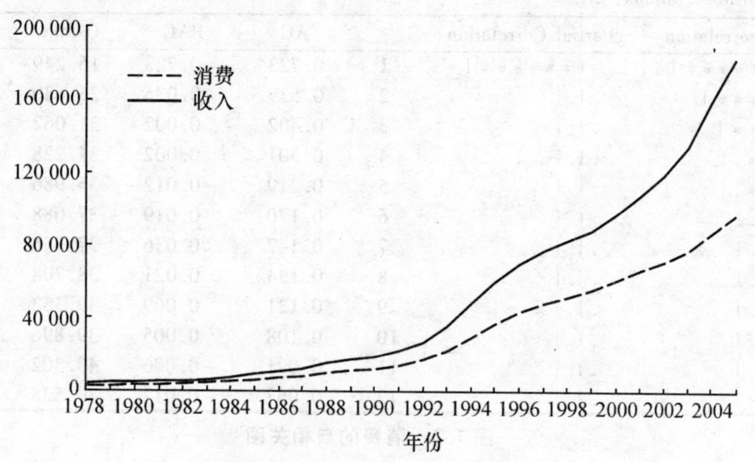

图 7.1 我国的收入和消费数据

图 7.1 中的数据为 1978—2005 年的实际值,两条曲线都表现为持续上升,这说明两数据可能存在时间趋势。实际上对于这两个时间序列,$\sum_{t=1}^{T} x_t^2/T$ 在 $T \to \infty$ 时并不会收敛,同时 $X'X/T$ 并不依概率收敛于某一有限的正定矩阵,由此估计时必须应用非标准的渐近理论。首先,我们定义平稳性的概念。

对于一个时间序列过程 x_t，如果其均值和方差是与时间无关的常数，其协方差由 $\mathrm{Cov}(x_t, x_{t-s}) = \gamma_s$ 给出，也即协方差只与时间间隔有关，而与时间本身无关，那么称此时间序列过程为协方差平稳（或弱平稳）。

为检验时间序列的弱平稳性，可以计算其自相关函数。自相关函数定义为 $\rho_s = x_t$ 和 x_{t-s} 的相关系数 $= \gamma_s / \gamma_o$，这些相关系数的取值范围在 -1 和 1 之间。样本所对应的方差和协方差分别由以下两个式子给出：

$$\hat{\gamma}_o = \sum_{t=1}^{T} (x_t - \bar{x})^2 / T$$

$$\hat{\gamma}_s = \sum_{t=1}^{T-s} (x_t - \bar{x})(x_{t+s} - \bar{x}) / T$$

且样本自相关函数由 $\hat{\rho}_s = \hat{\gamma}_s / \hat{\gamma}_o$ 给出。图 7.2 描绘了消费序列的 s 阶自相关系数 $\hat{\rho}_s$，我们称其为样本自相关图。对于一个平稳过程，随着滞后期 s 增加，ρ_s 会很快下降。而对于一个非平稳序列，ρ_s 下降很慢，如图 7.2 所示的消费序列。下面我们将介绍一种常见的时序建模方法——Box 和 Jenkins（1970）方法。该方法应用样本自相关函数来确定一个时间序列是否平稳。

Sample: 1978 2005
Included observations: 28

Autocorrelation	Partial Correlation		AC	PAC	Q-Stat.	Prob.
. |****** |	. |****** |	1	0.723	0.723	16.249	0.000
. |**** |	. |. |	2	0.539	0.035	25.630	0.000
. |*** |	. |. |	3	0.402	0.002	31.062	0.000
. |**. |	. |. |	4	0.301	0.002	34.228	0.000
. |**. |	. |. |	5	0.219	-0.012	35.986	0.000
. |*. |	. |. |	6	0.170	0.019	37.088	0.000
. |*. |	. |. |	7	0.147	0.036	37.956	0.000
. |*. |	. |. |	8	0.134	0.021	38.708	0.000
. |*. |	. |. |	9	0.121	0.009	39.353	0.000
. |*. |	. |. |	10	0.108	0.005	39.896	0.000
. |*. |	. |. |	11	0.091	-0.006	40.302	0.000
. |*. |	. |. |	12	0.067	-0.017	40.538	0.000

图 7.2　消费的自相关图

7.1.2　Box-Jenkins 方法

这种方法适用于自回归积分移动平均模型（Autoregressive Integrated Moving Average, ARIMA）。Box-Jenkins 方法是先对非平稳的时间取差分，再看差分后的序列的样本自相关图是否平稳。简单地说，如果对一个序列取 1 次、2 次或 3 次差分后转换为平稳过程，那么我们说这一序列的积分阶数为 1、2 或 3。这样可以用生成的平稳序列的自相关函数和偏自相关函数,来识别所需要的最适 AR 和 MA 过程阶数。y_t 和 y_{t-s} 间的偏相关函数是消除中间变量 $y_{t-1}, \cdots, y_{t-s+1}$ 影响后的相关系数,具体参见 Box 和 Jenkins(1970)。图 7.3 描绘了由 $y_t = 0.7y_{t-1} + \varepsilon_t$ 生成的 AR(1)过程,其中 $\varepsilon_t \sim$ i. i. d. $N(0,4)$, $T = 250$。图 7.4 显示这个 AR(1)过程的自相关函数值随 s 的增加而呈几何递减。类似地,图 7.5 描绘了由 $y_t = \varepsilon_t + 0.4\varepsilon_{t-1}$ 生成的 MA(1)过程,其中 $\varepsilon_t \sim$ i. i. d. $N(0,4)$, $T = 250$。图 7.6 说明了在第一个滞后期后这个 MA(1)过程的自相关函数值立刻降为 0。应该指出的是,ARIMA 方法并不是十分精确的,但它提供了一个可行的估计方法。ARIMA 模型采用最大似然法进行估计,而且必须进行一些诊断检验,一个常用的检验是看其残差是否为白噪声,如果无法通过检验,则应采用其他估计方法。

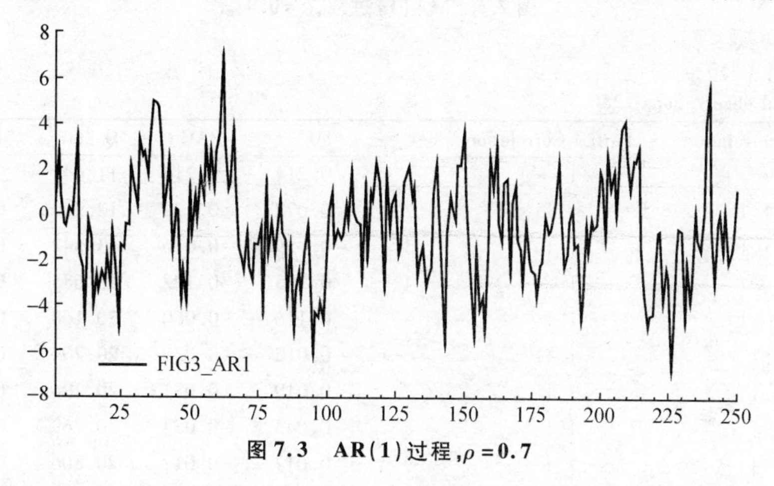

图 7.3　AR(1)过程, $\rho = 0.7$

Sample: 1 250

Included observations: 250

Autocorrelation	Partial Correlation		AC	PAC	Q-Stat.	Prob.
. |***** |	. |***** |	1	0.605	0.605	92.657	0.000
. |*** |	. |* |	2	0.435	0.108	140.62	0.000
. |** |	. |. |	3	0.302	0.004	163.93	0.000
. |** |	. |* |	4	0.294	0.132	186.13	0.000
. |** |	. |. |	5	0.235	−0.004	200.30	0.000
. |* |	* |. |	6	0.129	−0.099	204.56	0.000
. |* |	. |. |	7	0.082	0.007	206.30	0.000
. |. |	* |. |	8	0.019	−0.063	206.39	0.000
. |. |	. |. |	9	0.010	0.002	206.42	0.000
. |. |	. |. |	10	−0.018	−0.011	206.50	0.000
. |. |	. |. |	11	−0.057	−0.054	207.36	0.000
* |. |	* |. |	12	−0.124	−0.093	211.43	0.000

图 7.4　AR(1)过程的自相关图

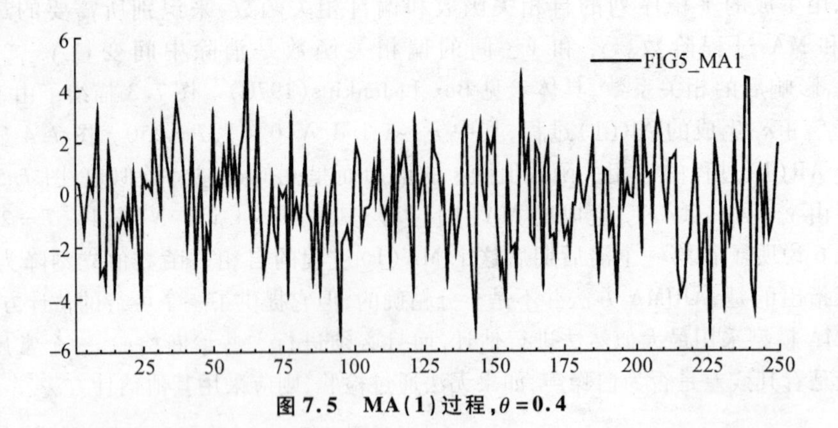

图 7.5　**MA(1)过程,θ=0.4**

Sample: 1 250
Included observations: 250

Autocorrelation	Partial Correlation		AC	PAC	Q-Stat.	Prob.
. |** |	. |** |	1	0.214	0.214	11.641	0.001
* |. |	* |. |	2	-0.072	-0.123	12.950	0.002
* |. |	. |. |	3	-0.059	-0.016	13.842	0.003
. |* |	. |* |	4	0.105	0.122	16.685	0.002
. |* |	. |. |	5	0.116	0.060	20.168	0.001
. |. |	. |. |	6	-0.012	-0.039	20.204	0.003
. |. |	. |. |	7	-0.019	0.021	20.294	0.005
. |. |	. |. |	8	-0.043	-0.053	20.769	0.008
. |. |	. |. |	9	0.012	0.012	20.806	0.014
. |. |	. |. |	10	0.033	0.021	21.093	0.020
. |. |	. |. |	11	0.009	-0.001	21.116	0.032
* |. |	* |. |	12	-0.084	-0.080	22.981	0.028

图 7.6　**MA(1)过程的自相关图**

如果一时间序列是白噪声,则其各项有相同的均值和方差,且自相关系数为 0,即对于 $s>0$,有 $\rho_s=0$。实际上,对于一白噪声序列,当 $T\to\infty$ 时,$\sqrt{T}\hat{\rho}_S$ 近似服从 $N(0,1)$ 分布。为检验 $H_0:\rho_s=0, s=1,2,\cdots,m$ 的联合假设,可采用 Box 和 Pierce(1970)的 Q 统计量

$$Q = T\sum_{s=1}^{m}\hat{\rho}_s^2 \tag{7.1}$$

这个统计量在零假设下近似地服从 χ_m^2 分布。在小样本中更具有说服力的是 Ljung 和 Box(1978)的 Q_{LB}统计量

$$Q_{LB} = T(T+2)\sum_{j=1}^{m}\hat{\rho}_j^2/(T-j) \tag{7.2}$$

Q_{LB}统计量在零假设下也近似地服从 χ_m^2 分布。Maddala(1992)认为 Q 和 Q_{LB}统计量不适用于自回归模型。这两个统计量不适用的原因与 Durbin-Watson 统计量不适用于自回归模型类似。Maddala(1992)认为应该使用 Godfey(1979)提出的 LM 统计量来检验 ARMA 模型的适用性。

对前面 $T=28$ 的消费序列,$\hat{\rho}_s$ 的 95% 置信区间为 $0 \pm 1.96(1/\sqrt{28})$,也即 ± 0.3704。图 7.2 将 95% 置信区间描绘成围绕 0 的两条直线。很明显,$\hat{\rho}_1$ 到 $\hat{\rho}_3$ 显著不为 0,而且其样本自相关系数随滞后期数 s 的增加而缓慢下降。此外,Q_{LB} 统计量在滞后期为 1、2 一直到 12 时都是统计显著的。

基于样本自相关图和 Ljung-Box 统计量,该消费序列不是完全的随机白噪声。图 7.7 绘出了 $\Delta C_t = C_t - C_{t-1}$ 的样本自相关图,注意到 QLB 统计量在滞后期为 1、2 一直到 12 时都是统计显著的,说明消费序列的一阶差分不是完全的随机白噪声。

Sample: 1978 2005
Included observations: 27

Autocorrelation	Partial Correlation		AC	PAC	Q-Stat.	Prob.
. |***** |	. |***** |	1	0.630	0.630	11.964	0.001
. |*** |	. |*. |	2	0.445	0.080	18.179	0.000
. |**. |	. |. |	3	0.305	-0.006	21.216	0.000
. |**. |	. |. |	4	0.239	0.048	23.166	0.000
. |*. |	. |. |	5	0.170	-0.013	24.200	0.000
. |*. |	. *|. |	6	0.085	-0.066	24.469	0.000
. |. |	. |. |	7	0.053	0.017	24.580	0.001
. |. |	. |. |	8	0.014	-0.029	24.588	0.002
. |. |	. |. |	9	-0.029	-0.049	24.625	0.003
. |. |	. |. |	10	-0.013	0.056	24.633	0.006
. |. |	. |. |	11	-0.007	0.007	24.635	0.010
. |. |	. |. |	12	0.009	0.016	24.640	0.017

图 7.7　消费序列一阶差分后的自相关图

图 7.8 绘出了 $\Delta^2 C_t = \Delta C_t - \Delta C_{t-1} = C_t - 2C_{t-1} + C_{t-2}$ 的样本自相关图,其自相关系数和 QLB 统计量在各滞后期均不显著,说明消费序列需要差分一次或二次后才会变为平稳。

Sample: 1978 2005
Included observations: 26

Autocorrelation	Partial Correlation		AC	PAC	Q-Stat.	Prob.
. |**. |	. |**. |	1	0.275	0.275	2.2017	0.138
. *|. |	. **|. |	2	-0.103	-0.193	2.5240	0.283
. **|. |	. **|. |	3	-0.274	-0.210	4.8970	0.179
. *|. |	. *|. |	4	-0.186	-0.073	6.0414	0.196
. *|. |	. *|. |	5	-0.152	-0.163	6.8464	0.232
. |. |	. |. |	6	-0.021	-0.034	6.8632	0.334
. |. |	. |. |	7	0.037	-0.048	6.9151	0.438
. |. |	. |. |	8	0.046	-0.051	7.0007	0.537
. |. |	. |. |	9	0.014	-0.041	7.0092	0.636
. |. |	. |. |	10	-0.019	-0.056	7.0260	0.723
. |. |	. |. |	11	-0.043	-0.055	7.1146	0.790
. |. |	. |. |	12	-0.019	-0.025	7.1333	0.849

图 7.8 消费序列二阶差分后的自相关图

建立经济模型的难点在于如何确定 ARIMA 模型或动态回归模型中的滞后期数。Granger 等(1995)认为利用假设检验来设定基于数据的模型是有缺陷的。他们提议使用模型选择准则来设定模型。

Box-Jenkins 方法很受以预测为目的的研究者欢迎,他们认为这种方法比以经济理论为基础的联立方程模型要实用得多。Box-Jenkins 模型允许序列非平稳,并且能处理时间序列的季节性。然而,Box-Jenkins 模型的不足之处在于缺乏经济理论基础,同时,不能用于检验经济假说或提供关键弹性参数的估计。因此,这种方法不能用来模拟税收政策或政府其他政策改变的影响。经济学家们从 Box-Jenkins 方法中学习到,在选择时间序列动态模型中的参数时要非常小心。经济学中另一个常用的预测方法是由 Sims(1980)提出的向量自回归(VAR)方法。本章做一简要介绍。

7.1.3 向量自回归

Sims(1980)认为,既然联立方程组模型研究的变量间有复杂的交互作用,那么人为假设哪些变量内生、哪些变量外生就缺乏充分根据,而且会产生错误。因此,他建议用向量自回归模型(VAR)来预测宏观时间序列。VAR 模型假设所有的变量都是内生的。例如,考虑下面的三组宏观序列:货币供给、利率、产出。VAR 对这三个内生变量所构成的向量做关于其滞后向量的自回归方程。VAR 模型可以包括一些外生变量,如趋势、季节性等。如果我们对每个内生变量取滞后5期，那么每个方程有16个参数需要估计(假设有常数项)。如货币供给方程的解释变量包含5个滞后的货币变量、5个滞后的利率变量和5个滞后的产出变量。又由于每个方程的参数都不一样，所以在无约束的VAR中，需要估计的总参数个数将达 $16\times3=48$ 个。随着滞后期数 m 和方程个数 g 的上升，自由度问题变得很严重，实际上需要估计的参数个数为 $mg+mg^2$。在小样本模型中，参数可能无法得到准确估计，因此只能考虑简单的VAR模型。由于模型中各方程的解释变量都相同，因此对其进行似无相关估计(SUR)等同于对各个方程进行OLS估计。若假设正态分布，还可以进行似然比检验。似然比检验的一个重要的应用是确定滞后长度。以滞后阶数 m 的模型为约束模型，以滞后阶数 $q(q>m)$ 的模型为无约束模型，分别得到似然值。在零假设下似然比(LR)统计量服从 $\chi^2_{(q-m)g^2}$ 分布。在估计无约束模型时参数个数为 (qg^2+g)，因此样本数 T 应该足够大。

当然，我们还可以增加约束条件以减少所需要估计的参数，但这又重新引入了一些特定约束，而与VAR的主旨相悖。贝叶斯VAR方法被认为在预测方面有优势(参见Litterman, 1986)，但同时也由于缺乏经济理论基础而受到批评。

VAR模型也可用于Grange因果关系检验。如对一两个方程的VAR，只要该VAR模型设定正确且没有遗漏变量，我们就可以检验"y_1 不是 y_2 的Granger原因"。把 y_2 对 y_2 的 m 期滞后以及 y_1 的 m 期滞后做回归，再将 y_2 只对 y_2 的 m 期滞后做回归，之后就用一个简单的 F 检验来检验 y_1 的滞后是否联合显著。统计量渐近服从 $F_{m,T-(2m+1)}$ 分布。存在的问题是Grange因果关系检验可能对滞后期数 m 敏感，详见Gujarati(1995)。对无约束条件下的VAR模型参数估计和检验的更多分析可参考Hamilton(1994)和Lvtkepohl(2002)。

§7.2 单位根、趋势平稳、差分平稳与协整

7.2.1 单位根

如果一时间序列由随机过程 $x_t=x_{t-1}+\varepsilon_t$ 生成，其中 $\varepsilon_t\sim$ i. i. d. $N(0,\sigma^2)$，则该时间序列被称为随机游走。一些股票市场分析师认为股票的价格就是一个随机游走序列，也就是说今天的股票价格等于昨天的价格加上一个随机冲击。这是一个非稳定的时间序列，任何对股票价格的冲击都是永久存在的，而不会像AR(1)过程那样消失掉。实际上，如果股票初始价格为 $x_0=\mu$，则有

$$x_1=\mu+\varepsilon_1,\quad x_2=\mu+\varepsilon_1+\varepsilon_2,\quad \cdots,\quad x_t=\mu+\sum_{j=1}^{t}\varepsilon_j$$

且有 $E(x_t)=\mu,\mathrm{Var}(x_t)=t\sigma^2,\varepsilon\sim\mathrm{i.i.d.}N(0,\sigma^2)$。因此 x_t 的方差与时间 t 有关而非常数，是一个非平稳序列。实际上，当 $T\to\infty$ 时，$\mathrm{Var}(x_t)\to\infty$。然而，我们对 x_t 取一阶差分得到的 ε_t 却是一个平稳序列。图 7.9 绘出了当 $T=250$ 时由 $x_t=x_{t-1}+\varepsilon_t,\varepsilon_t\sim\mathrm{i.i.d.}N(0,4)$ 生成的随机游走序列。图 7.10 表明这个随机游走过程的自相关函数随着 s 的增加而保持不变。注意到一个随机游走序列就是一个当 $\rho=1$ 时的 AR(1) 过程 $x_t=\rho x_{t-1}+\varepsilon_t$，因此，平稳性检验实际就是检验 $\rho=1$ 或检验单位根是否存在。

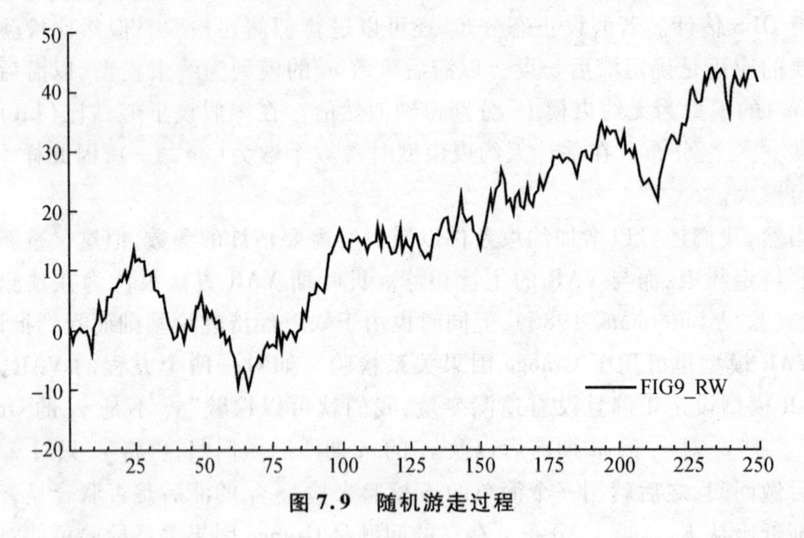

图 7.9　随机游走过程

Sample: 1 250
Included observations: 250

<table>
<tr><th>Autocorrelation</th><th>Partial Correlation</th><th></th><th>AC</th><th>PAC</th><th>Q-Stat.</th><th>Prob.</th></tr>
<tr><td>.|*******|</td><td>.|*******|</td><td>1</td><td>0.967</td><td>0.967</td><td>236.79</td><td>0.000</td></tr>
<tr><td>.|*******|</td><td>.|.|</td><td>2</td><td>0.935</td><td>−0.014</td><td>458.85</td><td>0.000</td></tr>
<tr><td>.|*******|</td><td>.|.|</td><td>3</td><td>0.904</td><td>0.007</td><td>667.30</td><td>0.000</td></tr>
<tr><td>.|*******|</td><td>.|.|</td><td>4</td><td>0.876</td><td>0.030</td><td>863.87</td><td>0.000</td></tr>
<tr><td>.|*******|</td><td>.|.|</td><td>5</td><td>0.847</td><td>−0.038</td><td>1 048.2</td><td>0.000</td></tr>
<tr><td>.|******|</td><td>.|.|</td><td>6</td><td>0.819</td><td>0.016</td><td>1 221.5</td><td>0.000</td></tr>
<tr><td>.|******|</td><td>*|.|</td><td>7</td><td>0.787</td><td>−0.083</td><td>1 382.1</td><td>0.000</td></tr>
<tr><td>.|******|</td><td>.|.|</td><td>8</td><td>0.755</td><td>−0.025</td><td>1 530.5</td><td>0.000</td></tr>
<tr><td>.|******|</td><td>.|.|</td><td>9</td><td>0.720</td><td>−0.055</td><td>1 666.2</td><td>0.000</td></tr>
<tr><td>.|*****|</td><td>.|.|</td><td>10</td><td>0.690</td><td>0.034</td><td>1 791.0</td><td>0.000</td></tr>
<tr><td>.|*****|</td><td>.|*|</td><td>11</td><td>0.665</td><td>0.074</td><td>1 907.4</td><td>0.000</td></tr>
<tr><td>.|*****|</td><td>*|.|</td><td>12</td><td>0.637</td><td>−0.059</td><td>2 014.9</td><td>0.000</td></tr>
</table>

图 7.10　随机游走过程的自相关图

引入滞后算子 L,我们可以将随机游走序列写成 $(1-L)x_t=\varepsilon_t$;一般来说,任何的自回归模型都可以写成 $A(L)x_t=\varepsilon_t$ 的形式($A(L)$ 是关于 L 的多项式)。如果 $A(L)$ 有个根的值为 $(1-L)$,则说明 x_t 有一个单位根。

AR(1)模型两边同时减 x_{t-1} 可以得到

$$\Delta x_t=(\rho-1)x_{t-1}+\varepsilon_t=\delta x_{t-1}+\varepsilon_t \tag{7.3}$$

其中 $\delta=(\rho-1)$,$\Delta x_t=x_t-x_{t-1}$ 是 x_t 的一阶差分。通过以 Δx_t 为因变量,x_{t-1} 为自变量的回归可以检验假设 $H_0:\rho=1$(即检验假设 $H_0:\delta=0$)。由于 ε_t 是平稳的,因此如果 $\delta=0$,$\Delta x_t=\varepsilon_t$,则 x_t 是差分平稳的,也即一阶差分后变为平稳。这种情况下称随机变量 x_t 为一阶单整,记为 $I(1)$。如果需要二阶差分才能使其变为平稳,则随机变量 x_t 为二阶单整,记为 $I(2)$。平稳序列记为 $I(0)$。Dickey 和 Fuller(1979)证明在 $H_0:\delta=0$ 假设条件下(7.3)式回归得到的 t 统计量不服从 t 分布。实际上这个 t 统计量服从一非标准分布,参见 Bierens(2001)。为此,Dickey 和 Fuller 通过 Monte Carlo 模拟得到 t 统计量 $=(\hat{\rho}-1)/\text{s.e.}(\hat{\rho})=\hat{\delta}/\text{s.e.}(\hat{\delta})$ 的临界值,并由 MacKinnon(1991)进一步扩展。如果 $|t|$ 超过临界值,可以拒绝 $H_0:\rho=1$ 的零假设,也就意味着我们无法拒绝原时间序列平稳的零假设。若无法拒绝 $H_0:\rho=1$ 的假设,则无法拒绝单位根存在的假设,也无法拒绝原时间序列非平稳。注意到若无法拒绝 H_0,可能同时也无法拒绝 $\rho=0.99$,或者更正式地说,单位根检验的弱点在于,无法区分单位根过程和接近单位根的平稳过程。实际上 Dickey-Fuller 检验经常采用以下三种形式:

$$\Delta x_t=\delta x_{t-1}+\varepsilon_t \tag{7.4}$$

$$\Delta x_t=\alpha+\delta x_{t-1}+\varepsilon_t \tag{7.5}$$

$$\Delta x_t=\alpha+\beta t+\delta x_{t-1}+\varepsilon_t \tag{7.6}$$

其中,t 代表时间变量。(7.4)式、(7.5)式和(7.6)式单位根存在的零假设都是 $H_0:\delta=0$,但三种模式下相应 t 统计量所对应的临界值不同。TSP、SHAZAM、EViews 和 LIMDEP 均给出了 Dickey-Fuller 统计量的适当临界值。其他单位根检验方法参见 Phillips 和 Perron(1998)以及 Bierens 和 Guo(1993)。如果一个序列有趋势项和漂移项,那么应该选择方程(7.6)式;若有趋势项而无漂移项,则选择方程(7.5)式;在实际经济数据中,如(7.4)式那样不包含常数项或趋势项的较少见。Box-Jenkins 方法是对时间序列差分,然后看差分后序列的样本自相关图来判断序列的平稳性,而 Dickey-Fuller 检验则对单位根是否存在进行正式检验。Maddala(1992)建议读者在判断一时间序列是否是非平稳时,应该同时观察其样本自相关图,并进行单位根检验。

如果扰动项 ε_t 是一阶自回归的 AR(1)过程,那么要对其进行单位根检验,可以通过扩展的 Dickey-Fuller 检验。该检验将方程(7.6)式的右边扩展为包含

Δx_{t-1}的项,即

$$\Delta x_t = \alpha + \beta t + \delta x_{t-1} + \lambda \Delta x_{t-1} + \varepsilon_t \tag{7.7}$$

这种情况下,对 $\delta=0$ 检验的单位根检验 t 统计量允许扰动项存在一阶序列自相关。(7.7)式中扩展的 Dickey-Fuller 检验的渐近分布同(7.6)式中的 Dickey-Fuller 检验一样,使用相同的临界值。如果 ε_t 服从平稳的 AR(p)过程,则在方程(7.6)式的右边加上 p 项滞后项,即加上 $\Delta x_{t-1}, \Delta x_{t-2}, \cdots, \Delta x_{t-p}$ 并检验 x_{t-1} 的系数是否为零。实际上我们并不知道 ε_t 序列自相关数据生产过程,一般做法是引入足够多期的 Δx_t 滞后以使得(7.7)式中的 ε_t 不存在序列自相关。如果干扰项包含有移动平均(MA)项,那么就需要更多期滞后,因为一个 MA 过程可以看成是一个无穷阶自回归过程,具体参见 Ng 和 Perron(1995)关于截断滞后的 Monte Carlo 模拟。应用单位根检验的另外两个重要问题是:(1) 若时间序列存在结构变动,如 1973 年的石油禁运,则较容易接受存在单位根的零假设(易犯第二类错误),参见 Perron(1989)。(2) 若数据是季节调整的,也较容易接受存在单位根检验的零假设,参见 Ghysels 和 Perron(1992)。出于这个原因,Davidson 和 MacKninnon(1993)建议使用非季节调整的数据。

对存在趋势项和漂移项的消费序列做以下回归:

$$\Delta C_t = \underset{(-0.94)}{-789.47} + \underset{(2.44)}{278.63t} + \underset{(0.42)}{0.014031 C_{t-1}} + \text{残差项} \tag{7.8}$$

括号内的数值为 t 统计量。零假设为回归中 C_{t-1} 的系数为零。表 7.1 给出了 Dickey-Fuller 的 t 统计量(-0.42)以及相应的5%临界值(-3.5875)。表 7.1 为 EViews 运行结果。其中@TREND(1978)表示从 1978 年开始的时间趋势。由于所计算出的 t 统计量没有超过相应的临界值,因此无法拒绝单位根存在的零假设。可以得到结论,C_t 是不平稳的。这也印证了我们在图 7.2 中所给出的 C_t 样本自相关图所得到的结果。

考虑到扰动项可能存在序列自相关,我们把 ΔC_{t-1} 和 ΔC_{t-2} 引入方程(7.8)式中,我们可以得到:

$$\Delta C_t = \underset{(-1.19)}{-951.38} + \underset{(2.07)}{220.74t} - \underset{(-0.37)}{0.010\, C_{t-1}} + \underset{(5.38)}{1.012 \Delta C_{t-1}} - \underset{(-2.85)}{0.571\, \Delta C_{t-2}} + \text{残差项} \tag{7.9}$$

由于 C_{t-1} 系数的 t 统计量仍然没有超过相应的5%临界值(-3.6032),因此我们在考虑扰动项二阶自相关时仍无法拒绝 C_t 非平稳的零假设。

我们也可以检验其一阶差分序列是否平稳。令 $\tilde{C}_t = \Delta C_t$,运行以下的回归:

$$\begin{gathered} \Delta \tilde{C}_t = \underset{(1.09)}{431.66} - \underset{(-0.22)}{0.020\, \tilde{C}_{t-1}} + \text{残差项} \\ \Delta \tilde{\tilde{C}}_t = \underset{(1.07)}{281.39} - \underset{(-3.65)}{0.731\, \tilde{\tilde{C}}_{t-1}} + \text{残差项} \end{gathered} \tag{7.10}$$

表 7.1 Dickey-Fuller 检验

Null Hypothesis：CONSUMPTION has a unit root
Exogenous：Constant，Linear Trend
Lag Length：0（Fixed）

		t-Statistic	Prob.*
Augmented Dickey-Fuller test statistic		0.422328	0.9983
Test critical values：	1% level	-4.339330	
	5% level	-3.587527	
	10% level	-3.229230	

* MacKinnon（1996）one-sided p-values.

Augmented Dickey-Fuller Test Equation
Dependent Variable：D(CONSUMPTION)
Method：Least Squares
Sample（adjusted）：1979 2005
Included observations：27 after adjustments

Variable	Coefficient	Std. Error	t-Statistic	Prob.
CONSUMPTION(-1)	0.014031	0.033223	0.422328	0.6765
C	-789.4701	841.2434	-0.938456	0.3574
@TREND(1978)	278.6287	114.0985	2.442003	0.0223
R-squared	0.743859	Mean dependent var		3 506.630
Adjusted R-squared	0.722514	S.D. dependent var		2 984.976
S.E. of regression	1 572.395	Akaike info criterion		17.66303
Sum squared resid	59 338 198	Schwarz criterion		17.80701
Log likelihood	-235.4509	F-statistic		34.84918
Durbin-Watson stat	0.676174	Prob(F-statistic)		0.000000

$\bar{C}_{t-1}$系数的 t 统计量为 -0.22，大于 5% 的显著性水平 -2.9810，因此我们无法拒绝一阶差分序列 $\Delta\bar{C}_t$ 单位根存在的假设。$\tilde{C}_{t-1}$ 系数的 t 统计量为 -3.65，小于 5% 的显著性水平 -2.9862，也就是说，我们拒绝了二阶差分序列 $\Delta\tilde{C}_t$ 单位根存在的假设。这也印证了我们在图 7.7 和图 7.8 中所给出的 ΔC_t、$\Delta^2 C_t$ 样本自相关图所得到的结果，于是可以得出结论，C_t 是 $I(2)$过程。

上述所有的单位根检验都以序列非平稳作为零假设，而以序列平稳作为备择假设。由 Kwaitowski 等(1992)、Leybourne 和 McCabe(1994)给出的两个单位根检验以序列平稳作为零假设，而以序列非平稳作为备择假设。前者就是 KPSS 检验，类似于 Dickey-Fuller 检验；后者是 Leybourne-McCabe 检验，类似于扩展的 Dickey-Fuller 检验。

7.2.2 趋势稳定和差分稳定

许多宏观经济数据都有以下两种上升趋势之一：

$$\text{趋势稳定}: x_t = \alpha + \beta t + \varepsilon_t \tag{7.11}$$

$$\text{差分稳定}: x_t = \gamma + x_{t-1} + \varepsilon_t \tag{7.12}$$

其中 ε_t 是稳定的。模型(7.11)式包含一个确定性趋势和一个平稳过程，$E(x_t)=\alpha+\beta t$，随 t 变化而变化。而模型(7.12)式是一个带漂移项的随机游走过程。(7.12)式中的位移参数 γ 和(7.11)式中的 β 参数作用相同，两者都使 x_t 随时间推移而向上移动。模型(7.11)式的作用类似于在回归中引入时间趋势，使得回归变量去除趋势而变得平稳。只有当每个回归变量都服从(7.11)式的过程时，去除趋势才是有意义的。此外，模型(7.12)式需要经过差分才能得到平稳序列。去除趋势和差分法是使时间序列平稳的两种完全不同的方法。选择(7.11)式或(7.12)式应基于单位根检验。关于这两个模型更多的理论可参考 Nelson 和 Plosser(1982)以及 Stock 和 Waston(1988)。Nelson 和 Plosser 对美国的所有宏观历史数据进行了 Dickey-Fuller 检验，发现除失业率外的所有时间序列都是差分稳定的。Plosser 和 Schwert(1978)也认为分析大部分宏观时间序列时，最好先进行差分，而不应不作任何处理。原因是，如果这些序列是差分平稳的，那么对原数据回归所得到的统计量将不再适用，其分布发生了变化。此外，如果原数据是趋势稳定的，那么对模型差分后得到的误差项是移动平均形式的，忽略该问题会使模型的估计量无效。需要强调的是，如果回归变量不平稳，则标准渐近理论不再适用，而用这些变量回归得到的 t 和 F 统计量也不再服从标准分布，具体参见 Durlauf 和 Phillips(1988)。

Granger 和 Newbold(1974)探讨了对非平稳时间序列回归所产生的一些问题。他们指出，如果 x_t 和 y_t 是相互独立的随机游走过程，将 y_t 对 x_t 回归，应该会发现 y_t 和 x_t 间没有明显关系，也就是说，估计回归方程 $y_t=\alpha+\beta x_t+\varepsilon_t$ 中的 β，估计值应该会接近于零且 t 统计量不显著。然而，实际情况并非如此，对容量为 50 的随机样本进行试验且重复 100 次，Granger 和 Newbold 发现 $|t|\leqslant 2$ 的概率为 23%，$2<|t|\leqslant 4$ 的概率为 24%，$|t|>4$ 的概率为 53%。Granger 和 Newbold(1974)称这种现象为伪回归，因为回归所发现的显著关系实际上并不存在。所以，当时间序列包括单位根时，回归要特别谨慎，尽管 OLS 回归可得到较高的 R^2 和显著的 t 统计量，但结果可能并无实际意义。Phillips(1986)研究了伪回归的渐近性质，并肯定了上述结论。实际上，Phillips 证明了当 $T\to\infty$ 时，对假设 $H_0:\beta=0$ 检验的 t 统计量依概率收敛于 ∞。这意味着当 $T\to\infty$ 时，t 统计量拒绝原假设 $H_0:\beta=0$ 的概率为 1。如果 x_t 和 y_t 是如(7.11)式所描述的相互独立的

趋势稳定序列，那么当 $T\to\infty$ 时，y_t 对 x_t 回归得到的 R^2 将会趋于 1，具体参见 Davidson 和 MacKinnon(1973)。更全面的论述参见 Granger(2001)。

7.2.3 协整

继续之前的消费-收入例子。将 C_t 对 Y_t 回归，得到

$$\begin{gathered}C_t = \underset{(2.60)}{-1\,894.2} + \underset{(56.13)}{0.562}\,Y_t + 残差 \\ R^2 = 0.992, \quad DW = 0.25\end{gathered} \tag{7.13}$$

可以证明 C_t 和 Y_t 都是非平稳序列。由于我们对两个非平稳序列做回归，所以(7.13)式可能是伪回归，回归得到的 t 和 F 统计量可能是无效的。C_t 和 Y_t 都是非平稳的，图 7.1 显示两者都有上升均衡，这两个随机游走过程可能是同步的。

协整背后的思想是，如果 C_t 和 Y_t 间的某一线性组合是平稳的，则称变量 C_t 和 Y_t 间存在协整关系。更正式的表达是，如果 C_t 和 Y_t 都是 $I(1)$ 过程，且它们的某一线性组合 $C_t-\alpha-\beta Y_t=\varepsilon_t$ 是 $I(0)$ 过程，那么 C_t 和 Y_t 间存在协整关系，β 为协整参数。这个定义可以扩展到多变量的情况，若各变量均有一个单位根，且存在某个线性组合是平稳过程，那么我们说这些变量所构成的向量是协整的。协整关系可解释为，向量内各个组成部分间存在的长期稳定关系。经济中长期关系的例子有货币数量论、购买力平价以及消费的恒久收入理论等。需要强调的是，对非平稳时间序列取差分会破坏这些经济变量间长期关系中一些重要的、有价值的信息。而协整理论应用非平稳序列本身而非它们的一阶差分来估计它们间的长期关系。为了解释该方法，我们给出格兰杰表达定理(Granger Representation Theorem)的一个应用，该理论说明协整变量总能通过一个误差修正模型来表达。让我们基于 Engle 和 Granger(1987)提出的理论来说明。

假设 C_t 和 Y_t，$t=1,2,\cdots,T$，都是 $I(1)$ 过程，并通过下面两式生成

$$C_t-\beta Y_t=\varepsilon_t \tag{7.14}$$

其中 $\varepsilon_t=\rho\varepsilon_{t-1}+\mu_t$，且 $|\rho|<1$

$$C_t-\alpha Y_t=\nu_t \tag{7.15}$$

其中 $\nu_t=\nu_{t-1}+\eta_t$，且 $\alpha\neq\beta$

也即，ε_t 服从平稳的 AR(1)过程，而 ν_t 是一随机游走过程。假设 $\begin{bmatrix}\mu_t\\ \eta_t\end{bmatrix}$ 服从相互独立的双元正态分布，均值为零，方差为 $\boldsymbol{\Sigma}=[\sigma_{ij}]\,(i,j=1,2)$。首先，我们可以得到用 ε_t 和 ν_t 表示的 C_t 和 Y_t 的简约式，由下式给出：

$$C_t = \frac{\alpha}{(\alpha-\beta)}\varepsilon_t + \frac{\beta}{(\alpha-\beta)}\nu_t \tag{7.16}$$

$$Y_t = \frac{1}{(\alpha-\beta)}\varepsilon_t - \frac{1}{(\alpha-\beta)}\nu_t \tag{7.17}$$

由于 ε_t 是 $I(0)$ 过程，而 ν_t 是 $I(1)$ 过程，由(7.16)式和(7.17)式，C_t 和 Y_t 实际上是 $I(1)$ 过程。根据联立方程识别的阶条件，由(7.14)式和(7.15)式所得到的方程组是不可识别的，因为每个方程都没有排他性限制。但如果我们构造(7.14)式和(7.15)式两个结构方程的线性组合，所得到的扰动项分布既不是平稳的 AR(1)过程，也不是随机游走，那么(7.14)式和(7.15)式都是可识别的。注意到如果 $\rho=1$，那么 ε_t 是随机游走过程，ε_t 和 ν_t 的线性组合也是随机游走，这种情况下(7.14)式和(7.15)式都是不可识别的。

根据 Engle-Granger 的定义，$C_t-\beta Y$ 被称为协整关系，而$(1,-\beta)$称为协整向量。这个协整关系是唯一的，可以用反证法来证明。假设还存在另一个协整关系 $C_t-\gamma Y$，$C_t-\gamma Y$ 是 $I(0)$ 过程，那么两个协整关系的差$(\gamma-\beta)Y_t$ 也应该是 $I(0)$ 过程。注意到 Y_t 是 $I(1)$ 过程，当且仅当 $\gamma=\beta$，上述结论才会对 Y_t 的每个取值都成立。

对(7.14)式和(7.15)式取差分，并把两个差分方程写成包含$(\Delta C_t,\Delta Y_t)'$的方程组，可以得到：

$$\begin{bmatrix} 1 & -\beta \\ 1 & -\alpha \end{bmatrix}\begin{bmatrix} \Delta C_t \\ \Delta Y_t \end{bmatrix} = \begin{bmatrix} \Delta\varepsilon_t \\ \Delta\nu_t \end{bmatrix} = \begin{bmatrix} u_t + (\rho-1)C_{t-1} - \beta(\rho-1)Y_{t-1} \\ \eta_t \end{bmatrix} \tag{7.18}$$

通过将 η_t 代替 $\Delta\nu_t$，将 $(\rho-1)\varepsilon_{t-1}+\mu_t$ 代替 $\Delta\varepsilon_t$，以及将 $C_{t-1}-\beta Y_{t-1}$ 代替 ε_{t-1}，可以得到第二个等式。在(7.18)式两边都乘以左边系数的逆，可以得到以下 VAR 模型：

$$\begin{bmatrix} \Delta C_t \\ \Delta Y_t \end{bmatrix} = \frac{1}{(\beta-\alpha)}\begin{bmatrix} -\alpha(\rho-1) & \alpha\beta(\rho-1) \\ -(\rho-1) & \beta(\rho-1) \end{bmatrix}\begin{bmatrix} C_{t-1} \\ Y_{t-1} \end{bmatrix} + \begin{bmatrix} h_t \\ g_t \end{bmatrix} \tag{7.19}$$

其中 h_t 和 g_t 分别为 μ_t 和 η_t 的线性组合。注意到如果 $\rho=1$，那么 VAR 方程中就不包括水平变量 C_{t-1} 和 Y_{t-1}。令 $Z_t=C_t-\alpha Y_t$，并定义 $\delta=(\rho-1)/(\beta-\alpha)$，那么(7.19)式中的 VAR 方程可以写成以下形式：

$$\Delta C_t = -\alpha\delta Z_{t-1} + h_t \tag{7.20}$$

$$\Delta Y_t = -\delta Z_{t-1} + g_t \tag{7.21}$$

这就是误差修正模型(Error-Correction Model, ECM)的最基本形式。Z_{t-1} 是误差修正项，它代表了偏离长期均衡的不平衡项。注意到如果 $\rho=1$，那么 $\delta=0$，且 ECM 中将不包含 Z_{t-1}。正如 Banerjee 等(1993)所指出的，ECM 模型的“贡献在于解决或协调了时间序列分析者和偏好计量方法者之间的争论”。前者只能应用于经过差分后能合理地被假设为平稳的时间序列,而后者则侧重于分析水平数据间的均衡关系。前者可能因差分而损坏了长期均衡关系,而后者忽视了伪回归问题。相反,ECM 模型同时使用水平数据和差分数据分析协整关系,更多的分析可参考 Banerjee 等(1993)。

为检验两变量间是否有协整关系,Engle 和 Granger 于 1987 年提出两步检验法。第一步,用 OLS 估计(7.14)式,得到 β 的估计量,该估计量是超一致的(superconsistent),也即当 $T\to\infty$ 时,$T(\hat{\beta}_{\mathrm{OLS}}-\beta)\to 0$。用 $\hat{\beta}_{\mathrm{OLS}}$ 计算 $\hat{Z}_t=C_t-\hat{\beta}_{\mathrm{OLS}}Y_t$。第二步,用 $\hat{Z}_{t-1}$ 而不是 Z_{t-1},采用 OLS 法估计(7.20)式和(7.21)式的 ECM 模型。Banerjee 等(1993)进行了充分的 Monte Carlo 模拟以研究小样本下 β 的偏倚。另一种检验方法是由 Johansen(1988)提出的最大似然法。关于协整文献的详细介绍可以参考 Dolado 等(2001)。

Engle 和 Ganger(1987)给出了协整的正式检验。该方法是先回归(7.13)式,再检验残差是否有单位根。也就是说,对回归(7.13)式得到的残差应用 DF 检验或 ADF 检验。实际上,如果 C_t 和 Y_t 不是协整的,那么它们间的任意线性组合都是非平稳的。由于检验的对象是回归得到残差项,所以它们的近似分布不同于通常的单位根检验。Davidson 和 MacKinnon(1993)给出了该协整检验的渐近临界值。例如,对消费方程的残差项进行 DF 检验:

$$\Delta\hat{\varepsilon}_t=\underset{(-1.02)}{-269.35}+\underset{(0.68)}{0.084}\hat{\varepsilon}_t+\text{残差项} \tag{7.22}$$

Davidson 和 MacKinnon(1993)给出的协整检验的5%渐近临界值为 -2.98。由于所得到的 t 值大于临界值,所以无法拒绝 $\hat{\varepsilon}_t$ 非平稳的零假设。还可以加上残差的两期滞后差分和趋势项,通过扩展的 DF 检验也无法拒绝单位根存在的假设。因此,这两个 $I(1)$ 过程不是协整的。这说明通过回归得到的关系是假的。如果两个变量都是 $I(1)$,那么除非这两个变量是协整的,否则一个变量对另一个变量回归将会得到伪回归。当然,一般回归中可能遗漏了其他 $I(1)$ 变量,加入遗漏变量后,有可能得到协整关系。也就是说,因为遗漏变量问题而使得两 $I(1)$ 过程不具协整关系。

§7.3 自回归条件异方差

金融时间序列(如汇率、通货膨胀、股票价格等)可能会随时间的变化而出现条件异方差问题。通货膨胀和汇率的变动可能是由于政府政策的变化,而股票价格的变动可能会受某个公司并购或托管等传言的影响。这就暗示着这些时间序列可能存在异方差的问题。Engle(1982)通过将 t 时刻的扰动项条件方差对近期的扰动项平方回归,建立该类异方差模型。一个简单的自回归条件异方差(Autoregressive Conditionally Heteroskeastic)模型由下式给出:

$$\sigma_t^2 = E(\varepsilon_t^2/\zeta_t) = \gamma_0 + \gamma_1\varepsilon_{t-1}^2 + \cdots + \gamma_p\varepsilon_{t-p}^2 \tag{7.23}$$

其中 ζ_t 说明解释变量为 ε_t 的条件方差,包含时刻 t 之前可获得的所有信息。在(7.23)式中,ε_t 的条件方差对 ε_t^2 的 p 阶滞后项回归,称为 ARCH(p)过程。由于(7.23)式左边是方差,意味着所有 γ_i ($i=0,1,\cdots,p$)都必须是非负的。Engle(1982)给出了一个简单的同方差检验,对零假设 $H_0:\gamma_1=\gamma_2=\cdots=\gamma_p=0$ 的检验,可以应用一般的 F 检验得到,即将回归残差项的平方(e_t^2)对其滞后期(e_{t-1}^2,$\cdots$,e_{t-p}^2)和常数项回归得到,多数计量软件都会报告检验解释变量联合显著性的 F 统计值。另外,可以计算回归得到的中心化 R^2,并乘以 T,那么在零假设 H_0 成立时,该统计量服从 χ_p^2 分布。该检验类似于一般的异方差检验,不同之处是对 OLS 残差平方的滞后项做回归,而不是对各个解释变量做回归。

一个简单的 ARCH(1)过程如下:

$$\sigma_t^2 = \gamma_0 + \gamma_1\varepsilon_{t-1}^2 \tag{7.24}$$

式(7.24)可以通过 $\varepsilon_t = [\gamma_0 + \gamma_1\varepsilon_{t-1}^2]^{1/2}\mu_t$ 生成,其中 $\mu_t \sim \text{i.i.d.}\ N(0,1)$。通过调整参数 γ_0 和 γ_1 以使 μ_t 的方差标准化为 1,这种情况下 ε_t 的条件均值由

$$E(\varepsilon_t/\zeta_t) = [\gamma_0 + \gamma_1\varepsilon_{t-1}^2]^{1/2}E(\mu_t/\zeta_t) = 0$$

给出(在 t 时刻,ε_{t-1}^2 是已知的)。同样地,条件方差也很容易地得到

$$E(\varepsilon_t^2/\zeta_t) = [\gamma_0 + \gamma_1\varepsilon_{t-1}^2]E(\mu_t^2/\zeta_t) = \gamma_0 + \gamma_1\varepsilon_{t-1}^2$$

因为 $E(\mu_t^2)=1$。同样,也很容易证明条件协方差为零

$$E(\varepsilon_t\varepsilon_{t-s}/\zeta_t) = \varepsilon_{t-s}E(\varepsilon_t/\zeta_t) = 0,\quad 其中\ s = 1,2,\cdots,t$$

无条件均值可以通过重复取条件期望直到最初期以求得。例如,基于 $t-1$ 期以前信息的 $E(\varepsilon_t/\zeta_t)$ 的期望为

$$E[E(\varepsilon_t/\zeta_t)/\zeta_{t-1}] = E(0/\zeta_{t-1}) = 0$$

显然所有前期条件期望值都为零,所以 $E(\varepsilon_t)=0$。同样,利用 $t-1$ 期以前的信息推导 $E(\mu_t/\zeta_t)$,可以得到

$$E[E(\varepsilon_t^2/\zeta_t)/\zeta_{t-1}] = \gamma_0 + \gamma_1E(\varepsilon_{t-1}^2/\zeta_{t-1}) = \gamma_0 + \gamma_1(\gamma_0 + \gamma_1\mu_{t-2}^2)$$

$$= \gamma_0(1+\gamma_1) + \gamma_1^2\varepsilon_{t-2}^2$$

重复取条件期望值,最后可以得到

$$E(\varepsilon_t^2) = \gamma_0(1 + \gamma_1 + \gamma_1^2 + \cdots + \gamma_1^{t-1}) + \gamma_1^t\varepsilon_0^2$$

当 $t\to\infty$ 时,ε_t 的无条件方差为 $\sigma^2 = \text{Var}(\varepsilon_t) = \gamma_0/(1-\gamma_1)$,其中 $|\gamma_1|<1$,$\gamma_0>0$。因此,ARCH(1)过程是异方差的。

ARCH 模型的参数可以用 GLS 或最大似然法估计。此外,还可以用 Davidson 和 MacKinnon(1993)提出的双倍长回归(Double-length Regression)法来估计,(1) 基于 OLS 估计量的一步有效估计量;(2) 最大似然估计量。本书介绍由 Engle(1982)提出的 GLS 法。

回归模型为

$$Y = X\boldsymbol{\beta} + \boldsymbol{\varepsilon} \tag{7.25}$$

其中 $\boldsymbol{Y}$ 为 $T\times1$ 向量,$\boldsymbol{X}$ 为 $T\times k$ 矩阵。第一,得到 OLS 估计量 $\hat{\beta}_{\mathrm{OLS}}$ 和 OLS 残差 e。第二,运行以下回归:$e_t^2 = a_0 + a_1 e_{t-1}^2 +$ 残差,得到一个异方差检验。第三,计算 $\hat{\sigma}_t^2 = a_0 + a_1 e_{t-1}^2$,并将$[(e_t^2/\hat{\sigma}_t) - 1]$对 $1/\hat{\sigma}_t$ 和$(e_{t-1}^2/\hat{\sigma}_t)$做回归,估计得到的参数值记为 d_a,通过计算 $\hat{a} = a + d_a$ 得到 $a' = (a_0, a_1)$。第四,应用从第三步得到的 $\hat{a}$ 重新计算 $\hat{\sigma}_t^2$,以及自变量 $x_{tj}r_t, j = 1,\cdots,k$,其中

$$r_t = \left[\frac{1}{\hat{\sigma}_t} + 2\left(\frac{\hat{a}_1 e_t}{\hat{\sigma}_{t+1}}\right)^2\right]^{1/2} \tag{7.26}$$

第五,用 $e_t s_t / r_t$ 对 $x_{tj}r_t, j = 1,\cdots,k$,做回归,并得到系数的最小二乘估计量 d_β,其中

$$s_t = \frac{1}{\hat{\sigma}_t} - \frac{\hat{a}_1}{\hat{\sigma}_{t+1}}\left(\frac{e_{t+1}^2}{\hat{\sigma}_{t+1}} - 1\right)$$

通过计算 $\hat{\beta} = \hat{\beta}_{\mathrm{OLS}} + d_\beta$ 来改进 β 值。如果 $\hat{\sigma}_t^2$ 不全是正的,那么该方法不适用,具体参见 Judge 等(1985)和 Engle(1982)。

Bollerslev(1986)扩展了 ARCH 模型。扩展的 ARCH 模型(GARCH(p,q))可以写成

$$\sigma_t^2 = \gamma_0 + \sum_{i=1}^{p}\gamma_i\varepsilon_{t-i}^2 + \sum_{j=1}^{q}\delta_j\sigma_{t-j}^2 \tag{7.27}$$

在这种情况下,ε_t 的条件方差取决于它的 q 期滞后值和 ε_t 平方的 p 期滞后值。最简单的 GARCH(1,1)模型由下式给出

$$\sigma_t^2 = \gamma_0 + \gamma_1\varepsilon_{t-1}^2 + \delta_1\sigma_{t-1}^2 \tag{7.28}$$

GARCH(p,q)的 LM 检验与 ARCH$(p+q)$的 LM 检验类似。这种检验方法是通过将 OLS 残差的平方对其$(p+q)$期滞后值回归。检验统计量为 R^2 乘以 T,在异方差的零假设下渐近服从 χ_{p+q}^2 分布。

对消费-收入数据,为检验同方差零假设,将(7.13)式的残差对其滞后值做回归,假设服从 ARCH(1)过程,可以得到

$$e_t^2 = \underset{(0.16)}{400\,916.3} + \underset{(4.80)}{1.43}\,e_{t-1}^2 + \text{残差} \tag{7.29}$$

回归得到的 F 统计量为 23.05,在同方差的零假设下服从 $F_{1,25}$ 分布。得到的 F 统计量的 p 值为 0.000。相同条件下得到的 LM 统计量为 R^2 乘以 T,为

12.95,在零假设下服从χ_1^2分布,其p值为0.000。所以我们拒绝同方差的零假设。这些结果可以通过运行EViews得到:点击使用(7.13)式回归的残差检验,并选择滞后1期的ARCH LM检验,这个结果列于表7.2。

表7.2 ARCH检验

ARCH Test:

F-statistic	23.04552	Probability	0.000062
Obs * R-squared	12.95082	Probability	0.000320

Test Equation:
Dependent Variable: RESID^2
Method: Least Squares
Sample (adjusted): 1979 2005
Included observations: 27 after adjustments

Variable	Coefficient	Std. Error	t-Statistic	Prob.
C	400 916.3	2 430 822	0.164930	0.8703
RESID^2(-1)	1.432799	0.298464	4.800575	0.0001

R-squared	0.479660	Mean dependent var	7 130 007
Adjusted R-squared	0.458847	S.D. dependent var	14 027 920
S.E. of regression	10 319 378	Akaike info criterion	35.20813
Sum squared resid	2.66E+15	Schwarz criterion	35.30412
Log likelihood	-473.3098	F-statistic	23.04552
Durbin-Watson stat	0.646454	Prob(F-statistic)	0.000062

本章中我们介绍了很多时间序列的基本概念,但仅涉及一些粗浅的内容,希望能够激发读者继续学习时间序列的兴趣。

§7.4 实证分析

本节以我国1979—2004年数据为基础,运用协整分析、向量自回归、误差修正模型和格兰杰因果检验理论的分析框架,研究我国税收和政府支出对经济增长的短期影响与长期关系。研究结果表明,我国经济增长与税收、政府支出之间存在长期稳定的均衡关系;在长期政府支出与经济增长是正相关的,而税收与经济增长负相关;在短期滞后两期的政府支出是经济增长的原因。

7.4.1 数据和变量的选取

这里我们使用的数据包括,1979—2004年以当期价格核算的GDP、税收收入(TAX)及政府支出(GOV),其中,税收收入采用中口径的税收,包括预算内和预算外财政收入,在我国由于小口径税收收入并不能真正反映其对资本、劳动和技术的影响,真正体现这种影响的是大口径的税收水平,因此仅仅研究小口径的税收对经济增长的影响是不准确的,必须把整个政府收入水平作为研究对象。为保持收支的对称性,政府支出包括预算内和预算外的。为消除物价上涨带来的影响,我们以 1978 年为基期,利用 GDP 平减指数对其余各年的 GDP、TAX、GOV 进行价格调整,并将序列 GDP、TAX、GOV 进行对数化处理,以消除异方差和数据的剧烈波动。其中,LGDP 表示 GDP 的对数,ΔLGDP 表示其一阶差分;LTAX 表示税收收入 TAX 的对数,ΔTAX 表示其一阶差分;LGOV 表示政府支出 GOV 的对数,ΔLGOV 表示其一阶差分,Δ 为差分算子。

7.4.2 单位根检验

根据协整理论,只有具有相同单整阶数的两个变量才有可能存在长期均衡关系。因此,在对三者之间进行协整分析时,首先用 ADF 单位根检验方法来检验时间序列的单整阶数。

采用 Dickey-Fuller 的 ADF 单位根检验,其检验的一般方法为:

$$\Delta Y_t = \alpha + \beta t + \delta Y_{t-1} + \sum_{i=1}^{k} \theta_i \Delta Y_{t-i} + \varepsilon_t$$

α、β、δ、θ 为参数,t 为时间趋势因素,ε 为随机误差项,是服从独立同分布的白噪声过程。其中检验过程中滞后项的确定采用 AIC 和 SC 准则,检验如表 7.3 和表 7.4 所示。

表 7.3 序列的 ADF 单位根检验

变量	检验形式(C,T,K)	ADF 统计量	1%临界值	5%临界值	10%临界值
LGDP	$(C,0,2)$	-0.694682	-3.2474	-2.9907	-2.6348
	$(C,T,2)$	-2.314598	-4.3942	-3.6118	-3.2418
	$(0,0,2)$	3.169970	-2.6649	-1.9559	-1.6231
LTAX	$(C,0,0)$	0.439955	-3.7076	-2.9798	-2.6290
	$(C,T,0)$	-0.871265	-4.3552	-3.5943	-3.2321
	$(0,0,0)$	3.215128	-2.6560	-1.9546	-1.6226
LGOV	$(C,0,0)$	-0.412542	-3.7076	-2.9798	-2.6290
	$(C,T,0)$	-1.592010	-4.3552	-3.5943	-3.2321
	$(0,0,0)$	2.731109	-2.6560	-1.9546	-1.6226

注:检验形式(C,T,K)分别表示单位根检验方程包括常数项、时间趋势项和滞后期,N 表示不包括 C 或 T,加入滞后项是为使残差项为白噪声。

表 7.4　序列一阶差分的 ADF 单位根检验

变量	检验形式(C,T,K)	ADF 统计量	1% 临界值	5% 临界值	10% 临界值
ΔLGDP	(C,0,1)	-3.713402	-3.7343	-2.9907	-2.6348
	(C,T,1)	-3.700787	-4.3942	-3.6118	-3.2418
	(0,0,1)	-0.656156	-2.6649	-1.9559	-1.6231
ΔLTAX	(C,0,0)	-4.605997	-3.7204	-2.9850	-2.6290
	(C,T,0)	-4.517997	-4.3738	-3.6027	-3.2367
	(0,0,0)	-3.773110	-2.6603	-1.9552	-1.6228
ΔLGOV	(C,0,0)	-3.879150	-3.7204	-2.9850	-2.6318
	(C,T,0)	-3.898820	-4.3738	-3.6027	-3.2367
	(0,0,0)	-3.027606	-2.6603	-1.9552	-1.6228

注:检验形式(C,T,K)分别表示单位根检验方程包括常数项、时间趋势项和滞后期,N 表示不包括 C 或 T,加入滞后项是为使残差项为白噪声。

我们对原序列进行 ADF 单位根检验,根据赤池信息标准 AIC 和贝叶斯标准 SC 的值选出最可靠的检验结果,检验结果证明原序列是非平稳的,因此我们不能对变量进行简单的回归方法进行分析。对原序列的一阶差分进行的 ADF 单位根检验,在经过一阶差分之后发现三个序列是平稳的。

7.4.3　协整分析及检验

关于协整检验,本节将采用 Johansen 以及 Johansen 和 Juselius 提出的基于向量自回归 VAR(P)模型的分析技术进行检验。在进行检验前首先要确定模型的最优滞后阶数,这里根据无约束 VAR 模型的残差分析和 AIC 标准来确定,其最优滞后阶数为 3。由于协整检验是对无约束 VAR 模型施以向量协整约束后的 VAR 模型,因此进行协整检验选择的滞后阶数应该等于无约束 VAR 模型的最优滞后阶数减 1,即协整检验的 VAR 模型滞后阶数为 2。

表 7.5　Johansen 协整检验结果(lags = 2)

特征值	似然比统计量	5% 临界值	1% 临界值	原假设
0.550246	35.25428	29.68	35.65	$r=0$
0.470269	16.87602	15.41	20.04	$r\leqslant 1$
0.093672	2.262154	3.76	6.65	$r\leqslant 2$

注:r 为协整向量个数。

由表 7.5 可得,变量 LGDP、LTAX、LGOV 存在长期均衡关系,在 5% 的置信水平下,它们之间有 2 个协整关系,且长期稳定的协整方程为(括号内数值为标准差)

$$LGDP = 1.376 - \underset{(0.47539)}{1.685}LTAX + \underset{(0.50154)}{0.381}LGOV$$

令其残差用 EC 表示,其误差修正项 EC 的表达式为

$$EC = LGDP + 1.685LTAX - 0.381LGOV - 1.376$$

然后对 EC 进行 ADF 单位根检验,其检验形式为有常数项,有趋势项,并利用 AIC 准则确定其滞后期为 1,得到的 ADF 统计值为 -3.760631,在 5% 的置信水平下,其临界值为 -3.6118,说明残差项 EC 为平稳的,不存在单位根。进一步说明 LGDP、LTAX、LGOV 之间存在长期稳定的关系。反映长期关系的协整方程表明,政府支出与 GDP 是正相关的,增加政府支出,可以促进经济增长;而税收收入 TAX 与 GDP 是负相关的,适当降低税负,有利于 GDP 的提高。

7.4.4 误差修正模型的建立

协整系统有三种等价的表达形式:向量自回归模型 VAR、移动平均模型 MA 和误差修正模型 ECM,其中 ECM 最能直接描述短期波动与长期均衡的综合,其应用最为普遍。向量误差修正模型(VECM)是一个有约束的 VAR 模型,并在解释变量中含有协整约束,因此它适用于已知有协整关系的非平稳序列。当有一个大范围的短期动态波动时,VEC 表达式会限制内生变量的长期行为收敛于它们的协整关系。因为一系列的部分短期调整可以修正长期均衡的偏离,所以协整项被称为是误差修正项,误差修正模型是短期动态模型。当变量序列不平稳的时候,采用 ECM 可以避免伪回归的问题。我们通过对上面所建立的经济增长、政府支出和税收收入的长期均衡方程分析,表明存在 ΔLGDP 的误差修正模型:

$$\Delta LGDP_t = c + \sum_{i=1}^{n}(\alpha_i \Delta LGDP_{t-i} + \beta \Delta LGOV_{t-i} + \gamma_i \Delta LTAX_{t-i}) + \theta EC_{t-1} + \varepsilon_t$$

其中:$EC_{t-1} = LGDP_{t-1} - 0.381LGOV_{t-1} + 1.685LTAX_{t-1} - 1.376$

由于误差修正模型的滞后阶数是无约束 VAR 模型的一阶差分变量的滞后阶数,根据无约束 VAR 模型的最优滞后期为 3,在此将误差修正模型的滞后期确定为 2,使残差满足白噪声的要求。限于篇幅,本节只提供了 ΔLGDP 的误差修正模型(括号内数值为 t 统计值),如下式所示:

$$\begin{aligned}\Delta LGDP = & \underset{(0.02001)}{0.088} - \underset{(0.01206)}{0.021}EC_{t-1} + \underset{(0.018836)}{0.681\,\Delta LGDP_{t-1}} - \underset{(0.19690)}{0.618\,\Delta LGDP_{t-2}} \\ & - \underset{(0.01102)}{0.011\,\Delta LTAX_{t-1}} - \underset{(0.01025)}{0.009\,\Delta LTAX_{t-2}}\end{aligned}$$

从误差修正模型来看,误差修正项 EC_{t-1} 系数为负,符合反向修正机制,其修正速度为 -0.021,也说明税收收入偏离均衡水平对产出有负面的影响。具体

来说，如果协整方程的误差修正项是正的，无论税收收入过多或过低，都将导致产出降低。

本章思考与练习

7.1 考虑AR(1)模型

$$y_t = \rho y_{t-1} + \varepsilon_t, \quad t = 1,2,\cdots,T$$

其中$|\rho| > 1, \varepsilon_t \sim \text{i. i. d.} N(0,\sigma_\varepsilon^2)$

(1) 证明如果$y_0 \sim N(0,\sigma_\varepsilon^2/1-\rho^2)$，那么对所有的$t$均有$E(y_t)=0$，$\text{Var}(y_t)=\sigma_\varepsilon^2/1-\rho^2$，也即，期望值与方差和时间$t$无关。注意到，如果$\rho=1$，那么$\text{Var}(y_t)$为无穷大；如果$|\rho|>1$，那么$\text{Var}(y_t)$为负值。

(2) 证明$\text{Cov}(y_t,y_{t-s})=\rho^s\sigma^2$，即只取决于两期的距离$s$。根据(1)和(2)证明，AR(1)模型是弱平稳的。

(3) 产生一个AR(1)序列，其中$T=250$，$\sigma_\varepsilon^2=0.25$，$\rho$的取值分别为$\pm0.9$、$\pm0.8$、$\pm0.5$、$\pm0.3$、$\pm0.1$。绘出该AR(1)序列并求出关于$s$的自相关函数$\rho_s$。

7.2 考虑MA(1)模型$y_t=\rho y_{t-1}+\varepsilon_t, t=1,2,\cdots,T$，其中$\varepsilon_t \sim \text{i. i. d.} N(0,\sigma_\varepsilon^2)$

(1) 证明期望值与方差和时间t无关，即$E(y_t)=0$，$\text{Var}(y_t)=\sigma_\varepsilon^2(1+\theta^2)$。

(2) 证明$\text{Cov}(y_t,y_{t-1})=\theta\sigma_\varepsilon^2$，且当$s>1$时，有$\text{Cov}(y_t,y_{t-s})=0$，即证明$\text{Cov}(y_t,y_{t-s})$的取值与$s$无关。根据(1)和(2)证明，MR(1)模型是弱平稳的。

(3) 产生一个MA(1)序列，其中$T=250$，$\sigma_\varepsilon^2=0.25$，$\theta$的取值分别为0.9、0.8、0.5、0.3、0.1。绘出这个MA(1)序列并求出关于s的自相关函数。

7.3 应用我国的消费-收入数据完成下列题目：

(1) 计算滞后$m=13$期的收入Y_t以及其一阶差分序列ΔY_t的样本自相关系数，并绘出两者的样本自相关图。

(2) 应用Ljung-Box的Q_{LB}统计量检验零假设$H_0:\rho_s=0$，对所有的$s=1,\cdots,13$。

(3) 进行(7.6)式给出的Dickey-Fuller回归，并对收入Y_t进行单位根检验。

(4) 在回归方程右侧增加ΔY_t的1期、2期、3期滞后，根据(7.7)式进行扩展的Dickey-Fuller回归。

(5) 定义$\tilde{Y}_t=\Delta Y_t$，将$\Delta\tilde{Y}_t$对$\tilde{Y}_{t-1}$和常数项做回归。检验收入的一阶差分序列是平稳的。你能得到什么结论？Y_t是$I(1)$过程吗？

(6) 运行(7.22)式的回归，进行Engle-Granger(1987)协整检验。

(7) 假设(7.13)式的扰动项是一个ARCH(2)过程，进行异方差检验。

(8) 应用$\log C$和$\log Y$的数据重做(1)到(7)，得到的结果会发生变化吗？

7.4 分析下面的问题：

（1）生成随机游走序列 x_t 和 y_t，服从 i. i. d. $N(0,1)$，$T=25$。运行回归 $y_t = \alpha+\beta x_t+\varepsilon_t$，分别在1%、5%、10%的显著性水平上使用 t 统计量检验零假设 H_0: $\beta=0$。重复1 000次，说明在每个显著性水平被拒绝的频率。你能得到什么结论？

（2）当 $T=100$ 和 $T=500$ 时重复(1)。

（3）生成如(7.13)式所描述的带漂移的随机游走序列 x_t 和 y_t，服从 i. i. d. $N(0,1)$，$\gamma=0.2$。重复(1)和(2)。

（4）生成如(7.13)式所描述的无约束的趋势平稳过程序列 x_t 和 y_t，服从 i. i. d. $N(0,1)$，$\alpha=1$，$\beta=0$。重复(1)和(2)。

（5）描述在(1)到(4)中，由不同样本规模和时间序列生成方法所得到的 R^2 统计量的频率分布，能得到什么结论？提示：参考 Grange 和 Newbold(1974)、Davidson 和 MacKinnon(1993)、Banarjee, Dolado, Galbraith 和 Hendry(1993)的 Monte Carlo 方法。

7.5 搜集我国的货币供给、GNP和利率序列，请按下列要求分别建立适当的三方程 VAR 模型：

（1）每个变量取滞后两期。

（2）每个变量取滞后三期。

（3）计算(1)和(2)的似然比。

（4）应用货币供给和利率两变量的 VAR 模型进行因果检验，每个变量取三期滞后。检验利率不是引起货币供给变化的 Granger 原因。

（5）如果在(4)部分对每个变量只滞后两期，检验的敏感性如何？

7.6 简单的确定性时间趋势模型：

$$y_t = \alpha+\beta x_t+\varepsilon_t,\quad t=1,\cdots,T,\quad 其中\ \varepsilon_t \sim \text{i. i. d. } N(0,\sigma^2)$$

（1）证明 $\begin{bmatrix}\hat{\alpha}_{OLS}-\alpha \\ \hat{\beta}_{OLS}-\beta\end{bmatrix} = (X'X)X'\varepsilon = \begin{bmatrix} T & \sum_{t=1}^{T} t \\ \sum_{t=1}^{T} t & \sum_{t=1}^{T} t^2 \end{bmatrix}^{-1} \begin{bmatrix} \sum_{t=1}^{T}\varepsilon_t \\ \sum_{t=1}^{T} t\varepsilon_t \end{bmatrix}$，自变量矩阵 $\boldsymbol{X}$ 的第 t 个观测值为 $[1,t]$。

（2）已知 $\sum_{t=1}^{T} t = T(T+1)/2$ 和 $\sum_{t=1}^{T} t^2 = T(T+1)(2T+1)/6$，证明 $T\to\infty$ 时矩阵 $p\lim(X'X/T)$ 非正定。

（3）已知

$$\begin{bmatrix}\sqrt{T}(\hat{\alpha}_{\mathrm{OLS}}-\alpha)\\ T\sqrt{T}(\hat{\beta}_{\mathrm{OLS}}-\beta)\end{bmatrix}=A(X'X)^{-1}AA^{-1}(X'\varepsilon)=(A^{-1}(X'X)A^{-1})^{-1}A^{-1}(X'\varepsilon)$$

其中 $A=\begin{bmatrix}\sqrt{T} & 0\\ 0 & T\sqrt{T}\end{bmatrix}$是一个 2×2 的非奇异矩阵，证明 $\operatorname{plim}(A^{-1}(X'X)A^{-1})$ 是有限正定矩阵

$$Q=\begin{bmatrix}1 & \frac{1}{2}\\ \frac{1}{2} & \frac{1}{3}\end{bmatrix}\quad 且\quad A^{-1}(X'\mu)=\begin{bmatrix}\sum_{t=1}^{T}\varepsilon_t/\sqrt{T}\\ \sum_{t=1}^{T}t\varepsilon_t/T\sqrt{T}\end{bmatrix}$$

(4) 令 $z_1=\sum_{t=1}^{T}\varepsilon_t/\sqrt{T}$，$z_2=\sum_{t=1}^{T}t\varepsilon_t/T\sqrt{T}$，证明 z_1 服从 $N(0,\sigma^2)$ 分布，z_2 服从 $N(0,\sigma^2(T+1)(2T+1)/6T^2)$ 分布，且 $\operatorname{Cov}(z_1,z_2)=(T+1)\sigma^2/2T$，从而有

$\begin{bmatrix}z_1\\ z_2\end{bmatrix}\sim N\left[0,\sigma^2\begin{bmatrix}1 & \frac{T+1}{2T}\\ \frac{T+1}{2T} & \frac{(T+1)(2T+1)}{6T^2}\end{bmatrix}\right]$。证明当 $T\to\infty$ 时，$\begin{bmatrix}z_1\\ z_2\end{bmatrix}$ 的渐近分布为 $N(0,\sigma^2Q)$。

(5) 应用(3)和(4)的结论证明，$\begin{bmatrix}\sqrt{T}(\hat{\alpha}_{\mathrm{OLS}}-\alpha)\\ T\sqrt{T}(\hat{\beta}_{\mathrm{OLS}}-\beta)\end{bmatrix}$ 的渐近分布为 $N(0,\sigma^2Q^{-1})$。

由于 $\hat{\beta}_{\mathrm{OLS}}$ 有系数 $T\sqrt{T}$，而不是 $\sqrt{T}$，所以称其为超一致的。这意味着不仅 $(\hat{\beta}_{\mathrm{OLS}}-\beta)$ 依概率收敛于零，$T(\hat{\beta}_{\mathrm{OLS}}-\beta)$ 也是如此。注意得到这个结果并不需要正态分布假设。证明时要应用中心极限定理，所需要的假设为白噪声 ε_t 有有限四阶矩，详见 Sims，Stock 和 Watson(1990)或 Hamilton(1994)。

7.7 确定性时间趋势模型的假设检验，基于 Hamilton(1994)。在 7.6 题中，我们已证明 $\hat{\alpha}_{\mathrm{OLS}}$ 和 $\hat{\beta}_{\mathrm{OLS}}$ 分别以 $\sqrt{T}$ 和 $T\sqrt{T}$ 的不同速率收敛于同一个值。不仅如此，即使 ε_t 不服从正态分布，通常的最小二乘法的 t 和 F 统计量仍然渐近有效。

(1) 证明对 $s^2=\sum_{t=1}^{T}(y_t-\hat{\alpha}_{\mathrm{OLS}}-\hat{\beta}_{\mathrm{OLS}}t)^2/(T-2)$ 有 $\operatorname{plim}s^2=\sigma^2$。

(2) 检验 $H_0:\alpha=\alpha_0$，采用最小二乘法通常要计算 $t_\alpha=(\hat{\alpha}_{\mathrm{OLS}}-\alpha_0)/[s^2(1,0)(X'X)^{-1}(1,0)]'^{1/2}$，其中，$(X'X)$ 由问题 7.6 给出。分子、分母同乘以 $\sqrt{T}$ 并利用问题 7.6(3) 的部分结果可以证明，t 统计量与 $t_\alpha^*=\sqrt{T}(\hat{\alpha}_{\mathrm{OLS}}-\alpha_0)/$

$\sigma\sqrt{q^{11}}$有相同的渐近分布，其中q^{11}为问题7.6所定义的Q^{-1}的(1,1)元素。应用问题7.6(5)的部分结果可以证明，t_α^*渐近于$N(0,1)$分布。

(3) 检验$H_0:\beta=\beta_0$，采用最小二乘估计通常要计算$t_\beta=(\hat{\beta}_{\text{OLS}}-\beta_0)/[s^2(1,0)(X'X)^{-1}(1,0)]'^{1/2}$，分子分母同乘以$T\sqrt{T}$并利用问题7.6(3)的部分结果可以证明，$t$统计量与$t_\beta^*=T\sqrt{T}(\hat{\beta}_{\text{OLS}}-\beta_0)/\sigma\sqrt{q^{22}}$有相同的渐近分布，其中$q^{22}$为问题7.6所定义的$Q^{-1}$的(2,2)元素。利用问题7.6(5)的部分结果可以证明，t_β^*渐近于$N(0,1)$分布。

7.8 随机游走模型。考虑以下随机游走模型

$$y_t=y_{t-1}+\varepsilon_t,\quad t=0,1,\cdots,T,\quad \text{其中 } \varepsilon_t\sim \text{i.i.d.} N(0,\alpha^2),\quad \text{且 } y_0=0$$

(1) 证明y_t可以写成$y_t=\varepsilon_1+\varepsilon_2+\cdots+\varepsilon_t$，其中$E(y_t)=0$，$\text{Var}(y_t)=t\sigma^2$，即有$y_t\sim N(0,t\sigma^2)$。

(2) 将随机游走方程的两边同时平方，得$y_t^2=(y_{t-1}+\varepsilon_t)^2$，求出$y_{t-1}\varepsilon_t$。将$t=1,2,\cdots,T$累加，可以得到$\sum\limits_{t=1}^{T}y_{t-1}\varepsilon_t=(y_T^2/2)-\sum\limits_{t=1}^{T}\mu_t^2/2$。两边同时除以$T\sigma^2$，证明$\sum\limits_{t=1}^{T}y_{t-1}\varepsilon_t/T\sigma^2$渐近服从$(\chi_1^2-1)/2$分布。提示：$y_T\sim N(0,T\sigma^2)$。

(3) 已知$y_{t-1}\sim N(0,(t-1)\sigma^2)$，证明$E\left(\sum\limits_{t=1}^{T}y_{t-1}^2\right)=\sigma^2T(T-1)/2$。提示：应用问题7.6中$\sum\limits_{t=1}^{T}t$的表达式。

(4) 假设我们要估计的是一个AR(1)过程而不是随机游走，也即$y_t=\rho y_{t-1}+\varepsilon_t$，真实的$\rho=1$。OLS估计为$\hat{\rho}=\sum\limits_{t=1}^{T}y_{t-1}y_t\Big/\sum\limits_{t=1}^{T}y_{t-1}^2=\rho+\sum\limits_{t=1}^{T}y_{t-1}\varepsilon_t\Big/\sum\limits_{t=1}^{T}y_{t-1}^2$，证明$\text{plim}T\hat{\rho}-\rho=\text{plim}\dfrac{\sum\limits_{t=1}^{T}y_{t-1}\varepsilon_t/T\sigma^2}{\sum\limits_{t=1}^{T}y_{t-1}^2/T^2\sigma^2}=0$。注意到分子部分已在(2)中考虑过，分母在(3)中考虑过。可以证明$\rho=1$时$\hat{\rho}$的渐近分布是随机变量$(\chi_1^2-1)/2$同一个非标准分布的比值。关于该问题的讨论超出了本书的范围，详见Hamilton(1994)或Fuller(1976)。我们要证明的是，如果$\rho=1$，那么$\sqrt{T}(\hat{\rho}-\rho)$不再服从正态分布，即$|\rho|<1$时标准最小二乘法所得到的结果。同时，证明在非平稳(随机游走)模型中，$\hat{\rho}$的收敛速度T比在平稳条件下的收敛速度$\sqrt{T}$快。由(3)，显然为得到一收敛分布，分母$\hat{\rho}$必须除以T^2而不是T。

7.9 考虑(7.14)式和(7.15)式中的协整的例子，回答以下问题：

(1) 证明(7.16)式和(7.21)式。

(2) 证明 C_t 对 Y_t 回归得到的 β 的 OLS 估计量是超一致的,也即要证明当 $T\to\infty$ 时,$\text{plim}T(\hat{\beta}_{\text{OLS}}-\beta)\to 0$。

(3) 为研究 Engle-Granger 两步法的有限样本偏倚,我们进行以下 Monte Carlo 实验:令 $\beta=0.8$,$\alpha=1$,并令 ρ 取集合$\{0.6,0.8,0.9\}$中的值。令 $\sigma_{12}=0$,$\sigma_{11}=\sigma_{12}=1$,令 T 取集合$\{25,50,100\}$中的值。这个实验生成如方程(7.14)式和(7.15)式所描述的 Y_t 和 C_t 的数据,并利用 Engle 和 Granger 两步法估计 β 和 α。对每个实验重复1000次。给出 α 和 β 的均值、标准差和 MSE。绘出不同 ρ 值下,β 偏倚与时间 T 的散点图。

第 8 章

面板数据分析[①]

面板数据(Panel Data)又称纵列数据(Longitudinal Data),是指不同的横截面个体在不同的时间上的观测值的集合。从水平看,它包括了某一时间上的不同的横截面个体的数据;从纵向看,它包括了每一横截面的时间序列数据。因此,面板数据模型可以增加模型的自由度,降低解释变量之间的多重共线性程度,从而可能获得更精确的参数估计值。此外,面板数据可以进行更复杂的行为假设,并能在一定程度上控制缺失或不可观测变量的影响。但是,面板数据模型也不是万能的,它的设定和估计都存在一定的假定条件,如果应用不当的话同样会产生偏误。

§8.1　面板数据模型的基本分类[②]

从形式上看,面板数据模型与一般的横截面数据模型或时间序列模型的区别在于模型中的变量有两个下角标,例如:

$$Y_{it} = \boldsymbol{X}'_{it} \cdot \boldsymbol{\beta} + \varepsilon_{it}, \quad i = 1,2,\cdots,N; t = 1,2,\cdots,T \tag{8.1}$$

其中的 i 代表横截面个体,如个人、家庭、企业或国家等,t 代表时间。因此,N 代表横截面的宽度,T 代表时间的长度,$\boldsymbol{\beta}$ 是 $K \times 1$ 的向量,$\boldsymbol{X}_{it}$ 是 K 个解释变量(这里暂不包括常数项)的第 it 个观测值,ε_{it} 是随机扰动项(或随机误差项)。

面板数据模型的基本分类与(8.1)式中的随机误差项的分解和假设有关。

一、双向误差构成模型(Two-way Error Component Model)

假设(8.1)式中的随机误差项 ε_{it} 可以分解为

$$\varepsilon_{it} = \alpha_i + \lambda_t + \mu_{it} \tag{8.2}$$

其中,$\alpha_i(i=1,2,\cdots,N)$ 表示横截面效应,它不随时间的变动而变动,但却随着横截面个体的不同而不同;$\lambda_t(t=1,2,\cdots,T)$ 表示时间效应,它对同一时间的横截面个体是相同的,但却随着时间的变动而变动。

① 本章的内容主要参考了 Cheng Hsiao, *Analysis of Panel Data*, 2nd ed. Cambridge University Press, 2003 和 Cheng Hsiao: Longitudinal Data Analysis, Working Paper, 2005。

② 本章仅介绍面板数据模型中的线性静态模型,即假设同一解释变量 X 对因变量 Y 的影响是相同的,不存在个体或时间上的差异。因此,这里对面板数据模型的分类指的是对线性静态模型的分类。

当(8.2)式成立并且假定:

$$A1:E(X_{it}/\mu_{it}) = 0 \tag{8.3}$$

$$A2:\mu_{it} \sim \text{i.i.d.}\ N(0,\sigma_u^2) \tag{8.4}$$

则(8.1)式的面板数据模型称为双向误差构成模型。因为它将(8.1)式中的误差项从横截面和时间两个维度上进行了分解。

二、单向误差构成模型(One-way Error Component Model)

当把(8.1)式中的随机误差项ε_{it}只分解为

$$\varepsilon_{it} = \alpha_i + \mu_{it} \tag{8.5}$$

或

$$\varepsilon_{it} = \lambda_t + \mu_{it} \tag{8.6}$$

时,并且同样假设(8.3)式和(8.4)式成立,则(8.1)式的面板数据模型称为单向误差构成模型,因为它仅将(8.1)式中的误差项从横截面或时间的维度上进行了分解。

三、固定效应(Fixed Effects)模型

无论是双向误差构成模型还是单向误差构成模型,当假设(8.2)式、(8.5)式或(8.6)式中的$\alpha_i(i=1,2,\cdots,N)$或$\lambda_t(t=1,2,\cdots,T)$是固定的(未知)常数时,则相应的面板数据模型称为固定效应模型。具体地,当假设(8.5)式中的$\alpha_i(i=1,2,\cdots,N)$为固定的常数时,相应的面板数据模型称为横截面固定效应模型;当假设(8.6)式中的$\lambda_t(t=1,2,\cdots,T)$为固定的常数时,相应的面板数据模型称为时间固定效应模型;当假设(8.2)式中的$\alpha_i(i=1,2,\cdots,N)$和$\lambda_t(t=1,2,\cdots,T)$都为固定的常数时,相应的面板数据模型称为同时横截面和时间固定效应模型或双向固定效应模型。

四、随机效应(Random Effects)模型

同样,无论是双向误差构成模型还是单向误差构成模型,当假设(8.2)式、(8.5)式或(8.6)式中的$\alpha_i(i=1,2,\cdots,N)$和/或$\lambda_t(t=1,2,\cdots,T)$是一个随机变量而非固定的常数时,则相应的面板数据模型称为随机效应模型。具体地,当假设(8.5)式中的$\alpha_i(i=1,2,\cdots,N)$为随机变量时,相应的面板数据模型称为横截面随机效应模型;当假设(8.6)式中的$\lambda_t(t=1,2,\cdots,T)$为随机变量时,相应的面板数据模型称为时间随机效应模型;当假设(8.2)式中的$\alpha_i(i=1,2,\cdots,N)$和$\lambda_t(t=1,2,\cdots,T)$都为随机变量时,相应的面板数据模型称为同时横截面和时间随机效应模型或双向随机效应模型。

以上关于面板数据模型的基本分类的归纳可参见图8.1。

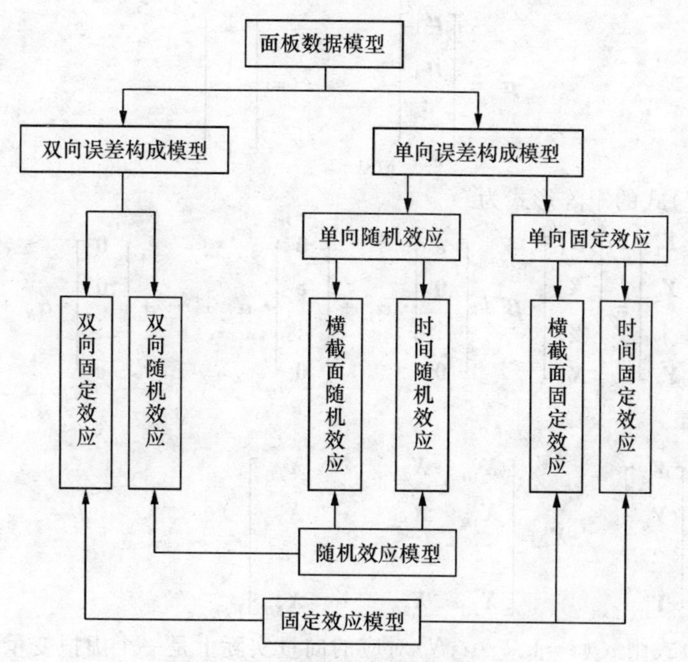

图 8.1 面板数据模型的基本分类

§8.2 固定效应模型

8.2.1 最小二乘虚拟变量估计

这里我们先以横截面固定效应模型为例来说明固定效应模型的估计方法。对于时间固定效应模型的估计，其方法与横截面固定效应模型的估计方法类似，只要将其中对横截面的处理改换为对时间的处理就可以了。

将(8.5)式代入(8.1)式中，并且假定 $\alpha_i(i=1,2,\cdots,N)$ 为固定的常数，即可得以下的横截面固定效应模型：

$$Y_{it} = \boldsymbol{X}'_{it}\boldsymbol{\beta} + \alpha_i + \mu_{it} \tag{8.7}$$

其中 $\boldsymbol{X}'_{it}=(\boldsymbol{X}_{1it},\cdots,\boldsymbol{X}_{kit})$。

假设

$$\boldsymbol{Y}=\begin{bmatrix}\boldsymbol{Y}_1\\\boldsymbol{Y}_2\\\vdots\\\boldsymbol{Y}_N\end{bmatrix}_{NT\times 1},\quad \boldsymbol{X}=\begin{bmatrix}\boldsymbol{X}_1\\\boldsymbol{X}_2\\\vdots\\\boldsymbol{X}_N\end{bmatrix}_{NT\times K},\quad \boldsymbol{\alpha}=\begin{bmatrix}\alpha_1\\\alpha_2\\\vdots\\\alpha_N\end{bmatrix}_{N\times 1},\quad \boldsymbol{\beta}=\begin{bmatrix}\beta_1\\\beta_2\\\vdots\\\beta_K\end{bmatrix}_{K\times 1}$$

$$\boldsymbol{\mu}=\begin{bmatrix}\boldsymbol{\mu}_1\\ \boldsymbol{\mu}_2\\ \vdots\\ \boldsymbol{\mu}_N\end{bmatrix}_{NT\times 1},\quad \boldsymbol{e}=\begin{bmatrix}1\\ 1\\ \vdots\\ 1\end{bmatrix}_{T\times 1}$$

那么,(8.7)式的矩阵形式为

$$\boldsymbol{Y}=\begin{bmatrix}\boldsymbol{Y}_1\\ \boldsymbol{Y}_2\\ \vdots\\ \boldsymbol{Y}_N\end{bmatrix}=\begin{bmatrix}\boldsymbol{X}_1\\ \boldsymbol{X}_2\\ \vdots\\ \boldsymbol{X}_N\end{bmatrix}\cdot\boldsymbol{\beta}+\begin{bmatrix}\boldsymbol{e}\\ \boldsymbol{0}\\ \vdots\\ \boldsymbol{0}\end{bmatrix}\cdot\alpha_1+\begin{bmatrix}\boldsymbol{0}\\ \boldsymbol{e}\\ \vdots\\ \boldsymbol{0}\end{bmatrix}\cdot\alpha_2+\cdots+\begin{bmatrix}\boldsymbol{0}\\ \boldsymbol{0}\\ \vdots\\ \boldsymbol{e}\end{bmatrix}\cdot\alpha_N+\begin{bmatrix}\boldsymbol{\mu}_1\\ \boldsymbol{\mu}_2\\ \vdots\\ \boldsymbol{\mu}_N\end{bmatrix}\tag{8.8}$$

其中,$\boldsymbol{X}_i=\begin{bmatrix}\boldsymbol{Y}_{i1}\\ \boldsymbol{Y}_{i2}\\ \vdots\\ \boldsymbol{Y}_{iT}\end{bmatrix}_{T\times 1}$,$\boldsymbol{X}_i=\begin{bmatrix}\boldsymbol{X}_{1i1} & \boldsymbol{X}_{2i1} & \cdots & \boldsymbol{X}_{Ki1}\\ \boldsymbol{X}_{1i2} & \boldsymbol{X}_{2i2} & \cdots & \boldsymbol{X}_{Ki2}\\ \vdots & \vdots & & \vdots\\ \boldsymbol{X}_{1iT} & \boldsymbol{X}_{2iT} & \cdots & \boldsymbol{X}_{KiT}\end{bmatrix}_{T\times K}$。

(8.8)式中 $\alpha_i(i=1,2,\cdots,N)$ 对应的向量实际上是一个虚拟变量,设:

$$\boldsymbol{d}_1=\begin{bmatrix}\boldsymbol{e}_{T\times 1}\\ \boldsymbol{0}_{T\times 1}\\ \vdots\\ \boldsymbol{0}_{T\times 1}\end{bmatrix}_{NT\times 1},\quad \boldsymbol{d}_2=\begin{bmatrix}\boldsymbol{0}_{T\times 1}\\ \boldsymbol{e}_{T\times 1}\\ \vdots\\ \boldsymbol{0}_{T\times 1}\end{bmatrix}_{NT\times 1},\quad \cdots,\quad \boldsymbol{d}_N=\begin{bmatrix}\boldsymbol{0}_{T\times 1}\\ \boldsymbol{0}_{T\times 1}\\ \vdots\\ \boldsymbol{e}_{T\times 1}\end{bmatrix}_{NT\times 1}$$

$$\boldsymbol{D}=(\boldsymbol{d}_1\quad \boldsymbol{d}_2\quad \cdots\quad \boldsymbol{d}_N)_{NT\times N}$$

这样(8.8)式可以进一步简化为

$$\boldsymbol{Y}=\boldsymbol{X\beta}+\boldsymbol{D\alpha}+\boldsymbol{\mu}\tag{8.9}$$

设

$$\tilde{\boldsymbol{X}}=(\boldsymbol{X},\boldsymbol{D}),\quad \boldsymbol{\theta}=\begin{bmatrix}\boldsymbol{\beta}\\ \boldsymbol{\alpha}\end{bmatrix}_{(K+N)\times 1}$$

对(8.9)式进行 OLS 估计,实际上是通过对固定效应模型(8.7)式设定了 N 个虚拟变量后的最小二乘估计,因此,对(8.9)式的 OLS 估计又被称为最小二乘虚拟变量估计(Least Squares Dummy Estimate, LSDE),模型(8.8)式或(8.9)式被称为最小二乘虚拟变量(LSDV)模型。

(8.9)式的 OLS 估计结果或(8.7)式的 LSDE 估计结果为

$$\hat{\boldsymbol{\theta}} = (\widetilde{\boldsymbol{X}}'\widetilde{\boldsymbol{X}})^{-1}(\widetilde{\boldsymbol{X}}'\boldsymbol{Y}) = \begin{bmatrix} \hat{\boldsymbol{\beta}}_{K\times 1} \\ \hat{\alpha}_1 \\ \hat{\alpha}_2 \\ \vdots \\ \hat{\alpha}_N \end{bmatrix}_{(K+N)\times 1} \tag{8.10}$$

当假定条件(8.3)式和(8.4)式满足时，LSDE 估计量是最优线性无偏估计量(BLUE)。

8.2.2 协方差估计(内部估计)

对于(8.10)式的 LSDE 的结果,需要涉及$(K+N)\times(K+N)$矩阵的逆运算,过程较为复杂。实际的计算机计算一般是采用以下的较为简便的二步法进行的。

(1) 步骤一

设 $\bar{Y}_i = \sum_{t=1}^{T} Y_{it}/T, \bar{X}_i = \sum_{t=1}^{T} X_{it}/T, \bar{\mu}_i = \sum_{t=1}^{T} \mu_{it}/T, i = 1,2,\cdots,N$, 对(8.7)式的每一个横截面个体在时间上求平均,得以下模型:

$$\bar{Y}_i = \bar{\boldsymbol{X}}_i'\boldsymbol{\beta} + \alpha_i + \bar{\mu}_i \tag{8.11}$$

将(8.7)式减去(8.11)式得:

$$Y_{it} - \bar{Y}_i = (\boldsymbol{X}_{it} - \bar{\boldsymbol{X}}_i)'\boldsymbol{\beta} + \mu_{it} - \bar{\mu}_i \tag{8.12}$$

(8.12)式与(8.7)式相比,没有了反映横截面固定效应的常数项 α_i。

对(8.12)式进行 OLS 估计,得到的参数估计量具有如(8.13)式的协方差的形式,因此这一估计过程被称为协方差估计(Covariance Estimate),得到的估计量称为协方差估计量。

$$\hat{\boldsymbol{\beta}}_{\text{CV}} = \left[\sum_{i=1}^{N}\sum_{t=1}^{T}(\boldsymbol{X}_{it} - \bar{\boldsymbol{X}}_i)(\boldsymbol{X}_{it} - \bar{\boldsymbol{X}}_i)'\right]_{K\times K}^{-1} \cdot \left[\sum_{i=1}^{N}\sum_{t=1}^{T}(\boldsymbol{X}_{it} - \bar{\boldsymbol{X}}_i)(Y_{it} - \bar{Y}_i)\right]_{K\times 1} \tag{8.13}$$

与(8.10)式的 LSDE 相比,协方差估计只需要计算 $K\times K$ 矩阵的逆,因此简化了计算的过程。

(2) 步骤二

利用(8.13)式的估计结果,得到

$$\hat{\alpha}_i = \bar{Y}_i - \bar{\boldsymbol{X}}_i'\hat{\boldsymbol{\beta}}_{\text{CV}}, \quad i = 1,2,\cdots,N \tag{8.14}$$

由于在二步法的估计过程中,只用到了每一横截面个体内部不同时间的差异的信息($\bar{Y}_i,\bar{\boldsymbol{X}}_i$),并未用到不同横截面个体之间差异的信息($\bar{Y},\bar{\boldsymbol{X}}$),所以二步法的估计过程又称为内部估计(Within Estimate),其估计结果称为内部估计量。

但是,当解释变量 X 中包括有那些只随横截面个体的变化而变化但不随时间变动的变量时,由于在获得(8.12)式时会像 α_i 那样被消除,因此在(8.13)式的估计结果中并不包含这些解释变量的系数的估计值。

需要注意的是,由于协方差估计或内部估计只估计了 K 个参数,因此其回归的方差 σ^2 的估计值 $\hat{\sigma}^2$ 是通过残差平方和除以 $(NT-K)$ 得到的。而 LSDM 中的方差的估计值 $\hat{\sigma}^{*2}$ 是通过用残差平方和除以 $(NT-K-N)$ 得到的。因此,二者的关系为

$$\hat{\sigma}^{*2} = \hat{\sigma}^2 \times (NT-K)/(NT-K-N) \tag{8.15}$$

8.2.3 广义最小二乘估计

在(8.8)式中,第 i 个方程可以写成:

$$\boldsymbol{Y}_i = \boldsymbol{X}_i\boldsymbol{\beta} + \boldsymbol{e}\alpha_i + \boldsymbol{\mu}_i, \quad i = 1,2,\cdots,N \tag{8.16}$$

令一个幂等转换矩阵 $\boldsymbol{Q}$ 为

$$\boldsymbol{Q}_{T\times T} = \boldsymbol{I}_T - \frac{1}{T}\boldsymbol{ee}'$$

$$= \begin{bmatrix} 1 & & 0 \\ & \ddots & \\ 0 & & 1 \end{bmatrix} - \frac{1}{T}\begin{bmatrix} 1 & \cdots & 1 \\ \vdots & & \vdots \\ 1 & \cdots & 1 \end{bmatrix}$$

$$= \begin{bmatrix} \frac{T-1}{T} & -\frac{1}{T} & \cdots & -\frac{1}{T} \\ -\frac{1}{T} & \frac{T-1}{T} & \cdots & -\frac{1}{T} \\ \vdots & \vdots & & \vdots \\ -\frac{1}{T} & -\frac{1}{T} & \cdots & \frac{T-1}{T} \end{bmatrix} \tag{8.17}$$

$\boldsymbol{Q}$ 的秩 $\text{Rank}(\boldsymbol{Q}) = T-1$,且 $\boldsymbol{Qe} = \boldsymbol{0}$。将 $\boldsymbol{Q}$ 左乘(8.16)式得:

$$\begin{aligned} \boldsymbol{QY}_i &= \boldsymbol{QX}_i\boldsymbol{\beta} + \boldsymbol{Qe}\alpha_i + \boldsymbol{Q\mu}_i \\ &= \boldsymbol{QX}_i\boldsymbol{\beta} + \boldsymbol{Q\mu}_i, \quad i = 1,2,\cdots,N \end{aligned} \tag{8.18}$$

这样,(8.18)式等价于(8.12)式,也消除了横截面效应项 α_i,且

$$\boldsymbol{QY}_i = Y_{it} - \bar{Y}_i; \quad \boldsymbol{QX}_i = \boldsymbol{X}_{it} - \bar{\boldsymbol{X}}_i; \quad \boldsymbol{Q\mu}_i = \mu_{it} - \bar{\mu}_i$$

因此,(8.18)式的 OLS 估计量,即(8.16)式的广义最小二乘(GLS)估计量会等价于前面介绍的协方差估计量,即

$$\hat{\boldsymbol{\beta}}_{\text{GLS}} = \left(\sum_{i=1}^{N}\boldsymbol{X}_i'\boldsymbol{QX}_i\right)^{-1}\left(\sum_{i=1}^{N}\boldsymbol{X}_i'\boldsymbol{QY}_i\right) = \hat{\boldsymbol{\beta}}_{\text{CV}} \tag{8.19}$$

(8.19)式或(8.13)式的协方差估计量是无偏的，它的方差-协方差矩阵为

$$\mathrm{Var}(\hat{\boldsymbol{\beta}}_{\mathrm{CV}}) = \hat{\sigma}_{\mu}^{2}\left(\sum_{i=1}^{N}\boldsymbol{X}_i'\boldsymbol{Q}\boldsymbol{X}_i\right)^{-1} \tag{8.20}$$

当 N 或 T 或二者都趋近于无穷时，协方差估计量 $\hat{\boldsymbol{\beta}}_{\mathrm{CV}}$ 是一致估计量。而(8.14)式中的 $\hat{\alpha}_i$ 虽然是无偏的，但它仅当 T 趋近于无穷时是一致估计量。

8.2.4 平均效应的估计

当模型(8.1)式中增加一个截距项 α 时，则固定效应模型(8.7)式相应地转变为

$$Y_{it} = \boldsymbol{X}_{it}'\boldsymbol{\beta} + \alpha + \alpha_i + \mu_{it} \tag{8.21}$$

为了避免在 LSDM 的设定中出现虚拟变量陷阱或完全的多重共线性，需要对(8.21)式中的 α_i 施加约束条件。一般假设 $\sum_{i=1}^{N}\alpha_i = 0$。

根据前面的介绍，我们只能单独估计出 $\boldsymbol{\beta}$ 和 $(\alpha+\alpha_i)$，而无法单独估计出 α 和 α_i。在 $\sum_{i=1}^{N}\alpha_i = 0$ 的约束条件下，α 可以看成是横截面个体的平均截距项，α_i 则是第 i 个横截面个体与平均截距的差异。此时，$\boldsymbol{\beta}$ 依然可由协方差估计的结果(8.13)式获得，而 α 的估计量为

$$\hat{\alpha} = \bar{Y} - \bar{\boldsymbol{X}}'\hat{\boldsymbol{\beta}}_{\mathrm{CV}} \tag{8.22}$$

其中，

$$\bar{Y} = \sum_{i=1}^{N}\sum_{t=1}^{T}Y_{it}/NT, \quad \bar{\boldsymbol{X}} = \sum_{i=1}^{N}\sum_{t=1}^{T}\boldsymbol{X}_{it}/NT$$

有了 $\hat{\alpha}$ 和 $\hat{\boldsymbol{\beta}}_{\mathrm{CV}}$，即可进一步得到：

$$\hat{\alpha}_i = \bar{Y}_i - \bar{\boldsymbol{X}}_i'\hat{\boldsymbol{\beta}}_{\mathrm{CV}} - \hat{\alpha} \tag{8.23}$$

8.2.5 双向固定效应模型

将(8.2)式代入(8.1)式中，得到如下既反映横截面固定效应又反映时间固定效应的双向固定效应模型：

$$Y_{it} = \boldsymbol{X}_{it}'\boldsymbol{\beta} + \alpha_i + \lambda_t + \mu_{it} \tag{8.24}$$

(8.24)式的矩阵形式为

$$\boldsymbol{Y} = \begin{bmatrix} Y_1 \\ Y_2 \\ \vdots \\ Y_N \end{bmatrix} = \begin{bmatrix} X_1 \\ X_2 \\ \vdots \\ X_N \end{bmatrix}\cdot\boldsymbol{\beta} + (\boldsymbol{I}_N \otimes \boldsymbol{e}_T)\boldsymbol{\alpha} + (\boldsymbol{e}_N \otimes \boldsymbol{I}_T)\boldsymbol{\lambda} + \begin{bmatrix} \mu_1 \\ \mu_2 \\ \vdots \\ \mu_N \end{bmatrix} \tag{8.25}$$

其中，

$$\boldsymbol{\lambda} = \begin{bmatrix} \lambda_1 \\ \lambda_2 \\ \vdots \\ \lambda_T \end{bmatrix}_{T\times 1}, \quad \boldsymbol{e}_T = \begin{bmatrix} 1 \\ 1 \\ \vdots \\ 1 \end{bmatrix}_{T\times 1}, \quad \boldsymbol{e}_N = \begin{bmatrix} 1 \\ 1 \\ \vdots \\ 1 \end{bmatrix}_{N\times 1}$$

$$\boldsymbol{I}_T = \begin{bmatrix} 1 & & 0 \\ & \ddots & \\ 0 & & 1 \end{bmatrix}_{T\times T}, \quad \boldsymbol{I}_N = \begin{bmatrix} 1 & & 0 \\ & \ddots & \\ 0 & & 1 \end{bmatrix}_{N\times N}$$

对(8.25)式进行 OLS 估计即可得参数 $\boldsymbol{\beta}$、$\boldsymbol{\alpha}$ 和 $\boldsymbol{\lambda}$ 的估计值。但由于这一估计过程中需要估计 $K+N+T$ 个参数,会损失较多的自由度,且有关的矩阵运算也较为繁杂,因此在实际应用中采用的是协方差估计法。

对(8.24)式的每一个横截面在时间上求平均,得:

$$\bar{Y}_i = \bar{\boldsymbol{X}}'_i\boldsymbol{\beta} + \alpha_i + \bar{\lambda} + \bar{\mu}_i \tag{8.26}$$

其中,$\bar{\lambda} = \sum_{t=1}^{T}\lambda_t/T$。对(8.24)式的每一时间求横截面的平均,得:

$$\bar{Y}_t = \bar{\boldsymbol{X}}'_t\boldsymbol{\beta} + \bar{\alpha} + \lambda_t + \bar{\mu}_t \tag{8.27}$$

其中,$\bar{\alpha} = \sum_{i=1}^{N}\alpha_i/N, \bar{Y}_t = \sum_{i=1}^{N}Y_{it}/N, \bar{\boldsymbol{X}}_t = \sum_{i=1}^{N}\boldsymbol{X}_{it}/N, \bar{\mu}_t = \sum_{i=1}^{N}\mu_{it}/N$。另外,定义:

$$\bar{Y} = \frac{1}{N}\sum_{i=1}^{N}\bar{Y}_i = \frac{1}{T}\sum_{t=1}^{T}\bar{Y}_t = \sum_{i=1}^{N}\sum_{t=1}^{T}Y_{it}/NT$$

$$\bar{\boldsymbol{X}} = \frac{1}{N}\sum_{i=1}^{N}\bar{\boldsymbol{X}}_i = \frac{1}{T}\sum_{t=1}^{T}\bar{\boldsymbol{X}}_t = \sum_{i=1}^{N}\sum_{t=1}^{T}X_{it}/NT$$

将(8.26)式再对横截面平均或将(8.27)式再对时间平均,得:

$$\bar{Y} = \bar{\boldsymbol{X}}'\boldsymbol{\beta} + \bar{\alpha} + \bar{\lambda} + \bar{\mu} \tag{8.28}$$

由(8.24)式 -(8.26)式 -(8.27)式 +(8.28)式,得:

$$Y_{it} - \bar{Y}_i - \bar{Y}_t + \bar{Y} = (\boldsymbol{X}_{it} - \bar{\boldsymbol{X}}_i - \bar{\boldsymbol{X}}_t + \bar{\boldsymbol{X}})'\boldsymbol{\beta} + \mu_{it} - \bar{\mu}_i - \bar{\mu}_t + \bar{\mu} \tag{8.29}$$

对(8.29)式进行 OLS 估计,可以得到 $\boldsymbol{\beta}$ 的协方差估计量 $\tilde{\boldsymbol{\beta}}$。$\alpha_i$ 和 λ_t 的估计量为

$$\tilde{\alpha}_i = (\bar{Y}_i - \bar{Y}) - \tilde{\boldsymbol{\beta}}'(\bar{\boldsymbol{X}}_i - \bar{\boldsymbol{X}}), \quad \tilde{\lambda}_t = (\bar{Y}_t - \bar{Y}) - \tilde{\boldsymbol{\beta}}'(\bar{\boldsymbol{X}}_t - \bar{\boldsymbol{X}}) \tag{8.30}$$

由于(8.29)式中消除了随时间不变或随横截面不变的解释变量,因此这些解释变量的系数的估计值不在 $\tilde{\boldsymbol{\beta}}$ 当中。

8.2.6 固定效应的检验

前面介绍的横截面固定效应模型为

$$Y_{it} = X'_{it}\boldsymbol{\beta} + \alpha_i + \mu_{it} \tag{8.31}$$

实际上,(8.31)式是假设存在横截面个体效应。但是,如果这种效应不存在的话,则固定效应模型实际上就等于以下合并回归模型:

$$Y_{it} = X'_{it}\boldsymbol{\beta} + \alpha + \mu_{it} \tag{8.32}$$

因此,检验横截面效应是否存在,实际上是把(8.31)式看成是无约束模型,(8.32)式看成是约束模型,构造以下 F 统计量进行检验:

$$F_1 = \frac{(S_2 - S_1)/N - 1}{S_1/NT - K - N} \tag{8.33}$$

其中,S_1 是(8.31)式的残差平方和,S_2 是(8.32)式的残差平方和。其中的约束条件为:$\alpha_1 = \alpha_2 = \cdots = \alpha_N$。

同样,对于固定时间效应模型:

$$Y_{it} = X'_{it}\boldsymbol{\beta} + \lambda_t + \mu_{it} \tag{8.34}$$

检验固定时间效应是否存在的检验统计量为

$$F_2 = \frac{(S_2 - S_3)/T - 1}{S_3/NT - K - T} \tag{8.35}$$

其中 S_3 为(8.34)式的残差平方和,其约束条件为:$\lambda_1 = \lambda_2 = \cdots = \lambda_T$。

对于同时反映横截面固定效应和时间固定效应的双效应模型:

$$Y_{it} = X'_{it}\boldsymbol{\beta} + \alpha_i + \lambda_t + \mu_{it} \tag{8.36}$$

检验双效应(横截面效应和时间效应)是否存在的检验统计量为

$$F_3 = \frac{(S_2 - S_4)/T + N - 2}{S_4/NT - K - T - N} \tag{8.37}$$

其中 S_4 为(8.36)式的残差平方和,其约束条件为

$$\alpha_1 = \alpha_2 = \cdots = \alpha_N, \quad \lambda_1 = \lambda_2 = \cdots = \lambda_T$$

此外,还可以把(8.36)式作为无约束模型,以(8.31)式或(8.34)式为约束模型,构造 F 统计量检验在给定横截面固定效应下时间效应是否存在,或者检验在给定时间效应下横截面效应是否存在。

§8.3 随机效应模型

当我们所获得的面板数据包括了总体的全部横截面个体时,固定效应模型也许是一个较为合理的模型,因为我们有理由相信横截面的个体之间存在着固定的差异。但是,当我们的横截面个体是从总体中抽样而来时,则可以认为横截面的差异是随机的,这时,随机效应模型也许更为合理。实际应用中,则还需要通过有关检验(将在本节的最后介绍)进一步确认。

8.3.1 广义最小二乘(GLS)估计

对于面板数据模型

$$Y_{it} = X'_{it}\boldsymbol{\beta} + \varepsilon_{it}, \quad i = 1,2,\cdots,N;t = 1,2,\cdots,T \tag{8.38}$$

当假设其随机误差项 $\varepsilon_{it} = \alpha_i + \lambda_t + \mu_{it}$ 的构成中,α_i 和 λ_t 都是随机变量时,称(8.38)式为双向随机效应模型。对于随机效应模型,除了要满足(8.3)式和(8.4)式的 A1 和 A2 两个基本假定之外,还需要对随机项 α_i 和 λ_t 进行假定:

A3:$E(\alpha_i/X_{it}) = E(\lambda_t/X_{it}) = 0$

A4:α_i 服从独立同分布,且 $E(\alpha_i\alpha_j) = \begin{cases}\sigma_\alpha^2, & i = j\\ 0, & i \neq j\end{cases}$

λ_t 服从独立同分布,且 $E(\lambda_t\lambda_s) = \begin{cases}\sigma_\lambda^2, & t = s\\ 0, & t \neq s\end{cases}$

A5:$E(\alpha_i\mu_{it}) = E(\lambda_t\mu_{it}) = 0$

在 A1—A5 假定之下,随机效应模型(8.38)式的扰动项 ε_{it} 的方差为

$$\mathrm{Var}(\varepsilon_{it}) = \mathrm{Var}(\alpha_i + \lambda_t + \mu_{it}) = \sigma_\alpha^2 + \sigma_\lambda^2 + \sigma_\mu^2$$

为简化起见,我们暂时假定 $\varepsilon_{it} = \alpha_i + \lambda_t + \mu_{it}$ 中的 $\lambda_t = 0$,即假定只存在横截面随机效应而不存在时间随机效应,此时,(8.38)式的扰动项 ε_{it} 的方差为

$$\mathrm{Var}(\varepsilon_{it}) = \mathrm{Var}(\alpha_i + \mu_{it}) = \sigma_\alpha^2 + \sigma_\mu^2$$

对 ε_{it} 的协方差的分析如下:

当 $t \neq s$ 时,

$$\begin{aligned}\mathrm{Cov}(\varepsilon_{it},\varepsilon_{is}) &= E[(\alpha_i + \mu_{it})(\alpha_i + \mu_{is})]\\ &= E(\alpha_i^2) + E(\mu_{it}\mu_{is}) + E(\alpha_i\mu_{is}) + E(\alpha_i\mu_{it})\\ &= \sigma_\alpha^2\end{aligned}$$

当 $i \neq j$ 时,

$$\begin{aligned}\mathrm{Cov}(\varepsilon_{it},\varepsilon_{jt}) &= E[(\alpha_i + \mu_{it})(\alpha_j + \mu_{jt})]\\ &= E(\alpha_i\alpha_j) + E(\mu_{it}\mu_{jt}) + E(\alpha_i\mu_{jt}) + E(\alpha_j\mu_{it})\\ &= 0\end{aligned}$$

因此,$\boldsymbol{\varepsilon}_i = (\varepsilon_{i1} \quad \varepsilon_{i2} \quad \cdots \quad \varepsilon_{iT})'$的方差-协方差矩阵 $\boldsymbol{V}$ 为

$$\boldsymbol{V} = E(\boldsymbol{\varepsilon}_i\boldsymbol{\varepsilon}_i') = \sigma_\mu^2\boldsymbol{I}_T + \sigma_\alpha^2\boldsymbol{e}_T\boldsymbol{e}_T' \tag{8.39}$$

由于 $\boldsymbol{V}$ 的非对角线上的元素不全为 0,因此可以对随机效应模型(8.38)式进行 GLS 估计,得到 $\boldsymbol{\beta}$ 的 BLUE 估计量:

$$\hat{\boldsymbol{\beta}}_{\mathrm{GLS}} = \left(\sum_{i=1}^{N}\boldsymbol{X}_i'\boldsymbol{V}^{-1}\boldsymbol{X}_i\right)^{-1}\left(\sum_{i=1}^{N}\boldsymbol{X}_i'\boldsymbol{V}^{-1}\boldsymbol{Y}_i\right) \tag{8.40}$$

其中，

$$V^{-1} = \frac{1}{\sigma_u^2}\left(Q + \varphi \cdot \frac{1}{T}e_T e_T'\right)$$

$$Q = I_T - \frac{1}{T}e_T e_T' \tag{8.41}$$

$$\varphi = \sigma_\mu^2/(\sigma_\mu^2 + T\sigma_\alpha^2)$$

此时，(8.40)式等价于：

$$\hat{\beta}_{\text{GLS}} = \left[\sum_{i=1}^{N}\sum_{t=1}^{T}(X_{it} - (1-\varphi^{1/2})\bar{X}_i)(X_{it} - (1-\varphi^{1/2})\bar{X}_i)'\right]^{-1} \cdot \left[\sum_{i=1}^{N}\sum_{t=1}^{T}(X_{it} - (1-\varphi^{1/2})\bar{X}_i)(Y_{it} - (1-\varphi^{1/2})\bar{Y}_i)\right] \tag{8.42}$$

从(8.42)式可以看出，随机效应的 GLS 估计实际上是对

$$Y_{it} - (1-\varphi^{1/2})\bar{Y}_i = (X_{it} - (1-\varphi^{1/2})\bar{X}_i)'\beta + \varepsilon_{it} - (1-\varphi^{1/2})\bar{\varepsilon}_i \tag{8.43}$$

进行 OLS 估计的结果。

当 $\varphi \neq 0$ 时，$X_{it} - (1-\varphi^{1/2})\bar{X}_i \neq X_{it} - \bar{X}_i$，因此 $\hat{\beta}_{\text{GLS}} \neq \hat{\beta}_{\text{CV}}$。这里 $\hat{\beta}_{\text{CV}}$ 是对

$$Y_{it} - \bar{Y}_i = (X_{it} - \bar{X}_i)'\beta + \mu_{it} - \bar{\mu}_i \tag{8.44}$$

进行 OLS 估计的结果，$\hat{\beta}_{\text{CV}}$ 表达式与(8.13)式相同。

此外，可以证明

$$\text{Cov}(\hat{\beta}_{\text{GLS}}) = \hat{\sigma}_u^2\left(\sum_{i=1}^{N}X_i'QX_i + \varphi T\sum_{i=1}^{N}\bar{X}_i\bar{X}_i'\right)^{-1} < \hat{\sigma}_u^2\left(\sum_{i=1}^{N}X_i'QX_i\right)^{-1} = \text{Cov}(\hat{\beta}_{\text{CV}})$$

因此，对(8.38)式的 GLS 估计量比协方差估计量有效。实际上，GLS 估计量是 BLUE。

当 $\varphi \to 1$ 时，$\hat{\beta}_{\text{GLS}} \to \hat{\beta}_{\text{LS}}$，这里 $\hat{\beta}_{\text{LS}}$ 是对(8.38)式的合并最小二乘估计的结果；当 $\varphi \to 0$ 时，$\hat{\beta}_{\text{GLS}} \to \hat{\beta}_{\text{CV}}$。

8.3.2 FGLS 估计

以上 GLS 的估计首先要求 φ 是已知的，根据(8.41)式，也就是需要知道 σ_μ^2 和 σ_α^2 的值，但这是不可能的。实际估计中，一般是用 σ_μ^2 和 σ_α^2 的一致估计量 $\hat{\sigma}_\mu^2$ 和 $\hat{\sigma}_\alpha^2$ 代入到(8.41)式中，然后再得到 β 的 GLS 估计。这种用二步法所进行的 GLS 估计被称为可行的 GLS(Feasible GLS, FGLS)估计，估计结果记为 $\hat{\beta}_{\text{FGLS}}$。二步法的具体步骤如下：

(1) 步骤一:对 σ_u^2 和 σ_α^2 的估计

首先对(8.44)式进行 OLS 估计,得到 $\boldsymbol{\beta}$ 的协方差估计量 $\hat{\boldsymbol{\beta}}_{\mathrm{CV}}$,然后得到 σ_μ^2 的一致估计量 $\hat{\sigma}_\mu^2$ 为

$$\hat{\sigma}_\mu^2 = \frac{\sum_{i=1}^{N}\sum_{t=1}^{T}\left[(Y_{it} - \bar{Y}_i) - \hat{\boldsymbol{\beta}}'_{\mathrm{CV}}(\boldsymbol{X}_{it} - \bar{\boldsymbol{X}}_i)\right]^2}{NT - N - K} \tag{8.45}$$

然后进行组间估计,也就是以横截面个体的均值序列为对象,对模型

$$\bar{Y}_i = \bar{\boldsymbol{X}}'_i\boldsymbol{\beta} + \bar{\varepsilon}_i$$

进行 OLS 估计,得到的 $\boldsymbol{\beta}$ 估计量称为组间估计量,记为

$$\hat{\boldsymbol{\beta}}_b = \left(\sum_{i=1}^{N}\bar{\boldsymbol{X}}_i\bar{\boldsymbol{X}}'_i\right)^{-1}\left(\sum_{i=1}^{N}\bar{\boldsymbol{X}}_i\bar{\boldsymbol{Y}}_i\right)$$

由此得到 σ_α^2 的一致估计量

$$\hat{\sigma}_\alpha^2 = \frac{\sum_{i=1}^{N}(\bar{Y}_i - \bar{\boldsymbol{X}}_i\hat{\boldsymbol{\beta}}_b)}{N - K} - \frac{1}{T}\hat{\sigma}_\mu^2 \tag{8.46}$$

(2) 步骤二

将(8.45)式和(8.46)式代入到(8.41)式中,得到:

$$\hat{\varphi} = \frac{\hat{\sigma}_\mu^2}{(\hat{\sigma}_\mu^2 + T\cdot\hat{\sigma}_\alpha^2)}$$

最后得到 FGLS 的估计结果:

$$\hat{\boldsymbol{\beta}}_{\mathrm{FGLS}} = \left[\sum_{i=1}^{N}\sum_{t=1}^{T}(\boldsymbol{X}_{it} - (1 - \hat{\varphi}^{1/2})\bar{\boldsymbol{X}}_i)(\boldsymbol{X}_{it} - (1 - \hat{\varphi}^{1/2})\bar{\boldsymbol{X}}_i)'\right]^{-1}\cdot$$
$$\left[\sum_{i=1}^{N}\sum_{t=1}^{T}(\boldsymbol{X}_{it} - (1 - \hat{\varphi}^{1/2})\bar{\boldsymbol{X}}_i)(Y_{it} - (1 - \hat{\varphi}^{1/2})\bar{Y}_i)\right]$$

当 N 和 T 都趋近于无穷时,$\hat{\boldsymbol{\beta}}_{\mathrm{FGLS}}$ 是渐近有效的。即便对于适度的样本规模($T\geqslant 3, N-K\geqslant 9; T=2, N-K)\geqslant 10$),$\hat{\boldsymbol{\beta}}_{\mathrm{FGLS}}$ 依然比 $\hat{\boldsymbol{\beta}}_{\mathrm{CV}}$ 有效。

但是,当 T 很小时,由(8.46)式得到的 $\hat{\sigma}_\alpha^2$ 可能是负数,此时它违反了 $\sigma_\alpha^2\geqslant 0$ 的假设,FGLS 方法就无法进行了。

8.3.3 双向随机效应模型

在前面的分析中,我们假定 $\lambda_t = 0$。当 $\lambda_t \neq 0$ 时,存在双向随机效应。我们已经知道,在 A1—A5 假定之下,随机效应模型(8.38)式的扰动项 ε_{it} 的方差为

$$\mathrm{Var}(\varepsilon_{it}) = \mathrm{Var}(\alpha_i + \lambda_t + \mu_{it}) = \sigma_\alpha^2 + \sigma_\lambda^2 + \sigma_\mu^2$$

此时对 ε_{it} 的协方差的分析如下:

当 $t \neq s$ 时，

$$\begin{aligned}\mathrm{Cov}(\varepsilon_{it},\varepsilon_{is}) &= E[(\alpha_i + \lambda_t + u_{it})(\alpha_i + \lambda_s + u_{is})] \\ &= E(\alpha_i^2) \\ &= \sigma_\alpha^2\end{aligned}$$

当 $i \neq j$ 时，

$$\begin{aligned}\mathrm{Cov}(\varepsilon_{it},\varepsilon_{jt}) &= E[(\alpha_i + \lambda_t + \mu_{it})(\alpha_j + \lambda_t + \mu_{jt})] \\ &= E(\lambda_t^2) \\ &= \sigma_\lambda^2\end{aligned}$$

这时 ε 的方差-协方差矩阵

$$\widetilde{\boldsymbol{V}} = E(\boldsymbol{\varepsilon}\boldsymbol{\varepsilon}') = \sigma_\mu^2 \boldsymbol{I}_{NT} + \sigma_\alpha^2 \boldsymbol{I}_N \otimes \boldsymbol{e}_T \boldsymbol{e}_T' + \sigma_\lambda^2 \boldsymbol{e}_N \boldsymbol{e}_N' \otimes \boldsymbol{I}_T$$

它的逆矩阵为

$$\widetilde{\boldsymbol{V}}^{-1} = \frac{1}{\sigma_\mu^2}[\boldsymbol{I}_{NT} - \eta_1 \boldsymbol{I}_N \otimes \boldsymbol{e}_T \boldsymbol{e}_T' - \eta_2 \boldsymbol{e}_N \boldsymbol{e}_N' \otimes \boldsymbol{I}_T + \eta_3 \boldsymbol{e}_{NT} \boldsymbol{e}_{NT}']$$

其中，

$$\eta_1 = \frac{\sigma_\alpha^2}{\sigma_\mu^2 + T\sigma_\alpha^2}$$

$$\eta_2 = \frac{\sigma_\lambda^2}{\sigma_\mu^2 + N\sigma_\lambda^2}$$

$$\eta_3 = \frac{\sigma_\alpha^2 \sigma_\lambda^2}{(\sigma_\mu^2 + T\sigma_\alpha^2)(\sigma_\mu^2 + N\sigma_\lambda^2)} \cdot \left(\frac{2\sigma_\mu^2 + T\sigma_\alpha^2 + N\sigma_\lambda^2}{\sigma_\mu^2 + T\sigma_\alpha^2 + N\sigma_\lambda^2}\right)$$

$\boldsymbol{\beta}$ 的 GLS 估计结果为

$$\hat{\boldsymbol{\beta}}_{\mathrm{GLS}} = (\boldsymbol{X}'\widetilde{\boldsymbol{V}}^{-1}\boldsymbol{X})^{-1}(\boldsymbol{X}'\widetilde{\boldsymbol{V}}^{-1}\boldsymbol{Y})$$

8.3.4 随机效应和固定效应的检验

一、Breusch 和 Pagan 的 LM 检验

对于随机效应模型

$$Y_{it} = \boldsymbol{X}_{it}' \boldsymbol{\beta} + \alpha_i + \mu_{it}$$

如果 $\sigma_\alpha^2 \neq 0$，则表明存在随机效应。因此，可以建立以下随机效应是否存在的假设检验。

$$H_0: \sigma_\alpha^2 = 0; \text{或 } E(\alpha_i^2) = 0$$

$$H_1: \sigma_\alpha^2 \neq 0$$

检验统计量为拉格朗日乘数

$$\mathrm{LM}=\frac{NT}{2(T-1)}\left[\frac{\sum_{i=1}^{N}\left(\sum_{t=1}^{T}e_{it}\right)^{2}}{\sum_{i=1}^{N}\sum_{t=1}^{T}e_{it}^{2}}-1\right]^{2}$$

$$=\frac{NT}{2(T-1)}\left[\frac{\sum_{i=1}^{N}(T\cdot\bar{e}_{i})^{2}}{\sum_{i=1}^{N}\sum_{t=1}^{T}e_{it}^{2}}-1\right]^{2}$$

$$=\frac{NT}{2(T-1)}\left[\frac{T^{2}\cdot\bar{\boldsymbol{e}}'\bar{\boldsymbol{e}}}{\boldsymbol{e}'\boldsymbol{e}}-1\right]^{2} \tag{8.47}$$

其中 e_{it} 为合并回归的残差，$\boldsymbol{e}$ 为残差向量。

当 H_0 成立时，LM 服从 $\chi^2(1)$ 的分布。(8.47)式还可以写成以下矩阵的形式：

$$\mathrm{LM}=\frac{NT}{2(T-1)}\left[\frac{\boldsymbol{e}'DD'\boldsymbol{e}}{\boldsymbol{e}'\boldsymbol{e}}-1\right]^{2}$$

其中 D 的定义同(8.9)式中的 D。

LM 检验的结果如果无法拒绝 H_0，则表明随机效应存在的可能性不大。但是，如果当检验结果拒绝了 H_0 的话，也不能保证随机效应一定存在，只能说明可能存在随机效应，因为如果存在固定效应的话，同样可能会有拒绝 H_0 的结果。

二、Hausman 设定检验

对于随机效应模型来说，它假定 $E(\alpha_i/\boldsymbol{X}_{it})=0$，即随机的横截面效应 α_i 与解释变量之间是不相关的。但是在固定效应模型中，则允许这种相关性的存在。当随机效应模型存在解释变量的设定偏差，即遗漏重要解释变量时，α_i 会与解释变量之间产生相关，从而导致对随机效应模型的 GLS 估计的结果不再是一致估计量。

Hausman 设定检验的思路是，当 $E(\alpha_i/\boldsymbol{X}_{it})=0$ 成立时，对面板数据的 GLS 估计 $\hat{\boldsymbol{\beta}}_{\mathrm{GLS}}$ 和协方差估计 $\hat{\boldsymbol{\beta}}_{\mathrm{CV}}$ 都是一致估计量，二者的差异不显著，此时采用随机效应模型可以提高估计的有效性。但是，当 $E(\alpha_i/\boldsymbol{X}_{it})\neq0$ 时，两种估计的结果差异显著，则应采用固定效应模型。检验的思路如下：

$$H_0: E(\alpha_i/X_{it})=0 \quad \text{（随机效应）}$$
$$H_1: E(\alpha_i/X_{it})\neq0 \quad \text{（固定效应）}$$

令

$$\hat{\boldsymbol{q}}=\hat{\boldsymbol{\beta}}_{\mathrm{CV}}-\hat{\boldsymbol{\beta}}_{\mathrm{GLS}}$$
$$\mathrm{Cov}(\hat{\boldsymbol{q}})=\mathrm{Cov}(\hat{\boldsymbol{\beta}}_{\mathrm{CV}})-\mathrm{Cov}(\hat{\boldsymbol{\beta}}_{\mathrm{GLS}})$$

可以证明，统计量 $M=\hat{\boldsymbol{q}}'\mathrm{Cov}(\hat{\boldsymbol{q}}')\hat{\boldsymbol{q}}$ 渐近分布于自由度为 K 的 χ^2 分布。

§8.4 实证分析①

8.4.1 美国航空公司成本函数的固定效应模型

美国6家航空公司1970—1984年共90个观测值的成本数据见表8.1。

表8.1 美国6家航空公司成本数据，1970—1984年

obs	COST	*Q*	PF	LF
1-1970	1 140 640	0.952757	106 650.0	0.534487
1-1971	1 215 690	0.986757	110 307.0	0.532328
1-1972	1 309 570	1.091980	110 574.0	0.547736
1-1973	1 511 530	1.175780	121 974.0	0.540846
1-1974	1 676 730	1.160170	196 606.0	0.591167
1-1975	1 823 740	1.173760	265 609.0	0.575417
1-1976	2 022 890	1.290510	263 451.0	0.594495
1-1977	2 314 760	1.390670	316 411.0	0.597409
1-1978	2 639 160	1.612730	384 110.0	0.638522
1-1979	3 247 620	1.825440	569 251.0	0.676287
1-1980	3 787 750	1.546040	871 636.0	0.605735
1-1981	3 867 750	1.527900	997 239.0	0.614360
1-1982	3 996 020	1.660200	938 002.0	0.633366
1-1983	4 282 880	1.822310	859 572.0	0.650117
1-1984	4 748 320	1.936460	823 411.0	0.625603
2-1970	569 292	0.520635	103 795.0	0.490851
2-1971	640 614	0.534627	111 477.0	0.473449
2-1972	777 655	0.655192	118 664.0	0.503013
2-1973	999 294	0.791575	114 797.0	0.512501
2-1974	1 203 970	0.842945	215 322.0	0.566782
2-1975	1 358 100	0.852892	281 704.0	0.558133
2-1976	1 501 350	0.922843	304 818.0	0.558799
2-1977	1 709 270	1.000000	348 609.0	0.572070
2-1978	2 025 400	1.198450	374 579.0	0.624763
2-1979	2 548 370	1.340670	544 109.0	0.628706
2-1980	3 137 740	1.326240	853 356.0	0.589150
2-1981	3 557 700	1.248520	1 003 200	0.532612
2-1982	3 717 740	1.254320	941 977.0	0.526652
2-1983	3 962 370	1.371770	856 533.0	0.540163
2-1984	4 209 390	1.389740	821 361.0	0.528775

① 本节中的数据引自 Greene(2000)第14章例14.1。本节的分析参考了 Greene(2000)第14章中的例题并做了一定的修改。

（续表）

obs	COST	Q	PF	LF
3-1970	286 298	0.262424	118 788.0	0.524334
3-1971	309 290	0.266433	123 798.0	0.537185
3-1972	342 056	0.306043	122 882.0	0.582119
3-1973	374 595	0.325586	131 274.0	0.579489
3-1974	450 037	0.345706	222 037.0	0.606592
3-1975	510 412	0.367517	278 721.0	0.607270
3-1976	575 347	0.409937	306 564.0	0.582425
3-1977	669 331	0.448023	356 073.0	0.573972
3-1978	783 799	0.539595	378 311.0	0.654256
3-1979	913 883	0.539382	555 267.0	0.631055
3-1980	1 041 520	0.467967	850 322.0	0.569240
3-1981	1 125 800	0.450544	1 015 610	0.589682
3-1982	1 096 070	0.468793	954 508.0	0.587953
3-1983	1 198 930	0.494397	886 999.0	0.565388
3-1984	1 170 470	0.493317	844 079.0	0.577078
4-1970	145 167.0	0.086393	114 987.0	0.432066
4-1971	170 192.0	0.096740	120 501.0	0.439669
4-1972	247 506.0	0.141500	121 908.0	0.488932
4-1973	309 391.0	0.169715	127 220.0	0.484181
4-1974	354 338.0	0.173805	209 405.0	0.529925
4-1975	373 941.0	0.164272	263 148.0	0.532723
4-1976	420 915.0	0.170906	316 724.0	0.549067
4-1977	474 017.0	0.177840	363 598.0	0.557140
4-1978	532 590.0	0.192248	389 436.0	0.611377
4-1979	676 771.0	0.242469	547 376.0	0.645319
4-1980	880 438.0	0.256505	850 418.0	0.611734
4-1981	1 052 020	0.249657	1 011 170	0.580884
4-1982	1 193 680	0.273923	951 934.0	0.572047
4-1983	1 303 390	0.371131	881 323.0	0.594570
4-1984	1 436 970	0.421411	831 374.0	0.585525

（续表）

obs	COST	Q	PF	LF
5-1970	91 361.00	0.051028	118 222.0	0.442875
5-1971	95 428.00	0.052646	116 223.0	0.462473
5-1972	98 187.00	0.056348	115 853.0	0.519118
5-1973	115 967.0	0.066953	129 372.0	0.529331
5-1974	138 382.0	0.070308	243 266.0	0.557797
5-1975	156 228.0	0.073961	277 930.0	0.556181
5-1976	183 169.0	0.084946	317 273.0	0.569327
5-1977	210 212.0	0.095474	358 794.0	0.583465
5-1978	274 024.0	0.119814	397 667.0	0.631818
5-1979	356 915.0	0.150046	566 672.0	0.604723
5-1980	432 344.0	0.144014	848 393.0	0.587921
5-1981	524 294.0	0.169300	1 005 740	0.616159
5-1982	530 924.0	0.172761	958 231.0	0.605868
5-1983	581 447.0	0.186670	872 924.0	0.594688
5-1984	610 257.0	0.213279	844 622.0	0.635545
6-1970	68 978.00	0.037682	117 112.0	0.448539
6-1971	74 904.00	0.039784	119 420.0	0.475889
6-1972	83 829.00	0.044331	116 087.0	0.500562
6-1973	98 148.00	0.050245	122 997.0	0.500344
6-1974	118 449.0	0.055046	194 309.0	0.528897
6-1975	133 161.0	0.052462	307 923.0	0.495361
6-1976	145 062.0	0.056977	323 595.0	0.510342
6-1977	170 711.0	0.061490	363 081.0	0.518296
6-1978	199 775.0	0.069027	386 422.0	0.546723
6-1979	276 797.0	0.092749	564 867.0	0.554276
6-1980	381 478.0	0.112640	874 818.0	0.517766
6-1981	506 969.0	0.154154	1 013 170	0.580049
6-1982	633 388.0	0.186461	930 477.0	0.556024
6-1983	804 388.0	0.246847	851 676.0	0.537791
6-1984	1 009 500	0.304013	819 476.0	0.525775

注：表中第一列表示第几家公司第几年的数据，例如，1-1970 表示第一家公司 1970 年的数据。COST 表示总成本；Q 表示产出，用营收乘客里程（Revenue Passenger Miles）的指数表示；PF 表示燃料价格（Fuel Price）；LF 表示座位利用率（Load Factor）。

我们考察以下简单的合并数据的成本函数：

$$\log COST_{it} = \alpha + \beta_1 \log Q_{it} + \beta_2 \log PF_{it} + \beta_3 \log LF_{it} + \varepsilon_{it}$$

其中，COST 表示总成本（单位：千美元）；Q 表示产出，用营收乘客里程（Revenue Passenger Miles）表示；PF 表示燃料价格（Fuel Price）；LF 表示座位利用率（Load factor）。该模型实际上是假定 6 家航空公司的成本函数不存在个体的差异，并且在 1970—1984 年期间内不存在时间上的变动。我们可以预期，β_1 和 β_2 的符号是正号，β_3 的符号是负号。

用 OLS 法回归的 EViews 结果如表 8.2 所示。从表中的结果看，模型整体是显著的，单个变量的系数也都是显著的，并且符号与预期都是一致的。

表 8.2　合并数据回归结果

Dependent Variable：LOG(COST)
Method：Pooled Least Squares
Sample：1970 1984
Included observations：15
Cross-sections included：6
Total pool (balanced) observations：90

Variable	Coefficient	Std. Error	t-Statistic	Prob.
C	8.075649	0.334203	24.16392	0.0000
LOG(Q)	0.882854	0.013302	66.36937	0.0000
LOG(PF)	0.454687	0.020460	22.22293	0.0000
LOG(LF)	-0.891464	0.190655	-4.675803	0.0000
R-squared	0.988252	Mean dependent var		13.36561
Adjusted R-squared	0.987842	S.D. dependent var		1.131971
S.E. of regression	0.124816	Akaike info criterion		-1.280523
Sum squared resid	1.339800	Schwarz criterion		-1.169420
Log likelihood	61.62354	Hannan-Quinn criter.		-1.235720
F-statistic	2411.377	Durbin-Watson stat		0.207159
Prob(F-statistic)	0.000000			

根据本节所介绍的内容，我们还可以设定各种固定效应模型，即横截面固定效应模型、时间固定效应模型、双效应模型。这些模型的 EViews 估计结果如表 8.3 至表 8.5 所示。

表 8.3 横截面固定效应模型的估计结果

Dependent Variable：LOG(COST)
Method：Pooled Least Squares
Sample：1970 1984
Included observations：15
Cross-sections included：6
Total pool (balanced) observations：90

Variable	Coefficient	Std. Error	t-Statistic	Prob.
C	8.811897	0.244101	36.09946	0.0000
LOG(Q)	0.918704	0.030667	29.95760	0.0000
LOG(PF)	0.415808	0.015489	26.84478	0.0000
LOG(LF)	-0.552730	0.113270	-4.879773	0.0000
Fixed Effects (Cross)				
1-C	-0.009942			
2-C	-0.046458			
3-C	-0.217133			
4-C	0.176523			
5-C	0.014986			
6-C	0.082025			

Effects Specification

Cross-section fixed (dummy variables)

R-squared	0.997327	Mean dependent var	13.36561
Adjusted R-squared	0.997064	S. D. dependent var	1.131971
S. E. of regression	0.061341	Akaike info criterion	-2.650108
Sum squared resid	0.304777	Schwarz criterion	-2.400127
Log likelihood	128.2549	Hannan-Quinn criter.	-2.549301
F-statistic	3 778.431	Durbin-Watson stat	0.712993
Prob(F-statistic)	0.000000		

表 8.4　时间固定效应模型的估计结果

Dependent Variable: LOG(COST)
Method: Pooled Least Squares
Sample: 1970 1984
Included observations: 15
Cross-sections included: 6
Total pool (balanced) observations: 90

Variable	Coefficient	Std. Error	t-Statistic	Prob.
C	20.09004	4.641677	4.328186	0.0000
LOG(Q)	0.868209	0.015392	56.40819	0.0000
LOG(PF)	-0.496599	0.362938	-1.368273	0.1755
LOG(LF)	-1.091394	0.244266	-4.468053	0.0000
Fixed Effects (Period)				
1970-C	-1.195754			
1971-C	-1.109812			
1972-C	-1.023594			
1973-C	-0.937677			
1974-C	-0.469647			
1975-C	-0.255317			
1976-C	-0.161661			
1977-C	-0.009234			
1978-C	0.161021			
1979-C	0.448327			
1980-C	0.811529			
1981-C	0.999390			
1982-C	0.963590			
1983-C	0.897698			
1984-C	0.881140			

Effects Specification

Period fixed (dummy variables)

R-squared	0.990504	Mean dependent var	13.36561
Adjusted R-squared	0.988262	S. D. dependent var	1.131971
S. E. of regression	0.122640	Akaike info criterion	-1.182269
Sum squared resid	1.082923	Schwarz criterion	-0.682307
Log likelihood	71.20211	Hannan-Quinn criter.	-0.980655
F-statistic	441.7769	Durbin-Watson stat	0.132527
Prob(F-statistic)	0.000000		

表 8.5　双向固定效应模型的估计结果

Dependent Variable: LOG(COST)
Method: Pooled Least Squares
Sample: 1970 1984
Included observations: 15
Cross-sections included: 6
Total pool (balanced) observations: 90

Variable	Coefficient	Std. Error	t-Statistic	Prob.
C	12.04118	2.128833	5.656233	0.0000
LOG(Q)	0.814453	0.032834	24.80549	0.0000
LOG(PF)	0.159571	0.167154	0.954640	0.3432
LOG(LF)	-0.416549	0.148012	-2.814284	0.0064
Fixed Effects (Cross)				
1-C	0.126975			
2-C	0.070839			
3-C	-0.191004			
4-C	0.133862			
5-C	-0.096678			
6-C	-0.043995			
Fixed Effects (Period)				
1970-C	-0.379077			
1971-C	-0.323771			
1972-C	-0.282390			
1973-C	-0.227869			
1974-C	-0.158184			
1975-C	-0.108890			
1976-C	-0.077164			
1977-C	-0.020372			
1978-C	0.039479			
1979-C	0.086537			
1980-C	0.214327			
1981-C	0.293339			
1982-C	0.309517			
1983-C	0.308058			
1984-C	0.326460			

Effects Specification

Cross-section fixed (dummy variables)
Period fixed (dummy variables)

R-squared	0.998378	Mean dependent var	13.36561
Adjusted R-squared	0.997845	S.D. dependent var	1.131971
S.E. of regression	0.052548	Akaike info criterion	-2.838184
Sum squared resid	0.185007	Schwarz criterion	-2.199344
Log likelihood	150.7183	Hannan-Quinn criter.	-2.580566
F-statistic	1 874.218	Durbin-Watson stat	0.493191
Prob(F-statistic)	0.000000		

表8.6综合了表8.2至表8.5的主要指标。从表8.6可以看到,各种固定效应模型都具有较高的拟合优度,模型整体都是显著的。但是,在时间固定效应模型的估计结果中可以看到,$\hat{\beta}_2$ 是不显著的,并且符号是负号,不符合预期。另外,在双向效应模型中,$\hat{\beta}_2$ 的符号虽然与预期相一致,但是却是不显著的。因此,我们首先可以否定后两种模型的设定方式。

表8.6　各种固定效应模型估计结果的比较(括号内为显著性水平 p)

	合并数据模型	横截面固定效应模型	时间固定效应模型	双向固定效应模型
$\hat{\beta}_1$	0.882854 (0.0000)	0.918704 (0.0000)	0.868209 (0.0000)	0.814453 (0.0000)
$\hat{\beta}_2$	0.454687 (0.0000)	0.415808 (0.0000)	**-0.496599** (**0.1755**)	0.159571 (**0.3432**)
$\hat{\beta}_3$	-0.891464 (0.0000)	-0.552730 (0.0000)	-1.091394 (0.0000)	-0.416549 (0.0064)
$\bar{R}^2$	0.987842	0.997064	0.988262	0.997845
$e'e$ (残差平方和)	1.339800	0.304777	1.082923	0.185007
自由度	90-4=86	90-3-6=81	90-3-15=72	90-3-6-15=66

此外,我们也可以进行有关的固定效应检验。首先,我们以横截面固定效应模型为无约束模型,合并数据模型为约束模型,进行横截面效应的检验,计算的 F 统计量如下:

$$F_1 = \frac{(1.339800 - 0.30477)/5}{0.304777/81} = 55.02$$

在5%的显著性水平下,$F(5,81)$ 的临界值约等于2.3。因此,我们可以初步认定存在横截面的固定效应。在EViews 6中,也可以直接进行这一检验。在横截面效应估计结果的窗口中,按[view]→[Fixed/Random Effects Testing]→[Redundant Fixed Effects-Likelihood Ratio]的顺序,可以得到表8.7的结果。

表 8.7　横截面固定效应的 EViews 检验结果

Redundant Fixed Effects Tests
Pool: POOL01
Test cross-section fixed effects

Effects Test	Statistic	d.f.	Prob.
Cross-section F	**55.015289**	(5,81)	0.0000
Cross-section Chi-square	133.262665	5	0.0000

在表 8.7 中，横截面固定效应检验的 F 值为 55.015289，这和我们刚才计算的结果是一致的。

同理，计算时间效应检验的 F 统计量为

$$F_1 = \frac{(1.339800 - 1.082923)/14}{1.082923/72} = 1.21$$

这一结果小于 5% 显著性水平下的临界值 $F(14,72) = 1.685$。因此可以认为时间固定效应是不存在的。或者直接在时间固定效应的 EViews 的估计结果的窗口中，选择进行这一检验，检验的结果如表 8.8 所示。

表 8.8　时间固定效应的 EViews 检验结果

Redundant Fixed Effects Tests
Pool: POOL01
Test period fixed effects

Effects Test	Statistic	d.f.	Prob.
Period F	1.219927	(14,72)	0.2805
Period Chi-square	19.157150	14	0.1590

8.4.2　美国航空公司成本函数的随机效应模型

我们仍然用表 8.1 中美国 6 家航空公司成本数据（1970—1984），估计横截面的随机效应模型，其 EViews 的估计结果见表 8.9。

表 8.9　横截面的随机效应模型的估计结果

Dependent Variable：LOG(COST)
Method：Pooled FGLS (Cross-section random effects)
Sample：1970 1984
Included observations：15
Cross-sections included：6
Total pool (balanced) observations：90
Swamy and Arora estimator of component variances

Variable	Coefficient	Std. Error	t-Statistic	Prob.
C	8.726591	0.232467	37.53899	0.0000
LOG(Q)	0.905328	0.025975	34.85335	0.0000
LOG(PF)	0.421415	0.014215	29.64527	0.0000
LOG(LF)	-0.549302	0.112028	-4.903274	0.0000
Random Effects (Cross)				
1-C	0.009863			
2-C	-0.030505			
3-C	-0.210404			
4-C	0.167623			
5-C	-3.43E-05			
6-C	0.063457			
Effects Specification				
			S. D.	Rho
Cross-section random			0.123016	0.8009
Idiosyncratic random			0.061341	0.1991
Weighted Statistics				
R-squared	0.991988	Mean dependent var		1.706711
Adjusted R-squared	0.991709	S. D. dependent var		0.675234
S. E. of regression	0.061485	Sum squared resid		0.325115
F-statistic	3549.315	Durbin-Watson stat		0.678922
Prob(F-statistic)	0.000000			
Unweighted Statistics				
R-squared	0.986797	Mean dependent var		13.36561
Sum squared resid	1.505698	Durbin-Watson stat		0.146595

在表 8.9 的回归结果中，我们可以看到，横截面随机效应模型拟合得也很好，模型整体是显著的，回归系数的估计结果也是显著的，并且符号与预期一致。因此，我们到底应该选择固定效应模型还是随机效应模型呢？

首先，我们进行 Breusch 和 Pagan 的 LM 检验，它需要用到合并回归的残差序列。计算的结果，得 LM = 425.30，远远超过了 5% 显著性水平下的临界值 $\chi^2(1)=3.84$。因此，可以认为，可能存在随机效应。但是，如前面所述，它不排除固定效应存在的可能性。因此，我们进一步进行 Hausman 设定检验。EViews6 中的 Hausman 设定检验的结果如表 8.10 所示。

表 8.10 Hausman 设定检验的结果

Correlated Random Effects-Hausman Test
Pool：POOL01
Test cross-section random effects

Test Summary	Chi-Sq. Statistic	Chi-Sq. d. f.	Prob.
Cross-section random	3.405351	3	0.3332

Cross-section random effects test comparisons：

Variable	Fixed	Random	Var(Diff.)	Prob.
LOG(Q)	0.918704	0.905328	0.000266	0.4119
LOG(PF)	0.415808	0.421415	0.000038	0.3621
LOG(LF)	−0.552730	−0.549302	0.000280	0.8376

根据表 8.10，我们无法拒绝原假设，也就是说，应该设定随机效应模型。

综合以上分析可以认为，横截面随机效应模型是更好的选择。①

本章思考与练习

8.1 什么是双向误差模型和单向误差模型？它们之间有什么区别？

8.2 什么是固定效应模型？它有什么基本假定？

8.3 如何在横截面固定效应模型、时间固定效应模型和双向固定效应模型之间进行选择？

8.4 什么是随机效应模型？它与固定效应模型的区别是什么？如何判断一个面板数据模型是固定效应模型还是随机效应模型？

8.5 以下是 3 家公司关于投资(y)和利润(x)在 10 个时期的数据：

① 由于该例中的样本只包括了美国 6 家航空公司的数据，而不是美国全部航空公司的数据，因此先验地可以将样本的 6 家航空公司看做是从全部航空公司整体中抽取的一个随机样本，假设横截面的差异是随机的而不是固定的。这里 Hausman 设定检验的结果则从数据上进一步确认了这一假设的合理性。当然，这并不是说只要横截面的差异是随机的，就一定要设定随机效应模型，当这种随机的差异与模型中的解释变量相关时，设定固定效应模型可以得到比随机效应模型更有效的结果。

t	i=1		i=2		i=3	
	y	x	y	x	y	x
1	13.32	12.85	20.30	22.93	8.85	8.65
2	26.30	25.69	17.47	17.96	19.60	16.55
3	2.62	5.48	9.31	9.16	3.87	1.47
4	14.94	13.79	18.01	18.73	24.19	24.91
5	15.80	15.41	7.63	11.31	3.99	5.01
6	12.20	12.59	19.84	21.15	5.73	8.34
7	14.93	16.64	13.76	16.13	26.68	22.70
8	29.82	26.45	10.00	11.61	11.49	8.36
9	20.32	19.64	19.51	19.55	18.49	15.44
10	4.77	5.43	18.32	17.06	20.84	17.87

(1) 合并数据,估计以下模型的最小二乘系数:

$$y_{it} = \alpha + \beta x_{it} + \varepsilon_{it}$$

(2) 估计横截面固定效应模型,并检验假设:三家公司的常数项是相同的。

(3) 估计横截面随机效应模型,并进行 LM 检验。

(4) 进行 Hausman 设定检验。

8.6 考虑面板数据模型:

$$y_{it} = \beta x_{it} + \varepsilon_{it}$$

假定:

$$E(\varepsilon_{i,t}^2) = \sigma_{ii}$$

$$E(\varepsilon_{i,t}\varepsilon_{j,t}) = \sigma_{ij}$$

$$\varepsilon_{i,t} = \rho_i \varepsilon_{i,t-1} + \nu_{i,t}$$

$$\nu_{i,t} \sim \text{i. i. d. } N(0,\sigma_\nu^2), \quad |\rho_i| < 1$$

求 $\text{Var}(\varepsilon)$,并讨论应如何构造一个可行的 GLS 估计量。

8.7 当 $N=2, T=2$ 时,在 A1—A5 的假定下,写出双向随机效应模型的随机扰动项 ε 的方差-协方差矩阵 $\tilde{V}=E(\varepsilon\varepsilon')$ 的具体形式。

8.8 对于当 $T=2$ 时的一元横截面固定效应模型

$$y_{it} = \beta x_{it} + \alpha_i + \mu_{it}, \quad i = 1,2,\cdots,N; \ T = 1,2$$

设该固定效应模型的斜率的协方差估计结果为 $\hat{\beta}_{\text{FE}}$。另外,对于一阶差分模型

$$\Delta y_i = \beta \Delta x_i + \varepsilon_{it}$$

其中 $\Delta y_i = y_{i2} - y_{i1}$; $\Delta x_i = x_{i2} - x_{i1}$

假设一阶差分模型斜率的 OLS 估计的结果为 $\hat{\beta}_{\text{FD}}$。证明:$\hat{\beta}_{\text{FE}} = \hat{\beta}_{\text{FD}}$。

第 9 章

离散和限制因变量模型

离散因变量(Discrete Dependent Variable)的取值为类似于0,1,2,…的离散值。在多数情况下,这些取值一般没有实际的意义,仅代表某一事件的发生,或者是用于描述某一事件发生的次数。根据取值的特点,离散因变量可以分为二元变量、多分变量和计数变量。二元变量的取值一般为1和0,当取值为1时表示某件事情的发生,取值为0则表示不发生。因变量为二元变量的模型称为二元选择模型(Binary Choice Model)。

多分变量所取的离散值个数多于两个,如果各种结果之间没有自然顺序的话,称为无序变量。例如,当购买洗衣粉时,你可以在众多可供选择的洗衣粉品牌之间进行选择。如果各种结果之间有一个内在的自然的顺序,则为有序变量。例如,对债券等级的排序,老师给学生A、B、C、D和E五个等级的成绩。多分变量为因变量的模型称为多元选择模型(Multinomial Model),其中又有条件模型(Conditional Model)、有序选择(Ordered Model)、嵌套模型(Nested Model)等分类。

计数变量主要用于描述某一事件发生的次数,它仅取整数值。例如,每户家庭的子女数、某人在一年中看医生的次数等。因变量为计数变量的模型称为计数模型(Count Model)。

限制因变量(Limited Dependent Variable)指的是由于样本抽取的原因使得所获得的数据受到某些限制。当我们所获取的数据只是从总体分布的一部分抽取(而非从总体中随机抽取),而另一部分由于无法观测而被删除时,称为截断(Truncation);当总体分布中无法观测的部分都用一个临界值表示时,称为审查[①](Censor)。限制因变量模型主要包括截断模型(Truncated Model)和审查模型(Censored Data)两类。这两类模型多应用在调查数据的分析当中。

---

① 目前国内关于Censor的翻译主要有三种:一是审查(参见威廉·H.格林.经济计量分析.王明舰,王永宏等译.中国社会科学出版社,1998,745),二是删截(参见《新帕尔格雷夫经济学大辞典》第三卷),三是删失(参见易丹辉.数据分析与EViews应用.中国统计出版社,2002,233)。作者认为,第一种翻译,即"审查"最能体现该类模型和数据的性质,而第二种和第三种翻译容易让人以为数据是被删除了,并且易与截断(Truncated)的翻译相混淆。

§9.1 二元选择模型

9.1.1 线性概率(LP)模型

假设有以下二元选择模型：

$$Y_i = \boldsymbol{X}_i'\boldsymbol{\beta} + \varepsilon_i, \quad i = 1,2,\cdots,T \tag{9.1}$$

其中，$\boldsymbol{X}_i$ 是包含常数项的 k 元解释变量，

$$Y_i = \begin{cases} 1, & \text{某一事件发生} \\ 0, & \text{某一事件不发生} \end{cases}$$

假设在给定 $\boldsymbol{X}_i$ 的时候，$Y_i=1$ 的概率为 p，即 $\text{Prob}(Y_i=1|\boldsymbol{X}_i)=p$，则在给定 X_i 的时候，$Y_i=0$ 的概率为 $1-p$，即 $\text{Prob}(Y_i=0|\boldsymbol{X}_i)=1-p$。

当(9.1)式满足 $E(\varepsilon_i|\boldsymbol{X}_i)=0$ 时，

$$E(Y_i \mid \boldsymbol{X}_i) = \boldsymbol{X}_i'\boldsymbol{\beta} \tag{9.2}$$

另外，因为 Y_i 只取 1 和 0 两个值，其条件期望为

$$\begin{aligned} E(Y_i \mid \boldsymbol{X}_i) &= 1 \cdot \text{Prob}(Y_i = 1 \mid \boldsymbol{X}_i) + 0 \cdot \text{Prob}(Y_i = 0 \mid \boldsymbol{X}_i) \\ &= 1 \cdot p + 0 \cdot (1-p) \\ &= p \end{aligned} \tag{9.3}$$

综合(9.2)式和(9.3)式得：

$$E(Y_i \mid \boldsymbol{X}_i) = \boldsymbol{X}_i'\boldsymbol{\beta} = \text{Prob}(Y_i = 1 \mid \boldsymbol{X}_i) = p \tag{9.4}$$

因此，(9.1)式拟合的是当给定解释变量 $\boldsymbol{X}_i$ 的值时，某事件发生(即 Y_i 取值为1)的平均概率。在(9.4)式中，这一概率体现为线性的形式 $\boldsymbol{X}_i'\boldsymbol{\beta}$，因此(9.1)式称为线性概率模型(Linear Probability Model, LPM)。

对于线性概率模型，可以采用普通最小二乘法进行估计，但是会存在一些问题。常见的问题和相应的解决方法如下：

(1) 对(9.1)式的拟合的结果是对某一事件发生的平均概率的预测，即

$$\hat{Y}_i = \widehat{\text{Prob}}(Y_i \mid \boldsymbol{X}_i) = \boldsymbol{X}_i'\hat{\boldsymbol{\beta}}$$

但是，$\boldsymbol{X}_i'\hat{\boldsymbol{\beta}}$ 的值并不能保证在 0 和 1 之间，完全有可能出现大于 1 和小于 0 的情形。实际应用中，当出现的预测值大于 1 或小于 0 的情况不是太多时，如果预测值大于 1，就把它看做是等于 1，如果预测值小于 0，就把它看做是等于 0。

(2) 由于 Y 是二元变量，因此扰动项

$$\varepsilon_i = \begin{cases} 1 - \boldsymbol{X}_i'\boldsymbol{\beta} & (Y_i = 1) \\ -\boldsymbol{X}_i'\boldsymbol{\beta} & (Y_i = 0) \end{cases}$$

也应该是二元变量，它应该服从二项分布，而不是我们通常假定的正态分布。但

是，当样本足够多时，二项分布收敛于正态分布。

(3) 在 LPM 中，扰动项的方差为

$$\begin{aligned}\mathrm{Var}(\varepsilon_i) &= (1-\boldsymbol{X}_i'\boldsymbol{\beta})^2\cdot p + (-\boldsymbol{X}_i'\boldsymbol{\beta})^2\cdot(1-p)\\ &= (1-\boldsymbol{X}_i'\boldsymbol{\beta})\boldsymbol{X}_i'\boldsymbol{\beta}\neq \text{常数}\end{aligned}$$

因此，扰动项是异方差的。为了克服异方差，可以采用处理异方差的相应方法去估计模型。

(4) 由于因变量是二元选择的结果，因此按传统线性回归模型所计算的判定系数 R^2 不再有实际的意义。可以定义

$$\text{Count\_}R^2 = \frac{\text{正确预测的个数}}{\text{总观测值个数}} \tag{9.5}$$

当 Y 的实际预测的值大于 0.5 时，我们视其预测值为 1；当小于 0.5 时，视其预测值为 0。然后比较预测值与实际值是否存在差异，如果不存在差异，则认为是正确的预测。然后将正确的预测个数与总预测个数比较，得到一个新的拟合优度的指标。

(5) 边际效应的分析

对(9.4)式进行边际效应分析得：

$$\frac{\partial E(Y\mid X_i)}{\partial X_i} = \beta$$

因此，当解释变量是非虚拟变量时，β 表示的是解释变量变动一个单位时对 Y 取值为 1 的平均概率的影响。如果解释变量是虚拟变量，则 β 表示的是虚拟解释变量取值为 1 和取值为 0 时，Y 的取值为 1 的概率的差异。因此，LPM 的边际效应是一个常数，它与解释变量取值的大小无关。

9.1.2 Probit 和 Logit 模型

在 LPM 中，假设 $Y_i=1$ 的概率 $\mathrm{Prob}(Y_i=1\mid \boldsymbol{X}_i)$ 是线性的，也就是假设

$$\mathrm{Prob}(Y_i=1\mid \boldsymbol{X}_i) = F(\boldsymbol{X}_i'\boldsymbol{\beta})$$

中的函数 F 为恒等函数，即

$$\mathrm{Prob}(Y_i=1\mid \boldsymbol{X}_i) = \boldsymbol{X}_i'\boldsymbol{\beta}$$

但是，$\boldsymbol{X}_i'\boldsymbol{\beta}$ 不能保证概率的取值在 0 和 1 之间。

如果将函数 F 定义为标准正态分布函数 $\Phi(\cdot)$，即

$$\mathrm{Prob}(Y_i=1\mid \boldsymbol{X}_i) = \Phi(\boldsymbol{X}_i'\boldsymbol{\beta}) = \int_{-\infty}^{X_i'\beta}\frac{1}{\sqrt{2\pi}}\exp\left(-\frac{z^2}{2}\right)\mathrm{d}z$$

$\Phi(\boldsymbol{X}_i'\boldsymbol{\beta})$ 会把概率的取值限定在 0 和 1 之间，这时的概率模型称为 Probit 模型。

如果将函数 F 定义为 Logistic 分布函数 $\Lambda(\cdot)$，则产生的概率模型为 Logit

模型：

$$\mathrm{Prob}(Y_i = 1 \mid \boldsymbol{X}_i) = \Lambda(\boldsymbol{X}_i'\boldsymbol{\beta}) = \frac{\exp(\boldsymbol{X}_i'\boldsymbol{\beta})}{1 + \exp(\boldsymbol{X}_i'\boldsymbol{\beta})}$$

同样，$\Lambda(\cdot)$也将概率的取值限定在0和1之间。

一、Probit 模型

考察以下模型

$$Y_i^* = \boldsymbol{X}_i'\boldsymbol{\beta} + \varepsilon_i, \quad i = 1,2,\cdots,T$$

$$Y_i = \begin{cases} 1, & 当\ Y_i^* > 0 \\ 0, & 当\ Y_i^* \leqslant 0 \end{cases} \tag{9.6}$$

其中，Y_i^* 是潜变量或隐变量(Latent Variable)，它无法获得实际观测值，但是却可以观测到它的性状，如 $Y_i^* > 0$ 或 $Y_i^* \leqslant 0$。因此，我们实际上观测到的变量是 Y_i 而不是 Y_i^*。(9.6)式称为潜变量反应函数(Latent Response Function)或指示函数(Index Function)。

一般假设：

A1：$E(\varepsilon_i \mid \boldsymbol{X}_i) = 0$；

A2：ε_i 是 i. i. d. 的正态或 Logistic 分布；

A3：$\mathrm{rank}(\boldsymbol{X}_i) = k$。

在 A1—A3 的假定之下，考察(9.6)式中 Y_i 的概率特征：

$$\begin{aligned} \mathrm{Prob}(Y_i = 1 \mid \boldsymbol{X}_i) &= \mathrm{Prob}(Y_i^* > 0 \mid \boldsymbol{X}_i) \\ &= \mathrm{Prob}(\boldsymbol{X}_i'\boldsymbol{\beta} + \varepsilon_i > 0 \mid \boldsymbol{X}_i) \\ &= \mathrm{Prob}(\varepsilon_i > -\boldsymbol{X}_i'\boldsymbol{\beta} \mid \boldsymbol{X}_i) = \int_{-\boldsymbol{X}_i\boldsymbol{\beta}}^{+\infty} f(\varepsilon_i)\,\mathrm{d}\varepsilon_i \end{aligned} \tag{9.7}$$

当 $f(\varepsilon_i)$ 为标准正态分布的概率密度函数

$$\phi(\varepsilon_i) = \frac{1}{\sqrt{2\pi}}\exp\left(-\frac{\varepsilon_i^2}{2}\right)$$

时，(9.7)式可以写成：

$$\begin{aligned} \mathrm{Prob}(Y_i = 1 \mid \boldsymbol{X}_i) &= 1 - \int_{-\infty}^{-\boldsymbol{X}_i'\boldsymbol{\beta}} \phi(\varepsilon_i)\,\mathrm{d}\varepsilon_i \\ &= 1 - \Phi(-\boldsymbol{X}_i'\boldsymbol{\beta}) \\ &= \Phi(\boldsymbol{X}_i'\boldsymbol{\beta}) \end{aligned} \tag{9.8}$$

(9.8)式正是 Probit 模型。

二、Logit 模型

当(9.7)式中的 $f(\varepsilon_i)$ 是 Logistic 的概率密度函数时，(9.7)式可以进一步

表达为

$$\begin{aligned}
\text{Prob}(Y_i = 1 \mid \boldsymbol{X}_i) &= 1 - \int_{-\infty}^{-X_i'\beta} f(\varepsilon_i)\mathrm{d}\varepsilon_i \\
&= 1 - \Lambda(-\boldsymbol{X}_i'\boldsymbol{\beta}) \\
&= 1 - \frac{\exp(-\boldsymbol{X}_i'\boldsymbol{\beta})}{1+\exp(-\boldsymbol{X}_i'\boldsymbol{\beta})} \\
&= \frac{1}{1+\exp(-\boldsymbol{X}_i'\boldsymbol{\beta})} = \frac{\exp(\boldsymbol{X}_i'\boldsymbol{\beta})}{1+\exp(\boldsymbol{X}_i'\boldsymbol{\beta})} \\
&= \Lambda(\boldsymbol{X}_i'\boldsymbol{\beta})
\end{aligned} \tag{9.9}$$

(9.9)式正是 Logit 模型。

三、边际效应分析

对于 Probit 模型来说,其边际效应为

$$\frac{\partial \text{Prob}(Y_i = 1 \mid \boldsymbol{X}_i)}{\partial \boldsymbol{X}_i} = \Phi'(\boldsymbol{X}_i'\boldsymbol{\beta})\boldsymbol{\beta} = \phi(\boldsymbol{X}_i'\boldsymbol{\beta})\boldsymbol{\beta} \tag{9.10}$$

对于 Logit 模型,其边际效应为

$$\frac{\partial \text{Prob}(Y_i = 1 \mid \boldsymbol{X}_i)}{\partial \boldsymbol{X}_i} = \Lambda'(\boldsymbol{X}_i'\boldsymbol{\beta})\boldsymbol{\beta} = \Lambda(\boldsymbol{X}_i'\boldsymbol{\beta})(1-\Lambda(\boldsymbol{X}_i'\boldsymbol{\beta}))\boldsymbol{\beta} \tag{9.11}$$

其中,$\Lambda'(\cdot)=\Lambda(\cdot)(1-\Lambda(\cdot))$。

从(9.10)式和(9.11)式中可以看到,Probit 和 Logit 模型中解释变量对 Y_i 取值为 1 的概率的边际影响不是常数,它会随着解释变量取值的变化而变化。对于非虚拟的解释变量,一般是用其样本均值代入到(9.10)式和(9.11)式中,估计出平均的边际影响。

但是,对于虚拟解释变量而言,则需要先分别计算其取值为 1 和 0 时 $\text{Prob}(Y_i=1 \mid \boldsymbol{X}_i)$ 的值,二者的差即为虚拟解释变量的边际影响。

四、最大似然估计(MLE)

Probit 和 Logit 模型都是非线性模型,不能用 OLS 法估计。对于非线性模型的估计方法之一是最大似然法。

对于 Probit 或 Logit 模型来说,

$$\text{Prob}(Y_i = 1 \mid \boldsymbol{X}_i) = F(\boldsymbol{X}_i'\boldsymbol{\beta})$$
$$\text{Prob}(Y_i = 0 \mid \boldsymbol{X}_i) = 1 - F(\boldsymbol{X}_i'\boldsymbol{\beta})$$

所以似然函数为

$$L = \prod_{i=1}^{N} F(X_i'\beta)^{Y_i}(1 - F(X_i'\beta))^{1-Y_i}$$

对数似然函数为

$$\log L = \sum_{i=1}^{N} \{ Y_i \cdot \log F(\boldsymbol{X}_i'\boldsymbol{\beta}) + (1 - Y_i) \cdot \log[1 - F(\boldsymbol{X}_i'\boldsymbol{\beta})] \} \quad (9.12)$$

最大化 $\log L$ 的一阶条件为

$$\begin{aligned} \frac{\partial \log L}{\partial \boldsymbol{\beta}} &= \sum_{i=1}^{N} \left\{ Y_i \cdot \boldsymbol{X}_i \frac{f_i}{F_i} + (1 - Y_i) \cdot \boldsymbol{X}_i \frac{-f_i}{1 - F_i} \right\} \\ &= \sum_{i=1}^{N} \left\{ \boldsymbol{X}_i f_i \frac{Y_i - F_i}{F_i(1 - F_i)} \right\} = 0 \end{aligned} \quad (9.13)$$

由于(9.13)式不存在封闭解,所以要用非线性求解的迭代法求解。常用的迭代方法之一是建立在泰勒级数展开基础上的 Newton-Raphson 迭代法或二次攀峰算法(Quadratic Hill Climbing)[①]。

五、似然比检验和拟合优度

似然比检验类似于检验模型整体显著性的 F 检验,原假设为全部解释变量的系数都为 0,检验的统计量 LR 为

$$\text{LR} = 2(\ln L - \ln L_0) \quad (9.14)$$

其中,$\ln L$ 为对概率模型进行 MLE 估计的对数似然函数值,$\ln L_0$ 为估计只有截距项的模型的对数似然函数值。当原假设成立时,LR 的渐近分布是自由度为 $k-1$(即除截距项外的解释变量的个数)的 χ^2 分布。

对于 Probit 和 Logit 模型,同样可以计算(9.5)式中的 Count_R^2 以反映模型的拟合优度。此外,还可以计算类似于传统 R^2 的 McFadden 似然比指数(McFadden's Likelihood Ratio Index)来度量拟合优度。似然比指数的定义为

$$\text{McFadden } R^2 = 1 - \frac{\ln L}{\ln L_0} \quad (9.15)$$

McFadden R^2 总是介于 0 和 1 之间。当所有的斜率系数都为 0 时,McFadden $R^2=0$,但是,McFaddenR^2 不会恰好等于 1。McFadden R^2 越大,表明拟合得越好。

§9.2 多元选择模型

9.2.1 有序选择模型

同(9.6)式相似,设定以下隐函数或指示函数模型:

$$Y_i^* = \boldsymbol{X}_i'\boldsymbol{\beta} + \varepsilon_i, \quad i = 1,2,\cdots,T$$

① 在 EViews 的估计中,如果没有特别指定,默认的方法是二次攀峰算法(又称二次爬坡算法)。

同样，Y_i^* 为无法观测的隐变量。但是我们可以观测到的是

$$Y_i = \begin{cases} 0, & 当\ Y_i^* \leqslant 0 \\ 1, & 当\ 0 < Y_i^* \leqslant a_1 \\ 2, & 当\ a_1 < Y_i^* \leqslant a_2 \\ \vdots & \\ M & 当\ Y_i^* \geqslant a_{M-1} \end{cases} \tag{9.16}$$

与(9.6)式相比，(9.16)式中 Y_i 的可能选择更多了，有 $M+1$ 个。当 $M=1$ 时，(9.16)式就等同于(9.6)式了。这里我们只介绍 $M=2$ 的情形，即 Y_i 有三种可能的选择：

$$Y_i = \begin{cases} 0, & 当\ Y_i^* \leqslant 0 \\ 1, & 当\ 0 < Y_i^* \leqslant a \\ 2, & 当\ Y_i^* > a \end{cases}$$

当 ε_i 是标准正态分布时，

$$\text{Prob}(Y_i = 0 \mid \boldsymbol{X}_i) = \int_{-\infty}^{-X_i'\boldsymbol{\beta}} f(\varepsilon_i)\mathrm{d}\varepsilon_i = \Phi(-\boldsymbol{X}_i'\boldsymbol{\beta}) = 1 - \Phi(\boldsymbol{X}_i'\boldsymbol{\beta}) \tag{9.17}$$

$$\begin{aligned} \text{Prob}(Y_i = 1 \mid \boldsymbol{X}_i) &= \int_{-X_i\beta}^{a-X_i'\boldsymbol{\beta}} f(\varepsilon_i)\mathrm{d}\varepsilon_i = \Phi(a - \boldsymbol{X}_i'\boldsymbol{\beta}) - \Phi(-\boldsymbol{X}_i'\boldsymbol{\beta}) \\ &= \Phi(a - \boldsymbol{X}_i'\boldsymbol{\beta}) + \Phi(\boldsymbol{X}_i'\boldsymbol{\beta}) - 1 \end{aligned} \tag{9.18}$$

$$\begin{aligned} \text{Prob}(Y_i = 2 \mid \boldsymbol{X}_i) &= 1 - \text{Prob}(Y_i = 1 \mid \boldsymbol{X}_i) - \text{Prob}(Y_i = 0 \mid \boldsymbol{X}_i) \\ &= 1 - \Phi(a - \boldsymbol{X}_i'\boldsymbol{\beta}) \end{aligned} \tag{9.19}$$

这里称(9.17)式、(9.18)式和(9.19)式为有序 Probit 模型(Ordered Probit Model)。

当 ε_i 是 Logistic 分布时，

$$\text{Prob}(Y_i = 0 \mid \boldsymbol{X}_i) = \frac{\exp(-\boldsymbol{X}_i'\boldsymbol{\beta})}{1 + \exp(-\boldsymbol{X}_i'\boldsymbol{\beta})} = \frac{1}{1 + \exp(\boldsymbol{X}_i'\boldsymbol{\beta})} \tag{9.20}$$

$$\text{Prob}(Y_i = 1 \mid \boldsymbol{X}_i) = \frac{\exp(a - \boldsymbol{X}_i'\boldsymbol{\beta})}{1 + \exp(a - \boldsymbol{X}_i'\boldsymbol{\beta})} - \frac{1}{1 + \exp(\boldsymbol{X}_i'\boldsymbol{\beta})} \tag{9.21}$$

$$\begin{aligned} \text{Prob}(Y_i = 2 \mid \boldsymbol{X}_i) &= 1 - \text{Prob}(Y_i = 1 \mid \boldsymbol{X}_i) - \text{Prob}(Y_i = 0 \mid \boldsymbol{X}_i) \\ &= 1 - \frac{\exp(a - \boldsymbol{X}_i'\boldsymbol{\beta})}{1 + \exp(a - \boldsymbol{X}_i'\boldsymbol{\beta})} \\ &= \frac{1}{1 + \exp(a - \boldsymbol{X}_i'\boldsymbol{\beta})} \end{aligned} \tag{9.22}$$

这里称(9.20)式、(9.21)式和(9.22)式为有序 Logit 模型(Ordered Logit Model)。

定义 $j=0,1,2$ 为可能的结果,设

$$Y_{i0}=\begin{cases}1, & Y_i=0,\text{发生的概率为 } F_{i0}\\ 0, & \text{其他,发生的概率为 } 1-F_{i0}\end{cases}$$

$$Y_{i1}=\begin{cases}1, & Y_i=1,\text{发生的概率为 } F_{i1}\\ 0, & \text{其他,发生的概率为 } 1-F_{i1}\end{cases}$$

$$Y_{i2}=\begin{cases}1, & Y_i=2,\text{发生的概率为 } F_{i2}\\ 0, & \text{其他,发生的概率为 } 1-F_{i2}\end{cases}$$

其中,$F_{ij}=\text{Prob}(Y_i=j|X_i)$,$j=0,1,2$,则有序 Probit 和 Logit 模型的似然函数为

$$\begin{aligned}L&=\prod_{i=1}^{N}\prod_{j=0}^{2}F_{ij}^{Y_{ij}}\\&=\prod_{i=1}^{N}F_{i0}^{Y_{i0}}F_{i1}^{Y_{i1}}F_{i2}^{Y_{i2}}\end{aligned}\tag{9.23}$$

有序 Probit 模型的边际影响为

$$\frac{\partial\text{Prob}(Y_i=0\mid \boldsymbol{X}_i)}{\partial \boldsymbol{X}_i}=-\phi(-\boldsymbol{X}_i'\boldsymbol{\beta})\cdot\boldsymbol{\beta}$$

$$\frac{\partial\text{Prob}(Y_i=1\mid \boldsymbol{X}_i)}{\partial \boldsymbol{X}_i}=[\phi(\boldsymbol{X}_i'\boldsymbol{\beta})-\phi(a-\boldsymbol{X}_i'\boldsymbol{\beta})]\cdot\boldsymbol{\beta}$$

$$\frac{\partial\text{Prob}(Y_i=2\mid \boldsymbol{X}_i)}{\partial \boldsymbol{X}_i}=\phi(a-\boldsymbol{X}_i'\boldsymbol{\beta})\cdot\boldsymbol{\beta}$$

同样,还可以对有序 Logit 模型进行边际影响分析。

9.2.2 条件 Logit 模型

在(9.16)式中,Y_i 的 $M+1$ 种可能的选择是有序的。当 Y_i 的各种可能的选择是无序的,且每个选择之间是相互独立时,可以设定条件 Logit 模型。

考察以下随机效用模型

$$\begin{aligned}Y_{ij}^*&=U_{ij}+\varepsilon_{ij}\\Y_i&=j\quad\text{当且仅当 } Y_{ij}^*>Y_{il}^*,l\neq j\end{aligned}\tag{9.24}$$

其中,Y_{ij}^* 可以理解为消费者 i 对商品 j 的效用。假设可供消费者选择的商品有 $M+1$ 个,即 $j=0,1,2,\cdots,M$。U_{ij} 为效用的可观测部分,它可表示为解释变量 $\boldsymbol{X}$ 的线性组合;ε_{ij} 为效用的不可观测部分。显然,$Y_{ij}^*=U_{ij}+\varepsilon_{ij}$ 是不可观测的。但是,如果消费者选择了第 j 种商品,即 $Y_i=j$,则对该消费者来说,商品 j 的效用一

定大于其他所有的商品，即 $Y_{ij}^* > Y_{il}^*, l \neq j$。

因此，对(9.24)式而言，

$$
\begin{aligned}
F_{ij} &= \text{Prob}(Y_i = j \mid \boldsymbol{X}_i) = \text{Prob}(Y_{ij}^* > Y_{il}^*, \forall l \neq j \mid \boldsymbol{X}_i) \\
&= \text{Prob}(U_{ij} + \varepsilon_{ij} > U_{il} + \varepsilon_{il}, \forall l \neq j \mid \boldsymbol{X}_i) \\
&= \text{Prob}(U_{ij} - U_{il} + \varepsilon_{ij} > \varepsilon_{il}, \forall l \neq j \mid \boldsymbol{X}_i) \qquad (9.25)
\end{aligned}
$$

(9.25)式概率的求解需要 $\varepsilon_{i0}, \varepsilon_{i1}, \cdots, \varepsilon_{iM}$ 的联合密度函数。

当 $M=1$ 时，(9.24)式变为一个二元选择模型：

$$
\begin{aligned}
Y_{i0}^* &= U_{i0} + \varepsilon_{i0} \\
Y_{i1}^* &= U_{i1} + \varepsilon_{i1} \\
Y_i &= \begin{cases} 1, & Y_{i1}^* > Y_{i0}^* \\ 0, & Y_{i1}^* \leqslant Y_{i0}^* \end{cases}
\end{aligned}
\qquad (9.26)
$$

(9.26)式对应的概率特征为

$$
\begin{aligned}
\text{Prob}(Y_i = 1 \mid X_i) &= \text{Prob}(Y_{i1}^* > Y_{i0}^* \mid \boldsymbol{X}_i) \\
&= \text{Prob}(U_{i1} + \varepsilon_{i1} > U_{i0} + \varepsilon_{i0} \mid \boldsymbol{X}_i) \\
&= \text{Prob}(U_{i1} - U_{i0} + \varepsilon_{i1} > \varepsilon_{i0} \mid \boldsymbol{X}_i)
\end{aligned}
$$

假设(9.24)式中 ε_{ij} 服从 I 型极端值分布(Type I Extreme-value Distribution)，即

$$
F(\varepsilon_{ij}) = \exp[-\exp(-\varepsilon_{ij})]
$$

则由(9.25)式可以推出

$$
\text{Prob}(Y_i = j \mid \boldsymbol{X}_i) = \frac{e^{U_{ij}}}{\sum_{l=0}^{M} e^{U_{il}}}, \quad j = 0, 1, 2, \cdots, M \qquad (9.27)
$$

这里称(9.27)式为条件 Logit 模型。

例如，当 $M=2$ 时，

$$
\text{Prob}(Y_i = 0 \mid \boldsymbol{X}_i) = \frac{e^{U_{i0}}}{e^{U_{i0}} + e^{U_{i1}} + e^{U_{i2}}}
$$

$$
\text{Prob}(Y_i = 1 \mid \boldsymbol{X}_i) = \frac{e^{U_{i1}}}{e^{U_{i0}} + e^{U_{i1}} + e^{U_{i2}}}
$$

$$
\text{Prob}(Y_i = 2 \mid \boldsymbol{X}_i) = \frac{e^{U_{i2}}}{e^{U_{i0}} + e^{U_{i1}} + e^{U_{i2}}}
$$

设 $U_{ij} = \boldsymbol{X}_i' \boldsymbol{\beta}_j$，则(9.27)式可以重新写成

$$\text{Prob}(Y_i = j \mid \boldsymbol{X}_i) = \frac{e^{\boldsymbol{X}'_i \boldsymbol{\beta}_j}}{\sum_{l=0}^{M} e^{\boldsymbol{X}'_i \boldsymbol{\beta}_l}}, \quad j = 0,1,2,\cdots,M \tag{9.28}$$

将(9.28)式的分子和分母同时乘以 $e^{-\boldsymbol{X}'_i \boldsymbol{\beta}_0}$ 得:

$$\text{Prob}(Y_i = j \mid \boldsymbol{X}_i) = \frac{e^{\boldsymbol{X}'_i(\boldsymbol{\beta}_j - \boldsymbol{\beta}_0)}}{1 + \sum_{l=1}^{M} e^{\boldsymbol{X}'_i(\boldsymbol{\beta}_l - \boldsymbol{\beta}_0)}} = \frac{e^{\boldsymbol{X}'_i \boldsymbol{\beta}_j^*}}{1 + \sum_{l=1}^{M} e^{\boldsymbol{X}'_i \boldsymbol{\beta}_l^*}} \tag{9.29}$$

其中,$\boldsymbol{\beta}_j^* = \boldsymbol{\beta}_j - \boldsymbol{\beta}_0, j = 1,2,\cdots,M$。

当 X_i 中某一个解释变量的取值对 $j = 0,1,2,\cdots,M$ 来说都是一样的时,则 $\boldsymbol{\beta}_0 = \boldsymbol{\beta}_1 = \cdots = \boldsymbol{\beta}_M$,因此 $\boldsymbol{\beta}_j^* = \boldsymbol{\beta}_j - \boldsymbol{\beta}_0 = 0$。因此这样的解释变量不需要加入到模型中。也就是说,只有对所有商品的取值都不相同的解释变量才有必要进入模型。

条件 Logit 模型的估计一般也采用最大似然法,其似然函数的定义类似于(9.23)式。

9.2.3 嵌套 Logit 模型(Nested Logit Model)

在条件 Logit 模型的设定中,假设(9.24)式 $Y_i = j, j = 0,1,2,\cdots,M$ 的各种可能的选择之间是相互独立的。但在实际中,可能出现这样的情况,即各种可能的选择之间可以分成若干的组,组与组之间是相互独立的,但组内的选择之间却是相互关联的。这时,则需要采用嵌套模型来估计各种选择的概率。例如,一个高中毕业生首先面临两种选择:不上大学和上大学。在上大学的选择中又存在着上公立学校和私立学校的选择。也就是说,他面临的是三种选择:不上大学、上公立大学或上私立大学。后两种选择与第一种选择之间是相互独立的,但是后两者之间却是相关联的。以下我们就分析这种 $M = 2$,即 $j = 0,1,2$ 三种选择时的情形。

随机效用模型

$$Y_{ij}^* = U_{ij} + \varepsilon_{ij}$$

$$Y_i = j \quad \text{当且仅当 } Y_{ij}^* > Y_{il}^*, l \neq j$$

设 $j = 0,1,2$。假设 $\varepsilon_{i0}, \varepsilon_{i1}, \varepsilon_{i2}$ 可分为两组,ε_{i0} 一组,ε_{i1} 和 ε_{i2} 一组。两组之间相互独立,但 ε_{i1} 和 ε_{i2} 的相关系数为 $1 - \rho^2$。假设 ε_{i1} 和 ε_{i2} 的联合分布为以下Ⅱ型极端值分布:

$$F(\varepsilon_{i1}, \varepsilon_{i2}) = \exp\{-[\exp(-\rho^{-1}\varepsilon_{i1}) + \exp(-\rho^{-1}\varepsilon_{i2})]^{\rho}\}$$

ε_{i0} 仍为Ⅰ型极端值分布:

$$F(\varepsilon_{i0}) = \exp[-\exp(-\varepsilon_{i0})]$$

此时的嵌套 Logit 模型为

$$\text{Prob}(Y_i = 0 \mid \boldsymbol{X}_i) = \text{Prob}(Y_{i0}^* > Y_{i1}^*, Y_{i0}^* > Y_{i2}^* \mid \boldsymbol{X}_i)$$

$$= \frac{e^{U_{i0}}}{e^{U_{i0}} + (e^{\rho^{-1}U_{i1}} + e^{\rho^{-1}U_{i2}})^{\rho}}$$

$$\text{Prob}(Y_i = 1 \mid \boldsymbol{X}_i) = \text{Prob}(Y_{i1}^* > Y_{i0}^*, Y_{i1}^* > Y_{i2}^* \mid \boldsymbol{X}_i)$$

$$= \frac{e^{\rho^{-1}U_{i1}}}{e^{\rho^{-1}U_{i1}} + e^{\rho^{-1}U_{i2}}} \cdot \frac{(e^{\rho^{-1}U_{i1}} + e^{\rho^{-1}U_{i2}})^{\rho}}{e^{U_{i0}} + (e^{\rho^{-1}U_{i1}} + e^{\rho^{-1}U_{i2}})^{\rho}}$$

$$= \text{Prob}(Y_i = 1 \mid Y_i \neq 0, \boldsymbol{X}_i) \cdot \text{Prob}(Y_i \neq 0 \mid \boldsymbol{X}_i)$$

$$\text{Prob}(Y_i = 2 \mid \boldsymbol{X}_i) = \text{Prob}(Y_{i2}^* > Y_{i0}^*, Y_{i2}^* > Y_{i1}^* \mid \boldsymbol{X}_i)$$

$$= \frac{e^{\rho^{-1}U_{i2}}}{e^{\rho^{-1}U_{i1}} + e^{\rho^{-1}U_{i2}}} \cdot \frac{(e^{\rho^{-1}U_{i1}} + e^{\rho^{-1}U_{i2}})^{\rho}}{e^{U_{i0}} + (e^{\rho^{-1}U_{i1}} + e^{\rho^{-1}U_{i2}})^{\rho}}$$

$$= \text{Prob}(Y_i = 2 \mid Y_i \neq 0, \boldsymbol{X}_i) \cdot \text{Prob}(Y_i \neq 0 \mid \boldsymbol{X}_i)$$

§9.3 计数数据模型

9.3.1 计数数据模型的设定

当因变量为计数数据时，一般是以泊松分布而非正态分布来描述它的概率，此时，因变量 Y 的概率分布函数为

$$\text{Prob}(Y = Y_i) = \frac{e^{-\mu_i}\mu_i^{Y_i}}{Y_i!} \tag{9.30}$$

其中，μ_i 一般设定为

$$\mu_i = e^{\boldsymbol{X}_i'\boldsymbol{\beta}} \quad 或 \quad \log \mu_i = \boldsymbol{X}_i'\boldsymbol{\beta} \tag{9.31}$$

其中 $\boldsymbol{X}_i$ 是包括常数项在内的 k 个解释变量。可以证明，

$$E(Y_i \mid \boldsymbol{X}_i) = \text{Var}(Y_i \mid \boldsymbol{X}_i) = \mu_i = e^{\boldsymbol{X}_i'\boldsymbol{\beta}} \tag{9.32}$$

对(9.31)式的设定可以保证 Y_i 的预测值是非负的。

由(9.32)式可得：

$$\frac{\partial \log E(Y_i \mid \boldsymbol{X}_i)}{\partial \boldsymbol{X}_i} = \boldsymbol{\beta} \tag{9.33}$$

根据(9.33)式，可以认为 $\boldsymbol{\beta}$ 是解释变量的变动对 Y 的变动率的平均影响。例如，假设第 j 个解释变量的系数是 β_j，则它表明在其他变量不变的情况下，X_j 每增加一个单位，则 Y 发生的次数将平均增长 β_j。如果第 j 个解释变量是虚拟变量的

话，则它从 0 到 1 发生变化时，Y 发生的次数将平均增长 $100 \times [\exp(\beta_j) - 1]\%$。

在(9.31)式中加入随机扰动项，得到计数数据模型

$$Y_i = e^{X_i'\beta} + \varepsilon_i \tag{9.34}$$

9.3.2 计数数据模型的估计

对(9.34)式参数的估计，虽然可以对对数方程直接进行 OLS 估计，但是会丢失那些因变量取值为 0 的数据，因为 0 是无法取对数的。另一种选择是直接采用非线性的迭代方法，但往往无法克服模型中的异方差特性，因此更多的是采用最大似然法进行估计。其对数似然函数为

$$\ln L = \sum_{i=1}^{N} [-\exp(\boldsymbol{X}_i'\boldsymbol{\beta}) + Y_i \cdot \boldsymbol{X}_i'\boldsymbol{\beta} - \ln(Y_i!)] \tag{9.35}$$

将参数的估计结果代入(9.30)式，可以得到在给定解释变量 X 的值的情况下 Y 的各种取值的概率的估计：

$$\widehat{\text{Prob}}(Y = Y_i) = \frac{e^{X_i'\hat{\beta}}(\boldsymbol{X}_i'\hat{\boldsymbol{\beta}})^{Y_i}}{Y_i!}, \quad Y_i = 0,1,2,\cdots$$

§9.4 限制因变量模型

9.4.1 截断模型

设以下隐变量模型：

$$Y_i^* = \boldsymbol{X}_i'\boldsymbol{\beta} + \varepsilon_i, \quad i = 1,2,\cdots,T$$

其中，Y_i^* 是隐变量，对于截断数据 Y_i，

$$Y_i = Y_i^* \quad \text{当且仅当} \quad Y_i^* > 0\text{①}$$

因此，对 Y_i 来说，

$$\begin{aligned} Y_i &= E(Y_i \mid \boldsymbol{X}_i, Y_i > 0) + \varepsilon_i \\ &= E(Y_i^* \mid \boldsymbol{X}_i, Y_i^* > 0) + \varepsilon_i \end{aligned} \tag{9.36}$$

其中，

$$\begin{aligned} E(Y_i^* \mid \boldsymbol{X}_i, Y_i^* > 0) &= E(\boldsymbol{X}_i'\boldsymbol{\beta} + \varepsilon_i \mid \boldsymbol{X}_i, \varepsilon_i > -\boldsymbol{X}_i'\boldsymbol{\beta}) \\ &= \boldsymbol{X}_i'\boldsymbol{\beta} + E(\varepsilon_i \mid \boldsymbol{X}_i, \varepsilon_i > -\boldsymbol{X}_i'\boldsymbol{\beta}) \end{aligned}$$

---

① 如果实际的审查点不是 0，而是某一常数 c 的话，令 $Y_i^{*\prime} = Y_i^* - c = X_i\beta - c + \varepsilon_i$。因此，可以将 c 的影响并入到截距项中。

$$= X_i'\boldsymbol{\beta} + \int_{-X_i'\boldsymbol{\beta}}^{+\infty} \varepsilon_i f(\varepsilon_i \mid \varepsilon_i > -X_i'\boldsymbol{\beta}) \mathrm{d}\varepsilon_i \tag{9.37}$$

在(9.37)式中,$f(\varepsilon_i \mid \varepsilon_i > -X_i'\beta)$是$\varepsilon_i$的条件概率密度函数。因为

$$\int_{-X_i'\boldsymbol{\beta}}^{+\infty} \varepsilon_i f(\varepsilon_i \mid \varepsilon_i > -X_i'\boldsymbol{\beta}) \mathrm{d}\varepsilon_i = \lambda(X_i'\boldsymbol{\beta}) \neq \int_{-\infty}^{+\infty} \varepsilon_i f(\varepsilon_i) \mathrm{d}\varepsilon_i$$

$$= E(\varepsilon_i) = 0$$

所以(9.37)式可以写成:

$$E(Y_i^* \mid X_i, Y_i^* > 0) = X_i'\boldsymbol{\beta} + \lambda(X_i'\boldsymbol{\beta}) \tag{9.38}$$

将(9.38)式代入(9.36)式得:

$$\begin{aligned} Y_i &= X_i'\boldsymbol{\beta} + \lambda(X_i'\boldsymbol{\beta}) + \varepsilon_i \\ &= X_i'\boldsymbol{\beta} + V_i \end{aligned} \tag{9.39}$$

其中,$V_i = \lambda(X_i'\boldsymbol{\beta}) + \varepsilon_i$。

对于(9.39)式,如果直接将Y对$\boldsymbol{X}$进行OLS回归,由于$E(V_i) = E[\lambda(X_i'\boldsymbol{\beta})] \neq 0$,所以OLS估计量$\hat{\beta}_{\mathrm{OLS}}$不是一致估计量。

当$\varepsilon_i > -X_i'\boldsymbol{\beta}$时,$\varepsilon_i$的条件概率密度函数

$$\begin{aligned} f(\varepsilon_i \mid \varepsilon_i > -X_i'\boldsymbol{\beta}) &= \frac{f(\varepsilon_i)}{\mathrm{Prob}(\varepsilon_i > -X_i'\boldsymbol{\beta})} \\ &= \frac{f(\varepsilon_i)}{\int_{-X_i'\boldsymbol{\beta}}^{+\infty} f(\varepsilon_i) \mathrm{d}\varepsilon_i} \end{aligned} \tag{9.40}$$

因此(9.38)式中,

$$\begin{aligned} \lambda(X_i'\boldsymbol{\beta}) &= \int_{-X_i'\boldsymbol{\beta}}^{+\infty} \varepsilon_i f(\varepsilon_i \mid \varepsilon_i > -X_i'\boldsymbol{\beta}) \mathrm{d}\varepsilon_i \\ &= \frac{\int_{-X_i'\boldsymbol{\beta}}^{+\infty} \varepsilon_i f(\varepsilon_i) \mathrm{d}\varepsilon_i}{\int_{-X_i'\boldsymbol{\beta}}^{+\infty} f(\varepsilon_i) \mathrm{d}\varepsilon_i} \end{aligned} \tag{9.41}$$

当假设ε_i服从均值为零,方差为σ^2的正态分布时,(9.41)式可以进一步写成:

$$\lambda(X_i'\boldsymbol{\beta}) = \sigma \cdot \frac{\phi\left(\frac{X_i'\boldsymbol{\beta}}{\sigma}\right)}{\Phi\left(\frac{X_i'\boldsymbol{\beta}}{\sigma}\right)} \tag{9.42}$$

其中$\Phi(\cdot)$和$\phi(\cdot)$分别表示标准正态分布的累积函数和概率密度函数。

定义(9.42)式中的比值

$$\frac{\phi\left(\frac{X_i'\beta}{\sigma}\right)}{\Phi\left(\frac{X_i'\beta}{\sigma}\right)} = \lambda_i \tag{9.43}$$

λ_i 称为逆 Mills 比率(Inverse Mills Ratio)。将(9.42)式代入(9.39)式,得到截断数据 Y 的实际的方程

$$Y_i = X_i'\beta + \sigma \cdot \lambda_i + \varepsilon_i \tag{9.44}$$

9.4.2 审查模型

对隐变量模型:

$$Y_i^* = X_i'\beta + \varepsilon_i, \quad i = 1,2,\cdots,T$$

其中,Y_i^* 是隐变量,如果实际获取的是审查数据

$$Y_i = \begin{cases} Y_i^*, & \text{当 } Y_i^* > 0 \\ 0, & \text{当 } Y_i^* \leqslant 0 \end{cases}$$

则只能获得 Y_i^* 大于 0 时的数据;当 Y_i^* 小于 0 时,只能得到观测值 0。[①]

因此,对 Y_i 来说,

$$\begin{aligned} Y_i &= E(Y_i \mid X_i, Y_i \geqslant 0) + \varepsilon_i \\ &= \text{Prob}(Y_i = 0) \cdot 0 + \text{Prob}(Y_i > 0) \cdot E(Y_i \mid X_i, Y_i > 0) + \varepsilon_i \\ &= \text{Prob}(Y_i > 0) \cdot E(Y_i^* \mid X_i, Y_i^* > 0) + \varepsilon_i \\ &= \text{Prob}(Y_i > 0) \cdot [X_i'\beta + E(\varepsilon_i \mid X_i, \varepsilon_i > -X_i'\beta)] + \varepsilon_i \end{aligned} \tag{9.45}$$

从(9.37)式至(9.41)式可知,(9.45)式的

$$E(\varepsilon_i \mid X_i, \varepsilon_i > -X_i'\beta) = \lambda(X_i'\beta) = \sigma \cdot \frac{\phi\left(\frac{X_i'\beta}{\sigma}\right)}{\Phi\left(\frac{X_i'\beta}{\sigma}\right)}$$

因此(9.45)式可进一步简化为

$$Y_i = \Phi\left(\frac{X_i'\beta}{\sigma}\right) \cdot X_i'\beta + \sigma \cdot \phi\left(\frac{X_i'\beta}{\sigma}\right) + \varepsilon_i \tag{9.46}$$

(9.46)式即为审查数据的实际模型。

---

① 同样,如果实际的审查点不是 0 而是一常数 c,即 $Y_i = \begin{cases} Y_i^*, & \text{当 } Y_i^* > c \\ 0, & \text{当 } Y_i^* \leqslant c \end{cases}$,令 $Y_i^{*\prime} = Y_i^* - c$,则 Y_i 又可以表示为 $Y_i = \begin{cases} Y_i^{*\prime}, & \text{当 } Y_i^{*\prime} > 0 \\ 0, & \text{当 } Y_i^{*\prime} \leqslant 0 \end{cases}$,$Y_i^{*\prime} = Y_i^* - c = X_i\beta - c + \varepsilon_i$,$c$ 的影响一样可以归并到截距项当中。

9.4.3 最大似然估计(MLE)

对于(9.44)式和(9.46)式的截断模型和审查模型来说,都是非线性的,Y 对 $\boldsymbol{X}$ 的 OLS 估计也不再是一致估计。当假设模型中的扰动项 $\varepsilon_i \sim N(0,\sigma^2)$ 时,可以用最大似然估计法估计模型中的参数 β 和 σ。

一、截断模型的似然函数

对于截断数据来说,当 $Y_i > 0$ 时,由 $Y_i = Y_i^* = \boldsymbol{X}_i'\boldsymbol{\beta} + \varepsilon_i > 0$ 可以推出 $\varepsilon_i > -\boldsymbol{X}_i'\boldsymbol{\beta}$。根据(9.40)式和(9.41)式,

$$f(\varepsilon_i \mid \varepsilon_i > -\boldsymbol{X}_i'\boldsymbol{\beta}) = \frac{f(\varepsilon_i)}{\text{Prob}(\varepsilon_i > -\boldsymbol{X}_i'\boldsymbol{\beta})} = \frac{\dfrac{1}{\sigma}\phi\left(\dfrac{Y_i - \boldsymbol{X}_i'\boldsymbol{\beta}}{\sigma}\right)}{\Phi\left(\dfrac{\boldsymbol{X}_i'\boldsymbol{\beta}}{\sigma}\right)}$$

所以截断模型的似然函数为

$$L = \prod_{i=1}^{N} \frac{\dfrac{1}{\sigma}\phi\left(\dfrac{Y_i - \boldsymbol{X}_i'\boldsymbol{\beta}}{\sigma}\right)}{\Phi\left(\dfrac{\boldsymbol{X}_i'\boldsymbol{\beta}}{\sigma}\right)}$$

二、审查模型的似然函数

对于审查数据来说,可以把数据分成两组:$N_1 = \{i \mid Y_i = 0\}$ 和 $N_2 = \{i \mid Y_i > 0\}$。因此,

$$\text{Prob}(Y_i = 0) = \text{Prob}(Y_i^* \leqslant 0) = \text{Prob}(\varepsilon_i \leqslant -\boldsymbol{X}_i'\boldsymbol{\beta}) = \Phi\left(-\frac{\boldsymbol{X}_i'\boldsymbol{\beta}}{\sigma}\right) = 1 - \Phi\left(\frac{\boldsymbol{X}_i'\boldsymbol{\beta}}{\sigma}\right)$$

$$f(Y_i \mid Y_i > 0) = \frac{f(Y_i)}{\text{Prob}(Y_i > 0)} = \frac{f(\varepsilon_i)}{\text{Prob}(Y_i > 0)} = \frac{\dfrac{1}{\sigma}\phi\left(\dfrac{Y_i - \boldsymbol{X}_i'\boldsymbol{\beta}}{\sigma}\right)}{\Phi\left(\dfrac{\boldsymbol{X}_i'\boldsymbol{\beta}}{\sigma}\right)}$$

审查模型的似然函数为

$$\begin{aligned} L &= \prod_{i \in N_1}\left[1 - \Phi\left(\frac{\boldsymbol{X}_i'\boldsymbol{\beta}}{\sigma}\right)\right]\prod_{i \in N_2}\left[\text{Prob}(Y_i > 0) \cdot f(Y_i \mid Y_i > 0)\right] \\ &= \prod_{i \in N_1}\left[1 - \Phi\left(\frac{\boldsymbol{X}_i'\boldsymbol{\beta}}{\sigma}\right)\right]\prod_{i \in N_2}\left[\frac{1}{\sigma}\phi\left(\frac{Y_i - \boldsymbol{X}_i'\boldsymbol{\beta}}{\sigma}\right)\right] \end{aligned}$$

9.4.4 Heckman 二阶段估计

对于审查模型(9.46)式来说,还可以用 Heckman 两阶段法进行参数的估计。第一阶段实际上是借用 Probit 模型把参数 β/σ 先估计出来,第二步再用 OLS 法对审查数据中大于临界值的部分用截断模型进行估计。具体思路如下:

对于审查数据,设定以下虚拟变量

$$d_i = \begin{cases} 1, & Y_i > 0 \\ 0, & Y_i = 0 \end{cases}$$

当 $Y_i^* = \boldsymbol{X}_i'\boldsymbol{\beta} + \varepsilon_i$ 中的扰动项 $\varepsilon_i \sim N(0,\sigma^2)$ 时,

$$\begin{aligned} \text{Prob}(d_i = 1 \mid \boldsymbol{X}_i) &= \text{Prob}(Y_i > 0 \mid \boldsymbol{X}_i) = \text{Prob}(Y_i^* > 0 \mid \boldsymbol{X}_i) \\ &= \text{Prob}(\varepsilon_i > -\boldsymbol{X}_i'\boldsymbol{\beta} \mid \boldsymbol{X}_i) \\ &= \Phi\left(\frac{\boldsymbol{X}_i'\boldsymbol{\beta}}{\sigma}\right) \end{aligned}$$

$$\text{Prob}(d_i = 0 \mid \boldsymbol{X}_i) = \text{Prob}(Y_i^* \leqslant 0 \mid \boldsymbol{X}_i) = 1 - \Phi\left(\frac{\boldsymbol{X}_i'\boldsymbol{\beta}}{\sigma}\right)$$

第一阶段,令 $\boldsymbol{\alpha} = \boldsymbol{\beta}/\sigma$,估计 Probit 模型,其似然函数为

$$L = \prod_{i=1}^{N} \Phi\left(\frac{\boldsymbol{X}_i'\boldsymbol{\beta}}{\sigma}\right)^{d_i}\left(1 - \Phi\left(\frac{\boldsymbol{X}_i'\boldsymbol{\beta}}{\sigma}\right)\right)^{1-d_i}$$

通过对 Probit 模型的 MLE 估计,可以得到 $\boldsymbol{\alpha}$ 的一致估计量 $\hat{\boldsymbol{\alpha}}$。

第二阶段主要集中于 $Y_i > 0$ 的数据,即主要估计截断模型(9.44)式,但是,其中的 λ_i 用 $\hat{\lambda}_i = \dfrac{\phi(\boldsymbol{X}_i'\hat{\boldsymbol{\alpha}})}{\Phi(\boldsymbol{X}_i'\hat{\boldsymbol{\alpha}})}$表示。也就是说,这一阶段是对模型 $Y_i = \boldsymbol{X}_i'\boldsymbol{\beta} + \sigma \cdot \hat{\lambda}_i + \varepsilon_i$ 进行 OLS 估计,从而得到 $\boldsymbol{\beta}$ 和 σ 的一致估计量。

§9.5 实 证 分 析

9.5.1 新教学方法的效果:二元选择模型的应用[①]

一个有关教学方法的效果的数据见表 9.1。该例主要是为了考察一种新的经济学教学方法对学生成绩的影响。表 9.1 中数据的基本统计信息见表 9.2。

① 本例及例中的数据引自 Greene(2000)第 19 章例 19.1。

表 9.1 新教学方法对成绩的影响数据

obs	GRADE	GPA	TUCE	PSI
1	0	2.66	20	0
2	0	2.89	22	0
3	0	3.28	24	0
4	0	2.92	12	0
5	1	4.00	21	0
6	0	2.86	17	0
7	0	2.76	17	0
8	0	2.87	21	0
9	0	3.03	25	0
10	1	3.92	29	0
11	0	2.63	20	0
12	0	3.32	23	0
13	0	3.57	23	0
14	1	3.26	25	0
15	0	3.53	26	0
16	0	2.74	19	0
17	0	2.75	25	0
18	0	2.83	19	0
19	0	3.12	23	1
20	1	3.16	25	1
21	0	2.06	22	1
22	1	3.62	28	1
23	0	2.89	14	1
24	0	3.51	26	1
25	1	3.54	24	1
26	1	2.83	27	1
27	1	3.39	17	1
28	0	2.67	24	1
29	1	3.65	21	1
30	1	4.00	23	1
31	0	3.10	21	1
32	1	2.39	19	1

注：GRADE 取 1 表示新近学习成绩提高，0 表示其他；GPA 是平均积分点；TUCE 是以往经济学成绩；PSI 取 1 表示受到新的经济学教学方法的指导，0 表示其他。

表 9.2 数据的基本描述

变量	均值	最大值	最小值	标准差
GRADE				
PSI = 0	0.166667	1.000000	0.000000	0.383482
PSI = 1	0.571429	1.000000	0.000000	0.513553
全部	0.343750	1.000000	0.000000	0.482559

（续表）

变量	均值	最大值	最小值	标准差
GPA				
PSI = 0	3.101111	4.000000	2.630000	0.422985
PSI = 1	3.137857	4.000000	2.060000	0.533511
全部	3.117188	4.000000	2.060000	0.466713
TUCE				
PSI = 0	21.555560	29.000000	12.000000	4.003267
PSI = 1	22.428570	28.000000	14.000000	3.857346
全部	21.937500	29.000000	12.000000	3.901509
PSI				
PSI = 0	0.000000	0.000000	0.000000	0.000000
PSI = 1	1.000000	1.000000	1.000000	0.000000
全部	0.437500	0.000000	1.000000	0.504016

首先设定以下线性概率模型：

$$\text{GRADE} = \beta_0 + \beta_1 \cdot \text{GPA} + \beta_2 \cdot \text{TUCE} + \beta_3 \cdot \text{PSI} + \varepsilon$$

其中，GRADE 取 1 表示新近学习成绩提高，0 表示其他；GPA 是平均积分点；TUCE 是以往经济学成绩；PSI 取 1 表示受到新的经济学教学方法的指导，0 表示其他。

用 OLS 估计这一线性概率模型的 EViews 结果，如表 9.3 所示。

表 9.3　线性概率模型的估计结果

Dependent Variable: GRADE
Method: Least Squares
Sample: 1 32
Included observations: 32

	Coefficient	Std. Error	t-Statistic	Prob.
C	-1.498017	0.523889	-2.859419	0.0079
GPA	0.463852	0.161956	2.864054	0.0078
TUCE	0.010495	0.019483	0.538685	0.5944
PSI	0.378555	0.139173	2.720035	0.0111
R-squared	0.415900	Mean dependent var		0.343750
Adjusted R-squared	0.353318	S.D. dependent var		0.482559
S.E. of regression	0.388057	Akaike info criterion		1.061140
Sum squared resid	4.216474	Schwarz criterion		1.244357
Log likelihood	-12.97825	Hannan-Quinn criter.		1.121872
F-statistic	6.645658	Durbin-Watson stat		2.346447
Prob(F-statistic)	0.001571			

从表 9.3 的结果看，在 5% 的显著性水平上，PSI 对 GRADE 的影响是显著的。也就是说，在 GPA 和 TUCE 都一样的情况下，接受过新的教学方法的学生与没有接受过新的教学方法的学生相比，学习成绩提高的概率要高 0.3786。此外，GPA 对成绩提高的边际影响是 0.46，也就是说，在其他条件相同的情况下，GPA 每增加 1，学习成绩提高的概率是 46%。

表 9.4 的 Probit 模型的设定形式是：$\text{Prob}(\text{GRADE}_i = 1 \mid \boldsymbol{X}_i) = \boldsymbol{\Phi}(\boldsymbol{X}_i'\boldsymbol{\beta})$，其中 $\boldsymbol{\Phi}(\cdot)$ 是标准正态分布的累积分布函数。将系数的估计结果代入得到估计的模型为

$$\widehat{\text{Prob}}(\text{GRADE}_i = 1 \mid \boldsymbol{X}_i) = \boldsymbol{\Phi}(-7.452320 + 1.625810 \times \text{GPA} + 0.051729 \cdot \text{TUCE} + 1.426332 \times \text{PSI})$$

表 9.4　Probit 模型估计结果

Dependent Variable: GRADE
Method: ML-Binary Probit (Quadratic hill climbing)
Sample: 1 32
Included observations: 32
Convergence achieved after 5 iterations
Covariance matrix computed using second derivatives

	Coefficient	Std. Error	z-Statistic	Prob.
C	−7.452320	2.542472	−2.931132	0.0034
GPA	1.625810	0.693882	2.343063	0.0191
TUCE	0.051729	0.083890	0.616626	0.5375
PSI	1.426332	0.595038	2.397045	0.0165
McFadden R-squared	0.377478	Mean dependent var		0.343750
S. D. dependent var	0.482559	S. E. of regression		0.386128
Akaike info criterion	1.051175	Sum squared resid		4.174660
Schwarz criterion	1.234392	**Log likelihood**		−12.81880
Hannan-Quinn criter.	1.111906	**Restr. log likelihood**		−20.59173
LR statistic	15.54585	Avg. log likelihood		−0.400588
Prob(LR statistic)	0.001405			
Obs with Dep = 0	21	Total obs		32
Obs with Dep = 1	11			

表 9.4 中还给出了有关模型的似然比检验和拟合优度的信息。根据 (9.14) 式，L 为表中的 Log likelihood 的值，为 −12.81880，L_0 为表中的 Restr.

Log likelihood 的值，为 −20.59173，LR 值即为表中的 LR statistic，为 15.54585，它对应的 p 值只有 0.001405，因此，它是显著的，表明模型整体是显著的。表中的 **McFadden *R*-square** 即为(9.15)式中的指标 McFadden R^2，它约等于 0.377。

表 9.5 中的 Logit 模型的估计结果也给出了与 Probit 模型估计结果相似的似然比和拟合优度指标。但是，表 9.5 对应的 Logit 模型为

$$\widehat{\text{Prob}}(\text{GRADE}_i = 1 \mid \boldsymbol{X}_i) = \Lambda(-13.02135 + 2.826113 \times \text{GPA} + 0.095158 \times \text{TUCE} + 2.378688 \times \text{PSI})$$

表 9.5　Logit 模型估计结果

Dependent Variable: GRADE
Method: ML-Binary Logit (Quadratic hill climbing)
Sample: 1 32
Included observations: 32
Convergence achieved after 5 iterations
Covariance matrix computed using second derivatives

	Coefficient	Std. Error	*z*-Statistic	Prob.
C	−13.02135	4.931324	−2.640537	0.0083
GPA	2.826113	1.262941	2.237723	0.0252
TUCE	0.095158	0.141554	0.672235	0.5014
PSI	2.378688	1.064564	2.234424	0.0255
McFadden R-squared	0.374038	Mean dependent var		0.343750
S. D. dependent var	0.482559	S. E. of regression		0.384716
Akaike info criterion	1.055602	Sum squared resid		4.144171
Schwarz criterion	1.238819	Log likelihood		−12.88963
Hannan-Quinn criter.	1.116333	Restr. log likelihood		−20.59173
LR statistic	15.40419	Avg. log likelihood		−0.402801
Prob(LR statistic)	0.001502			
Obs with Dep = 0	21	Total obs		32
Obs with Dep = 1	11			

表 9.4 和表 9.5 中的 Probit 和 Logit 模型中的回归系数与线性概率模型不同，并没有实际的经济意义。但可以依据(9.10)式和(9.11)式计算解释变量 GPA 和 TUCE 对 GRADE 的平均边际影响。有关的计算结果见表 9.6。

表 9.6 Probit 和 Logit 模型边际影响分析对比

	Probit 模型		Logit 模型	
$F'(\bar{X}_i'\hat{\beta})=f(\bar{X}_i'\hat{\beta})$①	$\phi(\bar{X}_i'\hat{\beta})=0.3281$		$\Lambda'(\bar{X}_i'\hat{\beta})=0.1889$	
变量	回归系数	平均边际影响	回归系数	平均边际影响
GPA	1.625810	0.5333	2.826113	0.5339
TUCE	0.051729	0.0170	0.095158	0.0180
PSI	1.426332	0.4644	2.378688	0.4565

表 9.6 中,解释变量 GPA 和 TUC 对因变量 GRADE 的边际影响是通过将相应的回归系数乘以 $F'(\bar{X}_i'\hat{\boldsymbol{\beta}})$ 的值得到的。例如,对于 Probit 模型,GPA 对 GRADE 的边际影响等于 $1.625810\times0.3281=0.5333$。但是,这一算法不适用于像 PSI 这一离散的解释变量。对于 Logit 模型,PSI 对 GRADE 的平均边际影响是 PSI 分别取值为 1 和 0 时,GRADE 取值为 1 的概率差[②],即:

$$\Phi(-7.452320+1.625810\times\overline{GPA}+0.051729\times\overline{TUCE}+1.426332\times1)-\Phi(-7.452320+1.625810\times\overline{GPA}+0.051729\times\overline{TUCE})=0.4644$$

表 9.6 中的边际影响分析取的是解释变量的均值。但实际上解释变量对因变量的影响是非线性的。例如,在 Probit 模型当中,PSI 对 GRADE 的影响是随着 GAP 和 TUCE 取值的不同而不同的。假设 TUCE 取均值,则这一边际影响的函数为

$$\Phi(-7.452320+1.625810\times GPA+0.051729\times\overline{TUCE}+1.426332\times1)-\Phi(-7.452320+1.625810\times GPA+0.051729\times\overline{TUCE})$$
$$=\text{Prob}(GRADE=1\mid PSI=1)-\text{Prob}(GRADE=1\mid PSI=0)$$

用各样本的 GPA 值代入这一边际影响函数,可以得到在不同的 GAP 水平下,PSI 对 GRADE 的边际影响,见图 9.1。

① 在 EViews 中,可以通过在命令窗口中输入命令来得到两个模型的这一数值。对于 Probit 模型,输入的命令为:scalar f_probit = @ dnorm(eq02.@ coefs(1) + eq02.@ coefs(2) * @ mean(GPA) + eq02.@ coefs(3) * @ mean(TUCE) + eq02.@ coefs(4) * @ mean(PSI));对于 Logit 模型,输入的命令为:scalar f_logit = @ dlogistic(eq03.@ coefs(1) + eq03.@ coefs(2) * @ mean(GPA) + eq03.@ coefs(3) * @ mean(TUCE) + eq03.@ coefs(4) * @ mean(PSI))。其中,假设 f_probit $=\phi(\bar{X}_i'\hat{\boldsymbol{\beta}})$,f_logit $=\Lambda'(\bar{X}_i'\boldsymbol{\beta})$;eq02 是对 Probit 模型的估计方程的命名,eq03 是对 Logit 模型的估计方程的命名。

② 同样,这一结果也可以在 EViews 中以命令的方式实现。假设 PSI 对 GRADE 的平均边际影响为 marginal_psi,则命令为:scalar marginal_psi_probit = @ cnorm(eq02.@ coefs(1) + eq02.@ coefs(2) * @ mean(GPA) + eq02.@ coefs(3) * @ mean(TUCE) + eq02.@ coefs(4)) - @ cnorm(eq02.@ coefs(1) + eq02.@ coefs(2) * @ mean(GPA) + eq02.@ coefs(3) * @ mean(TUCE))。

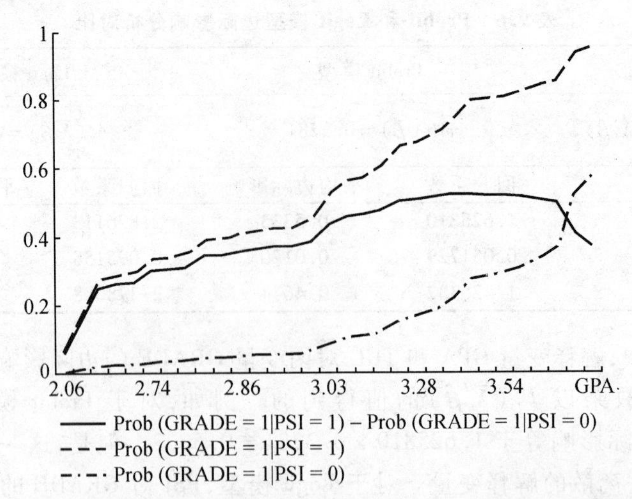

图 9.1　不同 GPA 水平下 PSI 对 GRADE 的影响（假设 TUCE 取均值）

图 9.1 中，横轴为 GPA，纵轴为概率。图中折断线表示的是接受过新方法训练的学生（PSI = 1）成绩提高的概率曲线；点线是没有接受过新方法训练的学生（PSI = 0）成绩提高的概率曲线。可以看到，二曲线之间的差距并不是不变的，它开始时随着 GPA 的提高而增大，但是，当 GPA 高于一定水平后，这一差距又开始缩小。图中的实线即为这两曲线的差值，它先是上升的，后又开始下降。

9.5.2　轮船事故的计数数据模型①

表 9.7 给出了四个制造期、两个服务期的五种轮船的事故发生次数。

表 9.7　轮船事故数据

obs	Type	TA	TB	TC	TD	TE	T6064	T6569	T7074	T7579	O6074	O7579	Mon	Acc
1	1	1	0	0	0	0	1	0	0	0	1	0	127	0
2	1	1	0	0	0	0	1	0	0	0	0	1	63	0
3	1	1	0	0	0	0	0	1	0	0	1	0	1 095	3
4	1	1	0	0	0	0	0	1	0	0	0	1	1 095	4
5	1	1	0	0	0	0	0	0	1	0	1	0	1 512	6
6	1	1	0	0	0	0	0	0	1	0	0	1	3 353	18
7	1	1	0	0	0	0	0	0	0	1	1	0	NA	NA
8	1	1	0	0	0	0	0	0	0	1	0	1	2 244	11
9	2	0	1	0	0	0	1	0	0	0	1	0	44 882	39

① 本例及例中的数据引自 Greene（2000）第 19 章例 19.22。

（续表）

obs	Type	TA	TB	TC	TD	TE	T6064	T6569	T7074	T7579	O6074	O7579	Mon	Acc
10	2	0	1	0	0	0	1	0	0	0	0	1	17 176	29
11	2	0	1	0	0	0	0	1	0	0	1	0	28 609	58
12	2	0	1	0	0	0	0	1	0	0	0	1	20 370	53
13	2	0	1	0	0	0	0	0	1	0	1	0	7 064	12
14	2	0	1	0	0	0	0	0	1	0	0	1	13 099	44
15	2	0	1	0	0	0	0	0	0	1	1	0	NA	NA
16	2	0	1	0	0	0	0	0	0	1	0	1	7 117	18
17	3	0	0	1	0	0	1	0	0	0	1	0	1 179	1
18	3	0	0	1	0	0	1	0	0	0	0	1	552	1
19	3	0	0	1	0	0	0	1	0	0	1	0	781	0
20	3	0	0	1	0	0	0	1	0	0	0	1	676	1
21	3	0	0	1	0	0	0	0	1	0	1	0	783	6
22	3	0	0	1	0	0	0	0	1	0	0	1	1 948	2
23	3	0	0	1	0	0	0	0	0	1	1	0	NA	NA
24	3	0	0	1	0	0	0	0	0	1	0	1	274	1
25	4	0	0	0	1	0	1	0	0	0	1	0	251	0
26	4	0	0	0	1	0	1	0	0	0	0	1	105	0
27	4	0	0	0	1	0	0	1	0	0	1	0	288	0
28	4	0	0	0	1	0	0	1	0	0	0	1	192	0
29	4	0	0	0	1	0	0	0	1	0	1	0	349	2
30	4	0	0	0	1	0	0	0	1	0	0	1	1 208	11
31	4	0	0	0	1	0	0	0	0	1	1	0	NA	NA
32	4	0	0	0	1	0	0	0	0	1	0	1	2 051	4
33	5	0	0	0	0	1	0	0	0	1	0	1	45	0
34	5	0	0	0	0	1	1	0	0	0	0	1	NA	NA
35	5	0	0	0	0	1	0	1	0	0	1	0	789	7
36	5	0	0	0	0	1	0	1	0	0	0	1	437	7
37	5	0	0	0	0	1	0	0	1	0	1	0	1 157	5
38	5	0	0	0	0	1	0	0	1	0	0	1	2 161	12
39	5	0	0	0	0	1	0	0	0	1	1	0	NA	NA
40	5	0	0	0	0	1	0	0	0	1	0	1	542	1

注：本表中的数据涉及四个制造期、两个服务期的五种类型的轮船发生事故的次数的数据。其中，TYPE 表示轮船类型；TA、TB、TC、TD、TE 是表示轮船类型的虚拟变量；T6064、T6569、T7074、T7579 是制造期间虚拟变量；O6064、O7579 是运营期间虚拟变量；Mon 是服务量的测量；Acc 是发生事故的次数。由于在 1975—1979 年制造的轮船不可能在 1960—1964 年期间运营，因此每一类型的轮船都有一个缺失数据。此外，由于原数据引用处未交代，第五种类型的轮船还有一个缺失数据，因此实际样本容量只有 34。

为了考察轮船的类型、制造期间、服务期间、服务量对事故发生次数的影响，估计以下泊松分布计数数据模型：

$$E(\text{Acc} \mid X) = \exp(\beta_1 + \beta_2 \cdot \text{TB} + \beta_3 \cdot \text{TC} + \beta_4 \cdot \text{TD} + \beta_5 \cdot \text{TE} + \beta_6 \cdot \text{T6569} + \beta_7 \cdot \text{T7074} + \beta_8 \cdot \text{T7579} + \beta_9 \text{O7579} + \beta_{10} \ln \text{Mon}) + \varepsilon$$

其中，TB、TC、TD、TE 是表示轮船类型的虚拟变量；T6569、T7074、T7579 是制造期间虚拟变量；O7579 是运营期间虚拟变量；Mon 是服务量的测量；Acc 是发生事故的次数。表 9.8 是 EViews 的估计结果。

表 9.8　轮船事故的计数数据模型估计结果

Dependent Variable: ACC
Method: ML/QML-Poisson Count (Quadratic hill climbing)
Sample: 1 40
Included observations: 34
Convergence achieved after 5 iterations
Covariance matrix computed using second derivatives

	Coefficient	Std. Error	z-Statistic	Prob.
C	-5.618521	0.873717	-6.430596	0.0000
TB	-0.358599	0.269675	-1.329748	0.1836
TC	-0.762129	0.338268	-2.253036	0.0243
TD	-0.131403	0.297024	-0.442400	0.6582
TE	0.269667	0.241891	1.114828	0.2649
T6569	0.661820	0.153864	4.301331	0.0000
T7074	0.760205	0.178122	4.267880	0.0000
T7579	0.361462	0.247267	1.461829	0.1438
O7579	0.369863	0.118210	3.128859	0.0018
LOG(MONTHS)	0.906170	0.101746	8.906231	0.0000
R-squared	0.975159	Mean dependent var		**10.47059**
Adjusted R-squared	0.965844	S. D. dependent var		15.73499
S. E. of regression	2.908038	Akaike info criterion		4.588194
Sum squared resid	202.9604	Schwarz criterion		5.037124
Log likelihood	-67.99930	Hannan-Quinn criter.		4.741292
Restr. log likelihood	-356.2029	LR statistic		**576.4072**
Avg. log likelihood	-1.999979	Prob(LR statistic)		0.000000

表 9.8 中，LR 统计量为 576.4072，对应的 p 值几乎为 0，这表明模型整体是显著的。对轮船类型和制造期变量分别是否联合显著的似然比检验的 EViews

结果见表 9.9 和 9.10。[①] 表 9.9 中，似然比的值为 12.52，在 5% 的显著性水平上，它会大于临界值（因为它的 p 值只有 0.0139）。这表明轮船的类型对事故发生的频数是有显著影响的。表 9.10 中的似然比的值为 27.29，它远远大于临界值。这说明制造期对轮船的事故的发生也是有显著影响的。

表 9.9　对轮船类型的联合显著性检验（$H_0:\beta_2=\beta_3=\beta_4=\beta_5=0$）

Redundant Variables: TB TC TD TE

F-statistic	2.464911	Prob. F(4,24)	0.0723
Log likelihood ratio	**12.52143**	Prob. Chi-Square(4)	**0.0139**

表 9.10　制造期间的联合显著性检验（$H_0:\beta_6=\beta_7=\beta_8=0$）

Redundant Variables: T6569 T7074 T7579

F-statistic	35.99425	Prob. F(3,24)	0.0000
Log likelihood ratio	**27.29299**	Prob. Chi-Square(3)	**0.0000**

9.5.3　Fair(1978)对婚外性行为的研究[②]

表 9.11 给出了 Fair(1978)有关婚外性行为数据的基本描述统计量。

表 9.11　Fair(1978)婚外性行为数据的描述

变量	均值	中位数	最大值	最小值	标准差	观测值个数
Y	1.46	0.00	12.00	0.00	3.30	601
$Z1$	0.48	0.00	1.00	0.00	0.50	601
$Z2$	32.49	32.00	57.00	17.50	9.29	601
$Z3$	8.18	7.00	15.00	0.13	5.57	601
$Z4$	0.72	1.00	1.00	0.00	0.45	601
$Z5$	3.12	3.00	5.00	1.00	1.17	601
$Z6$	16.17	16.00	20.00	9.00	2.40	601
$Z7$	4.19	5.00	7.00	1.00	1.82	601
$Z8$	3.93	4.00	5.00	1.00	1.10	601

注：有关初始数据和 Fair 对该问题研究的论文可以从 http://fairmodel.econ.yale.edu/rayfair/worksd.htm 下载。

---

① 这时也可以用 Wald 检验，结果相差不多。

② 该例转引自 Greene(2000)第 20 章例 20.12。这里主要介绍有关模型的估计结果，有关 Fair(1978)更详细的研究及其数据可以从他的个人网页 http://fairmodel.econ.yale.edu/rayfair/worksd.htm 下载。

该数据是从大约2 000份回收的电子问卷中抽取的601个初婚且未离婚的样本对象。涉及的变量有：

Y表示过去几年中婚外性行为的次数；

$Z1$表示性别虚拟变量，1为男性，0为女性；

$Z2$表示年龄；

$Z3$表示结婚年数；

$Z4$表示是否有孩子，有为1，无为0；

$Z5$表示宗教信仰，5种程度，从1（反对宗教信仰）到5（非常相信宗教）；

$Z6$表示教育年限，有9（初中）、12（高中）、14、16、17、18、20（博士或其他）共7种结果；

$Z7$表示职业，根据Hollingshead职业量表分为1—7种职业。

$Z8$表示自我对婚姻的评价，1—5个级别，1为非常不高兴，5为非常幸福。

对于因变量Y，取值有0、1、2、3、7和12六种取值。其中0为过去几年中没有婚外性行为，1、2、3分别为有1、2、3次婚外性行为；当婚外性行为的次数在4—10之间时，Y定义为7；当婚外性行为频率较高，为每周、每月或每日时，Y定义为12。表9.12给出了有关Y的更详细的描述统计。

表9.12 因变量Y的描述统计

取值	计数	百分比（%）	累计数	累计百分比（%）
0	451	75.04	451	75.04
1	34	5.66	485	80.70
2	17	2.83	502	83.53
3	19	3.16	521	86.69
7	42	6.99	563	93.68
12	38	6.32	601	100.00
总计	601	100.00	601	100.00

从表9.12中可以看到，Y中取值为0的样本有451个，占了总样本的75%。而Y大于0的样本只有25%左右，因此，如果用传统的OLS法直接对线性回归模型进行估计，则很难准确拟合Y的值。表9.13是对Y进行线性回归的结果。从表中可以看到，模型的拟合优度非常低，只有0.13左右。

表 9.13 OLS 回归的结果

Dependent Variable: Y
Method: Least Squares
Sample: 1 601
Included observations: 601

	Coefficient	Std. Error	t-Statistic	Prob.
C	5.872010	1.137497	5.162221	0.0000
Z1	0.054086	0.300489	0.179993	0.8572
Z2	-0.050976	0.022619	-2.253680	0.0246
Z3	0.169472	0.041225	4.110937	0.0000
Z4	-0.142624	0.350196	-0.407271	0.6840
Z5	-0.477614	0.111729	-4.274754	0.0000
Z6	-0.013749	0.064137	-0.214368	0.8303
Z7	0.104916	0.088882	1.180395	0.2383
Z8	-0.711877	0.120007	-5.931958	0.0000
R-squared	0.131738	Mean dependent var		1.455907
Adjusted R-squared	0.120005	S. D. dependent var		3.298758
S. E. of regression	3.094501	Akaike info criterion		5.111992
Sum squared resid	5 668.953	Schwarz criterion		5.177861
Log likelihood	-1 527.154	Hannan-Quinn criter.		5.137632
F-statistic	11.22774	Durbin-Watson stat		1.000646
Prob(F-statistic)	0.000000			

表 9.14 是对审查模型进行最大似然估计的 EViews 结果。它对因变量在 0 处设置审查点,包括了 $Z1$ 至 $Z8$ 共 8 个解释变量。在 EViews 的结果中,只给出了对数似然值 -704.7311,并没有给出模型整体显著性的检验统计量。当然,我们可以通过对全部的系数施加等于 0 的约束条件的 Wald 检验获得有关模型整体显著性的信息,也可以通过将全部的解释变量都设置为冗余变量的似然比检验来进行模型显著性的检验。在 EViews 中,这两种检验都可以很方便地进行。表 9.15 给出了似然比检验的结果,LR = 80.01。显然,模型整体是显著的。

表 9.14 审查模型估计结果之一

Dependent Variable: Y
Method: ML-Censored Normal (TOBIT) (Quadratic hill climbing)
Sample: 1 601
Included observations: 601
Left censoring (value) at zero
Convergence achieved after 6 iterations
Covariance matrix computed using second derivatives

	Coefficient	Std. Error	z-Statistic	Prob.
C	7.608487	3.905987	1.947904	0.0514
Z1	0.945787	1.062866	0.889847	0.3735
Z2	-0.192698	0.080968	-2.379921	0.0173
Z3	0.533190	0.146607	3.636852	0.0003
Z4	1.019182	1.279575	0.796500	0.4257
Z5	-1.699000	0.405483	-4.190061	0.0000
Z6	0.025361	0.227667	0.111394	0.9113
Z7	0.212983	0.321157	0.663173	0.5072
Z8	-2.273284	0.415407	-5.472429	0.0000
		Error Distribution		
SCALE:C(10)	8.258432	0.554581	14.89131	0.0000
Mean dependent var	1.455907	S. D. dependent var		3.298758
S. E. of regression	3.061544	Akaike info criterion		2.378473
Sum squared resid	5 539.472	Schwarz criterion		2.451661
Log likelihood	-704.7311	Hannan-Quinn criter.		2.406961
Avg. log likelihood	-1.172597			
Left censored obs	451	Right censored obs		0
Uncensored obs	150	Total obs		601

表 9.15 审查模型整体的显著性检验

Redundant Variables: Z1 Z2 Z3 Z4 Z5 Z6 Z7 Z8			
F-statistic	13.20576	Prob. F(8,591)	0.0000
Log likelihood ratio	80.01288	Prob. Chi-Square(8)	0.0000

从表 9.14 的审查模型中的单个变量显著性检验可以看到，*Z*1、*Z*4、*Z*6 和 *Z*7 所对应的 p 值都很大，最低的都有 0.37，这表明这些变量可能是不显著的。为

了避免模型设定上的偏差(遗漏重要变量),我们在从模型中删除这四个变量之前先进行冗余变量的检验。检验的结果(见表9.16)表明,这四个变量联合是不显著的,可以从模型中删除。表9.12给出了删除了变量 $Z1$、$Z4$、$Z6$、$Z7$ 后的审查回归模型的估计结果。

表9.16　对变量 Z1、Z4、Z6、Z7 的联合显著性的似然比检验结果

F-statistic	0.587757	Prob. F(4,591)	0.6716
Log likelihood ratio	3.347557	Prob. Chi-Square(4)	0.5014

如果我们设置一个虚拟变量 DD,当 $Y=0$ 时,$DD=0$;当 $Y>0$ 时,$DD=1$,这时我们可以估计一个 Probit 模型,也就是前面提到的 Heckman 两阶段估计中的第一阶段的估计。Probit 模型的估计结果见表9.18。

不难发现,如果将表9.17中审查模型的系数估计值都除以其标准差的估计值8.273817,得到的新的系数的值与表9.18中的系数的估计值非常接近,见表9.19。

表9.17　审查模型估计结果之二(删除了变量 Z1、Z4、Z6、Z7)

Dependent Variable: Y
Method: ML-Censored Normal (TOBIT) (Quadratic hill climbing)
Sample: 1 601
Included observations: 601
Left censoring (value) at zero
Convergence achieved after 6 iterations
Covariance matrix computed using second derivatives

	Coefficient	Std. Error	z-Statistic	Prob.
C	9.082893	2.658814	3.416144	0.0006
Z2	−0.160341	0.077716	−2.063181	0.0391
Z3	0.538898	0.134174	4.016401	0.0001
Z5	−1.723367	0.404709	−4.258288	0.0000
Z8	−2.267347	0.408126	−5.555504	0.0000
	Error Distribution			
SCALE:C(6)	8.273817	0.555339	14.89867	0.0000
Mean dependent var	1.455907	S.D. dependent var		3.298758
S.E. of regression	3.057298	Akaike info criterion		2.370732
Sum squared resid	5561.509	Schwarz criterion		2.414644
Log likelihood	−706.4048	Hannan-Quinn criter.		2.387825
Avg. log likelihood	−1.175382			
Left censored obs	451	Right censored obs		0
Uncensored obs	150	Total obs		601

表 9.18 Probit 模型的估计结果

Dependent Variable: DD
Method: ML-Binary Probit (Quadratic hill climbing)
Sample: 1 601
Included observations: 601
Convergence achieved after 4 iterations
Covariance matrix computed using second derivatives

	Coefficient	Std. Error	z-Statistic	Prob.
C	1.076416	0.350185	3.073847	0.0021
Z2	-0.019698	0.009958	-1.978234	0.0479
Z3	0.057805	0.016970	3.406303	0.0007
Z5	-0.187226	0.051414	-3.641565	0.0003
Z8	-0.270125	0.052324	-5.162506	0.0000
McFadden R-squared	0.088057	Mean dependent var		0.249584
S. D. dependent var	0.433133	S. E. of regression		0.411232
Akaike info criterion	1.041440	Sum squared resid		100.7906
Schwarz criterion	1.078034	Log likelihood		-307.9526
Hannan-Quinn criter.	1.055684	Restr. log likelihood		-337.6885
LR statistic	59.47168	Avg. log likelihood		-0.512400
Prob(LR statistic)	0.000000			
Obs with Dep=0	451	Total obs		601
Obs with Dep=1	150			

表 9.19 审查模型与 Probit 模型系数的比较

变量	审查模型系数	审查模型系数/$\hat{\sigma}$	Probit 模型系数
C	9.082893	1.097788	1.076416
$Z2$	-0.160341	-0.01938	-0.019698
$Z3$	0.538898	0.065133	0.057805
$Z5$	-1.723367	-0.20829	-0.187226
$Z8$	-2.267347	-0.27404	-0.270125

最后,表 9.20 给出了截断回归模型的估计结果。要注意,审查模型和截断模型的系数是不可以直接比较的。审查模型和截断回归模型的边际效应的分析需要用回归系数去计算,但并不是回归系数本身。

表 9.20 截断回归模型结果

Dependent Variable: Y
Method: ML-Censored Normal (TOBIT) (Quadratic hill climbing)
Sample (adjusted): 452 601
Included observations: **150 after adjustments**
Truncated sample
Left censoring (value) at zero
Convergence achieved after 8 iterations
Covariance matrix computed using second derivatives

	Coefficient	Std. Error	z-Statistic	Prob.
C	8.936518	3.749832	2.383178	0.0172
Z2	-0.077283	0.118355	-0.652975	0.5138
Z3	0.558663	0.219010	2.550862	0.0107
Z5	-1.530511	0.616583	-2.482247	0.0131
Z8	-1.330538	0.562464	-2.365551	0.0180
		Error Distribution		
SCALE:C(6)	5.534839	0.660939	8.374204	0.0000
Mean dependent var	5.833333	S.D. dependent var		4.255934
S.E. of regression	3.987159	Akaike info criterion		5.317839
Sum squared resid	2289.231	Schwarz criterion		5.438265
Log likelihood	-392.8380	Hannan-Quinn criter.		5.366764
Avg. log likelihood	-2.618920			
Left censored obs	0	Right censored obs		0
Uncensored obs	150	Total obs		150

本章思考与练习

9.1 根据(9.5)式,计算9.5.1中有关新教学效果的线性概率模型、Probit模型和Tobit模型的Count_R^2。

9.2 对于有序选择模型(9.16)式,写出当 $M=3$ 时的有序Probit模型的具体形式。

9.3 对于正态分布的截断模型(9.37)式,证明:

$$\frac{\partial E(Y_i \mid X_i, Y_i > 0)}{\partial X_i} = \beta(1 - \lambda_i^2 + \alpha_i \lambda_i)$$

其中,$\alpha_i = X_i'\beta/\sigma$。

9.4 对于正态分布的审查模型(9.45)式,证明:

$$\frac{\partial E(Y_i \mid X_i)}{\partial X_i} = \beta\Phi\left(\frac{X_i' \cdot \beta}{\sigma}\right)$$

9.5 (9.32)式告诉我们,泊松分布的计数模型的一个假定条件是因变量的条件均值等于条件方差。为了验证这一分布是否适用于样本数据,许多学者提了针对泊松分布的过度分散(Overdispersion)检验方法。其中之一是做 $e_i^2 - Y_i$ 对 $\hat{Y}_i$ 的辅助回归(无常数项)。如果回归结果中 $\hat{Y}_i$ 的系数的 t 检验是显著的,则可以拒绝泊松分布的假设。而且,如果 $\hat{Y}_i$ 的系数是显著为正的,则说明泊松回归的残差是过度分散的。试依据这一方法对9.5.2中轮船事故的泊松计数回归模型进行检验。

9.6 证明9.2.3中有关嵌套 Logit 模型的结论,即证明:

$$\mathrm{Prob}(Y_i = 0 \mid \boldsymbol{X}_i) = \frac{e^{U_{i0}}}{e^{U_{i0}} + (e^{\rho^{-1}U_{i1}} + e^{\rho^{-1}U_{i2}})^{\rho}}$$

$$\mathrm{Prob}(Y_i = 1 \mid \boldsymbol{X}_i) = \frac{e^{\rho^{-1}U_{i1}}}{e^{\rho^{-1}U_{i1}} + e^{\rho^{-1}U_{i2}}} \cdot \frac{(e^{\rho^{-1}U_{i1}} + e^{\rho^{-1}U_{i2}})^{\rho}}{e^{U_{i0}} + (e^{\rho^{-1}U_{i1}} + e^{\rho^{-1}U_{i2}})^{\rho}}$$

$$\mathrm{Prob}(Y_i = 2 \mid \boldsymbol{X}_i) = \frac{e^{\rho^{-1}U_{i2}}}{e^{\rho^{-1}U_{i1}} + e^{\rho^{-1}U_{i2}}} \cdot \frac{(e^{\rho^{-1}U_{i1}} + e^{\rho^{-1}U_{i2}})^{\rho}}{e^{U_{i0}} + (e^{\rho^{-1}U_{i1}} + e^{\rho^{-1}U_{i2}})^{\rho}}$$

9.7 解释表9.8中轮船事故的计数数据模型估计结果中各回归系数的经济含义。

9.8 表9.18给出了审查模型的 Heckman 二阶段估计的第一阶段的结果。请继续给出第二阶段的结果,并与表9.17的结果进行比较。

附　录

常用统计表

附表 1　正态分布概率表

$F(Z)=P(|x-\bar{x}|/\sigma<z)$

Z	$F(Z)$	Z	$F(Z)$	Z	$F(Z)$	Z	$F(Z)$
0.00	0.0000	0.35	0.2737	0.70	0.5161	1.05	0.7063
0.01	0.0080	0.36	0.2812	0.71	0.5223	1.06	0.7109
0.02	0.0160	0.37	0.2886	0.72	0.5285	1.07	0.7154
0.03	0.0239	0.38	0.2961	0.73	0.5346	1.08	0.7199
0.04	0.0319	0.39	0.3035	0.74	0.5407	1.09	0.7243
0.05	0.0399	0.40	0.3108	0.75	0.5467	1.10	0.7287
0.06	0.0478	0.41	0.3182	0.76	0.5527	1.11	0.7330
0.07	0.0558	0.42	0.3255	0.77	0.5587	1.12	0.7373
0.08	0.0638	0.43	0.3328	0.78	0.5646	1.13	0.7415
0.09	0.0717	0.44	0.3401	0.79	0.5705	1.14	0.7457
0.10	0.0797	0.45	0.3473	0.80	0.5763	1.15	0.7499
0.11	0.0876	0.46	0.3545	0.81	0.5821	1.16	0.7540
0.12	0.0955	0.47	0.3616	0.82	0.5878	1.17	0.7580
0.13	0.1034	0.48	0.3688	0.83	0.5935	1.18	0.7620
0.14	0.1113	0.49	0.3759	0.84	0.5991	1.19	0.7660
0.15	0.1192	0.50	0.3829	0.85	0.6047	1.20	0.7699
0.16	0.1271	0.51	0.3899	0.86	0.6102	1.21	0.7737
0.17	0.1350	0.52	0.3969	0.87	0.6157	1.22	0.7775
0.18	0.1428	0.53	0.4039	0.88	0.6211	1.23	0.7813
0.19	0.1507	0.54	0.4108	0.89	0.6265	1.24	0.7850

（续表）

Z	$F(Z)$	Z	$F(Z)$	Z	$F(Z)$	Z	$F(Z)$
0.20	0.1585	0.55	0.4177	0.90	0.6319	1.25	0.7887
0.21	0.1663	0.56	0.4245	0.91	0.6372	1.26	0.7923
0.22	0.1741	0.57	0.4313	0.92	0.6424	1.27	0.7959
0.23	0.1819	0.58	0.4381	0.93	0.6476	1.28	0.7995
0.24	0.1897	0.59	0.4448	0.94	0.6528	1.29	0.8030
0.25	0.1974	0.60	0.4515	0.95	0.6579	1.30	0.8064
0.26	0.2051	0.61	0.4581	0.96	0.6629	1.31	0.8098
0.27	0.2128	0.62	0.4647	0.97	0.6680	1.32	0.8132
0.28	0.2205	0.63	0.4713	0.98	0.6729	1.33	0.8165
0.29	0.2282	0.64	0.4778	0.99	0.6778	1.34	0.8198
0.30	0.2358	0.65	0.4843	1.00	0.6827	1.35	0.8230
0.31	0.2434	0.66	0.4907	1.01	0.6875	1.36	0.8262
0.32	0.2510	0.67	0.4971	1.02	0.6923	1.37	0.8293
0.33	0.2586	0.68	0.5035	1.03	0.6970	1.38	0.8324
0.34	0.2661	0.69	0.5098	1.04	0.7017	1.39	0.8355
1.40	0.8385	1.75	0.9199	2.20	0.9722	2.90	0.9962
1.41	0.8415	1.76	0.9216	2.22	0.9736	2.92	0.9965
1.42	0.8444	1.77	0.9233	2.24	0.9749	2.94	0.9967
1.43	0.8473	1.78	0.9249	2.26	0.9762	2.96	0.9969
1.44	0.8501	1.79	0.9265	2.28	0.9774	2.98	0.9971
1.45	0.8529	1.80	0.9281	2.30	0.9786	3.00	0.9973
1.46	0.8557	1.81	0.9297	2.32	0.9797	3.20	0.9986
1.47	0.8584	1.82	0.9312	2.34	0.9807	3.40	0.9993
1.48	0.8611	1.83	0.9328	2.36	0.9817	3.60	0.99968
1.49	0.8638	1.84	0.9342	2.38	0.9827	3.80	0.99986
1.50	0.8664	1.85	0.9357	2.40	0.9836	4.00	0.99994
1.51	0.8690	1.86	0.9371	2.42	0.9845	4.50	0.999994
1.52	0.8715	1.87	0.9385	2.44	0.9853	5.00	0.999999
1.53	0.8740	1.88	0.9399	2.46	0.9861		
1.54	0.8764	1.89	0.9412	2.48	0.9869		

（续表）

Z	F(Z)	Z	F(Z)	Z	F(Z)	Z	F(Z)
1.55	0.8789	1.90	0.9426	2.50	0.9876		
1.56	0.8812	1.91	0.9439	2.52	0.9883		
1.57	0.8836	1.92	0.9451	2.54	0.9889		
1.58	0.8859	1.93	0.9464	2.56	0.9895		
1.59	0.8882	1.94	0.9476	2.58	0.9901		
1.60	0.8904	1.95	0.9488	2.60	0.9907		
1.61	0.8926	1.96	0.9500	2.62	0.9912		
1.62	0.8948	1.97	0.9512	2.64	0.9917		
1.63	0.8969	1.98	0.9523	2.66	0.9922		
1.64	0.8990	1.99	0.9534	2.68	0.9926		
1.65	0.9011	2.00	0.9545	2.70	0.9931		
1.66	0.9031	2.02	0.9566	2.72	0.9935		
1.67	0.9051	2.04	0.9587	2.74	0.9939		
1.68	0.9070	2.06	0.9606	2.76	0.9942		
1.69	0.9090	2.08	0.9625	2.78	0.9946		
1.70	0.9109	2.10	0.9643	2.80	0.9949		
1.71	0.9127	2.12	0.9660	2.82	0.9952		
1.72	0.9146	2.14	0.9676	2.84	0.9955		
1.73	0.9164	2.16	0.9692	2.86	0.9958		
1.74	0.9181	2.18	0.9707	2.88	0.9960		

附表 2　t 分布临界值表

$$P[\,|t(\nu)| > t_{\alpha}(\nu)\,] = \alpha$$

单侧	$\alpha = 0.10$	0.05	0.025	0.01	0.005
双侧	$\alpha = 0.20$	0.10	0.05	0.02	0.01
$\nu =$ 1	3.078	6.314	12.706	31.821	63.657
2	1.886	2.920	4.303	6.965	9.925
3	1.638	2.353	3.182	4.541	5.841
4	1.533	2.132	2.776	3.747	4.604
5	1.476	2.015	2.571	3.365	4.032
6	1.440	1.943	2.447	3.143	3.707
7	1.415	1.895	2.365	2.998	3.499
8	1.397	1.860	2.306	2.896	2.355
9	1.383	1.833	2.262	2.821	3.250
10	1.372	1.812	2.228	2.764	3.169
11	1.363	1.796	2.201	2.718	3.106
12	1.356	1.782	2.179	2.681	3.055
13	1.350	1.771	2.160	2.650	3.012
14	1.345	1.761	2.145	2.624	2.977
15	1.341	1.753	2.131	2.602	2.947
16	1.337	1.746	2.120	2.583	2.921
17	1.333	1.740	2.110	2.567	2.898
18	1.330	1.734	2.101	2.552	2.878
19	1.328	1.729	2.093	2.539	2.861
20	1.325	1.725	2.086	2.528	2.845
21	1.323	1.721	2.080	2.518	2.831
22	1.321	1.717	2.074	2.508	2.819
23	1.319	1.714	2.069	2.500	2.807
24	1.318	1.711	2.064	2.492	2.797
25	1.316	1.708	2.060	2.485	2.787
26	1.315	1.706	2.056	2.479	2.779
27	1.314	1.703	2.052	2.473	2.771
28	1.313	1.701	2.048	2.467	2.763
29	1.311	1.699	2.045	2.462	2.756
30	1.310	1.697	2.042	2.457	2.750
40	1.303	1.684	2.021	2.423	2.704
50	1.299	1.676	2.009	2.403	2.678
60	1.296	1.671	2.000	2.390	2.660
70	1.294	1.667	1.994	2.381	2.648
80	1.292	1.664	1.990	2.374	2.639
90	1.291	1.662	1.987	2.368	2.632
100	1.290	1.660	1.984	2.364	2.626
125	1.288	1.657	1.979	2.357	2.616
150	1.287	1.655	1.976	2.351	2.609
200	1.286	1.653	1.972	2.345	2.601
∞	1.282	1.645	1.960	2.326	2.576

附表 3 χ^2 分布临界值表

$P[\chi^2(\nu) > \chi^2_\alpha(\nu)] = \alpha$

ν	显著性水平(α)												
	0.99	0.98	0.95	0.90	0.80	0.70	0.50	0.30	0.20	0.10	0.05	0.02	0.01
1	0.0002	0.0006	0.0039	0.0158	0.0642	0.148	0.455	1.074	1.642	2.706	3.841	5.412	6.635
2	0.0201	0.0404	0.103	0.211	0.446	0.713	1.386	2.403	3.219	4.605	5.991	7.824	9.210
3	0.115	0.185	0.352	0.584	1.005	1.424	2.366	3.665	4.642	6.251	7.815	9.837	11.341
4	0.297	0.429	0.711	1.064	1.649	2.195	3.357	4.878	5.989	7.779	9.488	11.668	13.277
5	0.554	0.752	1.145	1.610	2.343	3.000	4.351	6.064	7.289	9.236	11.070	13.388	15.068
6	0.872	1.134	1.635	2.204	3.070	3.828	5.348	7.231	8.558	10.645	12.592	15.033	16.812
7	1.239	1.564	2.167	2.833	3.822	4.671	6.346	8.383	9.803	12.017	14.067	16.622	18.475
8	1.646	2.032	2.733	3.490	4.594	5.527	7.344	9.524	11.030	13.362	15.507	18.168	20.090
9	2.088	2.532	3.325	4.168	5.380	6.393	8.343	10.656	12.242	14.684	16.919	19.679	21.666
10	2.558	3.059	3.940	4.865	6.179	7.267	9.342	11.781	13.442	15.987	18.307	21.161	23.209
11	3.053	3.609	4.575	5.578	6.989	8.148	10.341	12.899	14.631	17.275	19.675	22.618	24.725
12	3.571	4.178	5.226	6.304	7.807	9.304	11.340	14.011	15.812	18.549	21.026	24.054	26.217
13	4.107	4.765	5.892	7.042	8.634	9.926	12.340	15.119	16.985	19.812	22.362	25.472	27.688
14	4.660	5.368	6.571	7.790	9.467	10.821	13.339	16.222	18.151	21.064	23.685	26.873	29.141
15	5.229	5.985	7.261	8.547	10.307	11.721	14.339	17.322	19.311	22.307	24.996	28.259	30.578
16	5.812	6.614	7.962	9.312	11.152	12.624	15.338	18.413	20.465	23.542	26.296	29.633	32.000
17	6.408	7.255	8.672	10.035	12.002	13.531	16.338	19.511	21.615	24.769	27.587	30.995	33.409
18	7.015	7.906	9.390	10.865	12.857	14.440	17.338	20.601	22.760	25.989	28.869	32.346	34.805

（续表）

ν	显著性水平(α)											
	0.99	0.98	0.95	0.90	0.80	0.70	0.50	0.30	0.20	0.10	0.05	0.02	0.01
19	7.633	8.567	10.117	11.651	13.716	15.352	18.338	21.689	23.900	27.204	30.144	33.687	36.191
20	8.260	9.237	10.851	12.443	14.578	16.266	19.337	22.775	25.038	28.412	31.410	35.020	37.566
21	8.897	9.915	11.591	13.240	15.445	17.182	20.337	23.858	26.171	29.615	32.671	36.343	38.932
22	9.542	10.600	12.338	14.041	16.314	18.101	21.337	24.939	27.301	30.813	33.924	37.659	40.289
23	10.196	11.293	13.091	14.848	17.187	19.021	22.337	26.018	28.429	32.007	35.172	37.968	41.638
24	10.856	11.992	13.848	15.659	18.062	19.943	23.337	27.096	29.553	33.196	36.415	40.270	42.980
25	11.524	12.697	14.611	16.473	18.940	20.867	24.337	28.172	30.675	34.382	37.652	41.566	44.314
26	12.198	13.409	15.379	17.292	19.820	21.792	25.336	29.246	31.795	35.563	38.885	42.856	45.642
27	12.897	14.125	16.151	18.114	20.703	22.719	26.336	30.319	32.912	36.741	40.113	44.140	46.963
28	13.565	14.847	16.928	18.930	21.588	23.647	27.336	31.391	34.027	37.916	41.337	45.419	48.278
29	14.256	15.574	17.708	19.768	22.475	24.577	28.336	32.461	35.139	39.087	42.557	46.693	49.588
30	14.593	16.306	18.493	20.599	23.364	25.508	29.336	33.530	36.250	40.256	43.773	47.962	50.892

附表 4 (a) F 分布临界值表 ($\alpha=0.05$)

$$P[F(\nu_1,\nu_2)>F_\alpha(\nu_1,\nu_2)]=\alpha$$

ν_2 \ ν_1	1	2	3	4	5	6	8	10	15
1	161.4	199.5	215.7	224.6	230.2	234.0	238.9	241.9	245.9
2	18.51	19.00	19.16	19.25	19.30	19.33	19.37	19.40	19.43
3	10.13	9.55	9.28	9.12	9.01	8.94	8.85	8.79	8.70
4	7.71	6.94	6.59	6.39	6.26	6.16	6.04	5.96	5.86
5	6.61	5.79	5.41	5.19	5.05	4.95	4.82	4.74	4.62
6	5.99	5.14	4.76	4.53	4.39	4.28	4.15	4.06	3.94
7	5.59	4.74	4.35	4.12	3.97	3.87	3.73	3.64	3.51
8	5.32	4.46	4.07	3.84	3.69	3.58	3.44	3.35	3.22
9	5.12	4.26	3.86	3.63	3.48	3.37	3.23	3.14	3.01
10	4.96	4.10	3.71	3.48	3.33	3.22	3.07	2.98	2.85
11	4.84	3.98	3.59	3.36	3.20	3.09	2.95	2.85	2.72
12	4.75	3.89	3.49	3.26	3.11	3.00	2.85	2.75	2.62
13	4.67	3.81	3.41	3.18	3.03	2.92	2.77	2.67	2.53
14	4.60	3.74	3.34	3.11	2.96	2.85	2.70	2.60	2.46
15	4.54	3.68	3.29	3.06	2.90	2.79	2.64	2.54	2.40
16	4.49	3.63	3.24	3.01	2.85	2.74	2.59	2.49	2.35
17	4.45	3.59	3.20	2.96	2.81	2.70	2.55	2.45	2.31
18	4.41	3.55	3.16	2.93	2.77	2.66	2.51	2.41	2.27
19	4.38	3.52	3.13	2.90	2.74	2.63	2.48	2.38	2.23
20	4.35	3.49	3.10	2.87	2.71	2.60	2.45	2.35	2.20
21	4.32	3.47	3.07	2.84	2.68	2.57	2.42	2.32	2.18
22	4.30	3.44	3.05	2.82	2.66	2.55	2.40	2.30	2.15
23	4.28	3.42	3.03	2.80	2.64	2.53	2.37	2.27	2.13
24	4.26	3.40	3.01	2.78	2.62	2.51	2.36	2.25	2.11
25	4.24	3.39	2.99	2.76	2.60	2.49	2.34	2.24	2.09
26	4.23	3.37	2.98	2.74	2.59	2.47	2.32	2.22	2.07
27	4.21	3.35	2.96	2.73	2.57	2.46	2.31	2.20	2.06
28	4.20	3.34	2.95	2.71	2.56	2.45	2.29	2.19	2.04
29	4.18	3.33	2.93	2.70	2.55	2.43	2.28	2.18	2.03
30	4.17	3.32	2.92	2.69	2.53	2.42	2.27	2.16	2.01
40	4.08	3.23	2.84	2.61	2.45	2.34	2.18	2.08	1.92
50	4.03	3.18	2.79	2.56	2.40	2.29	2.13	2.03	1.87
60	4.00	3.15	2.76	2.53	2.37	2.25	2.10	1.99	1.84
70	3.98	3.13	2.74	2.50	2.35	2.23	2.07	1.97	1.81
80	3.96	3.11	2.72	2.49	2.33	2.21	2.06	1.95	1.79
90	3.95	3.10	2.71	2.47	2.32	2.20	2.04	1.94	1.78
100	3.94	3.09	2.70	2.46	2.31	2.19	2.03	1.93	1.77
125	3.92	3.07	2.68	2.44	2.29	2.17	2.01	1.91	1.75
150	3.90	3.06	2.66	2.43	2.27	2.16	2.00	1.89	1.73
200	3.89	3.04	2.65	2.42	2.26	2.14	1.98	1.88	1.72
∞	3.84	3.00	2.60	2.37	2.21	2.10	1.94	1.83	1.67

(b) F 分布临界值表($\alpha=0.01$)

ν_2 \ ν_1	1	2	3	4	5	6	8	10	15
1	4 052	4 999	5 403	5 625	5 764	5 859	5 981	6 056	6 157
2	98.50	99.00	99.17	99.25	99.30	99.33	99.37	99.40	99.43
3	34.12	30.82	29.46	28.71	28.24	27.91	27.49	27.23	26.87
4	21.20	18.00	16.69	15.98	15.52	15.21	14.80	14.55	14.20
5	16.26	13.27	12.06	11.39	10.97	10.67	10.29	10.05	9.72
6	13.75	10.92	9.78	9.15	8.75	8.47	8.10	7.87	7.56
7	12.25	9.55	8.45	7.85	7.46	7.19	6.84	6.62	6.31
8	11.26	8.65	7.59	7.01	6.63	6.37	6.03	5.81	5.52
9	10.56	8.02	6.99	6.42	6.06	5.80	5.47	5.26	4.96
10	10.04	7.56	6.55	5.99	5.64	5.39	5.06	4.85	4.56
11	9.65	7.21	6.22	5.67	5.32	5.07	4.74	4.54	4.25
12	9.33	6.93	5.95	5.41	5.06	4.82	4.50	4.30	4.01
13	9.07	6.70	5.74	5.21	4.86	4.62	4.30	4.10	3.82
14	8.86	6.51	5.56	5.04	4.69	4.46	4.14	3.94	3.66
15	8.86	6.36	5.42	4.89	4.56	4.32	4.00	3.80	3.52
16	8.53	6.23	5.29	4.77	4.44	4.20	3.89	3.69	3.41
17	8.40	6.11	5.19	4.67	4.34	4.10	3.79	3.59	3.31
18	8.29	6.01	5.09	4.58	4.25	4.01	3.71	3.51	3.23
19	8.18	5.93	5.01	4.50	4.17	3.94	3.63	3.43	3.15
20	8.10	5.85	4.94	4.43	4.10	3.87	3.56	3.37	3.09
21	8.02	5.78	4.87	4.37	4.04	3.81	3.51	3.31	3.03
22	7.95	5.72	4.82	4.31	3.99	3.76	3.45	3.26	2.98
23	7.88	5.66	4.76	4.26	3.94	3.71	3.41	3.21	2.93
24	7.82	5.61	4.72	4.22	3.90	3.67	3.36	3.17	2.89
25	7.77	5.57	4.68	4.18	3.85	3.63	3.32	3.13	2.85
26	7.72	5.53	4.64	1.14	3.82	3.59	3.29	3.09	2.81
27	7.68	5.49	4.60	4.11	3.78	3.56	3.26	3.06	2.78
28	7.64	5.45	4.57	4.07	3.75	3.53	3.23	3.03	2.75
29	7.60	5.42	4.54	4.04	3.73	3.50	3.20	3.00	2.73
30	7.56	5.39	4.51	4.02	3.70	3.47	3.17	2.98	2.70
40	7.31	5.18	4.31	3.83	3.51	3.29	2.99	2.80	2.52
50	7.17	5.06	4.20	3.72	3.41	3.19	2.89	2.70	2.42
60	7.08	4.98	4.13	3.65	3.34	3.12	2.82	2.63	2.35
70	7.01	4.92	4.07	3.60	3.29	3.07	2.78	2.59	2.31
80	6.96	4.88	4.04	3.56	3.26	3.04	2.74	2.55	2.27
90	6.93	4.85	4.01	3.53	3.23	3.01	2.72	2.52	2.42
100	6.90	4.82	3.98	3.51	3.21	2.99	2.69	2.50	2.22
125	6.84	4.78	3.94	3.47	3.17	2.95	2.66	2.47	2.19
150	6.81	4.75	3.91	3.45	3.14	2.92	2.63	2.44	2.16
200	6.76	4.71	3.88	3.41	3.11	2.89	2.60	2.41	2.13
∞	6.63	4.61	3.78	3.32	3.02	2.80	2.51	2.23	2.04

附表 5 (a) DW 检验临界值表:在 0.05 显著水平上和的显著点

n	$k'=1$		$k'=2$		$k'=3$		$k'=4$		$k'=5$		$k'=6$		$k'=7$		$k'=8$		$k'=9$		$k'=10$	
	d_L	d_U	d_L	d_U	d_L	d_U	d_L	d_U	d_L	d_U	d_L	d_U	d_L	d_U	d_L	d_U	d_L	d_U	d_L	d_U
6	0.610	1.400																		
7	0.700	1.356	0.467	1.896																
8	0.763	1.332	0.559	1.777	0.368	2.287														
9	0.824	1.320	0.629	1.699	0.455	2.128	0.296	2.588												
10	0.879	1.320	0.697	1.641	0.525	2.016	0.376	2.414	0.243	2.822										
11	0.927	1.324	0.658	1.604	0.595	1.928	0.444	2.283	0.316	2.645	0.203	3.005								
12	0.971	1.331	0.812	1.579	0.658	1.864	0.512	2.177	0.379	2.506	0.268	2.832	0.171	3.149						
13	1.010	1.340	0.861	1.562	0.715	1.816	0.574	2.094	0.445	2.390	0.328	2.692	0.230	2.985	0.147	3.266				
14	1.045	1.350	0.905	1.551	0.767	1.779	0.632	2.030	0.505	2.296	0.389	2.572	0.286	2.848	0.200	3.111	0.127	3.360		
15	1.077	1.361	0.946	1.543	0.814	1.750	0.685	1.977	0.562	2.220	0.447	2.472	0.343	2.727	0.251	2.979	0.175	3.216	0.111	3.438
16	1.106	1.371	0.982	1.539	0.857	1.728	0.734	1.935	0.615	2.157	0.502	2.388	0.398	2.624	0.304	2.860	0.222	3.090	0.155	3.304
17	1.133	1.381	1.015	1.536	0.897	1.710	0.779	1.900	0.664	2.104	0.554	2.318	0.451	2.537	0.356	2.757	0.272	2.975	0.198	3.184
18	1.158	1.391	1.046	1.535	0.933	1.696	0.820	1.872	0.710	2.060	0.603	2.257	0.502	2.461	0.407	2.667	0.321	2.873	0.244	3.073
19	1.180	1.401	1.074	1.536	0.967	1.685	0.859	1.848	0.752	2.023	0.649	2.206	0.549	2.396	0.456	2.589	0.369	2.783	0.290	2.974
20	1.201	1.411	1.100	1.537	0.998	1.676	0.894	1.828	0.792	1.991	0.692	2.162	0.595	2.339	0.502	2.521	0.416	2.704	0.336	2.885
21	1.221	1.420	1.125	1.538	1.026	1.669	0.927	1.812	0.829	1.964	0.732	2.124	0.637	2.290	0.547	2.460	0.461	2.633	0.380	2.806
22	1.239	1.429	1.147	1.541	1.053	1.664	0.958	1.797	0.863	1.940	0.769	2.090	0.677	2.246	0.588	2.407	0.504	2.571	0.424	2.734
23	1.257	1.437	1.168	1.543	1.078	1.660	0.986	1.785	0.895	1.920	0.804	2.061	0.715	2.208	0.628	2.360	0.545	2.514	0.465	2.670
24	1.273	1.446	1.188	1.546	1.101	1.656	1.013	1.775	0.925	1.902	0.837	2.035	0.751	2.174	0.666	2.318	0.584	2.464	0.506	2.613
25	1.288	1.454	1.206	1.550	1.123	1.654	1.038	1.767	0.953	1.886	0.868	2.012	0.784	2.144	0.702	2.280	0.621	2.419	0.544	2.560
26	1.302	1.461	1.224	1.553	1.143	1.652	1.062	1.759	0.979	1.873	0.897	1.992	0.816	2.117	0.735	2.246	0.657	2.379	0.581	2.513
27	1.316	1.469	1.240	1.556	1.162	1.651	1.084	1.753	1.004	1.861	0.925	1.974	0.845	2.093	0.767	2.216	0.691	2.342	0.616	2.470
28	1.328	1.476	1.255	1.560	1.181	1.650	1.104	1.747	1.028	1.850	0.951	1.958	0.874	2.071	0.798	2.188	0.723	2.309	0.650	2.431
29	1.341	1.483	1.270	1.563	1.198	1.650	1.124	1.743	1.050	1.841	0.975	1.944	0.900	2.052	0.826	2.164	0.753	2.278	0.682	2.396
30	1.352	1.489	1.284	1.567	1.214	1.650	1.143	1.739	1.071	1.833	0.998	1.931	0.926	2.034	0.854	2.141	0.782	2.251	0.712	2.363

（续表）

n	k'=1		k'=2		k'=3		k'=4		k'=5		k'=6		k'=7		k'=8		k'=9		k'=10	
	d_L	d_U	d_L	d_U	d_L	d_U	d_L	d_U	d_L	d_U	d_L	d_U	d_L	d_U	d_L	d_U	d_L	d_U	d_L	d_U
31	1.363	1.496	1.297	1.570	1.229	1.650	1.160	1.735	1.090	1.825	1.020	1.920	0.950	2.018	0.879	2.120	0.810	2.226	0.741	2.333
32	1.373	1.502	1.309	1.574	1.244	1.650	1.177	1.732	1.109	1.819	1.041	1.909	0.972	2.004	0.904	2.102	0.836	2.203	0.769	2.306
33	1.383	1.508	1.321	1.577	1.258	1.651	1.193	1.730	1.127	1.813	1.061	1.900	0.994	1.991	0.927	2.085	0.861	2.181	0.795	2.281
34	1.393	1.514	1.333	1.580	1.271	1.652	1.208	1.728	1.144	1.808	1.080	1.891	1.015	1.979	0.950	2.069	0.885	2.162	0.821	2.257
35	1.402	1.519	1.343	1.584	1.283	1.653	1.222	1.726	1.160	1.803	1.097	1.884	1.034	1.967	0.971	2.054	0.908	2.144	0.845	2.236
36	1.411	1.525	1.354	1.587	1.295	1.654	1.236	1.724	1.175	1.799	1.114	1.877	1.053	1.957	0.991	2.041	0.930	2.127	0.868	2.216
37	1.419	1.530	1.364	1.590	1.307	1.655	1.249	1.723	1.190	1.795	1.131	1.870	1.071	1.948	1.011	2.029	0.951	2.112	0.891	2.198
38	1.427	1.535	1.373	1.594	1.318	1.656	1.261	1.722	1.204	1.792	1.146	1.864	1.088	1.939	1.029	2.017	0.907	2.098	0.912	2.180
39	1.435	1.540	1.382	1.597	1.328	1.658	1.273	1.722	1.218	1.789	1.161	1.859	1.104	1.932	1.047	2.007	0.990	2.085	0.932	2.164
40	1.442	1.544	1.391	1.600	1.338	1.659	1.285	1.721	1.230	1.786	1.175	1.854	1.120	1.924	1.064	1.997	1.008	2.072	0.952	2.149
45	1.475	1.566	1.430	1.615	1.383	1.666	1.336	1.720	1.287	1.776	1.238	1.835	1.189	1.895	1.139	1.958	1.089	2.022	1.038	2.088
50	1.503	1.585	1.462	1.628	1.421	1.674	1.378	1.721	1.335	1.771	1.291	1.822	1.246	1.875	1.201	1.930	1.156	1.986	1.110	2.044
55	1.528	1.601	1.490	1.641	1.452	1.681	1.414	1.724	1.374	1.768	1.334	1.814	1.294	1.861	1.253	1.909	1.212	1.959	1.170	2.010
60	1.549	1.616	1.514	1.652	1.480	1.689	1.444	1.727	1.408	1.767	1.372	1.808	1.335	1.850	1.298	1.894	1.260	1.939	1.222	1.984
65	1.567	1.629	1.536	1.662	1.503	1.696	1.471	1.731	1.438	1.767	1.404	1.805	1.370	1.843	1.336	1.882	1.301	1.923	1.266	1.964
70	1.583	1.641	1.554	1.672	1.525	1.703	1.494	1.735	1.464	1.768	1.433	1.802	1.401	1.837	1.369	1.873	1.337	1.910	1.305	1.948
75	1.598	1.652	1.571	1.680	1.543	1.709	1.515	1.739	1.487	1.770	1.458	1.801	1.428	1.834	1.399	1.867	1.369	1.901	1.339	1.935
80	1.611	1.662	1.586	1.688	1.560	1.715	1.534	1.743	1.507	1.772	1.480	1.801	1.453	1.831	1.425	1.861	1.397	1.893	1.369	1.925
85	1.624	1.671	1.600	1.696	1.575	1.721	1.550	1.747	1.525	1.774	1.500	1.801	1.474	1.829	1.448	1.857	1.422	1.886	1.396	1.916
90	1.635	1.679	1.612	1.703	1.589	1.726	1.566	1.751	1.542	1.776	1.518	1.801	1.494	1.827	1.469	1.854	1.445	1.881	1.420	1.909
95	1.645	1.687	1.623	1.709	1.602	1.732	1.579	1.755	1.557	1.778	1.535	1.802	1.512	1.827	1.489	1.852	1.465	1.877	1.442	1.903
100	1.654	1.694	1.634	1.715	1.613	1.736	1.592	1.758	1.571	1.780	1.550	1.803	1.528	1.826	1.506	1.850	1.484	1.874	1.462	1.898
150	1.720	1.746	1.706	1.760	1.693	1.774	1.679	1.788	1.665	1.802	1.651	1.817	1.637	1.832	1.622	1.847	1.608	1.862	1.594	1.877
200	1.758	1.778	1.748	1.789	1.738	1.799	1.728	1.810	1.718	1.820	1.707	1.831	1.697	1.841	1.686	1.852	1.675	1.863	1.665	1.874

（续表）

n	$k'=11$		$k'=12$		$k'=13$		$k'=14$		$k'=15$		$k'=16$		$k'=17$		$k'=18$		$k'=19$		$k'=20$	
	d_L	d_U	d_L	d_U	d_L	d_U	d_L	d_U	d_L	d_U	d_L	d_U	d_L	d_U	d_L	d_U	d_L	d_U	d_L	d_U
16	0.098	3.503																		
17	0.138	3.378	0.087	3.557																
18	0.177	3.265	0.123	3.441	0.078	3.603														
19	0.220	3.159	0.160	3.335	0.111	3.496	0.070	3.642												
20	0.263	3.063	0.200	3.234	0.145	3.395	0.100	3.542	0.063	3.676										
21	0.307	2.976	0.240	3.141	0.182	3.300	0.132	3.448	0.091	3.583	0.058	3.705								
22	0.349	2.897	0.281	3.057	0.220	3.211	0.166	3.358	0.120	3.495	0.083	3.619	0.052	3.731						
23	0.391	2.826	0.322	2.979	0.259	3.128	0.202	3.272	0.153	3.409	0.110	3.535	0.076	3.650	0.048	3.753				
24	0.431	2.761	0.362	2.908	0.297	3.053	0.239	3.193	0.186	3.327	0.141	3.454	0.101	3.572	0.070	3.678	0.044	3.773		
25	0.470	2.702	0.400	2.844	0.335	2.983	0.275	3.119	0.221	3.251	0.172	3.376	0.130	3.494	0.094	3.604	0.065	3.702	0.041	3.790
26	0.508	2.649	0.438	2.784	0.373	2.919	0.312	3.051	0.256	3.179	0.205	3.303	0.160	3.420	0.120	3.531	0.087	3.632	0.060	3.724
27	0.544	2.600	0.475	2.730	0.409	2.859	0.348	2.987	0.291	3.112	0.238	3.233	0.191	3.349	0.149	3.460	0.112	3.563	0.081	3.658
28	0.578	2.555	0.510	2.680	0.445	2.805	0.383	2.928	0.325	3.050	0.271	3.168	0.222	3.283	0.178	3.392	0.138	3.495	0.104	3.592
29	0.612	2.515	0.544	2.634	0.479	2.755	0.418	2.874	0.359	2.992	0.305	3.107	0.254	3.219	0.208	3.327	0.166	3.431	0.129	3.528
30	0.643	2.477	0.577	2.592	0.512	2.708	0.451	2.823	0.392	2.937	0.337	3.050	0.286	3.160	0.238	3.266	0.195	3.368	0.156	3.465
31	0.647	2.443	0.608	2.553	0.545	2.665	0.484	2.776	0.425	2.887	0.370	2.996	0.317	3.103	0.269	3.208	0.224	3.309	0.183	3.406
32	0.703	2.411	0.638	2.517	0.576	2.625	0.515	2.733	0.457	2.840	0.401	2.946	0.349	3.050	0.299	3.153	0.253	3.252	0.211	3.348
33	0.731	2.382	0.668	2.484	0.606	2.588	0.546	2.692	0.488	2.796	0.432	2.899	0.379	3.000	0.329	3.100	0.283	3.198	0.239	3.293
34	0.758	2.355	0.695	2.454	0.634	2.554	0.575	2.654	0.518	2.754	0.462	2.854	0.409	2.954	0.359	3.051	0.312	3.147	0.267	3.240
35	0.783	2.330	0.722	2.425	0.662	2.521	0.604	2.619	0.547	2.716	0.492	2.813	0.439	2.910	0.388	3.005	0.340	3.099	0.295	3.190
36	0.808	2.306	0.748	2.398	0.689	2.492	0.631	2.586	0.575	2.680	0.520	2.774	0.467	2.868	0.417	2.961	0.369	3.053	0.323	3.142
37	0.831	2.285	0.772	2.374	0.714	2.464	0.657	2.555	0.602	2.646	0.548	2.738	0.495	2.829	0.445	2.920	0.397	3.009	0.351	3.097

（续表）

n	k′=11		k′=12		k′=13		k′=14		k′=15		k′=16		k′=17		k′=18		k′=19		k′=20	
	d_L	d_U	d_L	d_U	d_L	d_U	d_L	d_U	d_L	d_U	d_L	d_U	d_L	d_U	d_L	d_U	d_L	d_U	d_L	d_U
38	0.854	2.265	0.796	2.351	0.739	2.438	0.683	2.526	0.628	2.614	0.575	2.703	0.522	2.792	0.472	2.880	0.424	2.968	0.378	3.054
39	0.875	2.246	0.819	2.329	0.763	2.413	0.707	2.499	0.653	2.585	0.600	2.671	0.549	2.757	0.499	2.843	0.451	2.929	0.404	3.013
40	0.896	2.228	0.840	2.309	0.785	2.391	0.731	2.473	0.678	2.557	0.626	2.641	0.575	2.724	0.525	2.808	0.477	2.892	0.430	2.974
45	0.988	2.156	0.938	2.225	0.887	2.296	0.838	2.367	0.788	2.439	0.740	2.512	0.692	2.586	0.644	2.659	0.598	2.733	0.553	2.807
50	1.064	2.103	1.019	2.163	0.973	2.225	0.927	2.287	0.882	2.350	0.836	2.414	0.792	2.479	0.747	2.544	0.703	2.610	0.660	2.675
55	1.129	2.062	1.087	2.116	1.045	2.170	1.003	2.225	0.961	2.281	0.919	2.338	0.877	2.396	0.836	2.454	0.795	2.512	0.754	2.571
60	1.184	2.031	1.145	2.079	1.106	2.127	1.068	2.177	1.029	2.227	0.990	2.278	0.951	2.330	0.913	2.382	0.874	2.434	0.836	2.487
65	1.231	2.006	1.195	2.049	1.160	2.093	1.124	2.138	1.088	2.183	1.052	2.229	1.016	2.276	0.980	2.323	0.944	2.371	0.908	2.419
70	1.272	1.986	1.239	2.026	1.206	2.066	1.172	2.106	1.139	2.148	1.105	2.189	1.072	2.232	1.038	2.275	1.005	2.318	0.971	2.362
75	1.308	1.970	1.277	2.006	1.247	2.043	1.215	2.080	1.184	2.118	1.153	2.156	1.121	2.195	1.090	2.235	1.058	2.275	1.027	2.315
80	1.340	1.957	1.311	1.991	1.283	2.024	1.253	2.059	1.224	2.093	1.195	2.129	1.165	2.165	1.136	2.201	1.106	2.238	1.076	2.275
85	1.369	1.946	1.342	1.977	1.315	2.009	1.287	2.040	1.260	2.073	1.232	2.105	1.205	2.139	1.177	2.172	1.149	2.206	1.121	2.241
90	1.395	1.937	1.369	1.966	1.344	1.995	1.318	2.025	1.292	2.055	1.266	2.085	1.240	2.116	1.213	2.148	1.187	2.179	1.160	2.211
95	1.418	1.929	1.394	1.956	1.370	1.984	1.345	2.012	1.321	2.040	1.296	2.068	1.271	2.097	1.247	2.126	1.222	2.156	1.197	2.186
100	1.439	1.923	1.416	1.948	1.393	1.974	1.371	2.000	1.347	2.026	1.324	2.053	1.301	2.080	1.277	2.108	1.253	2.135	1.229	2.164
150	1.579	1.892	1.564	1.908	1.550	1.924	1.535	1.940	1.519	1.956	1.504	1.972	1.489	1.989	1.474	2.006	1.458	2.023	1.443	2.040
200	1.654	1.885	1.643	1.896	1.632	1.908	1.621	1.919	1.610	1.931	1.599	1.943	1.588	1.955	1.576	1.967	1.565	1.979	1.554	1.991

注：n = 观测个数，k' = 不包含常数项的解释变量个数。

若 $n=40$ 和 $k'=4$，则 $d_L=1.285$ 和 $d_U=1.721$。若所计算的 d 值小于1.285，则表明有正的一阶序列相关；若 d 大于1.721，则表明无正的一阶序列相关迹象；若 $1.285\leq d\leq 1.721$，则表明不能判断是否有正的一阶序列相关。

(b) DW检验临界值表:在0.01显著水平上 d_L 和 d_U 的显著点

n	k'=1		k'=2		k'=3		k'=4		k'=5		k'=6		k'=7		k'=8		k'=9		k'=10	
	d_L	d_U	d_L	d_U	d_L	d_U	d_L	d_U	d_L	d_U	d_L	d_U	d_L	d_U	d_L	d_U	d_L	d_U	d_L	d_U
6	0.390	1.142																		
7	0.435	1.036	0.294	1.676																
8	0.497	1.003	0.345	1.489	0.299	2.102														
9	0.554	0.998	0.408	1.389	0.279	1.875	0.183	2.433												
10	0.604	1.001	0.466	1.333	0.340	1.733	0.230	2.193	0.150	2.690										
11	0.653	1.010	0.519	1.297	0.396	1.640	0.286	2.030	0.193	2.453	0.124	2.892								
12	0.697	1.023	0.569	1.274	0.449	1.575	0.339	1.913	0.244	2.280	0.164	2.665	0.105	3.053						
13	0.738	1.038	0.616	1.261	0.499	1.526	0.391	1.826	0.294	2.150	0.211	2.490	0.140	2.838	0.090	3.182				
14	0.776	1.054	0.660	1.254	0.547	1.490	0.441	1.757	0.343	2.049	0.257	2.354	0.183	2.667	0.122	2.981	0.078	3.287		
15	0.811	1.070	0.700	1.252	0.591	1.464	0.488	1.704	0.391	1.967	0.303	2.244	0.226	2.530	0.161	2.817	0.107	3.101	0.068	3.374
16	0.844	1.086	0.737	1.252	0.633	1.446	0.532	1.663	0.437	1.900	0.349	2.153	0.269	2.416	0.200	2.681	0.142	2.944	0.094	3.201
17	0.874	1.102	0.772	1.255	0.672	1.432	0.574	1.630	0.480	1.847	0.393	2.078	0.313	2.319	0.241	2.566	0.179	2.811	0.127	3.053
18	0.902	1.118	0.805	1.259	0.708	1.422	0.613	1.604	0.522	1.803	0.435	2.015	0.355	2.238	0.282	2.467	0.216	2.697	0.160	2.925
19	0.928	1.132	0.835	1.265	0.742	1.415	0.650	1.584	0.561	1.767	0.476	1.963	0.396	2.169	0.322	2.381	0.255	2.597	0.196	2.813
20	0.952	1.147	0.863	1.271	0.773	1.411	0.685	1.567	0.598	1.737	0.515	1.918	0.436	2.110	0.362	2.308	0.294	2.510	0.232	2.714
21	0.975	1.161	0.890	1.277	0.803	1.408	0.718	1.554	0.633	1.721	0.552	1.881	0.474	2.059	0.400	2.244	0.331	2.434	0.268	2.625
22	0.997	1.174	0.914	1.284	0.831	1.407	0.748	1.543	0.667	1.691	0.587	1.849	0.510	2.015	0.437	2.188	0.368	2.367	0.304	2.548
23	1.018	1.187	0.938	1.291	0.858	1.407	0.777	1.534	0.698	1.673	0.620	1.821	0.545	1.977	0.473	2.140	0.404	2.308	0.340	2.479
24	1.037	1.199	0.960	1.298	0.882	1.407	0.805	1.528	0.728	1.658	0.652	1.797	0.578	1.944	0.507	2.097	0.439	2.255	0.375	2.417
25	1.055	1.211	0.981	1.305	0.906	1.409	0.831	1.523	0.756	1.645	0.682	1.776	0.610	1.915	0.540	2.059	0.473	2.209	0.409	2.362
26	1.072	1.222	1.001	1.312	0.928	1.411	0.855	1.518	0.783	1.635	0.711	1.759	0.640	1.889	0.572	2.026	0.505	2.168	0.441	2.313
27	1.089	1.233	1.019	1.319	0.949	1.413	0.878	1.515	0.808	1.626	0.738	1.743	0.669	1.867	0.602	1.997	0.536	2.131	0.473	2.269
28	1.104	1.244	1.037	1.325	0.969	1.415	0.900	1.513	0.832	1.618	0.764	1.729	0.696	1.847	0.630	1.970	0.566	2.098	0.504	2.229
29	1.119	1.254	1.054	1.332	0.988	1.418	0.921	1.512	0.855	1.611	0.788	1.718	0.723	1.830	0.658	1.947	0.595	2.068	0.533	2.193
30	1.133	1.263	1.070	1.339	1.006	1.421	0.941	1.511	0.877	1.606	0.812	1.707	0.748	1.814	0.684	1.925	0.622	2.041	0.562	2.160

（续表）

n	k'=1		k'=2		k'=3		k'=4		k'=5		k'=6		k'=7		k'=8		k'=9		k'=10	
	d_L	d_U	d_L	d_U	d_L	d_U	d_L	d_U	d_L	d_U	d_L	d_U	d_L	d_U	d_L	d_U	d_L	d_U	d_L	d_U
31	1.147	1.273	1.085	1.345	1.023	1.425	0.960	1.510	0.897	1.601	0.834	1.698	0.772	1.800	0.710	1.906	0.649	2.017	0.589	2.131
32	1.160	1.282	1.100	1.352	1.040	1.428	0.979	1.510	0.917	1.597	0.856	1.690	0.794	1.788	0.734	1.889	0.674	1.995	0.615	2.104
33	1.172	1.291	1.114	1.358	1.055	1.432	0.996	1.510	0.936	1.594	0.876	1.683	0.816	1.776	0.757	1.874	0.698	1.975	0.641	2.080
34	1.184	1.299	1.128	1.364	1.070	1.435	1.012	1.511	0.954	1.591	0.896	1.677	0.837	1.766	0.779	1.860	0.722	1.957	0.665	2.057
35	1.195	1.307	1.140	1.370	1.085	1.439	1.028	1.512	0.971	1.589	0.914	1.671	0.857	1.757	0.800	1.847	0.744	1.940	0.689	2.037
36	1.206	1.315	1.153	1.376	1.098	1.442	1.043	1.513	0.988	1.588	0.932	1.666	0.877	1.749	0.821	1.836	0.766	1.925	0.711	2.180
37	1.217	1.323	1.165	1.382	1.112	1.446	1.058	1.514	1.004	1.586	0.950	1.662	0.895	1.742	0.841	1.825	0.787	1.911	0.733	2.001
38	1.227	1.330	1.176	1.388	1.124	1.449	1.072	1.515	1.019	1.585	0.566	1.658	0.913	1.735	0.860	1.816	0.807	1.899	0.754	1.985
39	1.237	1.337	1.187	1.393	1.137	1.453	1.085	1.517	1.034	1.584	0.982	1.655	0.930	1.729	0.878	1.807	0.826	1.887	0.774	1.970
40	1.246	1.344	1.198	1.398	1.148	1.457	1.098	1.518	1.048	1.584	0.997	1.652	0.946	1.724	0.895	1.799	0.844	1.876	0.749	1.956
45	1.288	1.376	1.245	1.423	1.201	1.474	1.156	1.528	1.111	1.584	1.065	1.643	1.019	1.704	0.974	1.768	0.927	1.834	0.881	1.902
50	1.324	1.403	1.285	1.446	1.245	1.491	1.205	1.538	1.164	1.587	1.123	1.639	1.081	1.692	1.039	1.748	0.997	1.805	0.995	1.864
55	1.356	1.427	1.320	1.466	1.284	1.506	1.247	1.548	1.209	1.592	1.072	1.638	1.134	1.685	1.095	1.734	1.057	1.785	1.018	1.837
60	1.383	1.449	1.350	1.484	1.317	1.520	1.283	1.558	1.249	1.598	1.214	1.639	1.179	1.682	1.144	1.726	1.108	1.771	1.072	1.817
65	1.407	1.468	1.377	1.500	1.346	1.534	1.315	1.568	1.283	1.604	1.251	1.642	1.218	1.680	1.186	1.720	1.153	1.761	1.120	1.802
70	1.429	1.485	1.400	1.515	1.372	1.546	1.343	1.578	1.313	1.611	1.283	1.645	1.253	1.680	1.223	1.716	1.192	1.754	1.162	1.792
75	1.448	1.501	1.422	1.529	1.395	1.557	1.368	1.587	1.340	1.617	1.313	1.649	1.284	1.682	1.256	1.714	1.227	1.748	1.199	1.783
80	1.466	1.515	1.441	1.541	1.416	1.568	1.390	1.595	1.364	1.624	1.338	1.653	1.312	1.683	1.285	1.714	1.259	1.745	1.232	1.777
85	1.482	1.528	1.458	1.553	1.435	1.578	1.411	1.603	1.386	1.630	1.362	1.657	1.337	1.685	1.312	1.714	1.287	1.743	1.262	1.773
90	1.496	1.540	1.474	1.563	1.452	1.587	1.429	1.611	1.406	1.636	1.382	1.661	1.360	1.687	1.336	1.714	1.312	1.741	1.288	1.769
95	1.510	1.552	1.489	1.573	1.468	1.596	1.446	1.618	1.425	1.642	1.403	1.666	1.381	1.690	1.358	1.715	1.336	1.741	1.313	1.767
100	1.522	1.562	1.503	1.583	1.482	1.604	1.462	1.625	1.441	1.647	1.421	1.670	1.400	1.693	1.378	1.717	1.357	1.741	1.335	1.765
150	1.611	1.637	1.598	1.651	1.584	1.665	1.571	1.679	1.557	1.693	1.543	1.708	1.530	1.722	1.515	1.737	1.501	1.752	1.486	1.767
200	1.664	1.684	1.653	1.693	1.643	1.704	1.633	1.715	1.623	1.725	1.613	1.735	1.603	1.746	1.592	1.757	1.582	1.768	1.571	1.779

（续表）

n	k′=11		k′=12		k′=13		k′=14		k′=15		k′=16		k′=17		k′=18		k′=19		k′=20	
	d_L	d_U	d_L	d_U	d_L	d_U	d_L	d_U	d_L	d_U	d_L	d_U	d_L	d_U	d_L	d_U	d_L	d_U	d_L	d_U
16	0.060	3.446																		
17	0.084	3.286	0.053	3.506																
18	0.113	3.146	0.075	3.358	0.047	3.357														
19	0.145	3.023	0.102	3.227	0.067	3.420	0.043	3.601												
20	0.178	2.914	0.131	3.109	0.092	3.297	0.061	3.474	0.038	3.639										
21	0.212	2.817	0.162	3.004	0.119	3.185	0.084	3.358	0.055	3.521	0.035	3.671								
22	0.246	2.729	0.194	2.909	0.148	3.084	0.109	3.252	0.077	3.412	0.050	3.562	0.032	3.700						
23	0.281	2.651	0.227	2.822	0.178	2.991	0.136	3.155	0.100	3.311	0.070	3.459	0.046	3.597	0.029	3.725				
24	0.315	2.580	0.260	2.744	0.209	2.906	0.165	3.065	0.125	3.218	0.092	3.363	0.065	3.501	0.043	3.629	0.027	3.747		
25	0.348	2.517	0.292	2.674	0.240	2.829	0.194	2.982	0.152	3.131	0.116	3.274	0.085	3.410	0.060	3.538	0.039	3.657	0.025	3.766
26	0.381	2.460	0.324	2.610	0.272	2.758	0.224	2.906	0.180	3.050	0.141	3.191	0.107	3.325	0.079	3.452	0.055	3.572	0.036	3.682
27	0.413	2.409	0.356	2.552	0.303	2.694	0.253	2.836	0.208	2.976	0.167	3.113	0.131	3.245	0.100	3.371	0.073	3.490	0.051	3.602
28	0.444	2.363	0.387	2.499	0.333	2.635	0.283	2.772	0.237	2.907	0.194	3.040	0.156	3.169	0.122	3.294	0.093	3.412	0.068	3.524
29	0.474	2.321	0.417	2.451	0.363	2.582	0.313	2.713	0.266	2.843	0.222	2.972	0.182	3.098	0.146	3.220	0.114	3.338	0.087	3.450
30	0.503	2.283	0.447	2.407	0.393	2.533	0.342	2.659	0.294	2.785	0.249	2.909	0.208	3.032	0.171	3.152	0.137	3.267	0.107	3.379
31	0.531	2.248	0.475	2.367	0.422	2.487	0.371	2.609	0.322	2.730	0.277	2.851	0.234	2.970	0.196	3.087	0.160	3.201	0.128	3.311
32	0.558	2.216	0.503	2.330	0.450	2.446	0.399	2.563	0.350	2.680	0.304	2.797	0.261	2.912	0.221	3.026	0.184	3.137	0.151	3.246
33	0.585	2.187	0.530	2.296	0.477	2.408	0.426	2.520	0.377	2.633	0.331	2.746	0.287	2.858	0.246	2.969	0.209	3.078	0.174	3.184
34	0.610	2.160	0.556	2.266	0.503	2.373	0.452	2.481	0.404	2.590	0.357	2.699	0.313	2.808	0.272	2.915	0.233	3.022	0.197	3.126
35	0.634	2.136	0.581	2.237	0.529	2.340	0.478	2.444	0.430	2.550	0.383	2.655	0.339	2.761	0.297	2.865	0.257	2.969	0.221	3.071
36	0.658	2.113	0.605	2.210	0.554	2.310	0.504	2.410	0.455	2.512	0.409	2.614	0.364	2.717	0.322	2.818	0.282	2.919	0.244	3.019
37	0.680	2.092	0.628	2.186	0.578	2.282	0.528	2.379	0.480	2.477	0.434	2.576	0.389	2.675	0.347	2.774	0.306	2.872	0.268	2.969

（续表）

n	$k'=11$		$k'=12$		$k'=13$		$k'=14$		$k'=15$		$k'=16$		$k'=17$		$k'=18$		$k'=19$		$k'=20$	
	d_L	d_U	d_L	d_U	d_L	d_U	d_L	d_U	d_L	d_U	d_L	d_U	d_L	d_U	d_L	d_U	d_L	d_U	d_L	d_U
38	0.702	2.073	0.651	2.164	0.601	2.256	0.552	2.350	0.504	2.445	0.458	2.540	0.614	2.637	0.371	2.733	0.330	2.828	0.291	2.923
39	0.723	2.055	0.673	2.143	0.623	2.232	0.575	2.323	0.528	2.414	0.482	2.507	0.438	2.600	0.395	2.694	0.354	2.787	0.315	2.879
40	0.744	2.039	0.694	2.123	0.645	2.210	0.597	2.297	0.551	2.386	0.505	2.476	0.461	2.566	0.418	2.657	0.377	2.748	0.338	2.838
45	0.835	1.972	0.790	2.044	0.744	2.118	0.700	2.193	0.655	2.269	0.612	2.346	0.570	2.424	0.528	2.503	0.488	2.582	0.448	2.661
50	0.913	1.925	0.871	1.987	0.829	2.051	0.787	2.116	2.746	2.182	0.705	2.250	0.665	2.318	0.625	2.387	0.586	2.456	0.548	2.526
55	0.979	1.891	0.940	1.945	0.902	2.002	0.863	2.059	0.825	2.117	0.786	2.176	0.748	2.237	0.711	2.298	0.674	2.359	0.637	2.421
60	1.037	1.865	1.001	1.914	0.965	1.964	0.929	2.015	0.893	2.067	0.857	2.120	0.822	2.173	0.786	2.227	0.751	2.283	0.716	2.338
65	1.087	1.845	1.053	1.889	1.020	1.934	0.986	1.980	0.953	2.027	0.919	2.075	0.886	2.123	0.852	2.172	0.819	2.221	0.786	2.272
70	1.131	1.831	1.099	1.870	1.068	1.911	1.037	1.953	1.005	1.995	0.974	2.038	0.943	2.082	0.911	2.127	0.880	2.172	0.849	2.217
75	1.170	1.819	1.141	1.856	1.111	1.893	1.082	1.931	1.052	1.970	1.023	2.009	0.993	2.049	0.964	2.090	0.934	2.131	0.905	2.172
80	1.205	1.810	1.177	1.844	1.150	1.878	1.122	1.913	1.094	1.949	1.066	1.984	1.039	2.022	1.011	2.059	0.983	2.097	0.955	2.135
85	1.236	1.803	1.210	1.834	1.184	1.866	1.158	1.898	1.132	1.931	1.106	1.965	1.080	1.999	1.053	2.033	1.027	2.068	1.000	2.104
90	1.264	1.798	1.240	1.827	1.215	1.856	1.191	1.886	1.166	1.917	1.141	1.948	1.116	1.979	1.091	2.012	1.066	2.044	1.041	2.077
95	1.290	1.793	1.267	1.821	1.244	1.848	1.221	1.876	1.197	1.905	1.174	1.934	1.150	1.963	1.126	1.993	1.102	2.023	1.079	2.054
100	1.314	1.790	1.292	1.816	1.270	1.841	1.248	1.868	1.225	1.895	1.203	1.922	1.181	1.949	1.158	1.977	1.136	2.006	1.113	2.034
150	1.473	1.783	1.458	1.799	1.444	1.814	1.429	1.830	1.414	1.847	1.400	1.863	1.385	1.880	1.370	1.897	1.355	1.913	1.340	1.931
200	1.561	1.791	1.550	1.801	1.539	1.813	1.528	1.824	1.518	1.836	1.507	1.847	1.495	1.860	1.484	1.871	1.474	1.883	1.462	1.896

注：n = 观测个数，k' = 不包含常数项的解释变量个数。

参考文献

1. 林光平. 计算计量经济学:计量经济学家和金融分析师 GAUSS 编程与应用. 杨大勇译. 北京:清华大学出版社,2003.

2. 洪永淼. 计量经济学的地位、作用和局限. 经济研究,2007(5):277—301.

3. 成九雁,秦建华. 计量经济学在中国发展的轨迹. 经济研究,2005(4):116—122.

4. 王松桂,陈敏,陈立萍. 线性统计模型线性回归与方差分析. 北京:高等教育出版社,1999.

5. 谢识予,朱弘鑫. 高级计量经济学. 上海:复旦大学出版社,2005.

6. 李子奈,叶阿忠. 高级计量经济学. 北京:清华大学出版社,2000.

7. 庞浩. 计量经济学. 北京:科学出版社,2006.

8. 李子奈. 计量经济学. 北京:高等教育出版社,2000.

9. 罗伯特·S. 平狄克,丹尼尔·L. 鲁宾费尔德. 计量经济模型与经济预测(第4版). 钱小军等译. 北京:机械工业出版社,1999.

10. 乔治·G. 贾奇等. 经济计量学理论与实践引论. 周逸江,赵大奇主译. 北京:中国统计出版社,1993.

11. J. M. 伍德里奇. 计量经济学导论:现代观点. 林少宫,费剑平译. 北京:中国人民大学出版社,2003.

12. J. 约翰斯顿,J. 迪纳尔多. 计量经济学方法(第4版). 唐齐鸣等译. 北京:中国经济出版社,2002.

13. Willian H. Greene. Econometric Analysis,4th edition. 北京:清华大学出版社,2001.

14. Amemiya Takeshi. Advanced Econometrics. Cambridge, MA: Harvard University Press,1985.

15. Cameron A C, Trivedi P K. Microeconometrics: Methods and Applications. Cambridge and New York: Cambridge University Press, 2005.

16. Hsiao C. Analysis of Panel Data, 2nd edition. Cambridge and New York: Cambridge University Press, 2003.

17. Hsiao C. Longitudinal Data Analysis. Working Paper, 2005.

18. Wooldridge J M. Econometric Analysis of Cross Section and Panel data. Cambridge, MA: The MIT Press, 2002.

19. Baltagi B H. Econometric Analysis of Panel Data. New York: The John Wiley & Sons Ltd., 1995.

20. Baltagi B H. Econometrics, 4th Edition. Springer, 2006.

21. Almon S. The Distributed Lag between Capital Appropriation and Net Expenditures. Econometrica, 1965, 30: 407—423.

22. Durbin J. Testing for Serial Correlation in Least Squares Regression when Some of the Regressors are Lagged Dependent Variables. Econometrica, 1970, 38: 410—421.

23. Godfrey L G. Testing Against General Autoregressive and Moving average Error Models when the Regressors Include Lagged Dependent Variables. Econometrica, 1978, 46: 1293—1302.

24. Griliches Z. A Note on Serial Correlation Bias in Estimates of Distributed Lags. Econometrica, 1961, 29: 65—73.

25. Jorgenson D W. Rational Distributed Lag Functions. Econometrica, 1966, 34: 135—149.

26. Klein L R. The Estimation of Distributed Lags. Econometrica, 1958, 26: 553—565.

27. Nerlove M, Wallis K F. Use of the Durbin-Watson Statistic in Inappropriate Situations. Econometrica, 1961, 34: 235—238.

28. Solow, R M. On a Family of Lag Distributions, Econometrica, 1960, 28: 393—406.

29. Wallace T D. Weaker Criteria and Tests for Linear Restrictions in Regression, Econometrica, 1972, 40: 689—698.

30. Zellner A, Geisel M. Analysis of Distributed lag Models with Application to Consumption Function Estimation. Econometrica, 1970, 38: 865—888.

31. Perron D. The Great Cash, The Oil Price Shock, and the Unit Root Hypothesis. Econometrica, 1989, 57: 1361—1401.

32. Chaberlain G. The General Equivalence of Granger and Sims Causality. Econometrica, 1982, 50: 569—582.

33. Durlauf S N, Phillips P C B. Trends versus Random Walks in Time Series Analysis. Econometrica, 1988, 56: 1333—1354.

34. Engle R F. Autogressive Conditional Heteroskedasticty with Estimates of the Variance of United Kingdom Inflation. Econometrica, 1982, 50: 987—1007.

35. Granger C W J. Co-Integration and Error Correction: Representation, Estimation and Testing. Econometrica, 1987, 55: 251—276.

36. Granger C W J. Investigating Causal Relations by Econometric Models and Cross-Spectral Methods. Econometrica, 1969, 37: 424—438.

37. Sims C A. Macroeconomics and Reality. Econometrica, 1980, 48: 1—48.

38. Sims C A, Stock J H, Watson M W. Inference in Linear Time Series Models with Some Unit Roots, Econometrica, 1990, 58: 113—144.

教师反馈及课件申请表

北京大学出版社以“教材优先、学术为本、创建一流”为目标，主要为广大高等院校师生服务。为更有针对性地为广大教师服务，提升教学质量，在您确认将本书作为指定教材后，请您填好以下表格并经系主任签字盖章后寄回，我们将免费向您提供相应教学课件。

书号/书名				
所需要的教学资料	教学课件			
您的姓名				
系				
院/校				
您所讲授的课程名称				
每学期学生人数	______人 ____年级		学时	
您目前采用的教材	作者：__________ 出版社：__________ 书名：__________			
您准备何时用此书授课				
您的联系地址				
邮政编码		联系电话（必填）		
E-mail（必填）				
您对本书的建议：			系主任签字 盖章	

我们的联系方式：

北京大学出版社经济与管理图书事业部

北京市海淀区成府路 205 号，100871

联 系 人： 石会敏

电　　话： 010-62767312 / 62752926

传　　真： 010-62556201

电子邮件： shm@pup.pku.edu.cn　em@pup.pku.edu.cn

网　　址： http://www.pup.cn